渤海系列丛书

———— 丛书由渤海大学资助出版 ————

破雪集
辽金史考论

程妮娜 —— 著

辽宁人民出版社

图书在版编目（CIP）数据

破雪集：辽金史考论 / 程妮娜著 . — 沈阳：辽宁
人民出版社，2023.10（2024.7 重印）
（渤海系列丛书）
ISBN 978-7-205-10871-7

Ⅰ.①破… Ⅱ.①程… Ⅲ.①中国历史—研究—辽宋
金元时代 Ⅳ.① K240.7

中国国家版本馆 CIP 数据核字（2023）第 178576 号

出版发行：辽宁人民出版社
地址：沈阳市和平区十一纬路 25 号　邮编：110003
电话：024-23284321（邮　购）　024-23284324（发行部）
传真：024-23284191（发行部）　024-23284304（办公室）
http://www.lnpph.com.cn
印　　刷：辽宁新华印务有限公司
幅面尺寸：170mm×240mm
印　　张：22.25
字　　数：310千字
出版时间：2023年10月第1版
印刷时间：2024年7月第2次印刷
责任编辑：郭　健　张婷婷
装帧设计：留白文化
责任校对：吴艳杰
书　　号：ISBN 978-7-205-10871-7

定　　价：98.00元

渤海系列丛书
编委会

序

渤海大学一直非常重视内涵建设，人文社会科学相关学科与专业获得长足发展。尤其是在历史学科的牵头之下，渤海大学人文社会科学所组建的科研团队，不断产出高水平学术成果，其范围涵盖东北亚问题、国家安全问题、历史与民族问题、中华民族共同体问题等领域。经过多年的建设，在科研团队的共同努力下，形成鲜明的特色研究方向，服务社会的能力不断提高。

习近平总书记指出："东北地区是我国重要的工业和农业基地，维护国家国防安全、粮食安全、生态安全、能源安全、产业安全的战略地位十分重要，关乎国家发展大局。"这里所指出的东北发展五大安全战略，不仅为东北振兴指明方向，更重要的是指出维护国家安全是全国各族人民根本利益所在。

其时恰逢教育部进行学科设置调整。2021年1月，国务院学位委员会、教育部印发通知，新设置"交叉学科"门类，成为中国第14个学科门类。由此开始，"国家安全学""区域国别学"等相继列入"交叉学科"目录。这种设置既是教育部在学科建设布局上的最新引领，更是高校下一步进行人才培养与开展科学研究的最新指导。

为配合东北发展五大安全战略和推进新兴交叉学科建设，渤海大学成立国家安全研究院，在"总体国家安全观"指导下，统筹规划原有的教育部国别和区域研究中心——东北亚研究中心、国家民委基地——渤海大学中华民族共同体研究中心以及"辽海发展高端智库"（与中国社会科学院中国边疆研究所合作共建）诸多平台的建设，同时利用民族学博士后流动站科研基地（与广西民族大学合作共建）和世界史博士后流动站科研基地（与延边大学合作共建）进一步整合科研团队，发挥已有优势，突出特色研究方向。

"知今而不知古，谓之盲瞽；知古而不知今，谓之陆沉。"为了高质量发挥高校人才培养、科学研究和服务社会的基本职能，需要对历史与现实进行全面而深刻的认识。因此，为进一步加强渤海大学历史学等传统学科的可持续发展，进一步推进"国家安全学"和"区域国别学"等交叉学科的融合发展，学校决定出版"渤海系列丛书"。本丛书以"总体国家安全观"为宗旨，书稿内容涉及东北边疆、民族、历史、文化、经济、生态、能源、产业等各个领域，涵盖各个学科。"渤海系列丛书"面向校内外专家征稿，每年出版一辑，确定一个相对具体的主题，连续出版。我们希望通过出版"渤海系列丛书"，进一步凝聚学术团队，提升渤海大学国家安全学研究水平，推动学科建设，更好地服务于东北五大安全战略，为东北全面振兴做出应有的贡献。

2023年4月20日

目 录
Contents

第一章　辽代边疆统治

第一节　女真与辽朝的朝贡关系①

辽代将女真人分为熟女真、生女真、介于两者之间的女真和东海女真四部②，并先后在女真各地建立了属国、属部制度。辽朝采取朝贡国制度统辖管理各地区女真人属国、属部，但管理形式不仅因地因部有所不同，而且辽朝前期和后期也有重要变化。本文通过考察四部女真与辽朝的朝贡关系及其变化，进而探讨辽朝与女真各部的政治关系与统辖实态。

一、熟女真属国、属部与辽朝的朝贡关系

熟女真居住在辽东半岛与辽河流域，其分布范围南至渤海海峡（今旅顺口一带），东到鸭绿江东西，北达今开原一带，西抵辽河流域。这部分女真人户在辽朝各州县著籍，被称为"系辽籍女真"，又称为"熟女真"。主要有曷苏馆女真，鸭绿江女真，南、北女真等。

曷苏馆女真，是耶律阿保机最早征服并迁到辽东半岛今盖州，后迁至金州一带的女真人。③阿保机"虑女真为患，乃诱其强宗大姓数千户，移至辽阳

---

① 《女真与辽朝的朝贡关系》，原载于《社会科学辑刊》2015 年 4 期。
② （宋）徐梦莘：《三朝北盟会编》卷 3《政宣上帙三》，重和二年正月十日丁巳，上海古籍出版社，1987 年，第 16 页。
③ 今地参见张博泉、苏金源、董玉瑛：《东北历代疆域史》，吉林人民出版社，1980 年，第 139 页。

之南"①。可知辽建国前就已经有数千户女真人居住在辽东半岛，其后人口繁衍，成为辽代熟女真中人数较多、社会发展程度较高的部分，辽朝设有曷苏馆女真国大王府。查阅史籍，仅辽中期38年间曷苏馆女真有8次朝贡，统计如下（表1-1）：

表1-1　曷苏馆女真对辽朝贡活动一览表

帝王	年份	月份	辽帝捺钵地点	朝贡活动	文献出处
圣宗	开泰元年（1012）	正月	庚寅，祠木叶山	辛卯，曷苏馆大王曷里喜来朝	《辽史》卷15
	四年（1015）	四月	戊辰，驻沿柳湖	丙辰，曷苏馆部请括女直王殊只你户旧无籍者，会其丁入赋役，从之	《辽史》卷15
	八年（1019）	五月	猎于桦山、浅岭山等秋山	曷苏馆惕隐阿不葛、宰相赛剌来贡	《辽史》卷16
		九月	壬午，驻土河川	庚辰曷苏馆惕隐阿不割来贡	《辽史》卷16
	太平六年（1026）	十月	驻辽河浒	曷苏馆诸部长来朝	《辽史》卷17
		十二月	庚子，驻辽河	曷苏馆部乞建旗鼓，许之	《辽史》卷17
兴宗	重熙十年（1041）	十月	九月猎于马盂山；十月甲午，幸中京	庚寅，以女直太师台押为苏曷馆都大王	《辽史》卷19
	十九年（1050）	六月	庆州	曷苏馆、蒲卢毛朵部各遣使贡马	《辽史》卷20

从上表中内容看，圣宗开泰四年（1015），"曷苏馆部请括女直王殊只你户旧无籍者，会其丁入赋役，从之"②。这表明此时的曷苏馆女真人对辽朝承担一定赋税，《契丹国志》曰熟女真"耕凿与渤海人同，无出租赋"③。曷

---

① （宋）徐梦莘：《三朝北盟会编》卷3《政宣上帙三》，重和二年正月十日丁巳，上海古籍出版社，1987年，第16页。

② 《辽史》卷15《圣宗纪六》，中华书局，1974年，第176页。

③ （宋）叶隆礼撰：《契丹国志》卷22《四至邻国地理远近》，贾敬颜、林荣贵点校，上海古籍出版社，1985年，第212页。

苏馆女真社会发展水平则更为进步一些，按丁入赋役，则说明辽朝对曷苏馆女真的统辖关系较为紧密。自辽初迁到辽东半岛的曷苏馆女真经过百年发展已经处于文明社会的边缘，或已迈入文明社会的门槛。辽前期不见曷苏馆部女真朝贡活动的记载，这可能与辽朝前期以东京辽阳府管辖境内曷苏馆部女真朝贡事务有关，即辽前期曷苏馆女真可能是诣辽阳府朝贡，随着曷苏馆女真社会逐渐脱离原始形态，曷苏馆女真国大王府主要由管理诸熟女真大王府事务的地方官署——女真详稳司管辖，朝贡只是一个辅助的统辖形式。

圣宗开泰元年（1012），曷苏馆女真诣捺钵朝见契丹皇帝实属事出有因。统和二十八年（1010），高丽国发生西京留守康肇弑君易主事件，《辽史·高丽传》记载：

五月，高丽西京留守康肇弑其主诵，擅立诵从兄询。八月，圣宗自将伐高丽，报宋，遣引进使韩杞宣问询。询奉表乞罢师，不许。十一月，大军渡鸭渌江，康肇拒战于铜州，败之。……驻跸于城西佛寺。高丽礼部郎中渤海陀失来降。遣排押、盆奴攻开京，遇敌于京西，败之。询弃城遁走，遂焚开京，至清江而还。二十九年正月，班师。

圣宗亲征高丽之事，对居地邻近高丽的女真各部影响很大。开泰元年正月，"癸未，长白山三十部女直酋长来贡，乞授爵秩。甲申，驻跸王子院。丙戌，望祠木叶山。丁亥，女直太保蒲捻等来朝。戊子，猎于买曷鲁林。庚寅，祠木叶山。辛卯，曷苏馆大王曷里喜来朝"。女真各部首领亲自至捺钵朝贡，这可能与契丹皇帝的要求有关。这年圣宗诏高丽王询来朝，但"高丽王询遣田拱之奉表称病不能朝，诏复取六州地"。[①]于是又围绕辽朝索要鸭绿江以东六州之地问题，辽再次对高丽开战。开泰五年至八年，辽军连年

———————

① 以上引文皆见《辽史》卷15《圣宗纪六》，第170—171页。

出兵征讨高丽，直到开泰八年（1019）十二月"高丽王询遣使乞贡方物诏纳之"①。辽与高丽的关系才得以缓和，重新恢复良好的关系。这期间，曷苏馆女真三次遣使朝贡，其中在辽出大军讨高丽的开泰八年，曷苏馆女真惕隐阿不葛先后两次至捺钵朝贡。

圣宗太平六年（1026）十月，契丹皇帝游幸至辽河，曷苏馆诸部酋长皆往捺钵朝见。十二月，"曷苏馆部乞建旗鼓，许之"②。重熙十年（1041）十月曷苏馆首领的朝贡，与属国长官的任命有关，"庚寅，以女直太师台押为曷苏馆都大王"③。这应是一次比较特殊的任命，辽朝以少数民族担任的属国、属部官员一般是世袭制，这次另外任命女直太师台押为曷苏馆女真国大王府的都大王应有非同一般的原因，然史籍无载。曷苏馆女真一直臣服辽朝，谨守臣礼。直到辽末，女真起兵反辽，建立金朝后，在同族人的号召下曷苏馆女真叛辽，天祚帝天庆六年（1116）十一月，"东面行军副统马哥等攻曷苏馆，败绩"④。从此，曷苏馆女真结束了对辽朝二百年的称臣纳贡。

另外，从表1-1内容看，辽朝册封熟女真属国、属部官员的称号主要有大王、都大王、惕隐、太师等。大王、都大王，为属国长官名号，惕隐为契丹官号，太师则为汉人官号。

鸭绿江女真，分布在鸭绿江中下游东西地区，包括今辽宁丹东和吉林通化的东部地区、朝鲜平安道和慈江道的西北部地区。高丽国称之为"西女真""西北女真"。⑤辽太宗会同三年（940）二月，"乙卯，鸭渌江女直遣使来觐"。翌年，再次遣使朝贡。⑥大约辽于这年设置鸭绿江女真大王府。

---

① 《辽史》卷16《圣宗纪七》，第187页。

② 《辽史》卷46《百官志二》，第756页；卷17《圣宗纪八》，第200页。

③ 《辽史》卷19《兴宗纪二》，第226页。

④ 《辽史》卷28《天祚帝纪二》，第335页。

⑤ 分布在朝鲜半岛东北部的鸭绿江女真（西女真）与后文论及的长白山三十部女真（东女真）、铁骊女真，与高丽国存在着一定程度的交往关系，参见拙文：《女真与北宋的朝贡关系研究》，《邓广铭教授百年诞辰国际学术研讨会论文集》，中华书局，2008年。

⑥ 《辽史》卷4《太宗纪下》，第47、50页。

此后便不见鸭绿江女真朝贡活动的记载，这或许与其同时又向北宋进行朝贡活动有关。[①]圣宗统和年间辽朝连续几次出兵征讨东部女真，这期间，辽于统和九年（991）二月在鸭绿江女真人地区"建威寇、振化、来远三城，屯戍卒"[②]。（今辽宁丹东九连城东鸭绿江中黔定岛上及江口一带），兵事隶属东京统军司。[③]统和十年十二月以东京留守萧恒德等伐高丽。翌年正月，高丽王治遣朴良柔奉表请罪，圣宗"诏取女直鸭渌江东数百里地赐之"[④]。鸭绿江女真的事迹，便不再见于《辽史》记载。但鸭绿江女真之东，朝鲜半岛东北部濒海地区的长白山三十部女真于圣宗太平元年（1021）尚遣使朝贡，由此看来，鸭绿江女真的朝贡活动可能湮没在史籍中没有记载部名的女真朝贡活动中了。

南、北女真主要在圣宗时形成，这一时期除了归附辽朝的女真部落，圣宗几次大规模讨伐女真，俘获大量的女真民户，将其安置到东京道下属的各州县区划之内，分南北两部分设官建制统辖之。南女真，分布在卢州（今辽宁盖州熊岳城）、归州（今辽宁盖州熊岳城西南）、苏州（今辽宁金州）、复州（今辽宁复州），辽设南女真国大王府，兵事隶属于南女真汤河司。北女真，分布在韩州（今辽宁昌图八面城东南古城址）、肃州（今辽宁昌图）、安州（今辽宁昌图四面城古城）、咸州（今辽宁开原老城）、同州（今辽宁开原南中固镇）、银州（今辽宁铁岭市）、双州（今辽宁铁岭西60里古城子村）、辽州（今辽宁新民东北58里辽滨塔村），辽设北女真国大王府，兵事隶属于设在辽州的北女真兵马司。[⑤]南、北女真国大王府几乎没有朝贡活动，仅圣宗统和八年（993）有"北女直四部请内附"的记载，此时正是圣宗征服反叛女真的战争期间。从辽朝设置"南女真汤河司""北女真兵马

<hr />

① 程尼娜：《女真与北宋的朝贡关系研究》，《邓广铭教授百年诞辰国际学术研讨会论文集》，中华书局，2008 年。

② 《辽史》卷 13《圣宗纪四》，第 141 页。

③ 《辽史》卷 38《地理志二》，第 158 页。

④ 《辽史》卷 13《圣宗纪四》，第 143 页。

⑤ 以上均参见《辽史》卷 46《百官志二》，第 756 页。今地参见谭其骧主编：《〈中国历史地图集〉释文汇编·东北卷》，中央民族学院出版社，1988 年。以下文中今地未出注者均参见该书。

司"对南、北女真进行统辖看①，这部分女真不向辽廷朝贡，是因为辽朝对其统治较为严密，属国统辖机制已经处于由羁縻制向直接统辖的过渡阶段。

二、非熟女真亦非生女真属国、属部与辽朝的朝贡关系

这部分女真人居住在鸭绿江上游、图们江上游、粟沫江（第二松花江）和辉发河流域，其分布范围在咸州（今辽宁开原）东北，北达拉林河以南，东到长白山，西到今吉林中部。尽管这部分女真人基本不在州县区内居住，但亦著辽籍，被视为"非熟女真亦非生女真"，主要有铁骊女真、黄龙府女真、达卢古部女真、回跋女真、顺化女真等。

铁骊女真，即唐代的铁利靺鞨部，入辽后，靺鞨改称为女真。926年初，在契丹建国十年后，太祖耶律阿保机亲率大军东征灭亡了渤海国。二月，"丁未，高丽、濊貊、铁骊靺鞨来贡"②。其时辽太祖阿保机正在忽汗城（渤海上京，今黑龙江省宁安市），居渤海国之北的铁骊靺鞨在渤海国灭亡后的第一时间便赶来向辽太祖表示臣服。渤海国灭亡后，打通了北部和东部沿海地区女真部落与辽朝之间的通道，辽太祖天显元年（926）以后，铁骊对辽的朝贡活动一直延续至辽末。

铁骊对辽朝的朝贡活动可以分为前后两个时期，前期从辽太祖天显元年（926）到辽穆宗应历三年（953），共27年。在此期间铁骊向辽朝贡14次，辽遣使至铁骊仅1次，即辽太宗天显十二年（937）九月，"遣使高丽、铁骊"③。在铁骊与辽朝建立臣属关系的初期，铁骊的朝贡活动还不规律，到太宗天显十二年辽朝遣使至铁骊之后，铁骊对辽的朝贡活动开始频繁而有规律，多数时间为每年向辽遣使朝贡一次，估计这次辽使到铁骊部，奉旨于其地设置了"铁骊国王府"。史家笔下记载了铁骊女真频繁且较有规律的朝贡

① 《辽史》卷46《百官志二》，第745、750页。
② 《辽史》卷2《太祖纪下》，第22页。
③ 《辽史》卷3《太宗纪上》，第41页。

活动，说明铁骊女真是到捺钵向契丹皇帝朝贡，说明这一时期辽朝是由中央管理属国、属部的朝贡事务。

然而辽穆宗应历四年（954）到辽圣宗统和九年（991），铁骊骤然停止了对辽朝的朝贡活动，从史籍记载看这一时期铁骊女真加入到女真对北宋王朝朝贡的队伍中。[①]直到辽圣宗统和九年（991）二月，辽朝在鸭绿江下游入海口一带 "建威寇、振化、来远三城，屯戍卒"[②]，切断了女真人向宋朝贡的路线，铁骊女真才又恢复对辽朝的朝贡。对于铁骊女真停止对辽朝贡38年，日本学者日野开三郎先生认为是由于这一时期铁骊受兀惹部（渤海遗民）阻止的原因。[③]但日野先生没有言明依据什么，其原因尚待探讨。然而从铁骊女真自行停止对辽朝贡，辽朝无任何举措进行干预看，说明辽朝对属国属部朝贡制度的管理还较为疏松。

辽圣宗统和十年（992）到天祚帝天庆四年（1114），是铁骊女真对辽朝进行朝贡活动的后期。其中从圣宗统和十年到开泰八年（992—1019）的27年间，铁骊部遣使朝贡15次，保持着比较规律的朝贡活动。圣宗太平二年（1022）以后，铁骊女真对辽朝的朝贡次数明显减少，间隔时间变长，圣宗太平三年到辽末的90余年中，铁骊向契丹皇帝共朝贡4次，第一次间隔25年，第二次间隔35年，第三次间隔13年，第四次间隔6年。这种现象与辽朝管理属国、属部朝贡制度的形式发生重大变化有直接关系，圣宗后期，将属国属部的管理权转入地方统辖体系，其朝贡事务主要由地方政府管辖，属国属部不必每年（或几年）到捺钵向契丹皇帝朝贡。但在铁骊国王府长官去世新任铁骊国王继任时，还是要到捺钵向契丹皇帝朝贡，或继任者本人来，或遣使来朝。《辽史·兴宗纪》记载，兴宗重熙六年（1047），"铁骊仙门来朝，以始如贡，加右监门卫大将军"。这里 "始如贡"，当是新铁骊国王继任后第

---

① 程尼娜：《女真与北宋的朝贡关系研究》，《邓广铭教授百年诞辰国际学术研讨会论文集》，中华书局，2008年。
② 《辽史》卷13《圣宗纪四》，第141页。
③ [日] 日野開三郎：《東北アジア民族史》（下），三一書房，1990年，第70—72页。

一次朝贡。铁骊国王府的朝贡事务由黄龙府管理，铁骊女真到黄龙府贡纳方物，由黄龙府征调铁骊女真的属国军出兵助战，如兴宗重熙九年（1040），"十一月甲子，女直侵边，发黄龙府铁骊军拒之"①。因此，后期铁骊女真到辽内地朝贡次数锐减，并不是辽朝对铁骊统辖减弱，反而是由于辽朝将铁骊纳入地方统治体系，对铁骊统治更加强化的结果。

黄龙府女真和达卢古部女真同时开始向辽廷进行朝贡，《辽史·太宗纪上》记载，天显三年（928），"黄龙府罗涅河女直、达卢古来贡"。这一年辽朝将东丹国由牡丹江地区迁往辽东半岛，北面的女真各部开始与辽朝接触，于是契丹统治集团开始大规模经略女真地区，故而女真各部纷纷归属辽朝。顺化女真与回跋女真归附辽朝的时间也应在此前后，《辽史》记载太宗朝女真各部朝贡活动十分频繁，可惜大多没有明确记载是哪个部，此二部当在其中。史籍明确记载顺化女真与回跋女真朝贡的时间是在景宗、圣宗朝，《辽史·百官志二》北面属国官条下记载："女直国顺化王府，景宗保宁九年，女直来请宰相、夷离堇之职，以次授者二十一人。"圣宗统和八年（989），"女直宰相阿海来贡，封顺化王"。《辽史·圣宗纪》记载开泰八年（1019），"回跋部太师踏剌葛来贡"。从初次记载顺化女真与回跋女真的事迹时，辽朝已经在其地建立王府，女真首领出任太师、宰相、夷离堇等官职，也间接说明两部归附辽朝的时间要早于景宗朝和圣宗朝。

辽朝在这一地区设置的属国、属部有铁骊国王府、黄龙府女真部大王府、达卢古国王府、女直国顺化王府、回跋部节度使等，契丹皇帝册封各属国、属部女真首领的官号有太师、太保、宰相、右监门卫大将军、都监、夷离堇、详稳等。②据《辽史·道宗纪》：太康八年（1082）"三月庚戌，黄龙府女直部长术乃率民内附，予官，赐印绶"。由此推测辽朝在封授女真属

---

① 《辽史》卷18《兴宗纪一》，第222页。
② 《辽史》卷16《圣宗纪七》，第185—187页；卷19《兴宗纪二》，第229页；卷20《兴宗纪三》，第238页。

国、属部官员时，可能授以印绶。然而史籍记载只见此一例赐印绶，因此也有另一种可能，黄龙府女直部长术乃率民内附，不再为属国、属部官员，而是转为一般地方行政官员。

辽朝末年，这一地区是完颜氏生女真部落联盟势力扩张的地区。天祚帝干统三年（1103）十二月铁骊女真叛归生女真完颜阿骨打。其后，在完颜阿骨打起兵反辽的前夜，达卢古部也叛归生女真，"达鲁古部实里馆来告曰：'闻举兵伐辽，我部谁从？'太祖曰：'吾兵虽少，旧国也，与汝邻境，固当从我。若畏辽人，自往就之'"[①]。黄龙府是辽朝北方重镇，在其控制比较严密地区的黄龙府女真和辉发河流域的回跋女真、顺化女真，或在阿骨打军队攻占了这一地区后才归附金朝。

三、东海女真属国、属部与辽朝的朝贡关系

东海女真，又曰濒海女真，分布范围南抵高丽国北境，东至日本海，北到今俄罗斯的滨海南部地区，西至清川江一带。主要有长白山三十部女真、蒲卢毛朵部女真、濒海女真。

长白山三十部女真，高丽国称之为"东女真"或"东北女真"。分布在长白山以东，高丽国东北的咸兴平野一带，地处东部沿海的长白山三十部女真地区，距离辽朝内地甚远，且地多山阻隔，辽朝建立后，长白山三十部女真何时开始遣使朝贡，无明确记载。然太宗天显三年（928）将牡丹江流域的渤海人整族迁到辽东半岛，这在当时是很大的事件，在朝鲜半岛上的女真部落中不能不产生较大的影响，太宗时期众多遣使朝贡的女真部落中可能有长白山以南濒海地区的女真部落，从辽朝并未在长白山三十部女真地区设置属国或属部看，这一地区的女真人与辽朝的朝贡关系比较疏松。查阅《辽史》有辽一代始终有不冠部名前来朝贡的女真部落，因此即便是没有明确记载长

---

① 《金史》卷2《太祖纪》，中华书局，1975年，第24页。

白山三十部女真前来朝贡，也不能确定该部在辽前期没有遣使朝贡。另外，该部女真与辽朝关系较为疏松的另一个原因是，自宋朝建立后，长白山三十部女真一直积极由海路向北宋朝贡。^①直到辽圣宗时期，为了切断女真人与宋朝的联系，出兵东征女真，开泰元年（1012），"长白山三十部女直酋长来贡，乞授爵秩"^②。辽朝于其地设置长白山女真国大王府，将其纳入属国统治体系，标志辽朝对这一地区女真部落统辖加强。圣宗太平元年（1021），"东京留守奏，女直三十部酋长请各以其子诣阙祗候。诏与其父俱来受约"^③。这里提供了两个信息，一是长白山女真国大王府由东京留守司统辖。二是开泰年间辽与高丽之间关于鸭绿江以东六州地之争，导致辽连年出兵讨伐高丽。在平息争端之后，辽朝对与高丽比邻而居的长白山三十部女真与高丽的关系十分重视，"女直三十部酋长请各以其子诣阙祗候"是为了向契丹皇帝表明臣服与忠心，但圣宗仍要求酋长们"俱来受约"。之后，史籍不见冠有"长白山三十部女真"或"长白山女真国大王府"前来朝贡的记载，推测该属国可能诣东京朝贡，或史籍阙载其名。

蒲卢毛朵部女真，分布地在长白山三十部女真之北，图们江支流海兰河流域直到东部濒海处。圣宗统和十四年（996），萧恒德"为行军都部署，伐蒲卢毛朵部"^④。辽朝这次出兵后，估计在蒲卢毛朵部地区建立了朝贡制度，或许此时于其地设蒲卢毛朵大王府。《辽史》中再见蒲卢毛朵部已是圣宗太平六年（1026），"蒲卢毛朵部多兀惹户，诏索之"。这是辽朝处理朝贡制度成员间人口问题的事件，即辽属部不得收留或掠夺其他属部的人口，蒲卢毛朵部中有许多兀惹户，无论是什么理由都要交出来。大约是为这件事，第二年正月，圣宗至混同江（松花江与嫩江合流处）春捺钵时，"蒲卢毛朵部

---

① 程尼娜：《女真与北宋的朝贡关系研究》，《邓广铭教授百年诞辰国际学术研讨会论文集》，中华书局，2008年。
② 《辽史》卷15《圣宗纪六》，第170页。
③ 《辽史》卷16《圣宗纪七》，第189页。
④ 《辽史》卷88《萧恒德传》，第1343页。

遣使来贡"。三月，辽廷命"蒲卢毛朵部送（兀惹人户）来州收管"①。此后，这类事件还有发生，兴宗重熙十年（1041），"诏蒲卢毛朵部归曷苏馆户之没入者使复业"。从上面讨论蒲卢毛朵部朝贡活动看，该部似乎并不是以诣捺钵朝贡为主，但《辽史·兴宗纪》载：重熙十二年五月，"斡鲁、蒲卢毛朵部二使来贡失期，宥而遣还"。这又表明蒲卢毛朵部要遵守规定的朝贡时间，从史书记载看该部朝贡活动在兴宗朝略多些，有4次，之前圣宗朝1次，之后道宗朝2次。因此，这里所说的"失期"，当是辽帝因特殊事情召见蒲卢毛朵部，使者没有按照规定时间到达捺钵（其时辽帝在南京，今北京市）。第二年，兴宗"遣东京留守耶律侯哂、知黄龙府事耶律欧里斯，将兵攻蒲卢毛朵部"。接着，重熙十五年（1046）二月，"蒲卢毛朵界曷懒河户来附，诏抚之"。四月，"蒲卢毛朵曷懒河百八十户来附"。②这些事件应有一定关联。辽道宗时期，北部的生女真日益兴起，并不断向东部发展势力，《金史·世纪》记载："景祖稍役属诸部，自白山、耶悔、统门、耶懒、土骨论之属，以至五国之长，皆听命。" 道宗寿隆三年（1092）八月，"蒲卢毛朵部长率其民来归"。可能在生女真攻势下，蒲卢毛朵部酋长率领部分部民投附辽朝州县地区。同年十月，"蒲卢毛朵部来贡"。③这是蒲卢毛朵部的最后一次朝贡。

此外，濒海女真，史书中记载极少，具体分布地点不详。辽圣宗初年，连年出兵讨伐东部地区女真各部，统和四年（986）辽大军"讨女直所获生口十余万，马二十余万及诸物"④。两年后，濒海女真开始向辽廷进行朝贡。《辽史·圣宗纪》记载，统和六年（988）八月，"濒海女直遣使速鲁里来朝"。辽朝设置濒海女直国大王府，隶属咸州兵马司。

大约在道宗后期，生女真部落联盟已控制了图们江以东以北的濒海地

① 《辽史》卷69《部族表》，第1102页。
② 《辽史》卷19《兴宗纪二》，第233页。
③ 《辽史》卷26《道宗纪六》，第310页。
④ 《辽史》卷11《圣宗纪二》，第119页。

区，这一地区女真属国、属部与辽朝的朝贡关系也随之中断了。

四、生女真属部与辽朝的朝贡关系

生女真分布在粟沫江之北和宁江州（今吉林松原）东北，南到拉林河，东到今俄罗斯的滨海地区，北到今黑龙江依兰一带，西至松嫩平原。"地方数千里，户口十余万，无大君长，立首领，分主部落。地饶山林，田宜麻谷，土产人参、蜜蜡、北珠、生金、细布、松实、白附子，禽有鹰、鹘、海东青之类，兽多牛、马、麋、鹿、野狗、白彘、青鼠、貂鼠。"[①]这一地区的女真部落不著辽籍，谓之"生女真"。

辽朝中期以前，生女真一直处于分散的氏族部落阶段，各部互不统属。辽圣宗时期，以阿什河流域（黑龙江省哈尔滨市阿城区一带）为中心的生女真完颜部逐渐发展起来，完颜部酋长完颜石鲁"稍以条教为治，部落寖强。辽以惕隐官之"[②]。得到辽朝的封赐后，完颜石鲁借辽威，"耀武致于青岭、白山，顺者抚之，不从者讨伐之，入于苏滨、耶懒之地，所制克捷"[③]。青岭，为今张广才岭；苏滨，为今绥芬河地区；耶懒，在吉林东南，东滨日本海之地。[④]到其子完颜乌古乃继任完颜部酋长后，"稍役属诸部，自白山、耶悔、统门、耶懒、土骨论之属，以至五国之长，皆听命"[⑤]。统门，为今图们江流域；五国，为今黑龙江依兰一带。辽道宗时期，完颜乌古乃初步建立起以完颜部为中心的生女真军事部落大联盟。辽道宗咸雍年间（1065—1071），辽朝以生女真部落联盟长完颜乌古乃为生女真部族节度使。《金史·世纪》记载：

---

① （宋）叶隆礼：《契丹国志》卷26《诸蕃国杂记·女真国》，贾敬颜、林荣贵点校，上海古籍出版社，1985年，第246页。

② 《金史》卷1《世纪》，第4页。

③ 《金史》卷1《世纪》，第4页。

④ 参见张博泉等：《金史论稿》第1卷，吉林文史出版社，1986年，第61—62页。

⑤ 《金史》卷1《世纪》，第4页。

五国蒲聂部节度使拔乙门畔辽，鹰路不通。……景祖（乌古乃）阳与拔乙门为好，而以妻子为质，袭而擒之，献于辽主。辽主召见于寝殿，燕赐加等，以为生女直部族节度使。辽人呼节度使为太师，金人称"都太师"者自此始。辽主将刻印与之。景祖不肯系辽籍，辞曰："请俟他日。"辽主终欲与之，遣使来。景祖诡使部人扬言曰："主公若受印系籍，部人必杀之。"用是以拒之，辽使乃还。既为节度使，有官属，纪纲渐立矣。

辽设置生女真部族节度使后，生女真对辽朝的朝贡活动当以生女真部族节度使所辖生女真诸部为主。辽朝中期已经比较清楚了女真各部的名称，故我认为辽道宗以后，《辽史》中没有冠具体部名的记载，如"女真遣使来贡""女真贡良马"，主要是指生女真部族节度使辖部的朝贡活动。现将这部分女真朝贡活动统计如下（表1–2、表1–3）：

表1–2 《辽史》记载生女真属部对辽朝贡活动一览表

辽帝	纪年	月	辽帝行踪	女真朝贡	文献出处
道宗	咸雍七年（1071）	二月	正月如鸭子河	女直进马	《辽史》卷22
	大康六年（1080）	六月	驻纳葛泺	女直遣使来贡	《辽史》卷24
	七年（1081）	正月	混同江	女直贡良马	《辽史》卷24
	十年（1084）	四月	正月如山榆淀，五月驻散水原	女直贡良马	《辽史》卷24
	大安二年（1086）	三月	二月驻山榆淀	女直贡良马	《辽史》卷24
	三年（1087）	三月	正月如鱼儿泺，四月如凉陉	女直贡良马	《辽史》卷25
	六年（1090）	三月	二月驻双山	女直国来贡	《辽史》卷70
	寿隆元年（1095）	四月	二月驻鱼儿泺	女直遣使来贡	《辽史》卷26
		十一月	十月驻藕丝淀	女直遣使进马	《辽史》卷26
	六年（1100）	十二月	九月驻藕丝淀	女直遣使来贡	《辽史》卷26

续表

辽帝	纪年	月	辽帝行踪	女真朝贡	文献出处
天祚帝	乾统三年（1103）	正月	朔如混同江	女直函萧海里首，遣使来献	《辽史》卷27
	天庆二年（1112）	二月	如春州，幸混同江	生女直酋长在千里内者以故事皆来朝	《辽史》卷27
	四年（1114）	正月	如春州	女直遣使来索阿苏，不发	《辽史》卷27

表1-3　《金史》记载生女真属部对辽朝贡与辽使赴生女真一览表

	生女真完颜部朝贡	生女真其他部朝贡	辽朝使者	文献出处
辽道宗朝［金昭祖］	部落渐强，辽以惕隐官之。			《金史》卷1
咸雍中（1065—）［金景祖］			辽以兵徙铁勒、乌惹之民，铁勒、乌惹多不肯徙，亦逃而来归。辽使曷鲁林牙将兵来索逋逃之民。乌古乃止其军，与曷鲁自行索之。	《金史》卷1
咸雍中	景祖以乌林答部石显阻绝海东路请于辽告于辽主。	乌林答部石显乃遣其子婆诸刊入朝见辽主于春搜。	辽主遣使责让石显"汝何敢阻绝鹰路？审无他意，遣其酋长来。"	《金史》卷1、67
咸雍中		明年石显入见于春搜,流石显于边地。		《金史》卷67
咸雍中	景祖擒拔乙门，献于辽主。辽主召见于寝殿，燕赐加等，以为生女直部族节度使。		五国蒲聂部节度使拔乙门畔辽，鹰路不通。辽人将讨之，先遣同干来谕旨。景祖与同干袭取之。	《金史》卷1、63
咸雍八年（1072）	五国没撚部谢野勃董畔辽，鹰路不通，景祖伐之。即往见辽边将达鲁骨，行次来流水，疾作而复。			《金史》卷1

续表

	生女真完颜部朝贡	生女真其他部朝贡	辽朝使者	文献出处
大安七年（1091）[金世祖]	桓赧、散达大会诸部来攻，世祖遣肃宗求援于辽。		一日，辽使坐府中，顾见太祖手持弓矢，使射群乌，连三发皆中。	《金史》卷1、2
	斡勒部人盃乃结乌春、窝谋罕举兵。使肃宗与战，败之，获盃乃，世祖献之于辽。			《金史》卷1
	活剌浑水纥石烈部腊醅、麻产起兵，世祖克其军，麻产遁去，擒腊醅及婆诸刊，献于辽主，并言乌春助兵之状，仍以不修鹰道罪之。既已，复请之，辽人与之，并以前后所献罪人归之。		辽主使人至乌春问状，乌春惧，乃为谰言以告曰："未尝与腊醅为助也。德邻石之北，姑里甸之民，所管不及此。"	《金史》卷1、65、67
	太祖亲获麻产，献馘于辽。辽命太祖为详稳，仍命穆宗、辞不失、欢都皆为详稳。			《金史》卷2
大安八年（1092）	世祖时肃宗大败乌春，复获杯乃，献于辽。	是时，乌春已前死，窝谋罕请于辽，愿和解。	城始破，议渠长生杀，众皆长跪，辽使者在坐。	《金史》卷1、67
	世祖寝疾。太祖以事如辽统军司。太祖往见曷鲁骚古统军，既毕事。			《金史》卷2
[金肃宗]1092—1094	世宗时肃宗尤能知辽人国政人情。凡有辽事，一切委之肃宗专心焉。			《金史》卷1
寿隆二年（1096）[金穆宗]	欢都及系案女直阿鲁太弯、阿鲁不太弯等七人，以衣裾相结，与阿注阿俱行，至辽境，乃释欢都。	纥石烈阿疏初闻穆宗来伐，乃自诉于辽。	陶温水、徒笼古水纥石烈部阿阁版及石鲁阻五国鹰路，执杀辽捕鹰使者。辽诏穆宗讨之，数日，入其城，出辽使存者数人，俾之归。	《金史》卷1、68

	生女真完颜部朝贡	生女真其他部朝贡	辽朝使者	文献出处
		太祖攻破留可城，留可已先往辽矣，尽杀其城中渠长。		《金史》卷2、67
寿隆六年（1100）			阿疏犹在辽，复诉于辽。辽遣奚节度使乙烈来罢兵。穆宗至来流水兴和村，见乙烈。	《金史》卷1
辽天祚帝乾统元年（1101）			辽使使持赐物来赏平鹰路之有功者。	《金史》卷1
乾统二年（1102）	辽命穆宗捕讨海里，杀海里使阿离合懑献首于辽。穆宗执斡达剌，朝辽主于渔所，大被嘉赏，授以使相，锡予加等。		辽追海里兵数千人，攻之不能克。穆宗谓辽将曰："退尔军，我当独取海里。"辽将许之。大破其军。	《金史》卷1
乾统三年（1103）	二月，穆宗还。十月，卒。		辽使使授从破海里者官赏。	《金史》卷1
［金康宗］1103—1113			辽每岁遣使市名鹰"海东青"于海上，道出境内，使者贪纵，征索无艺，公私厌苦之。康宗尝以不遣阿疏为言，稍拒其使者。	《金史》卷2
天庆三年（1113）［金太祖］	太祖嗣位，使蒲家奴如辽取阿疏，事久不决，乃使习古乃、银术可继往。		康宗即世，辽使阿息保来，曰："何以不告丧？"他日，阿息保复来，径骑至康宗殡所，阅赠马，欲取之。	《金史》卷2、72
天庆四年（1114）	复遣宗室习古迺、完颜银术可往索阿疏。		六月，辽使使来致袭节度之命。辽统军司闻女真有反辽之意，使节度使捏哥来问状。辽复遣阿息保来诘之。	《金史》卷2

将表1-2和表1-3综合起来看，记载重合的朝贡活动有3次，其中《辽

史·天祚帝纪》记载乾统三年"女直函萧海里首，遣使来献"。在《金史·世纪》中记载为乾统二年，穆宗使阿离合懑献萧海里首于辽，并亲自"朝辽主于渔所，大被嘉赏，授以使相，锡予加等"。渔所，即辽朝的春捺钵。《金史》又记载穆宗于明年二月还生女真部，十月卒。从《金史》记载穆宗朝贡事项与往返时间都比较明确看，应是《辽史》记载有误。除此3次之外，《辽史》记载女真朝贡还有10次，《金史》记载完颜部朝贡13次，其他生女真部朝贡5次，总计28次。

《辽史·天祚帝纪》载："（天庆）二年春正月己未朔，如鸭子河。丁丑，五国部长来贡。二月丁酉，如春州，幸混同江钩鱼。界外生女直酋长在千里内者，以故事皆来朝。适遇'头鱼宴'，酒半酣，上临轩，命诸酋次第起舞，独阿骨打辞以不能。谕之再三，终不从。"这里明确说明当契丹皇帝到春捺钵时，生女直酋长在千里内者都要来朝贡。所谓"故事"，说明至少辽朝后期已经形成这种制度。查《辽史》，辽后期契丹皇帝活动的春捺钵主要在混同江流域。从《辽史》记载女真朝贡时间看，多是在冬春时节。上面二表统计内容看女真朝贡以到春捺钵朝见契丹皇帝为多，《金史》记载中女真朝贡有2次与辽边将、统军司有关。还有一次未能成行的朝贡，道宗咸雍八年（1072），五国没撚部谢野勃董畔辽，鹰路不通，景祖伐之，击败没撚部军后，景祖"即往见辽边将达鲁骨，自阵败谢野功。行次来流水，未见达鲁骨，疾作而复，卒于家"[1]。据此或可以说明生女真部几乎每年都向辽廷朝贡，遇有特别事件如大安七年（1091）女真内部发生纷争，完颜部生女真部族节度使遣使朝贡达5次之多。

生女真部族节度使向辽朝纳贡的物品主要是马匹、土产，为契丹皇帝围猎提供猎人。契丹皇帝每岁至秋捺钵，入秋山，"女真常从，呼鹿、射虎、搏熊，皆其职也。辛苦则在前，逸乐则不与"[2]。生女真部族节度使完颜阿骨

① 《金史》卷1《世纪》，第6页。
② （宋）宇文懋昭撰，崔文印校证：《大金国志校证》附录一《女真传》，中华书局，1986年，第588页。

打"其弟吴乞买、粘罕、胡舍等尝从猎，能呼鹿、刺虎、搏熊。上喜，辄加官爵"①。生女真之北五国部地区出产"小而俊健，能擒鹅鹜"的海东青，契丹皇帝与贵族酷爱之，生女真景祖乌古乃因为辽擒获反叛的五国蒲聂部节度使拔乙门，打通了鹰路，"献于辽主。辽主召见于寝殿，燕赐加等，以为生女直部族节度使"②。从此为辽朝维护鹰路畅通成为生女直部族节度使一项重要的职责，如前引史料所言，景祖最后也是在维护辽朝鹰路的战场上"被重铠，率众力战"③，疾作而卒。

据表1-3辽朝向生女真地区遣使16次，其中与维护鹰路有关6次，与追讨叛民和叛将有关3次，与调停生女真内部纷争有关1次，任命生女真部族节度使1次，指责生女真不当行为4次，还有一次目的不详。但史籍记载辽朝实际遣使到生女真地区的次数远超过16次，由于五国部对辽时附时叛，契丹人"岁岁求之女真，女真至五国，战斗而后得，女真不胜其扰"④。辽朝"岁遣使者，称天使，佩银牌自别，每至女真国，遇夕，必欲美姬艳女荐之枕席。女真旧例，率输中下之户作待国使处，未出适女待之，或有盛色而适人者，逼而取之，甚至近贵阀阅高者，亦恣其丑污，屏息不敢言"。这些辽朝廷派来的官员在生女真部落"需求无厌"，"多方贪婪，女真浸忿之"⑤。及天祚嗣位，责贡尤苛。"天使所至，百般需索于部落，稍不奉命，召其长加杖，甚者诛之，诸部怨叛。"⑥由此可见，属国、属部地区即便是生女真部族节度使这类羁縻朝贡制度地区，契丹统治集团也是百般索取。

生女真地区多山林，物产丰富，其中珍品如北珠、人参等为契丹贵族所珍爱。女真人携采集而来的各种物产到辽朝在边州开设的榷场，换取粮食、

---

① 《辽史》卷27《天祚帝纪一》，第326页。

② 《金史》卷1《世纪》，第5页。

③ 《金史》卷1《世纪》，第6页。

④ （宋）叶隆礼：《契丹国志》卷10《天祚皇帝上》，贾敬颜、林荣贵点校，第102页。

⑤ （宋）叶隆礼：《契丹国志》卷9《道宗天福皇帝》，贾敬颜、林荣贵点校，第96页。

⑥ （宋）叶隆礼：《契丹国志》卷10《天祚皇帝上》，贾敬颜、林荣贵点校，第102页。

布帛和生活中需要的手工业制品。《契丹国志·天祚皇帝上》记载：

> （宁江）州有榷场，女真以北珠、人参、生金、松实、白附子、蜜蜡、麻布之类为市，州人低其直，且拘辱之，谓之"打女真"。

应该说，榷场贸易与生女真人的社会生活密切相关，它也是吸引生女真归附辽朝，进行朝贡活动的一个重要原因。辽朝统治集团在与生女真人之间的榷场贸易中的"打女真"行径，极大地伤害了生女真人，促使女真人与辽朝统治集团之间民族矛盾日益加深。

生女真部族节度使有较大的自治权。辽天祚帝乾统二年（1096），萧海里叛，"啸聚为盗，未旬日间，有众二千余，攻陷干、显等数州。诸道发兵捕讨，累战不胜，潜率众奔生女真界，就结杨割太师谋叛。诸军追袭至境上，不敢进，具以闻。北枢密院寻降宣箚子付杨割一面图之。杨割迁延数月，独斩贼魁解里首级，遣长子阿骨打献辽，余悉不遣，给云：'已诛绝矣。'随行妇女、鞍马、器甲、财物，给散有功之人充赏。辽不得已，反进杨割父子官爵"[1]。可见辽朝军队不能随意进入生女真部族辖地，虽朝廷重犯进入生女真地，也必须由女真人去捕捉，但辽朝为维持地方稳定，有权干预、平息生女真属部内部部落纷争。如在完颜部攻打阿疎部时，阿疎诉于辽，"辽遣奚节度使乙烈来"，命生女真部族节度使盈歌"凡攻城所获，存者复与之，不存者备偿"，且征马数百匹。[2]对于辽朝统治者来说，维护地区稳定的统治秩序是最为重要的事，若生女真部族平定了本地区发生的骚乱，也会受到辽朝的嘉奖。如生女真部族节度使劾里钵平定了辖区内麻产等女真部落的叛乱，擒获麻产，"献馘于辽"，辽授生女真部族贵族盈歌、阿骨

---

① （宋）叶隆礼：《契丹国志》卷9《道宗天福皇帝》，贾敬颜、林荣贵点校，92—93页。将此事系于寿昌（隆）二年，误。杨割太师即生女真部族节度使完颜盈歌。阿骨打父亲是第二任生女真部族节度使完颜劾里钵，劾里钵是盈歌的兄长，因此盈歌与阿骨打是叔任关系，非父子关系。

② 《金史》卷1《世纪》，第14页。

打、辞不失、欢都等人以"详稳"官职。①

生女真部族节度使在诣捺钵朝贡的同时，也受地方政府管辖。南宋人史愿《亡辽录》记载："长春路则黄龙府兵马都部署司、咸州兵马详稳司、东北路都统军司。镇抚女真、室韦。诸部所在分布诸番与汉军，咸以爪牙相制。"②生女真属部事务主要由咸州详稳司管辖。辽"沿边诸帅如东京留守、黄龙府尹等，每到官，各管女真部族依例科敛，拜奉礼物各有等差"③。辽朝时常派官到生女真地通问，生女真部落贵族也经常到咸州官府言事，如完颜颇剌淑、阿骨打在继任生女真部族节度使之前，都曾多次到辽朝府州官衙。《金史·世纪》曰：劾里钵任生女真部族节度使时，"凡有辽事，一切委之肃宗（颇剌淑）专心焉。凡白事于辽官，皆令远跪陈辞，译者传致之，往往为译者错乱。肃宗欲得自前委曲言之……以草木瓦石为筹，枚数其事而陈之……所诉无不如意"④。生女真部族内部有人对节度使不满，亦可到咸州详稳司申诉。如阿骨打任生女真部族节度使时，"并吞诸邻近部族，有赵三、阿鹘产大王者，拒之不从，阿骨打掳其家。二人来诉于咸州详稳司，送北枢密院"。阿骨打得知后，天庆三年（1113）三月，"带五百余骑，径赴咸州详稳司，吏民惊骇。明日，拥骑赴衙引问，与告人赵三、阿鹘产等并跪问于厅下，阿骨打隐讳不伏供，祈送所司取状。一夕，领从骑归去，遣人持状赴详稳司云：'意欲杀我，故不敢留。'自是追呼不复至，第节次申北枢密院，辽国亦无如之何"⑤。由此可知，咸州详稳司对生女真部族内部诉讼事务有裁判权，若有重大争议须申报到辽朝最高军政权力机关——北枢密院裁决。上面列举的是辽末之事，此时阿骨打已经决意反辽，才敢率人骑马闯入咸州，后来又不辞而别，追呼不至。金末，东北路都统军司对生女真属

① 《金史》卷2《太祖纪》，第20页。
② （宋）徐梦莘：《三朝北盟会编》卷21《政宣上帙二十一》，宣和七年正月二十四日，第153页。
③ （宋）徐梦莘：《三朝北盟会编》卷3《政宣上帙三》，重和二年正月十日，第21页。
④ 《金史》卷1《世纪》，第11页。
⑤ （宋）叶隆礼：《契丹国志》卷10《天祚皇帝上》，贾敬颜、林荣贵点校，第101—102页。

部亦有军事监管职责，世祖时生女真内部纷争不断，"太祖以事如辽统军司"①，当是去汇报平定腊醅、麻产、乌春诸部纷争之事宜。天祚帝天庆元年（1111），东北路统军使萧兀纳就上书建议："臣治与女直接境，观其所为，其志非小。宜先其未发，举兵图之。"②在生女真完颜阿骨打起兵反辽前后，东北路统军司具有防御生女真反叛的军事职能。③

结语

女真人与辽朝的朝贡关系始于辽太祖天显元年（926），一直保持至辽末天祚帝天庆四年（1114）。辽朝对前来朝贡的女真部落酋长授官名、赐赏物，进而建立属国、属部建置。辽朝对各种属国、属部统辖关系有所不同，居住在辽东半岛与辽河流域的熟女真属国、属部，自金初便被纳入地方府州统辖体系，其他地区的女真属国、属部从圣宗时期开始逐步被纳入地方府州统辖体系，或由中央与地方双重管辖。辽初女真朝贡活动十分频繁，女真各部绝大部分皆至契丹皇帝所在的捺钵进行朝贡，随着辽朝逐步将管理女真属国、属部朝贡活动的职责移交地方府州，史籍中关于女真朝贡活动的记载逐渐减少。分布在州县地区的各女真属国属部主要由地方政府统辖，不再诣捺钵行朝贡，如果辽朝对其还是实行羁縻统治，或许是诣府州朝贡。州县之外地区的生女真部和分布在州县边缘地区的铁骊女真部一直诣捺钵朝贡，同时亦受地方府州、统军司管辖节制。道宗咸雍五年（1069）辽规定女真岁贡马万匹。并言："以故群牧滋繁，数至百有余万，诸司牧官以次进阶。"④这似乎暗示辽朝对女真人的统治比较稳定。因此，在史籍记载女真人朝贡活动频繁的时期，并不是辽朝对女真人统治严密的反映，而是女真部落处于分散状态，各自为政的反映。同样，道宗、天祚帝朝大部分女真不再朝贡的现象，

① 《金史》卷1《世纪》，第20页。
② 《辽史》卷98《萧兀纳传》，第1414页。
③ 王雪萍、吴树国：《辽代东北路统军司考论》，《中国边疆史地研究》2014年第1期。
④ 《辽史》卷60《食货志下》，第932页。

也不是辽朝对女真人统治疏松的反映，而是辽朝对女真统治的形式由羁縻统辖体制向一般行政建置管理体制转变的反映。

第二节　铁骊女真与辽政权的朝贡关系研究[①]

铁骊女真是辽朝统治下规模较大亦较为活跃的女真部族，自辽太祖天显元年（927）铁骊女真首次遣使向契丹政权朝贡开始，终辽一代铁骊女真与辽政权始终保持着朝贡关系。[②]探讨铁骊女真与辽政权的朝贡关系，对于认识辽朝对女真属国、属部的统治形式具有重要的意义。关于辽代铁骊女真的研究成果，早期主要是日本学者的研究成果，1915年日本学者池内宏发表的长篇论文《铁利考》[③]，其中对辽代铁骊女真的居地、迁徙等事迹进行了详细的考辨。其后，日野开三郎在《东北亚民族史》（下）中研究辽代兀惹、定安国和女真问题时，也多处论述到辽代铁骊女真的问题。我国学者的相关研究多集中于对唐代铁利靺鞨住地的探讨，涉及辽代铁骊女真的研究较为少见。目前，中外学者关于铁骊女真（铁利靺鞨）研究的重点主要集中在考察铁骊（铁利）的分布地区，而且各家观点分歧很大。因此，关于辽代铁骊女真的研究还有相当大的空间。

一、辽代铁骊女真的分布地

辽代铁骊女真的前身是唐代铁利靺鞨，欲要考察铁骊女真的住地，首先

---

① 《铁骊女真与辽政权的朝贡关系研究》，原载于《新果集——林沄教授七十华诞纪念论文集》，科学出版社，2009 年。
② 954—991 年，铁骊女真曾一度停止对辽朝贡活动。
③ 该文发表在《满鲜地理历史研究报告》第三册，东京帝国大学文科大学，大正五年十二月。其后又收入池内宏：《满鲜史研究》中世第一册，吉川弘文馆，昭和八年十月，第 15—177 页。

应弄清唐代铁利靺鞨的住地。铁利靺鞨属黑水靺鞨集团，其地邻近渤海国，在渤海王大钦茂时期，铁利靺鞨部为渤海所吞并。《新唐书·黑水靺鞨传》记载：

> 初，黑水……又有拂涅、虞娄、越喜、铁利等部，其地南距渤海，北、东际于海，西抵室韦，南北袤二千里，东西千里。拂涅、铁利、虞娄、越喜时时通中国，……铁利，开元中六来；越喜，七来，贞元中一来；虞娄，贞观间再来，贞元一来。后渤海盛，靺鞨皆役属之，不复与王会矣。

铁利靺鞨与拂涅、虞娄、越喜三部靺鞨分布在东到日本海，西至室韦（嫩江流域），南邻渤海，东西千里，南北二千里的广袤地域之中。关于唐代铁利部的住地，国内外学者意见不同，主要有如下几种观点：日本学者池内宏认为唐高宗灭高丽时，原分布在阿什河流域的安车骨部靺鞨人奔散，其后铁利靺鞨人进入这一地区，直到辽圣宗统和末年，铁利部始终居住在阿什河流域，其后再次东迁至原渤海上京（今黑龙江省宁安市）。[1]松井等认为唐代铁利部住地近东海，大约在黑龙江与乌苏里江合流处一带地方。[2]小川裕人认为唐代铁利部在黑龙江依兰。[3]我国学者金毓黻认为唐代铁利部的居地在今俄罗斯哈巴罗夫斯克（伯力）附近。[4]可见金毓黻与松井等的观点接近，认定的地点偏北；小川裕人认定的地点在其南；池内宏认定的地点偏西。

从史籍关于唐代铁利靺鞨的记载看，可得出如下几点认识：其一，铁利部在渤海国之北，如《新唐书》所云"其地南距渤海"；其二，铁利之地紧

① ［日］池内宏：《铁利考》，《满鲜地理历史研究报告》第三册，东京帝国大学文科大学，大正五年十二月。
② ［日］松井等：《满洲历史地理》，转引自池内宏《铁利考》，《满鲜地理历史研究报告》第三册，东京帝国大学文科大学，大正五年十二月。
③ 参见日野开三郎：《東北アジア民族史》（下），三一书房，1990 年，第 63 页注（39）。
④ 金毓黻：《东北通史》，五十年代出版社，1987 年，第 292 页。

邻渤海国。据《册府元龟》记载，铁利靺鞨最后一次向唐朝朝贡是在唐玄宗开元二十八年（740）。[①]在上文提到的拂涅、虞娄、越喜、铁利四部中，铁利部较早地停止了对唐朝贡，这意味着铁利部在四部中较早地被渤海所控制，也表明其地与当时的渤海国比邻。其三，铁利部住地应距日本海不很遥远。据日本史书《续日本纪》记载，天平十八年（唐玄宗天宝五年，746），"渤海及铁利总一千一百余人慕化来朝。安置出羽国，给衣粮放还"[②]。又宝龟十年（唐代宗大历十四年，779）九月，"渤海及铁利三百五十九人慕化来朝，在出羽国，宜依例给之，但来使轻微，不足为宾"[③]。铁利在停止对唐朝的朝贡活动之后，两次遣使随同渤海使至日本，这或可说明铁利住地略偏东，距日本海不太遥远。其四，铁利部被渤海吞并后仍聚族而居。《新唐书·渤海传》记载"铁利故地为铁利府，领广、汾、蒲、海、义、归六州"。在辽灭渤海之翌年，太祖天显元年（927）铁骊女真便开始遣使对契丹政权朝贡。[④]

唐玄宗开元年间至德宗贞元中期，大致相当于渤海文王大钦茂时期。大钦茂即位时渤海都城在旧国（今吉林敦化境内），其北部边界大致在牡丹江与松花江合流处南北之地。大钦茂时期先后吞并了靺鞨铁利、拂涅部之后，"天宝末，钦茂徙上京，直旧国三百里，忽汗河之东"[⑤]。渤海上京在今黑龙江宁安。唐代铁利部当在渤海的北部略偏东，其地大约在今牡丹江下游之东，今黑龙江勃利县一带。

916年契丹建国。10年后，926年太祖耶律阿保机率大军灭亡渤海国。翌年，即辽太祖天显元年（927），铁骊女真始遣使向契丹政权朝贡。辽代铁骊

① （宋）王钦若等：《册府元龟》卷971《外臣部·朝贡四》，中华书局，1960年，第11410页。
② [日]菅野真道等：《统日本纪》卷16，日本圣武天皇天平十八年（746），经济杂誌社，1897年，第268页。
③ [日]菅野真道等：《统日本纪》卷35，日本光仁天皇宝龟十年（779）九月，第629页。
④ 《辽史》卷2《太祖纪下》：天显元年二月，"丁未，高丽、濊貊、铁骊、靺鞨来贡。"
⑤ 《新唐书》卷219《渤海传》，中华书局，1975年，第6181页。

女真的住地是否始终在唐代铁利靺鞨地区没有变化，这是值得探讨的问题。

契丹灭渤海后，于其地建东丹国。两年后，天显三年（928）辽太宗迁东丹国民于辽东半岛的东平，"升东平郡为南京"①，"天显十三年（938），改南京为东京，府曰辽阳"②。东京即今辽宁省辽阳市。在辽灭渤海国及东丹国南迁之际，原渤海政权边缘地带的部族纷纷脱离渤海国和东丹国的统治，铁骊女真即是其中一部。由于渤海遗民举族南迁，牡丹江流域出现大片无人地带，于是东北的东部地区居民出现了从北向南的迁徙浪潮。东北面的女真人逐渐占据了牡丹江地区，又有一部分女真人沿东部山海之地继续东南移，分布在朝鲜半岛北部山地。铁骊女真南下之后，其原住地成为五国部的居地。

南下后的铁骊女真居于何地？可从辽朝、宋朝和高丽朝相关铁骊女真事迹的分析中得出如下认识：其一，铁骊女真居地在辽朝州县附近。终辽一代铁骊女真始终保持对辽朝贡关系，直到女真建立金朝的前一年为止（见表1-4）。这表明铁骊部在完颜氏生女真部落联盟势力范围的南面。其二，铁骊女真居地仍在偏东部地区。铁骊女真曾从海路向北宋朝贡，《宋会要·蕃夷》第三记载：宋太祖开宝六年（973）"铁利王子五户并母及子弟连没六、温迪门、没勿罗，附其使贡马、布、腽肭脐、紫青貂鼠皮"③。所献方物除马匹、貂鼠皮是东北特产外，腽肭脐是海产品。可见其地距原渤海国的朝贡道（鸭江道）不会太远。又据《高丽史》记载，在高丽显宗、德宗时期，铁骊多次遣使至高丽国，高丽亦遣使至铁骊。可推知铁骊女真地区距离朝鲜半岛的高丽国不很遥远，而且彼此的交通路线也比较畅通。其三，铁骊女真居地在兀惹部之南，略偏西之处。《辽史·圣宗纪》记载，统和十三年（995）七月，"兀惹乌昭度、渤海燕颇等侵铁骊，遣奚王和朔奴等讨之"。同书卷

① 《辽史》卷3《太宗纪上》，第30页。
② 《辽史》卷38《地理志二》，第457页。
③ （清）徐松：《宋会要辑稿》第196册《蕃夷门三》，中华书局，1957年，第7712页。

八五《奚和朔奴传》记载："（统和）十三年秋，迁都部署，伐乌惹。驻于铁骊，秣马数月，进至乌惹城。利其俘掠，请降不许，令急攻之，城中大恐，皆殊死战。和朔奴知不能克，从副部署萧恒德议，掠地东南，循高丽北界而还，以地远粮绝，士马死伤，诏降封爵，卒。"辽军欲讨伐兀惹，驻兵于铁骊数月。池内宏认为兀惹城在原渤海上京（今黑龙江宁安）。[1]综合上述认识，辽代铁骊女真的居地大约在今吉林敦化或偏西一带。

二、927 年至 953 年铁骊女真与辽政权的朝贡关系

926年在辽灭渤海国之际，铁利靺鞨（后改称铁骊女真）脱离了渤海统治，转而归附辽朝。《辽史·太祖下》记载：辽太祖天显元年二月，"丁未，高丽、濊貊、铁骊靺鞨来贡"。其时辽太祖阿骨打正在忽汗城（渤海上京），铁骊向辽太祖表示臣服，从此成为辽朝属民。铁骊与辽朝的朝贡关系可以分为前后两个时期，前期从辽太祖天显二年（927）到辽穆宗应历三年（953）。在这一时期，铁骊对辽朝贡活动频繁且较有规律，体现了辽朝这一时期由中央管理属国、属部事务的政治统治形式。（参见表1-4）

表1-4　927—953年铁骊女真与辽朝朝贡关系表[2]

	年	月	辽帝所在地	朝贡活动	备 注
太祖	天显元年（927）	二月	渤海上京	高丽、秽貊、铁骊、靺鞨来贡	
太宗	六年（931）	十月	八月障鹰于近山	铁骊来贡	
	八年（933）	七月	沿柳湖	铁骊、女直、阻卜来贡	
	十二年（937）	九月	七月幸怀州	癸亥，术不姑、女直来贡。辛未，遣使高丽、铁骊	

----

① [日]池内宏：《铁利考》，《满鲜地理历史研究报告》第三册，东京帝国大学文科大学，大正五年十二月。
② 此表根据《辽史》本纪、卷68《游幸表》、卷70《属国表》统计。

续表

年	月	辽帝所在地	朝贡活动	备　注
	十一月	？	铁骊来贡	《表》记载为10月
会同元年（938）	二月	猎松山	铁骊来贡	
二年（939）	十一月	十二月钩鱼于土河	铁骊来贡	
四年（941）	二月	去岁冬驻跸伞淀	铁骊来贡	
五年（942）	四月	驻跸阳门	铁骊来贡，以其物分赐群臣	
六年（943）	六月	八月如奉圣州	铁骊来贡	
	十一月	十二月如南京	铁骊来贡	
八年（945）	十一月	上京一带	女直、铁骊来贡	
穆宗 应历元年（951）	十二月	南京	铁骊来贡	
二年（952）	四月	？	铁骊进鹰鹘	《表》记载为3月
三年（953）	四月	三月如应州	铁骊来贡	《表》记载为3月

从辽太祖天显二年（927）到辽穆宗应历三年（953），共26年，在此期间铁骊向辽政权朝贡14次，辽朝遣使至铁骊仅1次。在忽汗城铁骊第一次朝见辽太祖的4年之后，太宗天显六年（931）铁骊首次到辽朝内地朝贡。在铁骊与辽朝建立臣属关系的初期，铁骊的朝贡活动还不规律，到太宗天显十二年（937）辽朝遣使至铁骊之后，铁骊对辽的朝贡活动开始频繁而有规律，多数时间为每年遣使向辽朝贡一次。

显然，天显十二年辽朝使者到铁骊部曾有某种事情发生。据《辽史·百官志》北面属国官条下记载，辽设有"铁骊国王府"。《百官志》云："辽制，属国、属部官，大者拟王封，小者准部使。命其酋长与契丹人区别而用，恩威兼制，得柔远之道。"①铁骊女真的先世铁利靺鞨之地在渤海国时期曾设铁利府，受渤海文化的影响，铁利靺鞨社会发展水平应基本脱离了原始形态，进入辽朝之后，铁骊女真应是女真各部中实力较为强大的部族。因而推测辽朝在天显十二年遣使至铁骊女真之地，以铁骊女真部为铁骊国王府，授铁骊部酋长为铁骊国王，将铁骊女真纳入辽朝的属国、属部的羁縻统治体系之下，于是铁骊开始每年对辽朝进行朝贡。②

辽朝设有五京，前期以上京临潢府为京师，但契丹皇帝与汉族皇帝不同，一年之中不是主要居于京师，而是保持游牧民族的文化风俗游动于四时捺钵。从上表可以看出辽前期契丹皇帝的四时捺钵地点还不很固定，如果铁骊朝贡要面见契丹皇帝，通常在契丹内地（今内蒙古赤峰地区），最南可到南京（今北京）、奉圣州（今河北涿鹿）、应州（今山西应县）一带。③铁骊向契丹皇帝所献方物主要是马匹、貂鼠皮、鹰鹘等。《辽史·百官志》曰："辽国官制，分北、南院。北面治宫帐、部族、属国之政。"这一时期铁骊女真的朝贡事务应由随从契丹皇帝在四时捺钵的北面官署的相关部门管理。

辽穆宗应历四年（954）铁骊突然停止了对辽朝的朝贡活动，38年之后，才又恢复对辽朝的朝贡。日本学者日野开三郎认为这是由于这一时期铁骊受兀惹部（渤海遗民）阻止的原因。④然而，此时的兀惹还是一个很弱小的部族，在辽景宗保宁七年（975）秋七月，黄龙府卫将渤海人燕颇杀都监张琚以叛，走保兀惹城之后⑤，兀惹才逐渐壮大，宋朝一方的史料于宋太宗太平兴国

---

① 《辽史》卷46《百官志二》，第754页。
② 947—950年是辽世宗朝，《辽史》对世宗朝的记载有缺失，不仅铁骊朝贡活动没有记载，而且其他部族、属国与辽朝的往来、朝贡活动均没有记载。
③ 古今地名对照，主要参考《中国历史地图集》第六册，中华地图学社，1975年。
④ ［日］日野开三郎：《東北アジア民族史》（下），三一书房，1990年，第70—72页。
⑤ 《辽史》卷8《景宗纪上》，第95页。

六年（981）^①、辽朝一方史料于圣宗统和十年（992）以后^②，才开始见到关于兀惹的记载。因此笔者尚不能认同日野先生的观点。那么，铁骊女真突然停止朝贡当另有原因。穆宗在位时，"畋猎好饮酒，不恤国事，每酣饮，自夜至旦，昼则常睡，国人谓之'睡王'"^③。而且，穆宗为人多疑，性情残暴，嗜饮酗酒，"数以细故杀人"，"视人犹草芥"，如"有监雉者因伤雉而亡，获之欲诛，夷腊葛谏曰：'是罪不应死。'帝竟杀之"。^④面对如此暴虐的君王，铁骊人在朝贡活动中极有可能受到伤害，这或许是铁骊一度停止对辽朝贡的原因。

从铁骊女真自行停止对辽朝贡，辽朝无任何举措进行制止看，尽管这个时期铁骊对辽朝贡活动频繁且有规律，但辽朝对铁骊女真的统治是比较疏松的。

辽穆宗应历十年（960），赵匡胤于汴京建立宋朝，在北宋建立的第二年，女真人便开始了对宋朝的朝贡活动。^⑤铁骊部地处原渤海国初年的王城"旧国"一带，当女真人开始从原渤海国的朝贡道（鸭江道）展开频繁的对宋朝贡活动时，铁骊女真也加入其中。《宋会要·蕃夷》第三记载：宋太祖开宝六年（973）"铁利王子五户并母及子弟连没六、温迪门、没勿罗，附其使贡马、布、腽肭脐、紫青貂鼠皮"^⑥。

直到辽圣宗统和九年（991）二月，为了阻止女真对宋朝朝贡，辽朝在鸭绿江下游入海口一带"建威寇、振化、来远三城，屯戍卒"^⑦。兵事隶属东京统军司。^⑧三城在今辽宁丹东九连城东鸭绿江中黔定岛及江口一带，切断了

---

① （宋）马端临：《文献通考》卷326《四裔考三·渤海》，中华书局，2011年，第8989页。
② 《辽史》卷13《圣宗纪四》，第139—152页。
③ 《新五代史》卷73《四夷附录二》，中华书局，1975年，第904页。
④ 《辽史》卷78《耶律夷腊葛传》，第1265页；卷103《萧韩家奴传》，第1445—1450页。
⑤ 参见程尼娜：《女真与北宋的朝贡关系研究》，《邓广铭教授百年诞辰国际学术研讨会论文集》，中华书局，2008年。
⑥ （清）徐松：《宋会要辑稿》第196册《蕃夷门三》，第7712页。
⑦ 《辽史》卷13《圣宗纪四》，第141页。
⑧ 《辽史》卷38《地理志二》，第458页。

女真人向宋朝贡的路线。翌年，铁骊女真重新恢复了对辽朝的朝贡活动。

三、992年至1114年铁骊女真与辽政权的朝贡关系

辽圣宗统和十年（992）铁骊恢复了对辽朝的朝贡活动，这一年铁骊连续派遣了三批朝贡使臣，重新恢复了与辽朝的臣属关系。此后，直到辽末，完颜阿骨打建立金国的前夜，辽天祚帝天庆四年（1114）十二月女真起兵反辽前夜，铁骊女真才叛入生女真部族节度使完颜阿骨打的麾下。此前，乾统元年（1101）铁骊对辽朝进行了最后一次朝贡。从辽圣宗统和十年（992）到天祚帝天庆四年（1114）是铁骊女真与辽政权朝贡关系的后期。这一时期又可分为两个阶段，圣宗统和十年（992）到太平二年（1022）为第一阶段；圣宗太平三年（1023）到辽末（1114）为第二阶段。（参见表1-5）

表1-5　991—1114年铁骊女真与辽朝朝贡关系表[①]

	年	月	辽帝所在地	朝贡活动
圣宗	统和十年（992）	三月	由台湖如炭山	铁骊来贡
		七月	？	铁骊来贡
		十月	9月幸五台山	铁骊来贡
	十二年（994）	十一月	10月猎可汗州之西山	铁骊来贡
	十三年（995）	七月	是夏清暑炭山	乙巳朔，女直遣使来贡。丁巳，兀惹乌昭度、渤海燕颇等侵铁骊，遣奚王和朔奴等讨之
		十二月	9月在延芳淀	铁骊遣使来贡鹰、马
	十四年（996）	六月	如炭山清暑	铁骊来贡

---

① 此表根据《辽史》本纪、卷68《游幸表》、卷70《属国表》统计。

续表

	年	月	辽帝所在地	朝贡活动
	十五年（997）	六月	4月如炭山清暑	铁骊来贡
	十六年（998）	五月	祠木叶山	铁骊来贡
	二十年（1002）	四月	三月驻跸鸳鸯泺	铁骊来贡
	二十一年（1003）	三月	正月如鸳鸯泺	铁骊来贡
	二十三年（1005）	四月	正月还次南京	乙未，铁骊来贡
	开泰元年（1012）	八月	6月驻跸上京	铁骊那沙等送兀惹百余户至宾州，赐丝绢。是日，那沙乞赐佛像、儒书，诏赐护国仁王佛像一、易、诗、书、春秋、礼记各一部
	三年（1014）	正月	乙未如浑河；丙午畋潢河	丁酉女直及铁骊各遣使来贡
	八年（1019）	正月	中京	铁骊来贡
	太平二年（1022）	五月	4月如缅山清暑	铁骊遣使献兀惹十六户
兴宗	重熙十六年（1047）	十月	幸中京谒祖庙	铁骊仙门来朝，以始入贡，加右监门卫大将军
道宗	大康八年（1082）	正月	混同江	铁骊、五国诸长各贡方物
	寿隆六年（1095）	十二月	9月驻藕丝淀	庚申，铁骊来贡
天祚帝	乾统元年（1101）	七月	6月如庆州	铁骊来贡
	天庆四年（1114）	十二月		铁骊、兀惹叛入女直

辽圣宗即位后，连年征讨鸭绿江流域女真，"获生口十余万，马二十余万及诸物"[1]。继而出兵高丽，迫使高丽国"始行契丹统和年号"[2]。在与宋的战争中辽朝胜多败少，统和二十二年（1004）辽宋双方签订了"澶渊之盟"，宋每年向辽输银十万两，绢二十万匹，两朝罢兵，从此南北进入和平时代。

辽圣宗时期是辽朝全面发展，开始走向鼎盛的时期。重新恢复对辽朝朝贡活动的铁骊女真，在受到邻近部族侵扰时得到辽朝的政治保护，如统和十三年（995），"兀惹乌昭度、渤海燕颇等侵铁骊，遣奚王和朔奴等讨之"[3]。在与辽朝的朝贡活动中，铁骊女真不仅得到丝绢之类的物品，而且带回佛像、儒书，《辽史·圣宗纪》记载，开泰元年（1012）八月，"铁骊那沙等送兀惹百余户至宾州，赐丝绢。是日，那沙乞赐佛像、儒书，诏赐护国仁王佛像一、易、诗、书、春秋、礼记各一部"。儒学、佛教在铁骊地区的传播，对铁骊女真社会发展起着重要的作用。在那沙为铁骊国王府长官时期，还向东发展与高丽国的联系，据《高丽史》记载，1014—1033年，铁骊遣使至高丽国8次，高丽国遣使至铁骊2次。（参见表1-6）

表1-6 1014—1033年铁骊女真与高丽往来关系表[4]

高丽纪年	辽朝纪年	月份	事迹	文献出处
显宗五年（1014）	开泰三年	二月	铁利国主那沙使女真万豆来献马及貂鼠、青鼠皮	《高丽史》卷4
十年（1019）	八年	三月	铁利国主那沙使阿卢太来献土马。遣使如铁骊国，报聘。	同上
		五月	遣使如铁利国报聘	

[1] 《辽史》卷11《圣宗纪二》，第119页。
[2] [朝鲜]郑麟趾等：《高丽史》卷3《成宗世家》，国立汉城大学奎章阁档案馆本，第27a页。
[3] 《辽史》卷13《圣宗纪四》，第146页。
[4] 此表根据《高丽史》记载统计。

续表

高丽纪年	辽朝纪年	月份	事迹	文献出处
十二年 （1021）	太平元年	三月	铁利国遣使表请归附如旧	同上
十三年 （1022）	二年	八月	铁利国首领那沙遣黑水阿夫间 来献方物	《高丽史》 卷5
二十一年 （1030）	十年	四月	铁利国主那沙遣女真计陁汉等 来献貂鼠皮，请历日，许之	同上
二十二年 （1031）	景福元年	六月	铁利国主武那沙遣若吾者等来 献貂鼠皮	同上
德宗元年 （1032）	重熙元年	二月	铁利国遣使修好	同上
二年 （1033）	二年	正月	铁利国遣使献良马、貂鼠皮。 王嘉之，回赐甚优	同上

表中高丽显宗五年（1014）条有"铁利国主那沙使女真万豆来献马及貂鼠、青鼠皮"；十年（1019）条有"铁骊国主那沙使阿卢太来献土马"。[①]万豆，又作曼斗；阿卢太，又作阿罗大、阿噜台，《高丽史》《续资治通鉴长编》称他们为东女真首领，即为当时鸭绿江女真的著名首领。可见在铁骊与高丽的交往初期，鸭绿江女真曾起过作用。铁骊女真用马匹、貂鼠皮、青鼠皮等与高丽国进行贸易，以获取所需的手工业制品；同时也与高丽进行文化交流，获取高丽"历日"。这表明此时的铁骊女真已经是较为发展的女真部族。另外，铁骊女真与高丽国的交往也反映了辽朝统治下的属国、属部具有很大的自治权利，可以与邻国自由进行贸易往来。

辽圣宗时期，对新征服的各族人户进行重新编制，加强在周边各部族地区设置各种类型的属国、属部建置，并且逐步调整对属国、属部的统治形式，将一部分统治关系较为稳定的女真属国、属部纳入地方统辖体系，仍然

---

① [朝鲜] 郑麟趾等：《高丽史》卷4《显宗世家一》，第30a页。

采取因俗而治的羁縻统治方式，由地方府州管理这些属国、属部的事务。这种对女真诸部族统治形式的转变过程，大约到道宗时期基本完成。

从后期铁骊与辽朝朝贡关系表中可以发现，在后期的第二阶段，即圣宗太平三年（1023）以后，铁骊女真对辽朝的朝贡次数明显减少，间隔时间变长，这应是铁骊国王府转入地方统辖体系，其事务主要由地方政府管辖，不必每年（或几年）向契丹皇帝朝贡的缘故。辽朝对铁骊女真统治方式转变后，由黄龙府管理铁骊国王府的朝贡事务，铁骊对辽朝贡纳方物、出兵助战等义务并没有变，如兴宗重熙九年（1040），"十一月甲子，女直侵边，发黄龙府铁骊军拒之"。这里的"铁骊军"即是由铁骊人组成的"属国军"，服从辽朝的调遣。因此，后期第二阶段铁骊到辽内地朝贡次数锐减，并不是辽朝对铁骊统辖减弱，反而是由于辽朝将铁骊纳入地方统治体系，对铁骊统治更加强化了。

自圣宗太平三年到辽末的90余年中，铁骊向契丹皇帝共朝贡4次，第一次间隔25年，第二次间隔35年，第三次间隔13年，第四次间隔6年。《辽史·兴宗纪》记载，兴宗重熙六年（1047年），"铁骊仙门来朝，以始如贡，加右监门卫大将军"。这里的"始如贡"，向我们透露了铁骊为何间隔如此长时间来朝贡一次的信息，极有可能是在铁骊国王府长官去世新任铁骊国王继任时，要到内地向契丹皇帝朝贡，或继任者本人来，或遣使来朝贡。

综上所述，辽代铁骊女真自辽太祖天显二年（927）开始对契丹政权朝贡，到辽天祚帝天庆四年（1114）十二月叛入生女真完颜阿骨打麾下，结束了与辽王朝的朝贡关系。在辽朝统治下180余年期间，铁骊女真与辽朝的朝贡关系可分为前后两期，后期又可以分为两个阶段。进入后期第二阶段以后，铁骊女真与辽政权的朝贡关系表现出与前期显著不同的特点，这既与辽朝国内的政治形势有关，而且与辽朝对女真属国、属部的统治政策和统治形式发生变化有着密切关系。

第三节 强力与绥怀：辽宋民族政策比较研究 ①

中国自古以来就是多民族国家，大一统的汉唐帝国是如此，南北对峙的辽宋政权同样也是多民族共存的王朝。辽宋在对少数民族地区进行统治的过程中，一方面程度不同地继承了唐朝统治边疆少数民族的政策；另一方面根据两朝不同的国情，以及契丹统治集团与汉族统治集团治理边疆民族不同的政治理念，两朝在各自境内推行的边疆少数民族政策又具有明显的差异。本节以辽朝治理东北民族政策和宋朝治理南方蛮夷政策为研究对象，比较辽宋民族政策的同异，以就教于方家。

一、民族地区设置的多样性与单一性

辽宋对边疆民族的统治形式不再是单纯的分封朝贡制，而是开始设立具有因俗而治特点的民族建置，并且两朝对边疆民族都实行直接统辖与羁縻统辖并行的统治方式。这是由于唐朝在边疆民族地区曾经普遍设置羁縻府州，使中国古代王朝对边疆民族地区的统治形式发生了重要变化。唐朝虽然灭亡了，但边疆民族社会中仍然还保留着羁縻府州的遗制，这为辽宋两朝在边疆推行设行政建置治理少数民族的政策奠定了基础。但在推行这一政策的过程中，辽宋两朝的边疆民族建置制度与统辖特点则呈现出明显的差异。

辽东北地区（东到日本海，北到黑龙江下游，包括今天的东北三省和东蒙古高原）是多民族杂居区，除契丹、奚、汉、渤海等人口较多，已经进入文明社会的民族以外，缘边地区还分布着众多的原始部族。东部主要是以

---

① 《强力与绥怀：辽宋民族政策比较研究》，原载于《文史哲》2006年第3期。

狩猎经济为主的女真、兀惹、蒲卢毛朵、达鲁古、五国部人，西部主要是以畜牧狩猎经济为主的乌古、敌烈、室韦、阻卜人。这些原始部族不仅经济类型不尽相同，社会发展水平也不平衡，为了在这些民族地区建立起有效的政治统治，辽朝统治者将东北各少数民族地区都纳入了王朝的最高地方行政区划——道之内，在上京道、中京道、东京道之下针对东北各民族社会发展的实际情况，因地制宜，因俗而治，设置了六种具有民族地区统治特点的行政建置。

其一，乌古（于厥）部地区的属部制度。乌古部分布在上京道北部的海拉尔河之南，西达呼伦池和贝尔池一带，南至今霍林河以北，其南为契丹人的聚居区。乌古部西面是敌烈部，它所处的地理位置十分重要，被辽视为控制北部边疆草原地区的重地。辽在乌古部设置部族节度使司，任命契丹官员担任乌古部节度使、详稳、都监、行军都监，授给乌古部酋长"夷离堇"官号，以契丹官员就其部，与乌古部酋长共同管理部内各种军政事务。如耶律盆奴"景宗时，为乌古部详稳，政尚严急，民苦之"[1]，耶律棠古"天庆初，乌古敌烈叛，召拜乌古部节度使。至部，谕降之。遂出私财及发富民积，以振其困乏，部民大悦，加镇国上将军"[2]。另外，乌古部节度使还负有维持乌古敌烈地区安全，平定叛乱的职责，如圣宗开泰七年（1018）三月，"丙午，乌古部节度使萧普达讨叛命敌烈，灭之"[3]。辽虽派契丹官员统辖乌古部，却没有改变乌古部原有的社会组织，太宗时曾因功"赐其部夷离堇旗鼓"[4]，这表明乌古部酋长同时又是辽属部官员夷离堇，契丹官员通过乌古部的夷离堇才能实现对乌古部的有效管辖。

其二，敌烈部地区的属部制度。敌烈部，东邻乌古部，分布在克鲁伦河流域。辽朝在敌烈部设置了八部敌烈部详稳，后升为节度使司。辽前期任

---

① 《辽史》卷88《耶律盆奴传》，第1340页。
② 《辽史》卷100《耶律棠古传》，第1427页。
③ 《辽史》卷16《圣宗纪七》，第183页。
④ 《辽史》卷4《太宗纪下》，第47页。

命敌烈部酋长为详稳，后改任契丹人担任节度使。辽前期由于敌烈部尚未形成一个较大的氏族部落中心，各部彼此不相统一，由辽扶植任命的八部敌烈详稳的地位亦不稳固，往往因为内部的争斗，导致发生叛辽的行动。如圣宗统和十五年（997）五月，"敌烈八部杀详稳以叛，萧挞凛追击，获部族之半"①。道宗咸雍九年（1073）统辖八部敌烈的官员已由详稳提升为节度使。咸雍十年（1074）辽平定八部敌烈叛乱后，改派契丹人担任八部敌烈节度使，《辽史·萧岩寿传》记载，萧岩寿于咸雍十年"讨敌烈部有功，为其部节度使"②。

其三，熟女真地区的属国制度。熟女真又称系辽籍女真，分布在东京道的长白山地区和东流松花江流域。辽在熟女真地区设置若干个大王府，以熟女真部族酋长任大王府的长官，受辽印，女真民户著辽籍，为辽承担赋税和兵役。管理女真大王府事务的辽朝地方官署为诸女真详稳司，详稳司的官员皆由契丹人、奚人和渤海人担任，直接管理女真部族事务，诸女真详稳司由契丹枢密院管辖。另外，辽朝还设置了北女直兵马司、南女直汤河司、东北路女直兵马司掌管这一地区的军事防务。但大王府之下女真部族仍保持着原有的社会组织形式，以女真部落酋长治理部民，辽对女真上层人物授予官号，"赐印绶"③，使之具有辽地方官员的身份，女真大王府实行具有一定自治特征的羁縻统治。

其四，生女真地区的属部制度。生女真分布在东京道东北部的北流松花江、牡丹江流域，以及东部滨海地区。辽以女真部落联盟长为生女真部族节度使，不系辽籍、不受印，保持较大的自治权力。在行政统辖关系上曾隶属于咸州详稳司。④辽时常派官到生女真地通问，女真部落贵族也经常到咸州官

① 《辽史》卷13《圣宗纪四》，第149页。
② 《辽史》卷99《萧岩寿传》，第1419页。
③ 《辽史》卷24《道宗纪四》，第287页。
④ （宋）叶隆礼：《契丹国志》卷26《诸蕃国杂记·女真国》，贾敬颜、林荣贵点校，第246页。

府言事。①辽军队不能随意进入生女真部族辖地，虽朝廷重犯进入生女真地，也必须由女真人去捕捉。但辽为维持地方稳定，有权干预、平息生女真内部的部落纷争。②

其五，五国部地区的属部制度。五国部的居地在生女真之东北直到黑龙江下游地区。圣宗统和初年，五国部归附辽。《辽史·圣宗纪》载，统和二年（984）二月，"五国乌隈于厥节度使耶律院洼以所辖诸部难治，乞赐诏给剑，便宜行事，从之"③。从记载看，在五国部刚刚与辽建立朝贡关系之时，由五国乌隈于厥节度使管辖，这时辽是否授予五国部酋帅以何种官号，史无记载。《辽史·兴宗纪》载，重熙六年（1037），"八月己卯，北枢密院言越棘部民苦其酋帅坤长不法，多流亡；诏罢越棘等五国酋帅，以契丹节度使一员领之"④。这是辽在五国部地区设置五国部节度使之始。五国部节度使隶属于黄龙府都部署司，由契丹人担任。道宗朝五国部节度使已经撤离了五国部地区，咸雍以后不再见到关于五国部节度使的记载，估计辽撤销了五国部节度使的设置。

其六，阻卜地区的属国、属部制度。辽上京道西北地区分布着众多的游牧部族，辽称之为阻卜。圣宗于统和二十九年（1011）六月，"置阻卜诸部节度使"⑤。这当是辽在阻卜地区设立民族地区建置之始，此后辽相继设置了若干大王府、部族节度使司。任命阻卜酋长为大王、节度使，如兴宗重熙十四年（1045）六月，"己卯，阻卜大王屯秃古斯率诸酋长来朝"⑥;道宗大安五年（1069）五月，"己丑，以阻卜磨古斯为诸部长（或为阻卜诸部节度

---

① （宋）叶隆礼：《契丹国志》卷10《天祚皇帝上》，贾敬颜、林荣贵点校，第102页。
② 《金史》卷1《世纪》记载，生女真完颜部攻打阿疎部时，阿疎诉于辽，"辽遣奚节度使乙烈来"，命生女真部族节度使盈歌"凡攻城所获，存者复与之，不存者备偿"，且征马数百匹（中华书局1975年，第14页）。
③ 《辽史》卷10《圣宗纪一》，第113页。
④ 《辽史》卷18《兴宗纪一》，第219页。
⑤ 《辽史》卷15《圣宗六》，第169页。
⑥ 《辽史》卷19《兴宗纪二》，第232页。

使）"①。辽主要以西北、西南两招讨司兼管各阻卜大王府、节度使司的贡纳事务，负责举荐担任阻卜大王、节度使的人选，如《辽史·耶律仁先传附挞不也传》记载："磨古斯之为酋长，由（耶律）挞不也（时任西南面招讨使）所荐。"②另外，据《辽史·萧蒲奴传》记载，萧蒲奴"重熙六年（1037），改北阻卜副部署"③。这表明辽还曾设置了北阻卜都部署司，以加强对阻卜地区的军事管理。

此外，辽还设有室韦国王府、黑车子室韦国王府、铁骊国王府、鼻骨德国王府、达鲁古国王府等，由于史书中有关记载十分简略，无法进行细致研究，姑且从略。

宋朝蛮夷分布地域相当辽阔，《宋史·蛮夷传一》曰："西南诸蛮夷，重山复岭，杂厕荆、楚、巴、黔、巫中，四面皆王土。"④蛮夷人居地以荆湖南、北路为主，北至洞庭湖南的益阳，南及雷州半岛，东连吉州地，西达吕州境。即以今湖南省为中心，蔓延到江西西部与湘粤交界地，乃至两广之地。在如此广大的范围内蛮夷部落众多，种类不一，其中以瑶人为多数。吴永章认为宋代瑶人分布较为集中的地区主要有四处，即：湘北潭、邵州之间的上、下梅山地区；湘西辰、沅、靖三州地区；南岭南北两侧的桂阳监与郴、道、连、贺诸州地区；桂北的静江府以及融、宜州一带地区。⑤

唐代曾在蛮夷地区设置羁縻府州，"唐季之乱，蛮酋分据其地，自署为刺史"。到宋建立前，"时蛮猺保聚，依山阻江，殆十余万"⑥。宋取天下后，承唐制并有所发展，在蛮夷聚居区和蛮汉杂居区设立了具有民族特点的行政建置，以实现对蛮夷地区有效的政治统治。宋朝根据蛮夷社会发展的状

① 《辽史》卷25《道宗纪五》，第298页。
② 《辽史》卷96《耶律仁先传附挞不也传》，第1398页。
③ 《辽史》卷87《萧蒲奴传》，第1325页。
④ 《宋史》卷493《蛮夷传一》，中华书局，1977年，第14171页。
⑤ 吴永章：《瑶族史》，四川民族出版社，1993年，第131页。
⑥ 《宋史》卷493《蛮夷传一》，第14172页。

况及其与政府的关系，主要设置了以下两种类型的民族行政建置。

其一，在熟蛮地区设置溪峒，由所在州县直接统辖。宋荆湖南、北路所辖诸州都存在着蛮汉杂居区，如"泸州地方千里，夷夏杂居"[1]。杂居区的蛮夷通常是内属州县的瑶人，宋称之为熟蕃、归明户、保塞蛮、省地熟户等，纳入户籍，设置溪峒统辖之。溪峒首领以蛮人任职，"峒丁等皆计口给田，多寡阔狭，疆畔井井，擅鬻者有禁，私易者有罚"[2]，使其安居耕织。

宋仁宗末年到神宗时期，曾一度向蛮夷地区积极拓展，变生蛮之地为熟蛮地区，其中规模最大的一次是在湘北梅山地区，前后持续了近20年。宋仁宗嘉祐元年（1056），派遣杨谓进入梅山招谕蛮夷，"其酋长四百余人，皆出听命，因厚搞之，籍以为民，凡千一百户，故朝廷特录谓功，通梅山盖自此始"[3]。宋开梅山后，于瑶人地"画田亩，分保伍，列乡里，筑二邑，隶之籍"[4]。到神宗熙宁六年（1073），"得主客万四千八百九户，丁七万九千八十九口，田二十六万四百三十六亩"[5]，"增赋数十万"[6]。内属的蛮人编入州县的图籍，州县将其与汉人分处，因俗而治，设溪峒统辖，以蛮人的习惯法治理蛮人。若蛮人与汉人发生纠纷，蛮人仍用本族旧俗，汉人用宋律治之。到哲宗元祐六年（1091）的时候，"三省、枢密院言：通判沅州贺玮奏请，本州蛮汉杂居，相犯则汉人独被真刑，而归明人止从罚赎，实于人情未便。乞将沅州、诚州蛮汉人相犯，立定年限，从法律断罪"。但蛮人自相犯，仍行蛮人条制。[7]

宋设置溪峒统辖内属的瑶人，除了要推行因俗而治的统治政策之外，还

---

① （宋）李焘：《续资治通鉴长编》卷331，元丰五年十二月丁巳，中华书局，1993年，第7984页。
② 《宋史》卷494《西南溪峒诸蛮传下》，第14196页。
③ （宋）李焘：《续资治通鉴长编》卷184，嘉祐元年十月庚寅，第4455页。
④ （宋）刘挚：《忠肃集》卷12《直龙图阁蔡君墓志铭》，丛书集成初编本，商务印书馆，1936年，第163页。
⑤ （宋）李焘：《续资治通鉴长编》卷245，熙宁六年五月癸亥，中华书局，1986年，第5956页。
⑥ （宋）刘挚：《忠肃集》卷12《直龙图阁蔡君墓志铭》，第163页。
⑦ （宋）李焘：《续资治通鉴长编》卷453，元祐五年十二月甲寅，第10872页；卷462，元祐六年七月庚午，中华书局，1993年，第11031页。

具有防范蛮人的用意，如神宗元丰元年（1078），"诏峒丁止令习峒溪所长武艺，勿教马战"。哲宗元祐五年（1090）五月，"枢密院言：令举人及曾教学人，并阴阳卜筮、州县停闲人、会造兵器工匠，并不得入溪峒与归明蛮人相见，违者以违制论，许人告，每名赏钱二十贯，仍委本地分巡检、县尉觅察"①。终宋一代，汉族统治集团对蛮人始终存在着防范心理。

其二，在生蛮地区设置羁縻州县。宋人称不入州县图籍，不纳赋税的蛮夷人为生蛮、生黎。《续资治通鉴长编》有记载曰："蛮猺者，居山谷间，其山自衡州常宁县属于桂阳、郴连贺韶四州，环纡千余里，蛮居其中，不事赋役，谓之猺人。"②《宋史·蛮夷传三》曰："俗呼山岭为'黎'，居其间者号曰黎人。……其服属州县者为熟黎，其居山洞无征徭者为生黎。"③生蛮人口众多，分布地域辽阔。宋承唐制，在生蛮聚居地设置羁縻州县，"分析其种落，大者为州，小者为县，又小者为峒"④，以归顺的蛮夷首领任刺史、县令、峒主，统领部众。宋人赵升《朝野类要·羁縻》曰："荆、广、川、峡溪洞诸蛮及部落蕃夷，受本朝官封，而时有进贡者，本朝悉制为羁縻州，盖如汉、唐置都护之类也。"⑤

当代学者论及宋在蛮夷地区设置羁州县时，常举宋太祖擢用辰州瑶人秦再雄担任辰州刺史为例⑥，其事见宋人魏泰所撰《东轩笔录》卷一：

太祖既下荆湖，思得通蛮慣、习险扼而勇智可任者，以镇抚之。有辰州徭人秦再雄者，长七尺，武健多谋，在周行逢时，屡以战斗立功，蛮党服

① （宋）李焘：《续资治通鉴长编》卷288，元丰元年三月癸未，中华书局，1986年，第7051页；卷442，元祐五年五月戊寅，1992年，第10636页。
② （宋）李焘：《续资治通鉴长编》卷143，庆历三年九月乙丑朔，中华书局，1985年，第3430页。
③ 《宋史》卷495《蛮夷传三》，第14219页。
④ （宋）范成大著，胡起望、覃光广校注：《桂海虞衡志辑佚校注》，四川民族出版社，1986年，第179页。
⑤ （宋）赵升：《朝野类要》卷1《羁縻》，上海进步书局，第7a页。
⑥ 吴永章：《瑶族史》，四川民族出版社，1993年，第140—141页；程苹：《论宋代治理湖南瑶族的政策》，《中南民族学院学报》2000年第2期。

之。太祖召至阙下，察其可用，面以一路事付之。起蛮酋，除辰州刺史，官其一子为殿直，赐予甚厚，仍使自辟吏属，尽予一州租赋。再雄威戴异恩，誓死报效，至州日，训练土兵，得三千人，皆能被甲渡水、历山缘堑、捷如猿猱。又选亲校二十人，分使诸蛮，以传朝廷怀徕之美意，莫不从风而靡，各得降表以闻。太祖大喜，再召至阙，面加奖激。再雄伏地流涕，呜咽不胜。改辰州团练使。久之，以其门客王元成为本州推官。再雄尽瘁边，故终太祖之世，无蛮陌之患，五州延裹千里，不增一兵，不费帑瘐，而边境妥安。[1]

不过，辰州刺史秦再雄实际上并不是羁縻州长官，而是宋太祖初下荆湖后，为了稳固新占领的蛮汉杂居地区的统治，任用了一位瑶人出身的官员，使之"自辟吏属，尽予一州租赋"，仅是在当时形势下的权宜之计。其后辰州刺史不是由秦再雄后人世袭，刺史的选任、职掌与其他边地州相同。宋对蛮夷羁縻州县的统辖关系，并不是秦再雄任辰州刺史时期的状态。

生蛮地区的羁縻州县多是在当地原唐朝曾设过羁縻建置的基础上，以归顺的蛮夷诸部设置的。如泸州，"管下溪洞巩州、定州、高州、奉州、清州、宋州、纳州、晏州、浙州、长宁州十州，皆自唐以来及本朝所赐州额"[2]。此十州皆为羁縻州。又如，《宋史·蛮夷传一》载：

初，北江蛮酋最大者曰彭氏，世有溪州，州有三，曰上、中、下溪，又有龙赐、天赐、忠顺、保静、感化、永顺州六，郎、安、远、新、给、富、来、宁、南、顺、高州十一，总二十州，皆置刺史。而以下溪州刺史兼都誓主，十九州皆隶焉，谓之誓下。州将承袭，都誓主率群酋合议，子孙若弟、侄、亲党之当立者，具州名移辰州为保证，申钤辖司以闻，乃赐敕告、印

---

① （宋）魏泰：《东轩笔录》卷1，丛书集成初编本，商务印书馆，1939年，第1—2页。
② （宋）李焘：《续资治通鉴长编》卷138，庆历二年十一月甲午，第3326页。

符，受命者隔江北望拜谢。州有押案副使及校吏，听自补置。①

　　宋太祖建隆四年（963），"知溪州彭允林、前溪州刺史田洪赟等列状归顺，诏以允林为溪州刺史，洪赟为万州刺史。允林卒，以其子师皎代为刺史"②。彭允林在归顺宋朝以前自称知溪州，归顺宋以后，宋对其地位给予承认，从而这一地区成为了宋的羁縻州，彭允林则成为宋的羁縻州官。③溪州彭氏在当地瑶人诸部中具有都盟主的地位，在其归顺宋朝后，其所统领的十九州瑶人也当很快归顺。羁縻州县的官员按照其部族的习惯法实行世袭制，但要得到宋的承认，并给予敕告、印符，这样才取得合法的地位。羁縻州县的属官也由其自行补置，朝廷不再过问。宋在蛮夷地区设置羁縻州县的数量，史书无具体记载。从上述史料看，辰州管辖20个羁縻州，泸州管辖10州，再加上后设的姚州④，共11个羁縻州。此外，仅散见在《宋史·蛮夷传》中的羁縻州，有茂州管辖9个羁縻州，成都管辖2个羁縻州，叙州管辖的3个羁縻州，还有一些设置不久又废弃的羁縻州。为加强对蛮夷事务的管理，宋仁宗时"始于湖南置安抚司"⑤，从其主管招抚反叛蛮夷、奏给羁縻州承袭者敕告等事务来看，其重点偏重于生蛮事务。

　　宋对羁縻州的统辖主要建立在蛮夷自动归顺的基础上，对于骚扰州县，掠夺汉人、熟蛮人口和财物的羁縻州要实行武力镇压，但对于一些擅自脱离宋朝管辖的羁縻州，通常没有实行强制的手段，如"戎泸二郡，旧管羁縻

----

① 《宋史》卷493《蛮夷传一》，第14177—14178页。
② 《宋史》卷493《蛮夷传一》，第14172页。
③ 这是宋朝前期在瑶人地区建置羁縻州县、任命羁縻官员最常见的形式。另一种形式是因瑶人首领的请求建立羁縻州县，如《宋史·蛮夷传四》已载："泸州部旧领姚州废已久，有乌蛮王子得盖者来居其地，部族最盛，数遣人诣官，自言愿得州名以长夷落。事闻，因易号姚州，铸印予之。得盖又乞敕书一通以遗子孙，诏从其请。"
④ （宋）李焘：《续资治通鉴长编》卷138，庆历二年十一月甲午，第3326页，已载："旁有旧姚州，废已久，乌蛮累使人诣州，愿得州名，以长夷落"。
⑤ 《宋史》卷493《蛮夷传一》，第14183页。

四十余州，皆以土豪累世承袭，为其刺史，今之听朝命者，十不存一"[①]，使得一些羁縻州处于有名无实的状态。另一方面，宋也将部分羁縻州转变为前一种类型的建置，即成为州县直辖的熟蛮建置。如上述宋仁宗、神宗时期开梅山，划田亩，定赋税，系图籍，原来的生蛮即变为熟蛮。宋朝进行这种民族建置的转变，一是建立在瑶地农业经济发展的基础之上；二是依瑶人内属的请求，或得到瑶人的同意而后实行的，如泸州以南生蛮之地"有良田万顷，颇多积谷"[②]，在瑶人提出愿比内郡输租税，纳土内属的请求后，宋朝方有选择地将部分羁縻州转变为州县直辖地。

总之，辽宋两朝都奉行因俗而治的政策，在边疆民族地区设立具有民族特点的行政建置进行统治。辽契丹统治集团本身是东北地区的土著民族，对东北各民族的分布与社会发展状况比较了解，在各民族地区设立的行政建置既符合当地民族社会发展的水平，也能有效地实现对该民族地区的政治、经济统治，辽朝在东北民族地区设立的行政建置，虽然还具有一定的羁縻统辖的特点，但对民族地区统辖的紧密程度已经远超过唐朝的羁縻府州。宋朝在瑶人地区的统治，在继承唐羁縻府州制度的基础上，也有一定程度的发展。如将部分社会经济发展程度与汉人接近的瑶人单独建置，并纳入了地方州县的统辖体系，强化了官府对当地民族的政治统治，这就是后代土司制度的雏形。但其对大部分蛮夷地区实行的羁縻州县制度，与唐的羁縻府州制度的统辖关系基本相同。总体上看，辽宋两朝相比较，宋对少数民族的统辖不如辽紧密。

二、"强力统治"与"厚往薄来"

辽、宋统治集团都力图在边疆民族地区建立起有效的统治秩序，希望少

---

① （宋）李焘：《续资治通鉴长编》卷149，庆历四年五月乙酉，中华书局，1985年，第3615页—3616页。

② （宋）李焘：《续资治通鉴长编》卷315，元丰四年八月乙卯朔，中华书局，1990年，第7616页。

数民族能够服从王朝的统治，实现边疆稳定。但两朝统治集团对少数民族统治的政治理念不同，导致推行的民族政策表现出较大的差异。

辽对东北各民族的政策突出政治强力统治，因俗而治不仅表现为力图建立稳定的政治统治秩序，而且侧重于寻求经济上的现实利益和军队兵力的补充。因此，契丹统治者对各民族的属国、属部多实行定额贡纳制度，对贡纳物品的种类也都有具体规定：

对西部草原森林地区的乌古（于厥）、敌烈、阻卜等部族主要征收马、牛、驼和貂皮，如《辽史·耶律世良传》记载，圣宗开泰三年（1014），耶律世良奉命"选马驼于乌古部"[1]。《辽史·圣宗纪》也记载，圣宗统和六年（988），"乌隈于厥部以岁贡貂鼠、青鼠皮非土产，皆于他处贸易以献，乞改贡。诏自今止进牛马"[2]。开泰八年（1019），"诏阻卜依旧岁贡马千七百，驼四百四十，貂鼠皮万，青鼠皮二万五千"[3]。乌古部节度使司的长官是契丹人，辽派遣契丹官员到乌古部征收赋税。而阻卜属部长官则是率属下将贡纳物品送至辽官府，如兴宗重熙二十二年（1053）"秋七月己酉，阻卜大王屯秃古斯率诸部长献马、驼"[4]。

黑龙江下游五国部地区出产契丹贵族十分喜爱的雄鹰海东青，在五国部归附辽后，海东青就成为当地部族每年向辽朝必贡的物品。到圣宗开泰七年（1018），辽规定了五国部节度使司的纳税额，"三月辛丑，命东北越里笃、剖阿里、奥里米、蒲奴里、铁骊等五部岁贡貂皮六万五千，马三百"[5]。如果记载无误，这一数额是相当可观的。

东部地区的女真、兀惹、达鲁古人等同样必须遵守职贡，每年要向辽交纳土产和马匹。熟女真"耕凿与渤海人同，无出租赋"，其社会经济中农

---

① 《辽史》卷94《耶律世良传》，第1386页。
② 《辽史》卷12《圣宗纪三》，第130页。
③ 《辽史》卷16《圣宗纪七》，第186页。
④ 《辽史》卷20《兴宗纪三》，第246页。
⑤ 《辽史》卷16《圣宗纪七》，第183页。

业已占有一定比例，但辽代女真人始终还保持着一定的狩猎畜牧经济，虽不交纳田亩税，却以畜牧、狩猎、采集的物品向辽朝贡纳，"居民等自意相率赍以金、帛、布、黄蜡、天南星、人参、白附子、松子、蜜等诸物，入贡北番"[1]。从《辽史·食货志》关于女真纳贡的记载看，女真各部纳贡的物品主要是马匹，岁贡马的数量要高达万匹之多。[2]聚居在松花江流域的兀惹、达鲁古等人的属国、属部，"每年惟贡进大马、蛤珠、青鼠皮、貂鼠皮、胶鱼皮、蜜蜡之物"[3]。东北部的生女真部族还要提供助契丹皇帝围猎的猎人，契丹皇帝每年至秋捺钵，入山打猎，"女真常从，呼鹿、射虎、搏熊，皆其职也。辛苦则在前，逸乐则不与"[4]。辽代后期，由于五国部对辽时附时叛，契丹贵族又酷爱当地特产海东青，遂"岁岁求之女真，女真至五国，战斗而后得，女真不胜其扰"[5]。为辽打通鹰路也成为了生女真人的沉重劳役。

辽对于边疆各民族地区属国、属部向辽廷贡纳的次数也有明确规定，据《辽史》相关记载：圣宗统和十五年（997）三月，"兀惹乌昭度以地远，乞岁时免进鹰、马、貂皮，诏以生辰、正旦贡如旧，余免"[6]。统和二十二年（1004），圣宗进一步规定"罢蕃部贺千龄节及冬至、重五进贡"[7]。这说明在圣宗统和二十二年以前，辽边疆地区的一般属国、属部在正旦、重五、冬至、当朝皇帝的生辰时都要向辽廷纳贡。这年以后辽的一些属国、属部一年至少也要于正旦贡纳一次。不仅如此，辽对各民族的贡纳时间也有严格的规定，兴宗重熙十二年（1043）五月，"斡鲁、蒲卢毛朵部二使来贡失期，宥而遣还"[8]。这表明辽运用政治强力在边疆民族地区已初步建立起经济统辖关

---

① （宋）叶隆礼：《契丹国志》卷22《州县载记·四至邻国地里远近》，贾敬颜、林荣贵点校，第212页。

② 《辽史》卷59《食货志上》，卷60《食货志下》，第923—934页。

③ （宋）叶隆礼：《契丹国志》卷22《州县载记·四至邻国地里远近》，贾敬颜、林荣贵点校，第213页。

④ （宋）徐梦莘：《三朝北盟会编》卷3《政宣上帙三》重和二年正月十日，上海古籍出版社，1987年，第19页。

⑤ （宋）叶隆礼：《契丹国志》卷10《天祚皇帝上》，贾敬颜、林荣贵点校，第102页。

⑥ 《辽史》卷13《圣宗纪四》，第149页。

⑦ 《辽史》卷69《部族表》，第1096页。

⑧ 《辽史》卷19《兴宗纪二》，第229页。

系，边疆各民族对辽的贡纳，已成为王朝财政收入的重要部分，如《辽史》所说："诸蕃岁贡方物充于国，自后往来若一家焉。"①

遇有大规模的军事行动，辽则要在属国、属部征兵，或调集部族兵助战。如系辽籍女真的部分大王府，"遇北主征伐，各量户下差充兵马，兵回，各逐便归本处"②。一般的属国、属部的征兵则为"助军众寡，各从其便，无常额"。被征调上来的属国、属部兵称为属国军，辽规定：属国军，"有事则遣使征兵，或下诏专征；不从者讨之"③，虽听从征调，但违反军纪者亦军法从事，如圣宗太平六年（1026）"讨回鹘阿萨兰部，征兵诸路，独阻卜酋长直刺后期，立斩以徇"④。据《辽史》记载，大规模战争都有属国军参加，如太祖末年灭渤海后，就"以奚部长勃鲁恩、王郁自回鹘、新罗、吐蕃、党项、室韦、沙陀、乌古等从征有功，优加赏赉"⑤。辽圣宗统和四年（986）欲南征北宋，"女直请以兵从征，许之"；七年（989）"赏南征女直军，使东还"；十二年（994），"诏皇太妃领西北路乌古等部兵及永兴宫分军，抚定西边"。开泰四年（1015）东征高丽，"东京留守善宁、平章涅里衮奏，已总大军及女直诸部兵分道进讨"⑥。兴宗重熙十八年（1049）十月，"北道行军都统耶律敌鲁古率阻卜诸军至贺兰山，获李元昊妻及其官僚家属，遇夏人三千来战，殪之"。翌年正月，以败西夏"诸将校及阻卜等部酋长各进爵有差"⑦。显然属国军已成为辽朝正规军一支重要的补充力量。

宋朝对蛮夷地区统治的首要目标与辽不同，强调的是边地安宁。宋朝君臣认为"朝廷疆理四海，务在柔远""御四夷之术，羁縻而已""外夷怀

---

① 《辽史》卷85《萧挞凛传》，第1314页。
② （宋）叶隆礼：《契丹国志》卷22《州县载记·四至邻国地里远近》，贾敬颜、林荣贵点校，第212页。
③ 《辽史》卷36《兵卫志下》，第429页。
④ 《辽史》卷93《萧惠传》，第1373页。
⑤ 《辽史》卷2《太祖纪下》，第22页。
⑥ 《辽史》卷11、卷12、卷13、卷15《圣宗纪二》《圣宗纪三》《圣宗纪四》《圣宗纪六》，第125页、第133页、第145页、第176页。
⑦ 《辽史》卷20《兴宗纪三》，第240页、241页。

服，中夏安宁"。①这种思想传承了中国古代王朝传统的治边思想，又集中地表现在对生蛮地区的统治政策上。此外，对于熟蛮地区的统治政策，则反映了宋代统治边疆民族政策的新变化。

对于熟蛮地区的统治政策，北宋王朝前后有一定的变化。北宋前期，对向生蛮地区扩展势力十分谨慎，轻易不把生蛮转变为熟蛮，唯恐稍有不慎引起边地动乱。如宋太宗太平兴国八年（983），"辰州言：溪、锦、叙、富等四州内属蛮，相率诣州，愿比内地民输租税。诏遣殿直王昭训与权沅陵县令高象元、权辰溪县令张用之分往四州仔细相度，察其民俗情伪，委得久远利便可否，及按视管界山川地形画图来上。卒不许"②。真宗天禧年间生蛮羁縻州富州富光泽，"不为亲族所容，上表纳土，上察其意，不许"③。即便是蛮夷自愿纳土、输租税，也因各种原因遭到宋廷的拒绝。

宋神宗熙宁年间王安石变法，励精图治，"天子方用兵以威四夷"，在蛮夷地区改行"开边拓土"政策。熙宁三年（1070）湖北提点刑狱赵鼎言："硖州峒酋刻剥无度，蛮众愿内属。"南江、北江诸羁縻州蛮夷"自相仇杀，众苦之，咸思归化"④。宋神宗一改过去的政策，对请求内属的蛮夷广为接纳，于是"南江之舒氏、北江之彭氏、梅山之苏氏、诚州之杨氏相继纳土，创立城砦，使之比内地为王民"⑤。关于这次在蛮夷地区大规模拓土的目的，《续资治通鉴长编》卷236记载得十分明确："上曰：'策言两江事，所规划甚善，非贪其土地，但欲弭患耳。'王安石曰：'苟如所闻，则非但弭患。使两江生灵得比内地，不相残杀，诚至仁之政'。"⑥但是，由于"得地之后，所得租赋若干，凡一岁屯戍兵马，所费粮草之直若干，所得不偿所

① （宋）李焘：《续资治通鉴长编》415，元祐三年十月丙戌，中华书局，1992年；第10075页；卷367，元祐元年二月，1990年，第8842页。
② （宋）李焘：《续资治通鉴长编》卷24，太平兴国八年八月丁酉，第550页。
③ 《宋史》卷493《蛮夷传一》，第14177页。
④ （宋）李焘：《续资治通鉴长编》卷236，熙宁五年闰七月庚戌，1986年，第5727页。
⑤ 《宋史》卷493《蛮夷传一》，第14180页。
⑥ （宋）李焘：《续资治通鉴长编》卷236，熙宁五年闰七月庚戌，1986年，第5727页。

费远甚"①，加以"诸蛮复叛，朝廷方务体息"，到宋哲宗时"五溪郡县弃而不问"②，放弃了在蛮夷地区部分新置的州县辖地。北宋末年徽宗崇宁年间，"开边拓土之议复炽"，湖北、广西地区招纳一些愿纳土输贡赋的蛮夷地区。但到宣和年间，议者认为："招致熟蕃，接武请史，竭金帛、增絮以陷其欲，捐高爵、厚奉以侈其心。开辟荒芜，草创城邑，张皇事势，侥幸赏恩。入版图者存虚名，充府库者亡实利。"于是，"诏悉废所置初郡"③。这说明，两次开边拓土之后，宋朝国家税收和人口虽有增加，但仍然不足以抵消边费开支的增加，显然宋朝拓土的目的重在政治统治，而不在于获取经济利益。

宋朝对于内属的熟蛮，"分道路以至地里远近并附入州县图籍。令县邑城寨，常切开广，于新城地买官田，及许百姓置田"。土地分配的形式为，"峒丁等皆计口给田，多寡阔狭，疆畔井井，擅弩者有禁，私易者有罚"。得到官田的峒丁，"一夫岁输租三斗，无他徭役"④。又据《续资治通鉴长编》卷303记载，神宗熙宁七年（1074）"省地熟夷纳二税役钱"⑤。这当是内属日久，农业生产水平较高的熟蛮所交纳的赋税。直到南宋时期，蛮夷仍以交纳身丁米为主。如《宋史·蛮夷传二》记载：南宋孝宗乾道三年（1167）八月，"诏平溪峒互市盐米价，听民便，毋相抑配，其徭人岁输身丁米，务平收，无取羡余及折输钱，违者论罪"⑥。熟蛮要在所居州县服徭役，哲宗元祐元年（1086），"荆湖北路转运司言：'沅、诚二州今既罢免役法，若遽依内地差徭，恐新附蛮人难从一律，请沅、诚州募役仍旧，俟新附之人日久驯习，即视辰州例差徭。'从之"⑦。可见新内属的熟蛮的差徭要

① （宋）李焘：《续资治通鉴长编》卷367，元祐元年二月，1990年，第8842页。
② 《宋史》卷493《蛮夷传一》，第14181页。
③ 《宋史》卷493《蛮夷传一》，第14182页。
④ 《宋史》卷494《西南溪峒诸蛮传下》，第14196页。
⑤ （宋）李焘：《续资治通鉴长编》303，元丰三年夏四月，第7385页。
⑥ 《宋史》卷494《蛮夷传二》，第14191页。
⑦ （宋）李焘：《续资治通鉴长编》卷377，元祐元年五月乙丑，1992年，第9164页。

比内地的差徭轻。从史书记载看，在缘边州县屯守军队中有由熟蛮组成的土军、义军，如"辰州土丁三千，自建诚、沅州，分在逐州屯守"①。土军和义军主要用于防范蛮夷的寇掠，以及深入蛮夷地区作战。宋人认为，在蛮夷地区"欲行窥伺攻讨，必用土兵，舍此而欲以中国强兵敌之，虽多无益"②。

宋朝在生蛮地区的统治政策，则是务在柔远，羁縻而已。宋人认为："蕃戎靡不贪慕财贿，国家诚不爱重币珍玩以啗之，爵赏荣耀以诱之。"③侧重于通过赏赐钱、物来昭示宋廷的仁恩，使蛮夷自愿前来臣服，以达到边疆安宁的目的。

对羁縻州县下的生蛮，宋朝是采取朝贡的形式进行统辖，蛮夷贡品是当地的土产品。宋朝不是通过收取蛮夷的贡纳物品以获取经济利益，而是通过给前来朝贡的蛮夷首领以丰厚的赏赐（主要是钱帛），以笼络安抚蛮夷。因此，蛮夷都愿意向宋朝贡，"所冀者恩赏而已"④。宋朝也以此作为制约各羁縻州的手段，如宋真宗咸平以来，"始听溪峒二十州贡献，岁有常赐，蛮人以为利，有罪即绝之。庆历四年，仕羲以罪绝贡献。其后数自诉求知上溪州，至是始许焉"⑤。

宋朝对各羁縻州蛮夷的朝贡次数和人数也有明确的限制性规定，如"诏：'施州溪洞安远、天赐、保顺州、南州、顺州等蛮入贡京师，道路辽远，自今听以所贡物留施州，其当施物，就给之。愿自入贡者，每十人许三两人至京师，其首领听三年一至。'从转运使北海王立之请也"，"卭部川山前后百蛮都王黎在请三岁一入贡，诏谕以道路遐远，令五年一入贡"，"西南蕃龙、罗、方、石、张、姓五族蕃部，或四年，或五年、七年一入贡，五蕃共遣九百六十人，张蕃七十人出昌州路，龙、罗、方、石等

---

① （宋）李焘：《续资治通鉴长编》卷345，元丰七年五月，1990年，第8285页。
② （宋）李焘：《续资治通鉴长编》卷448，咸平四年十一月辛巳，中华书局，1979年，第1088页。
③ （宋）李焘：《续资治通鉴长编》卷50，中华书局，1979年，第1088页。
④ 《宋史》卷496《蛮夷传四》，第14272页。
⑤ （宋）李焘：《续资治通鉴长编》卷170，皇祐三年正月戊寅，1985年，第4078页。

蕃八百九十人出宜州路，所贡惟毡、马、朱砂"。①北宋初年到京师朝贡的蛮夷，皇帝曾"亲视器币以赐之"②。其后，由于蛮夷朝贡次数频繁，队伍庞大，往返路途遥远，公私皆劳顿，因此以路途远近规定或三年、或五年一贡，人有定数，"以息公私之扰"③。

按照北宋制度，对前来贡纳的蛮夷，边州官府都要负责款待和赏赐。如真宗大中祥符五年（1012）"令施州每月朔望给酒肴犒溪蛮"，八年（1015）"赐邕州公用钱二十万，以其地管蛮洞，备犒设也"。神宗熙宁八年，广南西路西南蕃，"赐钱、绢、衫带，为钱二万四千余缗，而他费不在此"。元丰三年（1080）"诏于近便州县以常平司钱留三万贯，米五万石，以待泸南蛮事支费"；"赐常平米二万石，坊场钱三万缗，付梓州路转运司应副夷事"；六年（1083）"增宜州公使钱为二千缗，以犒设蛮人阙乏故也"。哲宗元祐六年（1091）"夔州路转运司言：'施、黔州蛮人入贡，乞就本州投纳贡布，止具表状闻奏，仍厚为管设，或以盐，或以钱，等第给赐，遣归溪洞'"④。等等。宋朝每年以大批的钱、物赏赐给蛮夷，给中央和地方带来了较重的财政负担，但也的确起到了安抚蛮夷，稳定边疆的作用。

由此可见，在对边疆民族进行政治、经济统治的过程中，辽、宋所推行的政策存在着明显的差异。辽朝统治集团把边疆各民族地区的贡纳物品，作为王朝财政收入的一部分，属国军作为正规军队的重要补充部分，参加对宋、西夏、高丽的战争，因此在辽朝政策中体现了对边疆各民族努力实现最大限度的强力有效统治的内容。开国以来就受到北方辽、西夏政权的威胁，

---

① （宋）李焘：《续资治通鉴长编》卷104，天圣四年八月己丑，第2420页；卷111，明道元年三月，1985年，第2579页；卷263，熙宁八年四月，1986年，第6451页。
② 《宋史》卷493《蛮夷传一》，第14174页。
③ 《宋史》卷496《蛮夷传四》，第14272页。
④ （宋）李焘：《续资治通鉴长编》卷79，大中祥符五年闰十月，1980年，第1800页；卷84，大中祥符八年三月丁酉，1985年，第1920页；卷263，熙宁八年闰四月，1986年，第6451页；卷307，元丰三年八月，1990年，第7471页、第7456页；卷337，元丰六年秋七月，1990年，第8132页；卷454，元祐六年春正月，1993年，第10889页。

奉行"防内重于防外"治国政策的宋朝统治集团，对外采取防御妥协政策，对境内少数民族采取绥怀政策，重在恩信绥抚，轻易不采取军事行动。在宋人看来，"以信义为重，蛮夷之心不敢轻侮，故边患少；边患少，故民力纾；民力纾，故人心安；人心安，故兵威强；所以能坐制边激而不自敝"①。然而，边地蛮夷出于对中原文明的向往，纷纷自愿纳土输赋税，促使宋朝政府在统辖蛮夷政策方面也有了新的进展，将部分蛮夷地区扩展为州县地区，在熟蛮地区征赋税、差徭役，建立了具有新特点的政治、经济统辖制度。

三、辽宋民族政策的相似性与差异性

综上所述，辽、宋统治少数民族的政策有一定的相似性，他们都继承了唐朝在民族地区设置羁縻府州的政策，并有所发展，尤其是辽通过设置不同类型的民族地区建置，实现了契丹王朝对东北民族地区最大程度的强力统治。辽宋的这一民族政策为后来的王朝所继承，经金、元、明诸王朝的发展，到清代形成了具有民族统辖特点的行政区划制度。

辽宋两朝统治少数民族的政策又存在着明显的差异，除了两朝境内少数民族社会自身的问题以外，其主要的差异是契丹统治集团与宋汉族统治集团的政治理念不同，对少数民族的统治，前者重在强力统治，以获取直接的经济利益和军队兵力的补充为主要目的；后者则重在绥怀，以寻求民族地区的社会稳定为主要目的，不惜以大量钱、物的赏赐来赢得少数民族的主动臣服。辽、宋两朝这两种不同的民族政策，同样在后来王朝的民族政策中有所体现，从总体上看，金和元的民族政策与辽相似，明王朝则与两宋相似。到了清代，则将两者有机地结合起来，形成了更为卓有成效的民族政策。

---

① （宋）李焘：《续资治通鉴长编》卷382，元祐元年秋七月，中华书局，1992年，第9306页。

第二章　金代中央官制

第一节　金初勃极烈制度研究 [①]

　　勃极烈制度，确切地说应是"国论勃极烈"制度，今从众说简称之为勃极烈制度。勃极烈是为适应金初女真王朝统治需要而建立的具有鲜明的女真族特点的中央官制。对勃极烈制度，国内外已有人进行研究，但是历史地考察这一制度的构成以及其实质、特点还是不够的。对勃极烈与勃堇的关系、区别在认识上也未统一，有进一步研究的必要。对这一制度进行全面系统的研究，不仅在于解决勃极烈制度的自身问题，更为重要的是有助于深入了解金初政权的性质与特点，了解女真族是怎样将勃极烈制度转化为中原王朝式的三省制度的。这是研究金初社会制度的一个重要方面。

一、勃极烈制度的形成、发展及其特点

　　在女真族建国以前，"勃极烈"这一称号即已出现。《金史》卷2《太祖纪》记载："康宗即世，太祖袭位为都勃极烈。"都勃极烈是以完颜氏为首的庞大的军事部落联盟的首领称号，在军事部落联盟中的另一官职——国相，是军事部落联盟首领的辅佐，共地位仅次于"都勃极烈"。都勃极烈、国相可能在女真军事部落联盟形成时即已出现，《金史》卷70《撒改传》：

---

① 《金初勃极烈制度研究》，原载于张博泉等《金史论稿》第二卷，吉林文史出版社，1992 年。

"勃极烈，女直之尊官也。"勃极烈是女真人的"尊官"，勃极烈与勃堇为女真语的同一语根，但二者的名称不同，实际含义也不同。"勃极烈"晚出于"勃堇"，其中有其深刻的社会历史变革的背景。女真完颜氏以"都勃极烈"来代替一般部落联盟首领的称号"都勃堇"，是用以表示"都勃极烈"地位的尊贵，成为女真一种特定的尊称，因而它与勃堇分别被载于金代史册。勃极烈的称号取得"尊官"的独特地位，是女真建国后中央建立勃极烈制度的一个重要的历史原因。金朝建国后，原来的"都勃极烈"上升为皇帝，在建国的同年六月，阿骨打把"尊官"的称号——勃极烈与国相结合起来，便成为新的"国论勃极烈"制，由数人组成。金太祖授予原来位居国相地位的撒改为国论勃极烈，其他人则授予国论某勃极烈，如谙班、忽鲁、阿买、昊等，冠以职位和特定的职称。勃极烈制度是国家政治职能在中央官制上的表现。

勃极烈制度确立后，经历了不同的历史时期，在不同时期中有不同的变化和特点。金初勃极烈制度的发展大致可分为三个阶段：

第一阶段，即太祖收国元年（1115）七月至天辅五年（1121）五月，是勃极烈制度的初创时期。从收国元年七月至二年五月，共设六名勃极烈，并成为太祖一朝勃极烈制度的定员。六名勃极烈以谙班勃极烈地位最尊。诸勃极烈之间各有分工，但还没有严格的界限。

这一阶段，谙班勃极烈与阿买勃极烈一般居朝廷，不领兵出战。国论忽鲁勃极烈曾作为一方面军事统帅转战于辽东地区，不久便回朝。国论乙室勃极烈、昊勃极烈与迭勃极烈则基本拱卫皇帝，或随驾征辽。勃极烈贵族议事会通常在京师举行。此时国家处于初创阶段，各种政治制度尚不及建立，勃极烈制度的军事性质较强。

第二阶段，即太祖天辅五年（1121）六月至太宗（1123年）即位。这一阶段金朝虽继续进行灭辽战争，但稳固新占领区的统治和建立正常的秩序是当务之急。同时国论忽鲁勃极烈撒改和国论乙室勃极烈阿离合懑先后去世，勃极烈的人员急需调整、补充。太祖借此机会将幼弟斜也（杲）由国论昊勃极烈升任国论忽鲁勃极烈，宗室习不失任国论昊勃极烈，撒改子宗翰继任乙室勃极烈，但名称改为移赉勃极烈。经过这次调整、补充，在勃极烈制度中加强了太祖阿骨打一系的势力，加强了皇权的统治。

在这一阶段中，太祖以国论忽鲁勃极烈为内外诸军都统，昊、移赉、迭诸勃极烈副之，他们既是灭辽战争的统帅，又是新占领区的统治者，掌管新占领区的民政、诉讼、任免官吏等重要职权。谙班、阿买两名勃极烈仍居中央，其他四名勃极烈在地方，他们很难聚在一起商议军国大事，皇帝则往来于两地，时而临军亲征，时而回朝，勃极烈贵族会议分两地举行。国家军政大事仍由诸勃极烈商议、办理。

第三阶段，即太宗一朝（1123—1134年）。太宗天会三年（1125）灭辽，五年（1127）灭亡北宋。为巩固对各地区的统治，迫切需要建立各种政治、经济制度和将原辽宋有差异的各种制度统一起来，这就促使勃极烈制度发生了新的变化。

这一阶段勃极烈的人员由六员减为五员（仅天会二年至三年为六员）。谙班勃极烈、国论忽鲁勃极烈、国论昊勃极烈居于中央，国论忽鲁勃极烈不再是军事统帅，而全力辅佐谙班勃极烈建立王朝的各种典章制度，逐渐健全中央至地方各级官僚机构。天会三年（1125），金对宋开战，成立都元帅府，以谙班勃极烈兼都元帅，但不亲自出征。

天辅七年（1123）七月国论阿买勃极烈习不失死后，以天会二年（1124）前屡从征伐的谩都诃为阿舍勃极烈，居朝廷，参议国政。阿舍勃极烈应是习不失的后任，"阿舍"，《金国语解》不见相关解释，或为"阿买"之误。天会三年（1125）谩都诃死后，由于当时国论忽鲁勃极烈居中央佐谙班勃极烈理政务，原来担任此职的阿买勃极烈便没有再设置的必要，于是不再补任。

天会十年（1132）太宗立太祖嫡孙亶为谙班勃极烈，以自己的嫡子宗磐为国论忽鲁勃极烈，然而原任此职的宗幹在当时是朝廷立法定制不可缺少的重要人物，于是又恢复阿买勃极烈一职。太宗在重新调整任命诸勃极烈的时候，将阿买勃极烈和移赉勃极烈改称为国论左、右勃极烈，以宗幹为国论左勃极烈，其职掌与阿买勃极烈大体相同。

移赉勃极烈和迭勃极烈（天会五年废止）居于云中，与居燕京的右副元帅宗望共同掌管燕云以南社会经济高度发展的汉人州县地区的军民政务，他们对这一地区的统治有很大的自主权。天会五年宗望死后，这一地区政务基本由移赉勃极烈兼左副元帅宗翰控制。天会十年（1132）以移赉勃极烈宗翰兼都元帅，不久移赉勃极烈改称国论右勃极烈。

在这一阶段，勃极烈制度仍然采取合议的方式商议军国大事，驻在地方的移赉勃极烈经常返回朝议事。随着国家机构的不断完善，各种官僚机构相继设立。勃极烈制度的职能逐渐减少，到天会末年变成国家方针、政策的决策机关和审议机关，其他职能基本为其他机关所取替。

勃极烈制度在金初社会的演变中，其主要特点如下：

第一，勃极烈制度的军事性质由强变弱，政治性质则由弱转强。金朝是在反辽战争中建立起来的，政权一诞生就具有强烈的军事性质，为保证金政权的存在、发展，必须摆脱或推翻辽朝统治，反辽战争的胜负关系到金政权的生死存亡。这时从皇帝到诸勃极烈乃至普通女真人都戎马倥偬，驰骋战场。从女真族本身看，它刚刚由原始社会进入奴隶社会，奴隶制正处于上升时期，新生的大小奴隶主贵族出于本阶级的利益必然要对外扩张，掠夺人口、财物、牲畜，"获取财富已成为最重要的生活目的之一"，"进行掠夺在他们看来是比进行创造的劳动更容易甚至更荣誉的事情。以前进行战争，只是为了对侵犯进行报复，或者是为了扩大已经感到不够的领土；现在进行战争，则纯粹是为了掠夺，战争成为经常的职业了"[1]。代表女真族奴隶主最

---

[1] [德]恩格斯：《家庭、私有制和国家的起源》，《马克思恩格斯选集》第四卷，人民出版社，1965年，第188页。

高利益的勃极烈制度自然带有强烈的军事色彩，这是由当时的历史条件和社会制度所决定的。

天会年间，金朝先后灭亡辽和北宋两个强大的王朝，占领了广大的州县地区，社会经济成分和民族成分发生巨大的变化，农耕经济在金朝社会经济中已经占据了主导地位，这就促使金朝国家的最高军政机关勃极烈制度发生了重大变化。由于对外战争告一段落，政权已经稳固，当务之急是如何统治发达的州县地区，健全各种政治制度、礼仪制度、各级官僚机构，以适应对国内各个地区的统治。勃极烈制度的职掌也势必由军事转向政治，这种转变正是金朝国家政权开始由女真制向中原汉制转变的一个重要标志。

第二，诸勃极烈的驻地由分散到集中，由经常有各种临时委派到基本不离中央。表现了勃极烈制度逐渐脱离女真族传统社会习俗的趋向。女真旧俗：平时为民，战时为兵。这反映在中央勃极烈制度上，如遇大的战争，由皇帝委派诸勃极烈为军队都统，战争结束再恢复各自的职位。天会三年（1125）成立都元帅府以后，诸勃极烈不再临时被委派为军事统帅，除移赉勃极烈以外均在中央，辅弼皇帝决策、处理国家重大军事及政治事务。勃极烈制度脱离某些原始社会旧俗，与金初国家政务由简到繁、日益复杂有密切关系，一两个勃极烈是无法处理繁纷复杂的各种军政事务的，这促使勃极烈不能轻易离开中央，从而更加确立了勃极烈制度在金朝国家机构中的首要地位，为在勃极烈制度之下建立、健全中央各级官僚机构提供了先决条件。

第三，诸勃极烈的职掌由分工不甚明确到明确。勃极烈制度是从部落联盟贵族议事会演变形成的，具有浓厚的原始遗风。在第一阶段，诸勃极烈虽有分工，但不甚明确，除谙班勃极烈以外，诸勃极烈根据需要都可以从事其他勃极烈的职掌，一人兼多职，仅仅是在某方面以一个勃极烈为主，而不是由其全部负责。在金朝占领辽朝和北宋部分地区以后，出现各种地方统治机构，建立了新的政治、经济制度，国家政治、军事、外交诸方面逐渐转入正轨，这迫切需要中央最高政权机关中诸勃极烈的职掌制度化，于是诸勃极烈之间形成明确的分工，出现既分工又协作的新局面。但是在勃极烈施政的方式上仍然保留着氏族贵族议事会的遗风，采取君前议政的方式，实行共议国政的原则，直至勃极烈制度的废止。

第四，勃极烈制度由宗室多家族联合执政向皇族独揽朝政发展。女真族刚刚由原始氏族公社进入奴隶社会，其社会结构并没有巨大变化，仍然是由许多大家族、宗族所组成，原来的氏族贵族变为奴隶主贵族，又出现了新的军功贵族，其中完颜氏宗室贵族内几个实力雄厚、地位尊贵的大家族代表人物构成金初奴隶主统治集团的核心。在勃极烈制度中即实行这几大家族联合执政的方式。皇帝对他们既联合又控制，借勃极烈死亡需要补充之机，将勃极烈制度中前几名占有重要地位的勃极烈职务逐渐换上自己的兄弟儿子。同时尽量削减勃极烈人员，通过种种手段排斥其他家族的势力，加强皇族在勃极烈制度中的地位以完全控制勃极烈制度，从而达到提高皇权的目的。

第五，勃极烈制度的职能由包罗万象渐变为国家最高军政决策机关和审议机关。建国初，勃极烈制度是金朝中央唯一的政权机关，国家的政治、经济、外交、司法、军事诸种事务均由勃极烈议事会制定方针、政策，由各个勃极烈分别执行处理，因此勃极烈制度既是决策机关又是执行机关，同时还是军事机关。随着金朝统治区域的扩大，在勃极烈制度下相继设置各种官僚机构，天会三年（1125）又设立了军事机构都元帅府，勃极烈制度逐渐成为国家最高军政决策机关和审议机关。勃极烈制度职能逐渐减少的过程，正是金朝国家机构中中原王朝制度因素日益增大，女真制度逐渐退居次要地位的过程。熙宗初年三省六部制度代替了勃极烈制度，最后完成了国家政权的中原汉制变革。

二、诸勃极烈的构成

诸勃极烈的构成表现在多方面，它最能反映金初勃极烈制度的民族特点和这种制度的大贵族联合执政的实质。

（一）家族构成

勃极烈制度是由完颜氏部落联盟贵族议事会演变形成的。部落联盟贵族议事会是由联盟长和各显贵家族的氏族贵族组成，他们既是部落联盟最高权力机关的决策人物，又是本宗族、家族的族长，各自具有一定的实力，由本族实力的强弱决定他们在贵族议事会中的地位，在贵族议事会中占据重要地位，反过来又促进本族实力的进一步加强。到金朝建国前夕，完颜氏部落联盟高层已经形成以联盟长为中心的几个大家族把持联盟政治权力的局面，由于他们都是完颜氏家族，因而彼此之间又存在着亲疏不等的血缘关系。

金朝建国时，完颜氏部落联盟已经统一了白山黑水之间绝大部分生女真部族，形成一个统一的女真民族。然而金朝统治者仍然以完颜氏中几个重要家族作为统治核心，由这几个大家族的首要人物构成金初中央最高军政统一机关勃极烈制度的成员。构成勃极烈制度的共有四个家族：太祖阿骨打家族、国相撒改家族、昭祖石鲁家族、景祖乌古乃家族。太祖阿骨打家族是金朝皇族，在勃极烈制度中代表皇权的利益，是皇帝依靠的力量。国相撒改家族自穆宗盈歌任用撒改为国相时起逐渐发展壮大，在部落联盟中地位仅次于联盟长，是完颜氏家族中势力最雄厚的一支，亦为金朝统治者所必须联合依靠的重要势力，因而撒改家族在勃极烈制度中所占的地位仅次于太祖家族。昭祖石鲁家族（除景祖一支以外）的一支一直保持很强的实力，到世祖劾里钵时其酋长习不失成为部落联盟贵族议事会中一名重要人物，与盈歌等人同被辽朝任命为详稳。直至阿骨打建国，这一家族始终是完颜氏部落联盟中一支重要力量，习不失以贵族议事会中一名核心人物的身份进居勃极烈的第三位国论阿买勃极烈。其家族在建国后仍然起着重要作用，习不失孙宗贤在熙宗皇统年间官至领三省事、尚书左丞相，兼都元帅[1]，足见这一家族地位在金宗室中的重要性。景祖乌古乃家族亦是完颜氏中一支显要家族。景祖乌古乃

---

[1]《金史》卷70《宗贤传》，第1613—1630页。

共有九子，其长子劾者即国相撒改之父，次子劾里钵、四子颇剌淑、五子盈歌前后继任联盟长。这里所说的景祖家族是指未任联盟长的其余几子的家族而言。由于他们的兄、侄连续担任部落联盟长，并登基成为金朝开国皇帝，使这个大家族随之显贵并拥有很大的实力，是完颜氏部落联盟中坚力量之一，这个家族中的许多成员为联盟的壮大、发展，在统一女真族的战争中立下汗马功劳。建国后这一家族的成员亦多显贵，数人官至三省宰执、六部尚书。①在勃极烈制度中这个家族的地位低于撒改家族，居第三位。

金初统治者对于勃极烈制度中的皇族以外三个家族，采取既联合利用，又抑制他们政治势力增长的方针。使势力雄厚的氏族贵族顺利转变为奴隶主贵族，成为金朝女真奴隶主统治集团的核心人物，从而稳固和加强了对女真人民的统治。同时，又保证了皇族在勃极烈制度中的绝对优势，确立了皇权在勃极烈制度中的统治地位。随着金政权日益巩固和发展，统治者逐渐削弱其他三个家族在勃极烈制度中的政治势力，以皇族取而代之。然而在金太宗时期，勃极烈制度中的皇族又分为太祖家族和太宗家族。太宗后期，勃极烈制度中由几大家族联合执政的女真旧制色彩逐渐淡薄，形成了向一家执政、皇权独尊方向发展的趋势。

（二）官职构成

金初勃极烈制度前后出现十个勃极烈称号，即：谙班勃极烈、国论忽鲁勃极烈、国论阿买勃极烈、国论昊勃极烈、国论乙室勃极烈、迭勃极烈、国论移赉勃极烈、国论阿舍勃极烈、国论左勃极烈、国论右勃极烈。据《金国语解》记载，尚有"扎失哈勃极烈，守官署之称"。但史书中不见任命何人在何时任此官，亦不见其事迹，此官职从何而来不得而知。前面列举的十个勃极烈并不是同时共存的，勃极烈制度是由五六个勃极烈所组成，十个勃极烈名称是五六个勃极烈不同时期的不同名称。

---

① 《金史》卷59《宗室表》，第1359—1384页。

《金史》卷2《太祖纪》记载收国元年（1115）"七月戊辰，以弟吴乞买为谙班勃极烈，国相撒改为国论勃极烈，辞（习）不失为阿买勃极烈，弟斜也为国论昊勃极烈"。九月癸巳，"以国论勃极烈撒改为国论忽鲁勃极烈，阿离合懑为国论乙室勃极烈"。二年（1116）五月，"以斡鲁为南路都统、迭勃极烈"。从收国元年七月至二年五月历十个月的时间勃极烈制度始健全，由六名勃极烈组成，他们分任不同的官职，各有分工，但不十分明确，往往一人任多职。此为勃极烈制度一个显著的特点。

谙班勃极烈，是金朝皇帝的储贰，同时又居诸勃极烈之首，掌握军国大权，地位最尊。他与中原王朝的皇太子有很大区别，不仅处于皇帝继承者的地位，而且又居首席"丞相"之位。历任谙班勃极烈共有三人：吴乞买（太宗）、斜也（昊）、亶（熙宗），均为太祖家族成员。吴乞买与昊均是阿骨打的同母弟，吴乞买即位后，以幼弟昊为谙班勃极烈，然而昊未及即帝位便早逝。天会十年（1132），国论忽鲁勃极烈宗幹和移赉勃极烈宗翰等人，以亶是太祖嫡孙当立，再三请于太宗，方从其议，位亶为谙班勃极烈。①从金初谙班勃极烈的人选上可以看出，金初皇位继承制是实行兄终弟及。历史上任何一种兄弟相传都须由父死子继相补充，女真族亦是如此。女真族的继承制是嫡系兄弟相及，至幼弟然后将皇位继承权归于长兄之嫡长子，如子死则传与嫡长孙。当时太祖嫡长子宗峻已卒，于是立嫡长孙亶为谙班勃极烈。

国论忽鲁勃极烈（国论勃极烈），是建国前部落联盟国相的女真语译称。建国前国相的地位仅次于联盟长都勃极烈，勃极烈制度建立后，国论勃极烈居于谙班勃极烈之下，其地位与建国前的"国相"相比显然下降。不久因其他勃极烈亦冠有"国论"之号，于是在收国元年（1115）九月又改称为国论忽鲁勃极烈。"忽鲁"即"都"，其意为诸勃极烈之长。然而国论忽鲁勃极烈与建国前的都勃极烈又有本质区别，都勃极烈是诸部的君长，而忽鲁

---

① 《金史》卷74《宗翰传》，第1693—1714页。

勃极烈是帝王之下诸大臣之长，其本身亦是臣。国论忽鲁勃极烈大约相当于中原王朝中左丞相的地位，但在官职上有很大区别，国论忽鲁勃极烈不仅是国家军、政大事的主要决策人之一，而且在一段时间内担任国家最高军事统帅。

国论阿买勃极烈，《金史·金国语解》云："阿买勃极烈，治城邑者。"在广义上可以释为治理国政，实际上是谙班勃极烈的副手，居诸勃极烈之第三位。其地位相当于中原王朝之右丞相。亦为兼理军事、行政的长官，但不亲率军出征。

国论昊（昃）勃极烈，《金史·金国语解》云："昃勃极烈，阴阳之官。"然而从历任昊勃极烈的事迹中不见其职掌祭祀之事。《金史语解》认为是第二之官。昊勃极烈虽然经常同其他勃极烈共议军国大事，但主要是一名武官，并为金朝军队的主要统帅之一。与中原王朝之太尉地位相似，居诸勃极烈之第四位。太宗年间，昊勃极烈又退居第五位。

国论乙室勃极烈，《金史·金国语解》云："乙室勃极烈，迎迓之官。"从广义上可释为办理外交事务的长官。乙室勃极烈的设置较前四位勃极烈的设置稍后两月。乙室勃极烈并不是纯粹的外交官，他同时也是议政官，有时还兼任军事统帅，在勃极烈制度中居第五位。

迭勃极烈，《金史·金国语解》云："迭勃极烈，倅贰之职。"即"副大臣"[1]。太祖收国二年（1116）五月以斡鲁为迭勃极烈、南路都统。南路都统是以辽阳为中心的南路地方长官。斡鲁仅在收国二年五月至九月期间任南路都统，九月以后返回中央不再任南路都统，因此迭勃极烈和统辖地方没有特殊关系，在中央是最高军政统一机关的一员，在这点上与其他诸勃极烈没有任何性质区别。[2]在名称上迭勃极烈与其他勃极烈不同，不见冠有"国论"

---

① [日] 三上次男：《金史研究》二"第五，金建国当初における勃極烈制度"，中央公论美术出版社，1970年，第113—157页。

② [日] 三上次男：《金史研究》二"第五，金建国当初における勃極烈制度"，中央公论美术出版社，1970年，第113—157页。

之号，显然其地位较其他勃极烈低，是诸勃极烈的辅佐。

太祖收国二年五月勃极烈制度的诸官职构成基本成为定制。此后在勃极烈制度发展不同阶段上，个别勃极烈的名称前后不同，勃极烈的职掌发生了一定程度的变化。但是在勃极烈制度内部官职则没有根本的变化，只是随着勃极烈的减员有的被取消了。

太祖天辅五年（1121）六月重新补充、调整勃极烈制度时，废国论乙室勃极烈，新设国论移赉勃极烈。《金国语解》"移赉勃极烈，位第三曰移赉"。但此时移赉勃极烈仍居勃极烈制度中的第五位，或是谙班勃极烈为储贰，忽鲁勃极烈为诸勃极烈之长，其他三个勃极烈阿买为第一，昊为第二，移赉为第三[1]；或是谙班勃极烈居于京师，阿买勃极烈副之，而其他三个勃极烈均负有军事重任，忽鲁居首，昊第二，移赉第三；或是移赉为乙室的不同译音。从移赉勃极烈宗翰的事迹中可以看出他担负着处理外交事务的重任，无疑是乙室勃极烈的后任，但改换了名称。太祖天辅七年（1123），以宗翰兼任西北、西南两路都统，以后移赉勃极烈逐渐发展成为中央在燕云及华北地区的全权代表。他原来的官职不变，又加上了地方长官这一新内容，使这一官职具有与其他勃极烈不同的性质。太宗年间，移赉勃极烈居昊勃极烈之上，为勃极烈制度中的第四位。

太宗时期勃极烈由六名减员为五名，天会十年以前国论阿买勃极烈基本废止，仅天会二年至三年设国论阿捨勃极烈[2]，国论阿捨勃极烈或为国论阿买勃极烈之误。有人认为阿捨勃极烈即扎失哈勃极烈[3]，《金国语解》云："扎失哈勃极烈，守官署之称。"与阿买勃极烈在职务上接近，亦应为阿买勃极烈之后任。天会十年（1132）再次设阿买勃极烈，但改称为国论左勃极

---

① [日]三上次男：《金史研究》二"第五，金建国当初における勃極烈制度"，中央公论美术出版社，1970年，第113—157页。

② 阿捨勃极烈职掌与阿买勃极烈同，阿买既为国论阿买之误，阿捨亦应为国论阿捨之误。

③ [日]三上次男：《金史研究》二"第五，金建国当初における勃極烈制度"，中央公论美术出版社，1970年，第113—157页。

烈，与此同时移赉勃极烈改称为国论右勃极烈。这时迭勃极烈早在天会五年（1127）废止，勃极烈的人员仍为五人，官职构成与收国二年勃极烈制度确立时相同，只是处于辅佐地位的迭勃极烈废止了。

（三）人员构成

金初勃极烈制度实行几大家族联合执政的方针，先后担任勃极烈的共有十二人，其中太祖家族五人：吴乞买（太祖母弟）、杲（太祖母弟）、宗幹（太祖庶长子）、亶（太祖嫡长孙）、宗磐（太宗长子）。撒改家族三人：撒改、斡鲁（撒改弟）、宗翰（撒改长子）。昭祖家族一人：习不失（昭祖孙）。景祖家族三人：阿离合懑（景祖八子）、谩都诃（景祖九子）、蒲家奴（景祖孙、劾孙子）。均为完颜氏大家族中的奴隶主大贵族。

担任勃极烈的人员需要具备一定的条件。首先，勃极烈的任职人员均为构成勃极烈制度的四大家族中的首要人物，他们或者本人就是族长；或者是族长的兄弟子孙，一般为一母兄弟和嫡长子、长孙，即未来的族长。其次，他们不但门第高贵本人地位尊崇，而且是曾经为金朝的创立而立功建勋的人，或者是有见识、有才干的人。如习不失在世祖劾里钵时即为详稳，为完颜氏部落联盟的重要首领；撒改自穆宗盈歌时就任国相。他们都尽心辅佐几代的联盟长，拥戴阿骨打即皇帝位，可谓宗室元老、开国功臣。阿离合懑、蒲家奴建国前就曾为部落联盟的发展壮大建立功勋，及太祖举兵反辽又屡立战功，在女真贵族集团中享有很高的声望。宗幹虽是太祖庶长子，但此人很有见识，颇具政治才干，建国初他常在太祖左右出谋划策。其后朝廷"始议礼制度，正官名，定服色，兴庠序，设选举，始历明时，皆自宗幹启之"[1]。他是女真奴隶主贵族中不可多得的人才。

诸勃极烈是皇帝亲自任命，在补充勃极烈的人员时，一是实行以同母弟或子侄补任的方式。如天辅五年闰五月，国论忽鲁勃极烈撒改卒，六月任其长

---

[1] 《金史》卷76《宗幹传》，第1742页。

子宗翰为国论移赉勃极烈。国论乙室勃极烈阿离合懑死后，补任其侄蒲家奴为国论昊勃极烈，后来又任其弟谩都诃为国论阿捨勃极烈。显然补任制度与世袭制度是不同的，补任的兄弟子侄并不是承继其父兄的职位，而是另行任命担任其他勃极烈。被补任的人一方面必须是近亲；另一方面也要看其本身是否为朝廷建立过功勋。二是任命女真皇帝的子孙出任勃极烈，如天会十年（1132）以太祖嫡孙任谙班勃极烈，以太宗长子任国论忽鲁勃极烈。这个任命与立皇储有关，涉及太祖、太宗两个家族的利益，比较特殊，详见后文。

勃极烈制度中诸官职有高低之别，从各个阶段诸勃极烈的人选中可以看出四大家族政治势力的消长。（见表2-1）

表2-1　勃极烈人员名录

阶段 \ 时间 \ 人名 \ 勃极烈	谙班勃极烈	国论忽鲁勃极烈	国论阿买勃极烈	国论昊勃极烈	国论乙室勃极烈	迭勃极烈
第一阶段 收国元年—天辅五年	吴乞买	撒改	习不失	斜也（昊）	阿离合懑	斡鲁
第二阶段 天辅五年—天会元年	吴乞买	斜也（昊）	习不失	蒲家奴（昱）	国论移赉勃极烈 / 宗翰	斡鲁
第三阶段 天会元年—天会十年	斜也（昊）	宗幹	国论阿捨勃极烈 / 谩都诃	蒲家奴（昱）	宗翰	斡鲁
第三阶段 天会十年—天会十三年	亶	宗磐	国论左勃极烈 / 宗幹	蒲家奴（昱）	国论右勃极烈 / 宗翰	

第一阶段六名勃极烈中二名由太祖家族担任，二名为撒改家族担任，其他两个家族各任一名。为保证太祖家族在勃极烈制度中的优势，设谙班勃极烈居于国论勃极烈（原仅次于联盟长的国相）之上。第二阶段诸勃极烈的人员分配数量与前一阶段相同，但是前二位在勃极烈制度中占重要地位的官职均由太祖家族占据，撒改家族的势力明显下降，然而仍居其他两个家族之上。第三阶段太祖家族势力明显增长，到了后期占五名勃极烈中的前三名；撒改家族由二名减为一名；昭祖家族已丧失了在勃极烈制度中的席位；景祖家族虽仍保持一名，但已经名存实亡。然而在这一阶段后期，太祖家族中又出现太祖一系与太宗一系的矛盾斗争。撒改家族虽然只占一名，但是移赉勃极烈掌有军权和地方实权，仍然是一支不可忽视的政治势力。于是又形成新的三种政治势力：太祖一系、太宗一系、撒改家族，三者的势力中太祖家族仍居优势，其他两家族的势力几乎相等。这样撒改家族由原来势力逐渐衰落而转为相对增长。

勃极烈制度中四大家族政治势力的消长，反映了女真奴隶主贵族统治集团内部的矛盾与斗争，皇族势力逐渐增长标志着皇权日益加强，皇权的加强也是日后全面实行汉官制的一个重要原因。

三、诸勃极烈的分职

勃极烈制度虽然仅仅由五六个勃极烈组成，但是它却囊括了国家机构所必备的各种职能。

第一，是国家方针、政策的决策机关和审议机关。诸勃极烈是采取合议的方法商议国家重大的军事、政治、对外政策等事务，通常是御前会议，即君臣同议。金朝初年君臣之间没有严格的礼仪束缚，《金史》卷70《撒改传》记载："太祖即位后，群臣奏事，撒改等前跪，上起泣止之曰'今日成功皆诸君协辅之力，吾虽处大位，未易改旧俗也'。撒改等感激再拜谢。"这是对诸勃极烈议国政的情景描述。上下相通，如同父子兄弟，议事时诸勃极烈均处于平等的地位，各抒己见，由皇帝裁决采纳。一经决议即以"诏"的形式颁布、执行。太宗即位后各种礼仪制度逐渐确立，皇权也日益加强，然而勃极烈贵族会议仍具有很大权力，有时他们的意见皇帝不得不采纳。天会十年（1132），任命谁为谙班勃极烈，事关立皇储，太宗虽有心立自己的嫡长子宗磐，但诸勃极烈要求遵循太祖与太宗的约定，以女真传统制度立太祖子孙为皇储。太宗不得不听从诸勃极烈的意见，立太祖嫡孙亶为谙班勃极烈。金初君臣之间的关系保存着女真旧制的残痕。

第二，是国家最高行政机关。各个勃极烈之间有一定的分工，国家各项政治、军事、外交、司法等事务均由各个勃极烈执行。在各个勃极极之下还应设有一般从事行政事务的官吏。这些官员有的是宗室子弟（又称为郎君），有的是宗室以外女真族各部酋长或子弟，还有一些原辽、宋旧官吏。这些官员如离开朝廷至军前慰问或出膺使命时又称为孛堇，天会三、四年以后才有具体的官职。

第三，是国家最高司法机关。除有重大疑义的案件由皇帝亲自过问处理外，其他案件则由诸勃极烈办理。

第四，是最高军事决策、统帅机关。重大军事行动均由御前勃极烈会议商讨决定，由皇帝委任某勃极烈为金朝军队最高统帅，或某方面军统帅。勃极烈有除授麾下将领权。

勃极烈制度是由不同官职构成的，担任不同官职的勃极烈具有各自的主要分工。

谙班勃极烈既是国储又居诸勃极烈之首，其主要职掌是参议处理国家各项重要政务，办理重大的军事、司法案件，如遇棘手的案件再奏陈皇帝，由皇帝亲自办理。皇帝出征时监国，代总朝政，皇帝在朝则为副贰。太宗时建立各项礼仪、政治制度，由谙班勃极烈杲主持。天会三年（1125）十月设置都元帅府时，以谙班勃极烈杲兼领都元帅，进一步明确规定谙班勃极烈是国家最高军事统帅。实际上在太祖、太宗时期，谙班勃极烈只是在朝参议重要军务，一般不率军出征。

国论忽鲁勃极烈（国论勃极烈）是谙班勃极烈下诸勃极烈之长，其主要职掌是与诸勃极烈共同参议、决定军国大事，主持各个时期国家的中心工作。太祖天辅五年开始第二次大规模伐辽战争，以国论忽鲁勃极烈杲为内外诸军都统，昊勃极烈蒲家奴、移赉勃极烈宗翰等人副之。太祖诏杲曰："事有从权，毋烦奏禀"①，使其在军事上有全权可以便宜行事。天辅六年（1122）以后太祖又接连下诏曰："自今诸诉讼书付都统杲决遣。若有大疑，即令闻奏"②，"新附之民有才能者，可录用之"③。又将新占领区的政务交付与忽鲁勃极烈，使其又有任免各级新官吏权、司法权（有疑难案件则奏陈皇帝），成为朝廷在新占领区的军政全权代表。

太宗时在很短的时间内先后灭亡辽和北宋，国家的中心任务由军事转为政治。在太宗一朝，国论忽鲁勃极烈不再任金军最高统帅，而是居于朝廷全力协助谙班勃极烈着手建立各种礼仪、政治制度。史称"金议礼制度，班爵禄，正刑法，治历明时，行天子之事，成一代之典，杲、宗幹经始之功多矣"④。宗幹时为国论忽鲁勃极烈。

国论阿买、阿捨、左勃极烈这三个不同的名称实际是一个官职，这点前面已经论及。其主要职掌是参议军国大事，辅佐谙班勃极烈处理朝廷日常政务。金初，太祖经常亲征，而国论阿买勃极烈辅佐谙班勃极烈居守朝廷。《金史》卷70《习不失传》记载"太祖每伐辽，辄命习不失与太宗居守，虽无方面功，而倚任与撒改比侔矣"。国论阿买、阿舍勃极烈主要是掌管撰写国书诏令，从事日常行政、司法工作的官员。国论左勃极烈还是国家立法、改革机构等重大工作的主持人之一。

国论昊勃极烈的主要职掌是统帅军队从事征战、平叛、维持治安，同时

---

① 《金史》卷76《杲传》，第1737页。
② 《金史》卷76《杲传》，第1740页。
③ 《金史》卷2《太祖纪》，第40页。
④ 《金史》卷76《赞》，第1748页。

参议军国大事。太祖天辅五年（1121）七月，以国论昊勃极烈蒲家奴为都统统帅诸军，国论移赉勃极烈宗翰副之。但是由于气候恶劣没有出师，十二月将军队总指挥权归国论忽鲁勃极烈，从此昊勃极烈居于军事副统帅的地位。太宗天会年间为伐宋设都元帅府后，国论昊勃极烈则居于京师，掌管金源内地及东北地区的军务和治安。天会二年（1124）七月"乌虎部及诸营叛，以昊勃极烈昱等讨平之"①。昱即蒲家奴。太宗后期封蒲家奴为司空、太尉。②

国论乙室、移赉、右勃极烈三个勃极烈亦为同一官职的不同时期的名称。其主要职掌是处理外交事务、参议军国大事，并担任军事统帅，太宗时期又兼任中央在华北地区的最高军政长官。首任国论乙室勃极烈阿离合懑早在建国前穆宗盈歌时"太祖擒萧海里，使阿离合懑献馘于辽"③。此时阿离合懑已涉足外交事务。他的才能也最合适外交官的职位。但是关于阿离合懑任乙室勃极烈以后的事迹的记载颇少，更不见有关他处理外交事务的记载。天辅三年（1119），阿离合懑病笃，太祖至其家问疾，并问以国家事。显然乙室勃极烈亦参议军国政务。据史书记载，太祖亲征，诸将皆从，仅留习不失与昊乞买居守。可能乙室勃极烈亦从太祖征伐，为一名军事将领。

阿离合懑与宗翰的关系甚密，天辅三年（1119）阿离合懑病重，"宗翰日往问之，尽得祖宗旧俗法度"④。及阿离合懑卒，宗翰便从事处理外交事务的工作。⑤宗翰任移赉勃极烈后，随从忽鲁勃极烈、都统杲伐辽，为副都统。占领燕京后，太祖与国论忽鲁勃极烈杲返回京师前，任命宗翰为西北、西南两路都统继续追捕辽天祚帝。太宗时西北、西南两路都统是统辖云中地区（原辽西京道）的地方长官，掌管两路的军民政务。同时还要处理与南面宋朝、西面夏朝的关系。在处理与西夏、南宋的外交事务上，太宗允许宗

① 《金史》卷3《太宗纪》，第51页。
② 《金史》卷65《蒲家奴传》，第1543页；《金史》卷32《礼志五》，第773页。
③ 《金史》卷73《阿离合懑传》，第1671页。
④ 《金史》卷73《阿离合懑传》，第1672页。
⑤ 《金史》卷84《耨盌温敦思忠传》，第1881—1883页。

翰以便宜行事，是朝廷的全权代表。天会二年（1124），西夏以事辽之礼称藩，请受割赐之地。"宗翰承制，割下寨以北、阴山以南、乙室耶刮部吐禄泺之西，以赐之"[①]。天会三年（1125）为大举伐宋，太宗成立都元帅府，以宗翰为左副元帅同时仍兼任西北、西南两路都统。都元帅府最初仅是为伐宋而设立的军事机构，为加强对燕云地区及新占领的北宋河北、河东地区的统治，都元帅府很快就转变成兼管华北地区军民的军政合一的机构。当时虽以谙班勃极烈兼都元帅，但金军主力的统帅权掌握在移赉勃极烈、左副元帅宗翰和右副元帅宗望手中，他们是掌管华北地区军事、政治、经济的最高长官，有很大的自主权。在此期间，宗翰还经常回朝参议军国大事。天会十年（1132）立谙班勃极烈一事，就是在国论忽鲁勃极烈宗幹与移赉勃极烈宗翰的主持下进行的。

天会十年（1132），太宗将移赉勃极烈改称为右勃极烈，兼都元帅。名称变化了而职掌没变，由移赉勃极烈兼任都元帅，这意味着他成为华北地区的最高军政长官。虽然在诸勃极烈中，移赉（右）勃极烈居于末位，但是他掌握着全国经济文化最发达的华北地区的财政大权、重要的兵权（金大部分军队驻在华北，右副元帅统辖着最精锐的军队，但要受都元帅节制）及对南宋、西夏的外交权，因此他是实力雄厚的实权派。

迭勃极烈始终处于诸勃极烈的辅佐地位，其职掌是随所辅佐的勃极烈的变化而变化自己的职掌。天辅五年（1121），以国论忽鲁勃极烈杲都统内外诸军，迭勃极烈幹鲁副之。天辅七年（1123），国论移赉勃极烈宗翰为西北、西南两路都统，幹鲁一直做他的副职。在迭勃极烈居朝廷时，亦与诸勃极烈一同商议军国大事。迭勃极烈一职只任命幹鲁一人。天会五年（1127）十二月幹鲁卒，迭勃极烈随之废止。

通过对诸勃极烈职掌的分析，可以看出诸勃极烈的特点。

[①] 《金史》卷134《西夏传》，第2866页。

　　第一，诸勃极烈既是国家一切方针、政策的制定者，又是重大军事行动和策略的决策人，并且大多勃极烈还担任军队统帅亲临战场。这种军政不分家的特点是与女真政权的国家机构简单，勃极烈制度具有军、政各种职能有直接关系，究其根源则是由于女真族在建国后仍然沿袭本民族古老的习俗，实行亦兵亦民的统治体系所决定的。女真统治者将原始社会末期出现的猛安谋克组织改革成为女真制政权统治下的军政合一的基层组织，并且按照这一原则建立了各级统治机构，勃极烈制度就是这套具有浓厚女真族风格的统治系统中的最高权力机构。因此从勃极烈至猛安谋克都具有兼管军民的特点。

　　第二，诸勃极烈的职掌既相同，又不同。从上面阐述的诸勃极烈的职掌中，可以看出他们有一个共同的职掌，即商议、决定国家重大的军事、政治事务。勃极烈制度保留了贵族议事会的议政方法，该会议是由诸勃极烈组成，凡遇重大军政事务均由勃极烈会议决定，每个勃极烈都有相同的发言权和表决权，他们通过这种方式共同辅佐皇帝执政。诸勃极烈彼此又有分工，对于皇帝的指令和经勃极烈会议决定的各项工作分头执行。诸勃极烈是决策人又是执行者。

　　第三，诸勃极烈没有任职的年限，一旦被任命为勃极烈不再免职，只是根据需要在勃极烈内部进行调整，通常只升不降。一般是在某勃极烈死后再进行补任。只有天会十年（1132）任宗磐为国论忽鲁勃极烈一事例外，这是为缓和皇族之间在皇位继承上产生的矛盾而采取的非常措施。将国论忽鲁勃极烈宗干改任国论左勃极烈，即是变相恢复早已废置的国论阿买勃极烈，这不仅是由于宗干是当时国家立制改革不可缺少的人物，同时也是由于勃极烈制度没有免职这一特点所决定的。随着形势的发展，有的勃极烈已经没有存在的必要，也要等到这个勃极烈死后方废止。如在天会年间，迭勃极烈实际上只居于"西南、西北两路副都统"的地位，不再回朝参议军国大事，丧失了勃极烈最重要的职掌，但迭勃极烈一职直到斡鲁死后才废止。

　　第四，谙班勃极烈既是皇位的储嗣又居诸勃极烈之首，担负着"副贰"

的重任。这种特点在东方类型奴隶社会的国家机构最高官职中较多见。如汉代匈奴人以左贤王为单于的"储副"，常以储君为左贤王。左贤王是单于以下最尊贵的长官。不同的是匈奴将领地分为三份，分别由单于、左贤王、右贤王掌管；而女真族则由皇帝统一领导。两族储副在官职上虽各具特色，但地位大体相当。又如古埃及奴隶制时期亦是以太子为宰辅，如第十二王朝（前1991—前1778年）阿门内姆哈特以长子塞努塞尔特第一任共同摄政王。[①]这是由于刚刚由原始社会脱胎出来的奴隶社会仍保留着宗法家族组织，统治者还以血缘作为维系统治的重要工具。以太子为宰辅便将王朝的实权掌握在本家族手中，从而保证皇族在国家最高统治集团中的地位，同时又在实际中锻炼、培养其管理国家的能力，为继承皇位打下基础。

太祖、太宗时期是金政权建立、巩固并不断变革的时期，诸勃极烈的职掌也随着国家政治、军事形势的急剧变化而产生不同程度的变化。总的趋势是军事、行政的职掌逐渐减少，辅弼皇帝的职掌不变。其中国论忽鲁勃极烈和国论移赉（乙室、右）勃极烈的职掌前后变化较大。国论忽鲁勃极烈是主持国家中心工作的勃极烈，太祖时期国家中心任务是灭辽战争，他便是伐辽大军的总司令，另有三个勃极烈任副职佐之；太宗时期国家中心工作转入尽快完善国家机构和健全礼仪制度，他便由燕京（对辽前线）返回京师，担当这项工作的主持人。国论移赉勃极烈在太宗时由主管外交工作的勃极烈加任为华北地区的最高军政长官，并成为他的主要职掌。由于华北地区南面是强大的南宋，西面是西夏，西北是草原民族，因此在这里驻守着最精锐的部队，这使得在诸勃极烈中唯一移赉勃极烈的军事职掌加强了，最后竟被任命为都元帅，成为全国军队的最高统帅。诸勃极烈的职掌变化反映着金朝国家政权性质的变化，女真制度逐渐减弱，中原汉制官僚机构的性质日趋加强，成为不可抗拒的历史潮流。

---

① [埃及] 阿·费克里：《埃及古代史》，高望之等译，商务印书馆，1973年，第68页。

四、诸勃极烈的裁减与发展趋向

诸勃极烈随着女真族的发展，特别是政权的发展与汉官制的影响，在女真族统治阶级内部新出现的改革派要求废除女真旧俗实行汉官制的要求下，经过诸勃极烈的裁减而逐渐有向汉官制发展的明显趋向。

太祖收国二年（1116）五月勃极烈制度确立后，勃极烈定员为六人。太宗即位后将勃极烈裁减为五员。天会五年（1125）后再次减为四员。天会八年（1130）勃极烈仅剩三员。然而在天会十年（1132）为了解决皇族内部的矛盾，太宗又将勃极烈增至五员。国论昊勃极烈这时实际上无任何事迹，但不见免职的记载，只是到熙宗天会十三年（1135）三月国论昊勃极烈昱又以大司空的官职出现[①]，可能天会末年国论昊勃极烈已经名存实亡。新任谙班勃极烈完颜亶年仅十四岁，不谙政务。因此，太宗末年虽然有五名勃极烈，而实际只有三名勃极烈操纵军政大权。诸勃极烈的裁减有其深刻政治原因，概括起来大致有如下几点。

一是加强皇权的需要。诸勃极烈均出自于完颜氏中的名门望族，这几大家族具有相当的实力，是女真国家统治集团的核心。诸勃极烈本身又大多是金朝开国功臣，在女真统治集团中享有很高的威望，而且诸勃极烈与皇帝有着亲疏不等的血缘关系，这使他们的地位既高且贵。金初，女真统治集团内君臣之间还保留着浓厚的原始遗风，"虽有君臣之分，而无尊卑之别，乐则同享，财则同，用至于舍屋、车马、衣服、饮食之类，俱无异焉"[②]。显然诸勃极烈与皇帝之间存在着一种父子兄弟式的关系。在商议、处理重要国务时，对于掌握军政大权的诸勃极烈的意见，皇帝有时不能不违心地同意，这无形中造成对皇权的威胁。太宗时期，金政权已经稳固，太宗感到只有加强

---

① 《金史》卷32《礼志五》，第773—785页。

② （宋）徐梦莘：《三朝北盟会编》卷166《炎兴下帙六六》引《金虏节要》，绍兴五年正月，上海古籍出版社，1987年，第1197页。

君主集权才能巩固皇权独尊的地位，为达到这个目的，首要问题是限制和削弱诸勃极烈的权力。于是太宗采取了勃极烈自然减员后不再补任，通过裁减勃极烈人员的办法，将勃极烈制度的部分权限分散给中央勃极烈之下的官僚机构，打破诸勃极烈独揽各方面大权的局面，以达到逐渐实现君主集权制的目的。

二是以其他机构取代勃极烈制度的部分职能。勃极烈制度诞生时是金朝中央唯一的官僚机构，因而它具有国家中央机关所应具备的一切职能。灭辽以后，受到先进的政治、经济制度强烈的影响，同时为了适应对南部州县地区的统治，天会年间仿照唐宋制度，加强了中央官僚机构的设置，勃极烈制度之下出现了各种行政机构，取代勃极烈制度的大部分行政职能。

三是军权收归皇帝所有。太祖时期勃极烈制度的军事性质较强，设有一名主掌军事的国论昊勃极烈，另外处于辅佐地位的迭勃极烈也是为了加强勃极烈制度的军事统帅力量而增设的。军队是国家政权的柱石，掌握全部军队的诸勃极烈自然构成对皇权的威胁。太宗为削弱勃极烈制度的军权，于天会三年设立都元帅府，虽以谙班勃极烈兼都元帅，但实质上已将国家主要部队控制在皇帝手中，以移赉勃极烈兼任左副元帅，另外任命太祖子宗望为右副元帅，受皇帝直接领导。剥夺了其他勃极烈对主力部队的统帅权，昊勃极烈成为驻守京师的少数部队的统帅，不久昊勃极烈成为有职无权的虚职，实际上与废止相差无几。迭勃极烈在天会初年就已经失去了存在的意义，仅处于西南、西北两路副都统的地位，于是迭勃极烈随着斡鲁去世而废止。另外，太宗末年，对外战争已由主要地位下降到次要地位，战事也逐年减少，这也是裁减这二名勃极烈的一个重要原因。

四是谙班勃极烈逐渐成为纯粹的储嗣。太祖时期以谙班勃极烈"贰国政"，除"军事违者"皇帝亲自过问，其余事无大小，只要依照"本朝旧制"便可以便宜行事，不论皇帝在朝否，均可不必事事奏请皇帝。太宗前期，谙班勃极烈居于名符其实的首席宰辅的地位，在皇帝的旨意下从事各项工作，凡有重大军政事务均要奏明皇帝，得到许可方可行事。这与太宗开始效法中原王朝皇帝的统治方法，不再将皇权分而为二，而是实行君主集权制有密切关系。太宗晚朝，谙班勃极烈逐渐变成类似中原王朝的太子，主要是学习儒家经典、各朝统治经验，很少过问政事。他已不再是宰辅，并且原由谙班兼任的都元帅也转授给移赉勃极烈，虽然依旧名为谙班勃极烈，但是从实际意义上看已不是勃极烈制度中的成员。

勃极烈制度与君主集权制不相适应，只有削弱诸勃极烈的权力才能加强皇权，彻底废除勃极烈制度才能真正实现君主集权制。然而由于社会原因，在金初不可能在短时间内全部剥夺诸勃极烈的权力，立即废止勃极烈制度，而是要通过循序渐进的办法达到这一目的，裁减勃极烈人员便是办法之一。

金朝入主中原以后便决定了女真政权必须要进行汉制改革。在中国历史上，少数民族政权的发展变化形式总是受当时中原王朝的制约。中国古代王朝政治制度到隋、唐时期进入一个新纪元，中央三省六部制度自隋朝出现，经唐、宋两朝的发展日臻完善，三省六部制度是与当时中原租佃式地主经济相适应的，具有强大的生命力和优越性。"经济基础决定上层建筑"这一历史唯物主义原理为我们提供了深入了解金代官制变革的理论根据。随着女真统治集团的不断南侵，金朝经济成分发生巨大变化，高度发展的租佃式地主经济逐渐在全国占主要地位，奴隶制经济则退居次要地位。这一重大变化反映到上层建筑领域内表现为中央勃极烈制度向三省六部制度过渡的发展趋势。

天会十年（1132）太宗重新调整勃极烈制度，谙班勃极烈已与中原王朝的太子大体相同，国论忽鲁勃极烈之下设国论左、右勃极烈。国论左、右勃极烈名称显然是受宋三省制中左、右侍中（丞相）官称的影响，同时国论左、右勃极烈所处的地位亦与左、右丞相类似。太宗末年，处于过渡状态的勃极烈制度并不能与三省制等同，两者存在着本质区别。三省制是金朝官制中原化变革的最后归宿，而不是勃极烈制度发展的结果，只有完全废除了勃极烈制度才能确立三省制，勃极烈制度向三省制过渡的过程即是废弃旧的政治制度建立新的政治制度的过程。在当时的历史条件下，勃极烈制度向三省六部制度过渡是历史发展的必然趋势。女真族统治集团中的改革派顺应了这一历史趋势，他们在进行国家机构汉制变革时，一方面模仿中原王朝的三省六部制度，另一方面则改头换面地保留一部分本民族的特点，使金朝国家政权的汉制变革具有一定特色，在中国古代社会政治制度史中具有重要的意义。

第二节　金初中央勃堇制度考论①

　　勃堇，产生于女真人原始社会的氏族部落组织，最初是女真氏族部落长的称号。金朝建国前后"勃堇"发展为"官长"之意，在一段时期内中央与地方的女真官员仍称为勃堇。中央勃堇是国论勃极烈制度的组成部分，太宗时，随着在中央中原式的各级行政机构的建立，大约在天会五六年间中央勃堇最后被废止。探讨金初中央勃堇制度有助于深入研究中央勃极烈制度的运作形式和变化，具有重要的学术价值。以往相关研究十分薄弱②，本文不揣鄙陋，请学界同仁指正。

一、建国前的勃堇

　　"勃堇"系女真语，日本学者鸟山喜一认为勃堇与赫哲语的bokin，

---

① 《金初中央勃堇制度考论》，原载于《黑河学刊》2021年2期。
② 日本学者三上次男在《金初の孛堇について》的研究中认为：金初勃堇是用于金室直辖地和一部分新占领以外的女真诸部的部族长的称呼。太宗天会年间，成为许多人表示家世的一种荣爵，或者纯粹地方官化了。参见氏《金史研究》一"金代女真社会の研究"，中央公论美术出版，1972年，第437、438页。三上先生没有注意到中央官员身份的孛堇。我在20世纪80年代发表的《金初勃堇初探》（《史学集刊》1986年2期）略论及中央勃堇，现在看来有些问题当时认知不够清晰，有必要重新撰文探讨。

bokki的语义相同，即为"酋长或部族长"①。11世纪，女真各部之间相互争长，形成简单而不十分稳定的联盟，女真氏族社会开始从"无大君长"分散的氏族部落逐渐步入低级酋邦阶段。按出虎水完颜部勃堇石鲁（昭祖）时，部落浸强，辽以"惕隐"官之。于是"昭祖耀武至于青岭、白山，顺者抚之，不从者讨伐之，入于苏滨、耶懒之地，所至克捷"②。完颜石鲁成为诸部之上的大酋长，《金史》称"其部长曰孛堇，统数部者曰忽鲁"③。"忽鲁勃堇"又作"都勃堇"，这一称号很可能出现在石鲁末期。乌古乃（景祖）继任完颜部勃堇后，"众推景祖为诸部长，白山、耶悔、统门、耶懒、土骨论、五国皆从服"④。诸部长即都勃堇，在形式上乌古乃是由下属诸部推举为都勃堇，实际上应是继任石鲁之位，成为以按出虎水为中心的酋邦的酋长。辽朝为经营鹰路，设立生女真属部，以乌古乃为生女真部族节度使，这不仅巩固了乌古乃作为诸部长（都勃堇）的地位，也在很大程度上推动了生女真的社会进步。经世祖劾里钵、肃宗颇剌淑到穆宗盈歌时期，生女真社会已经发展到高级酋邦阶段，生女真属部的势力范围已经囊括了大部分生女真部族。

在生女真酋邦组织内，勃堇包括勃堇与都勃堇。勃堇（又称部长）已经出现世袭制，由酋长的家族世袭，《金史·钝恩传》载："钝恩，阿里民忒石水纥石烈部人。祖曰劾鲁古，父纳根涅，世为其部勃堇。"在个别情况下，也有生女真部族节度使任命勃堇的现象。如阿跋斯水温都部人乌春，景祖"既而知其果敢善断，命为本部长，仍遣族人盆德送归旧部。盆德，乌春之甥也"⑤。从盆德是乌春的外甥的身份看，温都部应是完颜部的世婚部族，

① [日]鸟山喜一：《金史に见えたる土语の官稱の四五に就て》，《史學雜誌》第二九篇第九號，1918年9月。

② 《金史》卷1《世纪》，第4页。

③ 《金史》卷55《百官志一》，第1215—1216页。

④ 《金史》卷67《石显传》，第1573页。

⑤ 《金史》卷67《乌春传》，第1577页。

景祖命完颜盆德送乌春回本部任勃堇，以昭示生女真部族节度使的权威，使温都部的部民接受新勃堇。

勃堇对部民有行政、司法、军事等诸种权力①，个别的部落长只许为勃堇，不得领兵，如景祖异母弟跋黑有异志，世祖虑其为变，"乃加意事之，使为勃堇而不令典兵"②。在酋邦组织内，勃堇需听从大酋长都勃堇（又是生女真属部长官）的调遣，如世祖劾里钵时，命国相颇剌淑（肃宗）以偏师拒桓赧、散达，"至斡鲁绀出水，既阵成列，肃宗使盆德勃堇议和"③。穆宗盈歌攻打星显水纥石烈部勃堇阿疏时，阿疏闻穆宗来，与其弟狄故保往诉于辽。辽人来止勿攻。穆宗不得已，留劾者勃堇守阿疏城而归。"辽使至，乃使蒲察部胡鲁勃堇、邈逊勃堇与俱至劾者军，而军中已易衣服旗帜，与阿疏城中如一，辽使果不能辨。劾者诡曰：'吾等自相攻，干汝何事，谁识汝之太师。'乃刺杀胡鲁、邈逊所乘马，辽使惊怖走去，遂破其城。狄故保先归，杀之。"④这是一个典型的事例，劾者勃堇与蒲察部胡鲁勃堇、邈逊勃堇听从穆宗的调遣，演一出戏骗走辽使，随后攻占阿疏城，平定了星显水纥石烈部的叛乱。在酋邦组织内，生女真属部的长官对属下各部勃堇的统领，尚不及国家君主那般强有力，经常发生勃堇不听调动的事情。如康宗乌雅束二年甲申（1104），"苏滨水诸部不听命，康宗使斡带等往治其事。行次活罗海川撒阿村，召诸部。诸部皆至，惟含国部斡豁勃堇不至。斡准部狄库德勃堇、职德部廝故速勃堇亦皆遁去，遇坞塔于马纪岭，坞塔遂执二人以降"，"遂伐斡豁，拔其城以归"⑤。大酋长即生女真部族节度使对于不服从命令的勃堇，一般采用武力使之降服。

---

① [日] 三上次男：《金史研究一·金代女真社会の研究》，中央公论美术出版，1972年，第434页。
② 《金史》卷65《跋黑传》，第1542页。
③ 《金史》卷67《桓赧、散达传》，第1575页。
④ 《金史》卷67《阿疏传》。文中的"劾者"，元朝史臣释曰："金初亦有两劾者，其一撒改父，赠韩国公。其一守阿疏城者，后赠特进云。"第1585—1586页。
⑤ 《金史》卷65《斡带传》，第1546页。《金史》卷71《斡鲁传》，第1631页。

勃堇在领兵作战时，又称猛安谋克。猛安谋克，原是女真部民围猎时的组织，后来发展为女真人的临时作战组织。开始主要是以谋克为单位进行战斗，到后期战争规模扩大了才由谋克扩展为猛安与谋克。《金史·兵志》记载女真"金之初年，诸部之民无它徭役，壮者皆兵，平居则听以佃渔射猎习为劳事，有警则下令部内，及遣使诣诸孛堇征兵，凡步骑之仗糗皆取备焉。其部长曰孛堇，行兵则称曰猛安、谋克，从其多寡以为号，猛安者千夫长也，谋克者百夫长也"[①]。当举行大规模军事行动时，以某勃堇担任一路军统帅时，又称之为都统。在世祖平定乌春叛乱时，"斡善、斡脱以姑里甸兵来归，使斜钵勃堇抚定之。蒲察部故石、拔石等，诱其众入城，陷三百余人。欢都为都统，往治斜钵失军之状，尽解斜钵所将军，大破乌春、窝谋罕于斜堆，擒故石、拔石"[②]。世祖以欢都勃堇为都统，往治斜钵勃堇失军之状，可看出猛安谋克之上已经出现更高一级的军官。战争结束后无论是猛安谋克还是都统回到本部仍称勃堇。

都勃堇，又称诸部长、众部长、都部长。如前所述，生女真酋邦的大酋长称为都勃堇。此外，在酋邦内部又有地区一级的小酋邦，小酋邦的酋长也称为都勃堇。小酋邦一般是在各地区自发产生，都勃堇也实行世袭制，但在地区出现争夺都勃堇的事件时，大酋长具有裁判权，如"阿疏既为勃堇，尝与徒单部诈都勃堇争长，肃宗治之，乃长阿疏"[③]。地区性的都勃堇对其下诸部有行政、司法、军事等诸种权力，"诸部长各刻信牌，交互驰驿"[④]，拥有一定自治权，但对外行动等方面需听命于大酋长。在大酋长统属的中心地区

① 《金史》卷44《兵志》，第992页。这里称"金朝初年"女真之制，然金建国前一年（1114）完颜阿骨打确立猛安谋克制度以后，女真部族制度已经解体，作为部长的"勃堇"不复存在。因此这段记载应是女真建国前的制度。然阿骨打新建立的猛安谋克制度仍然保留平时为民，战时为兵的旧俗，但无论战时还是平时，长官都称为猛安谋克。学界存在将这条史料视为金朝建国后的记录，进而认为金朝初年女真仍普遍存在氏族部落长勃堇，直到熙宗时才完全废除（参见王世莲：《孛堇、勃极烈考释》，《吉林大学社会科学学报》1987年第4期）。这显然与史实不符。
② 《金史》卷68《欢都传》，第1593页。
③ 《金史》卷67《阿疏传》，第1585页。
④ 《金史》卷58《百官志四》，第1335页。

一般不设都勃堇，由大酋长直接统辖各个部的勃堇。

穆宗盈歌末年采纳近僚完颜阿骨打的建议，命"统门、浑蠢、耶悔、星显四路及岭东诸部自今勿复称都部长""令诸部不得擅置信牌驰驿讯事，号令自此始一""于是诸部始列于统属"。①同时，盈歌将自己的都勃堇（众部长、都部长）的称号改为都勃极烈，以示尊崇。取消地区性小酋邦酋长的"都勃堇"称号和信牌驰驿讯事之后，原小酋邦之下诸部的行政、司法、军事诸事务由大酋邦统属，小酋邦是否随之消失，尚不可知。《金史·迪姑迭传》载："迪姑迭，温迪罕部人。祖扎古乃，父阿胡迭，世为胡论水部长。"这里只称"胡论水部长"，不称"胡论水都部长"。《完颜娄室神道碑》载：娄室"年二十一，代父为七水部长"②。亦是如此，这或许是小酋邦的酋长在取消"都部长"称号之后的称呼。地区性小酋邦的酋长在生女真部落中是地位较高的大贵族，从建国后金太祖任命完颜娄室为黄龙府路万户看③，这种家世出身的人在金初往往被委任为重要官职。

完颜阿骨打继任都勃极烈的第二年（1114），对女真原始部族制进行改革，"初命诸路以三百户为谋克，十谋克为猛安"④。以地缘关系为基础领户为特点的猛安谋克制度，取替了原来以血缘关系为基础的部族制，以地方行政官员猛安谋克取代了部族长勃堇。⑤部分被任命为地方官的猛安谋克官员，在金朝建国之初，女真社会还往往习惯称其为勃堇⑥，如太祖收国元年（1115）十二月，"护步荅冈之役，乙里补孛堇陷敌中，迪姑迭援出之"⑦。

---

① 《金史》卷1《世纪》第14页；卷2《太祖纪》，第21—22页；卷128《循吏传》，第2757页。

② 《完颜娄室神道碑》，王新英：《全金石刻文辑校》，吉林文史出版社，2012年，第220页。

③ 《金史》卷72《娄室传》，第1649—1653页。

④ 《金史》卷2《太祖纪》，第25页。

⑤ 地方行政组织猛安谋克设置后，女真军队组织仍保持原有的猛安谋克制度，每百人为一谋克，十谋克为一猛安。

⑥ 被习惯性称勃堇的人，可能在授予猛安谋克官职之前即是部族长勃堇。

⑦ 《金史》卷81《迪姑迭传》，第1816页。

金建国后，太祖在中央确立国论勃极烈制度，在中央各种政务机关还不健全的时期，诸勃极烈大贵族之下有从事各种事务的大小官员，被称为"勃堇"。此外，金朝占领的辽朝州县地区，有部分女真地方官员被称为"勃堇"；金初新降服的东北边地族群的氏族部落长也被称为"勃堇"。金朝初年的勃堇制度是承袭生女真酋邦组织的勃堇名称加以官制化而形成的，"勃堇"由原来的部落长变成一般意义上的"官长"，它在形式上和内容上都与建国前的勃堇有本质区别，在金初官僚体系中勃堇制度发挥了重要的作用。

二、中央勃极烈之下的勃堇制度

金初，中央实行国论勃极烈制度，在诸勃极烈之下设有处理各种具体事务的官员。这些官员有女真人、渤海人、契丹人、汉人，他们没有具体的职称，在太祖一朝、太宗朝前期称之为"勃堇"。

在中央的勃堇从事各种行政工作。《金史·太宗纪》记载：天会二年（1124）正月，太宗"诏孛堇完颜阿实赉曰：'先帝以同姓之人有自鬻及典质其身者，命官为赎。今闻尚有未复者，其悉阅赎之。'"金建国前后，是女真奴隶制迅速发展时期，为遏止女真平民地位恶化的趋势，保证女真族的兵源，太祖在位时就开始着手赎免女真奴婢的工作，收国二年（1116）"二月己巳，诏曰：'比以岁凶，庶民艰食，多依附豪族，因为奴隶，及有犯法，征偿莫办，折身为奴者，或私约立限，以人对赎，过期则为奴者，并听以两人赎一为良。若元约以一人赎者，即从元约'"[1]。这项工作一直延续到太宗末年，天会九年（1131）四月己卯，太宗诏："新徙戍边户，匮于衣食，有典质其亲属奴婢者，官为赎之。"[2]完颜阿实赉正是在中央从事国家赎买女真族奴隶工作的官员。

---

① 《金史》卷2《太祖纪》，第29页。
② 《金史》卷3《太宗纪》，第63页。

天辅二年（1118）九月，太祖下诏："国书诏令，宜选善属文者为之。其令所在访求博学雄才之士，敦遣赴阙。"①在朝廷撰写国书诏令的文学之士，亦称之为勃堇。他们大多是系辽籍女真人、渤海人、契丹人，有人曾是辽、宋旧官吏，有人则是进士举人，在女真人占领辽、北宋地区后，归附于金，其中也不乏在战争中虏掠来的士大夫。天辅三年（1119）六月，"辽大册使太傅习泥烈以册玺至上京一舍，先取册文副录阅视，文不称兄，不称大金，称东怀国。太祖不受，使宗翰、宗雄、宗幹、希尹商定册文义旨，杨朴润色，胡十荅、阿撒、高庆裔译契丹字，使赞谋与习泥烈偕行"②。宗翰、宗幹此时尚未出任国论勃极烈，而是近上官员，中央勃堇。宗幹、宗翰、宗雄等人为宗室郎君，据宋人记载，女真"宗室皆谓之郎君，事无大小必以郎君总之。虽卿相尽拜于马前，郎君不为礼，役使如奴隶"③。郎君以其出身高贵，在金初官僚集团中占有较高的地位。希尹（又作兀室）非宗室女真贵族，"为人深密多智"④，"奸猾而有才，自制女真法律、文字，成其一国，国人号为'珊蛮'。'珊蛮'者，女真语巫妪也。以其通变如神，粘罕之下皆莫之能及"⑤。粘罕，即宗翰。他们皆颇受皇帝和诸勃极烈的信任，受命议定册文的宗旨。杨朴、高庆裔是渤海人，大约在天辅二年（1118）太祖下诏"访求博学雄才之士"时，被女真地方官员送到京师。胡十答、阿撒等人可能是契丹人，通晓女真语和契丹文，从事撰写、润色、翻译等工作。赞谋，即乌林答赞谋，女真人，他与耨盌温敦思忠以强记而受太祖赏识，在金与辽议和期间，"往来专对其间，号闻刺。闻刺者，汉语云行人也"⑥。从上述金朝国书撰写的过程中可以看到，女真宗室郎君与其他中央勃堇在地位上是有

---

① 《金史》卷2《太祖纪》，第32页。
② 《金史》卷84《耨盌温敦思忠传》，第1881页。
③ （宋）徐梦莘：《三朝北盟会编》卷3《政宣上帙三》，重和二年正月十日丁巳，第19页。
④ （宋）宇文懋昭撰，崔文印校证：《大金国志校证》卷27《兀室传》，中华书局，1986年，第385页。
⑤ （宋）徐梦莘：《三朝北盟会编》卷3《政宣上帙三》，重和二年正月十日丁巳，第21页。
⑥ 《金史》卷84《耨盌温敦思忠传》，第1881页。

明显差异的，前者的地位较后者高，从事的工作也较后者更为重要。重用女真官员是有金一代女真皇帝在官僚集团中推行的不二法则。

金朝一建立便与邻国发生了政治、经济关系，朝廷根据需要经常临时委派中央勃堇为外交使臣出使辽、宋、高丽等邻国。现将太祖一朝中央派出的使者统计见表2-2：

表2-2 金太祖朝中央派出使者一览表

时间	地点	出使人员与任务	史料出处
天辅二年 1118	辽	四月，辽使以国书来。五月，命胡突衮如辽。七月癸未，胡突衮还自辽。耶律奴哥复以国书来。丙申，胡突衮如辽。	《金史》卷2
二年	宋	正月，遣散睹报聘于宋，所请之地，与宋夹攻得者有之，本朝自取，不在分割之议。 十月，女真发渤海人一名李善庆、熟女真一名小散多、生女真一名勃达，共三人赍国书并北珠、生金、貂革、人参、松子为贽，同马政等俾来还礼朝觐。	《金史》卷60 《三朝北盟会编》卷2
二年	高丽	十二月，遣孛堇术孛以胜辽报谕高丽，仍赐马一匹。	《金史》卷135
三年 1119	宋	孛堇辞列、曷鲁等如宋，关于金宋结盟之事。	《金史》卷2
三年	辽	辽大册使太傅习泥烈以册玺至京师。太祖使乌林答赞谋与习泥烈偕行。辽遽遣赞谋归，太祖再遣赞谋如辽。	《金史》卷84
	辽	及辽人议和，耨盌温敦思忠与乌林答赞谋往来专对其间，辽人前后十三遣使，和议终不可成。	《金史》卷84
四年 1120	高丽	使习显以获辽国州郡谕高丽。	《金史》卷60
四年	宋	七月，金人差女真勃堇斯剌、习鲁充使，渤海大迪乌、高随副之，持其国书来许燕地。	《三朝北盟会编》卷4
六年 1122	宋	五月，金《国书》：今差孛堇乌歇、高庆裔等充通议使副及管押苏寿吉家属前去。 十一月，差勃堇李靖、勃堇王度剌充国信使副，撒卢母充计议使，来议每岁银绢。	《三朝北盟会编》卷7、11

续表

时间	地点	出使人员与任务	史料出处
七年 1123	宋	二月，遣孛堇银术可、铎刺报聘于宋，许以武、应、朔、蔚、奉圣、归化、儒、妫等州，其于西北一带接连山川及州县，不在许与之限。 金《国书》今差孛堇甯术割、度刺充国信使副，撒卢母充计议使。 复差杨璞为聘使报许四月十四日交割燕山及山后幸踏地里交割南归。 三月，赵良嗣等至燕山金人遣韶瓦郎君、高庆裔来问难摘指誓书字画，邀取逃去职官户口等事。 宋《国书》：四月，今贝勒杨璞等回。①	《金史》卷60 《三朝北盟会编》卷14、15 《大金吊伐录》1

　　表中出现的使者有女真勃堇，也有渤海、契丹、兀惹等族勃堇。史籍中明确记载为女真人的，有耨盌温敦思忠、乌林答赞谋、小散多（熟女真）、勃达、习显、斯剌、习鲁、银术可、韶瓦。其中韶瓦郎君，为宗室贵族。乌歇，又作徒姑坦乌歇②，徒姑坦为女真语"徒单"的同音异译，徒单氏，是宗室完颜的世婚家族，为女真人。胡突衮，是天辅二年金辽和谈的主要人物；术孛是金朝首次遣往高丽国的使臣，这两位应是女真勃堇。其中。完颜银术可的身份比较特殊，《金史》称其为"宗室子"，即为郎君身份。"收国二年，分鸭挞、阿懒所迁谋克二千户，以银术可为谋克，屯宁江州"。天辅五年（1121）从国论忽鲁勃极烈完颜杲伐辽。③赵良嗣《燕云奉使录》称宁术割（银术可）"系是北朝皇帝最亲任听干的近上的大臣，权最重，见知军国重事，复充西路等处都统使，兼杀败夏国，故特遣来到贵朝，莫比寻常使人"④。《金史》称其为"勃堇"，是因他为屯守宁江州的地方官，并不是中央官勃堇（详见第三章地方勃堇部分）。女真勃堇通常任正使，一般配备其

① 贝勒，即勃堇。宋人国书当从金人称呼作勃堇，后世版本改为贝勒。
② （宋）徐梦莘：《三朝北盟会编》卷7《政宣上帙七》，宣和四年五月十八日乙亥，第47页。
③ 《金史》卷72《银术可传》，第1658页。
④ （宋）徐梦莘：《三朝北盟会编》卷14《政宣上帙一四》引《燕云奉使录》，宣和五年二月二十八日壬子，第102页。

他族的勃堇为副使，这是因为此时的女真人中通晓汉语、契丹语、高丽语的人甚少，副使同时又担任正使的翻译之职。

散睹，天辅二年（1118）正月出使宋朝，三年六月返回，"散睹受宋团练使，上怒，杖而夺之"①。此时金人与宋人刚刚接触，互不了解，与辽和高丽不同，金朝只是试探性地遣使，不大可能派遣对宋人几乎一无所知的生女真人出使，而且，散睹还接受了宋团练使的官职，这也可作为他不是生女真人的一个佐证。散睹有可能是熟女真，抑或是契丹人。

使者中人数仅次于女真人的是渤海人，史籍中明确记载为渤海人的，有李善庆、大迪乌、高随、高庆裔、杨璞（杨朴）。王度刺，马扩《茆斋自叙》作"王永昌"②，从姓名看应是渤海人。

使者中没有哪位在史籍中明确记载是契丹人，但从其姓名和事迹大致可推测知之。曷鲁，为契丹人名，姓氏失载。撒卢母，随银术可等出使，"充计议使"，以当时女真人的文化程度，尚不能胜任此职，从名字看有可能是契丹人。铎剌，又作度剌，《三朝北盟会编》记载他为"耶律度剌""耶律松"③，耶律为契丹姓。赵良嗣《燕云奉使录》云："度剌自称谏议。"④谏议，为辽官，应为铎剌归附金朝之前的官职。

辞列，《金史·太祖纪》记载，完颜阿骨打起兵反辽时，"实不迭往完睹路执辽障鹰官达鲁古部副使辞列、宁江州渤海大家奴"。大约此时辞列降服女真。天辅二年（1118）七月，太祖"诏达鲁古部勃堇辞列：'凡降附新民，善为存抚。来者各令从便安居，给以官粮，毋辄动扰'"⑤。辞列为达鲁

---

① 《金史》卷2《太祖纪》，第33页。
② （宋）徐梦莘：《三朝北盟会编》卷11《政宣上帙一一》引《茆斋自叙》，宣和四年十一月，第79页。
③ （宋）徐梦莘：《三朝北盟会编》卷14《政宣上帙一四》，宣和五年二月二十八日壬子，第102页；同卷引《茆斋自叙》，宣和五年二月六日庚寅，第100页。
④ （宋）徐梦莘：《三朝北盟会编》卷14引《政宣上帙一四》引《燕云奉使录》，宣和五年二月，第102页。
⑤ 《金史》卷2《太祖纪》，第31页。

古部人①，从太祖诏文看，辞列当为在中央任职的勃堇。

李靖，为兀惹人。兀惹是渤海国的遗裔，洪皓《松漠纪闻》载：辽将兀惹部迁至黄龙府南百余里宾州一带，"以其族类之长为千户统之"，"族多李姓，予顷与其千户李靖相知"。②李靖应是在太祖初年归附金朝，成为近上官员，中央勃堇。

金太祖时期推行以女真国俗治理国家的方针，朝堂议事君臣之间无严格的尊卑礼仪，在皇帝面前群臣可以畅所欲言。在这种政治生态下，中央勃堇在一些外交事务中可以发表各自的意见，他们的意见往往受到皇帝或诸勃极烈的重视。如在金辽和谈时，太祖采纳了杨朴提出的建议，"遣人使大辽以求封册，其事有十：乞徽号大圣大明者一也。国号大金者二也。玉辂者三也。衮冕者四也。玉刻印御前之宝者五也。以弟兄通问者六也。生辰正旦遣使者七也。岁输银绢十五万两、匹者八也。割辽东、长春两路者九也。送还女真阿鹘产、赵三大王者十也"③。又如赵良嗣《燕云奉使录》记载：宣和二年（金太祖天辅四年，1120）宋朝派遣中奉大夫右文殿修撰赵良嗣出使金朝，商议宋金夹攻辽朝，求燕云地，将纳辽朝的岁币转纳金朝之事。太祖集众臣与宋使者议事，关于平、营州之地是否归还与宋朝，太祖说："平、营本燕京地，自是属燕京地分。"高庆裔则道："今所议者燕地也，平、滦自别是一路。"太祖初认为"书约已定更不可改"。后因其他女真官员都赞同高庆裔的看法，太祖便采纳之。遣杨朴谕宋使副云："郎君们意思不肯将平州划断燕京地分，此高庆裔所见如此，须着个方便。"④此后，金仅将燕京及六州归宋，宋使几次请求金太祖将平、营之地一并归宋，终未能如愿。

勃堇出使邻国，是皇帝和朝廷的临时差遣，他们平时应有具体的工作

---

① 达鲁古城，在今吉林省松原市宁江区（原夫余县）伯都讷古城。孙进己、冯永谦：《东北历史地理（下）》，黑龙江人民出版社，2013年，第56页。

② （宋）洪皓：《松漠纪闻》，翟立伟标注，长白丛书本，吉林文史出版社，1986年，第17页。

③ （宋）徐梦莘：《三朝北盟会编》卷3《政宣上帙三》，重和二年正月十日丁巳，第22页。

④ （宋）徐梦莘：《三朝北盟会编》卷4《政宣上帙四》引《燕云奉使录》，宣和二年三月，第26页。

和职责。上表统计的使者集团大致可以反映中央勃堇的基本构成，女真勃堇主要是由女真皇帝和诸勃极烈在女真宗室子弟和有才干的女真人中选任，如完颜希尹多智有才，受命创制女真文字，有计谋又善战，深受太祖重用。耨盌温敦思忠和乌林答赞谋以强记而受太祖赏识。"宗贤，本名阿鲁。太祖伐辽，从攻宁江州、临潢府。太宗监国，选侍左右，甚见亲信"。[①]太宗时为谙班勃极烈，他为谙班勃极烈身边的勃堇。其他族的勃堇，一是朝廷招纳的人才，如杨朴、高庆裔、胡十答、阿撒等；二是从降服的原辽朝官员中选任，如李靖、辞列、李善庆等。

太祖时期，中央国论勃极烈制度之下没有设置具体的官僚机构，不论从事撰写国书制诰的官员，还是从事司法、经济工作的官员，一律称之为勃堇。这使我们很难了解中央勃堇是否有具体而固定的分工。《金史·食货志》记载："天辅六年，既定山西诸州，以上京为内地，则移其民实之。"太祖"以山西诸部族近西北二边，且辽主未获，恐阴相结诱，复命皇弟昂与孛堇稍喝等以兵四千护送，处之岭东，惟西京民安堵如故，且命昂镇守上京路。既而，上闻昂已过上京，而降人复苦其侵扰多叛亡者，遂命孛堇出里底往戒谕之，比至，而诸部已叛去"[②]。孛堇稍喝与孛堇出里底当是在太祖身边工作的勃堇。从前举史料记载看，谙班勃极烈吴乞买监国时，选完颜宗贤侍左右，甚见亲信。又，宗翰曾跟随国论乙室勃极烈阿离合懑左右，"访问女直老人，多得祖宗遗事"[③]。天辅三年（1119），阿离合懑寝疾，"宗翰日往问之，尽得祖宗旧俗法度"。临终前，阿离合懑将平生所乘战马献太宗（时为谙班勃极烈），"使其子蒲里迭代为奏，奏有误语，即哂之，宗翰从傍为改定"[④]。由此可推知，太祖朝应该存在分别隶属于某个勃极烈的中央勃堇。

---

① 《金史》卷66《宗贤传》，第1566页。

② 《金史》卷46《食货志一》，第1032—1033页。

③ 《金史》卷66《勖传》，第1558页。

④ 《金史》卷73《阿离合懑传》，第1672页。

三、中央勃堇制度的废止

太宗即位时，辽朝绝大部分地区已经被金朝占领，对原辽朝州县地区的统治也开始由战时统辖机制向日常行政管理机制转变，机构甚简的国论勃极烈制度无法适应繁杂的国务。天会初年，中央开始陆续设置中原官制的各种行政机构，汉官职称随之出现。于是中央出现一段勃堇与新设汉官并存的时期，这可从太宗时期金朝派往邻国的使者官职窥见一二。

表2-3　金太宗朝中央派出使者一览表

时间	地点	出使人员与任务	史料出处
天会元年 1123	宋	遣勃堇李靖如宋告哀。	《金史》卷3
元年	高丽	高随、斜野奉使高丽，至境上，接待之礼不逊，随等不敢往。	《金史》卷60
二年 1124	宋	正月二十九日，大金贺正旦使卢州管内观察使、都孛堇高居庆，副使大中大夫守大理寺卿杨意朝于紫宸殿。① 五月二十七日，金国大使辰州管内都孛堇富谟古、副使清州防御使李简到国门。 四月，以高术仆古等充遣留国信使，高兴辅、刘兴嗣充告即位国信使如宋。 八月，以孛堇乌爪乃、李用弓为贺宋生日使。	《三朝北盟会编》卷19 《金史》卷60
二年	夏	闰三月，遣王阿海、杨天吉赐誓诏于夏。	《金史》卷60

① 《金史》卷60《交聘表》：天会二年十二月，"孛堇高居庆、大理卿丘忠为贺宋正旦使"。《宋史》卷22《徽宗纪》，宣和五年（即天会元年）十一月乙巳，"金人遣高居庆等来贺正旦"。与《三朝北盟会编》卷19的记载相合，《金史》误。又《金史》记载副使为大理卿丘忠，《三朝北盟会编》则为大理寺卿杨意，人名相异。

续表

时间	地点	出使人员与任务	史料出处
三年 1125	宋	六月，遣李用和等以灭辽告庆于宋。 金《报南宋获契丹昏主书》：今差复州管内达贝勒李用和、朝散大夫、守鸿胪寺卿、知太常礼院、骑都尉王永福充告庆国信使副。 七月，以耶律固等为报谢宋国使。 十一月，金左副元帅致书宋宣抚郡王：今差昭文馆直学士王介儒、贝勒色呼美专奉书披述不宣。	《金史》卷 60 《大金吊伐录》卷 1 《金史》卷 60 《大金吊伐录》卷 1
四年 1126	高丽	九月，金宣谕使、同金书枢密院事高伯淑、鸿胪卿乌至忠来。 十一月，遣高随等为赐高丽生日使。	《高丽史》卷 15 《金史》卷 60
五年 1127	高丽	九月，金宣庆使、永州管内观察使耶律居谨、秦州团练使张淮来。	《高丽史》卷 15
六年 1128	高丽	正月，金遣萧怀玉来贺生辰。 十二月，金遣锦州管内观察使司古德、卫尉少卿韩昉来。	《高丽史》卷 15
七年 1129	高丽	正月，金遣宁州管内观察使杨公孝来贺生辰。	《高丽史》卷 16
八年 1130	齐国	金《册大齐皇帝文》：遣使某官高庆裔、副官韩昉备礼以玺绶宝册，命尔为皇帝，国号大齐，都大名府。	《大金吊伐录》卷 4
八年	高丽	正月，金遣刘汴来贺生辰。	《高丽史》卷 16
九年 1131	高丽	正月，金遣李钜烈来贺生辰。	《高丽史》卷 16
十年 1132	高丽	正月，金遣永州观察使来贺生辰。	《高丽史》卷 16
十一年 1133	高丽	正月，金遣高陈可来贺生辰。	《高丽史》卷 16
十二年 1134	高丽	正月，金遣谏议大夫张浩来贺生辰。	《高丽史》卷 16
十三年 1135	高丽	正月，金遣桂州管内观察使高春来贺生辰。	《高丽史》卷 16

从表2-3可看出天会三年（1125）十月，金宋开战之后，金朝基本不由

中央派出赴宋的使者，而是由左右两路金军统帅遣使与宋朝交往。直到太宗末年，金宋也未能恢复正常的交聘关系。金与高丽的关系则不同，太宗即位之初，曾遣使高丽，高丽对金朝使者"接待之礼不逊"，此时的高丽还没有把建国不足10年的女真国家放在眼里。天会三年二月，金灭辽。四年六月，"高丽使奉表称藩"[①]。此后，两国年年互派使者通聘。

从上表所见金朝使者的官职，与太祖朝有明显的不同，出现一些新的现象。官职为勃堇的使者明显减少，勃堇李靖于天辅六年（1122）作为国信使出使宋朝返回后，一直在太祖身边。赵良嗣《燕云奉使录》记载：宣和五年（金天辅七年，1123）三月，至金军前，太祖"差李靖、刘嗣卿充馆伴，至寨门，执笏跪捧国书，入至国主帐前"[②]。八月，太祖崩。九月，谙班勃极烈吴乞买即帝位，即太宗，改元天会，便遣勃堇李靖如宋告哀。之后，天会二年，又见太宗遣"孛堇乌爪乃、李用弓为贺宋生日使"；三年，左副元帅宗翰派出的副使为贝勒（勃堇）色呼美。乌爪乃、色呼美，从名字看可能是女真人。此外，则是宋人史籍记载的金使者中有地方官称为勃堇者。

天会二年（1124）开始，金朝派往邻国的使者中常见既有中央官，也有地方官的现象。表中所见有卢州、辰州、复州、宁州、桂州、锦州、清州、永州、秦州的地方官，其多数在辽东（前5州），锦州在辽西，清州（今吉林农安），永州（今内蒙古翁牛特旗），秦州不见记载，当是某州之误。还有一位汉人枢密院官员，同金书枢密院事高伯淑。天会四年，汉人枢密院已经迁到燕山，正值金宋战争期间，可能是因为金朝与高丽初建宗藩关系，趁战争间隙期间，特别从汉人枢密院调用一位熟悉高丽国情的官员任宣谕使。由此可见，大约是出于外交事务的需要，朝廷又任用一些熟悉邻国国情的地方官员为使者。

---

① 《金史》卷60《交聘表》，第1392页。
② （宋）徐梦莘：《三朝北盟会编》卷15《政宣上帙一五》引《燕云奉使录》，宣和五年三月十八日辛未，第105页。

这一年，中央派出的使者开始出现汉官职。《金史·太祖纪》记载：天辅六年（1122）十一月，攻打辽燕京之前，太祖"诏谕燕京官民，王师所至，降者赦其罪，官皆仍旧"。前文提到天辅七年二月，与孛堇银术可一同出使报聘于宋的谏议耶律度刺（铎刺），其官职当是降金时所保留的官职。太宗天会二三年间的使者大理寺卿杨意（《金史》作丘忠），守鸿胪寺卿、知太常礼院、骑都尉王永福有可能是保留其原辽汉官职。天会四年及以后的鸿胪卿乌至忠、卫尉少卿韩昉、谏议大夫张浩，则可能是中央的汉官。《金史·韩企先传》载："斜也、宗幹当国，劝太宗改女直旧制，用汉官制度。天会四年，始定官制，立尚书省以下诸司府寺。" 天会四年（1126），金中央在谙班勃极烈斜也、国论忽鲁勃极烈宗幹的主持下，开始在诸勃极烈之下系统地建立各种中原式行政机构。这年中央派出的使者开始有汉官职。韩昉为燕京汉人，辽时官至少府少监、乾文阁待制。《金史》记载，韩昉入金后，"加卫尉卿，知制诰，充高丽国信使"。明年"加昭文馆直学士，兼堂后官。再加谏议大夫，迁翰林侍讲学士。改礼部尚书"，"昉自天会十二年入礼部，在职凡七年。当是时，朝廷方议礼制度，或因或革，故昉在礼部兼太常甚久云"。[1]据《高丽史》记载韩昉出使高丽的时间在天会六年，官职为卫尉少卿。[2]《金史》称"韩昉辈皆在朝廷，文学之士稍拔擢用之"[3]。此外，天会六年（1128），宋资政殿大学士宇文虚中使金被扣留送至女真内地，"朝廷方议礼制度，颇爱虚中有才艺，加以官爵，虚中即受之，与韩昉辈俱掌词命"[4]。

太祖时，金朝的使者一般都简单冠以"国信使"。太宗朝，国家各种礼仪制度不断建立健全，根据出使的任务，使者分别冠以宋贺正旦使、遗留国信使、告即位国信使、贺宋生日使、告庆国信使、报谢宋国使、宣庆使、赐

---

① 《金史》卷 125《韩昉传》，第 2714—2715 页。
② [朝鲜] 郑麟趾等：《高丽史》卷 15《仁宗世家一》，第 376 页。
③ 《金史》卷 66《勖传》，第 1557—1561 页。
④ 《金史》卷 79《宇文虚中传》，第 1791 页。

高丽生日使等。随着各种行政机构不断增多，天会五六年以后，中央勃堇的称谓基本不见于记载。大约此时，中央勃堇最后废止。

结语

金初国家实行国论勃极烈制度，在诸勃极烈之下从事具体行政事务的官员称为勃堇。中央勃堇由女真、渤海、契丹、兀惹、汉人等各族官员构成，女真勃堇是从宗室子弟和有才干的女真人中选任，其他族勃堇有从降服的原辽朝官员中选任，也有在新占领区招纳的各族人才，女真宗室郎君身份的勃堇地位较高。中央勃堇有的在太祖身边工作，有的分别隶属于某个勃极烈，根据需要从事各种行政工作。太宗天会初年，中央开始陆续仿照中原汉官制度设置各种基层行政机构，中央出现一段勃堇与新设的汉官职并存的时期，随着行政机构设置的增多，天会五六年以后，废止了中央勃堇制度。

第三节　论金代的三省制度 ①

金代三省制的雏形出现于太宗统治时期，而在全国推行则在熙宗即位之后。熙宗朝三省制度取自唐、宋、辽三朝，又将女真传统制度纳入其中，具有鲜明的时代与民族特征。近年来的研究多着重探讨太宗年间的三省制，对熙宗朝制度的研究不仅极少，而且多与海陵以后一省制度混为一谈。本节力图从金代三省制度形成、发展的实际出发，探讨其机构的设置与运作特点，以求搞清金代三省制度的实态。

---

① 《论金代的三省制度》，原载于《社会科学辑刊》1998 年 6 期。

一、金太宗时期的三省制

金太祖占领辽东、辽西的汉人、渤海人地区后，在一定程度上保留了辽代地方官制。太宗进而以武力先后灭辽、宋政权，进入燕云及黄河流域，承原地区旧制不变，从而形成了金统治下辽、宋、女真多种制度并存的局面。女真政权建立之初的经济结构和政权结构发生重大变化，这给女真人统治带来诸多不便，国家制度的全面改革已势在必行。在女真统治集团内部开明人士完颜斜也（杲）、宗幹等人的极力主张下，太宗时中央和地方（主要中原地区）开始了程度不同的官制改革，为王朝制度由勃极烈制度向三省制度过渡准备了条件。

《金史》卷55《百官志》曰："汉官之制，自平州人不乐为猛安谋克之官，始置长史以下。天辅七年以左企公行枢密院于广宁，尚蹦辽南院之旧。天会四年，建尚书省，遂有三省之制。"这段记载包括了从太祖末年到太宗天会四年，南部地区从出现汉官制到建立省制的三大举措。

太祖天辅七年（1123）承辽南面枢密院制度置于广宁。《金史·韩企先传》："初，太祖定燕京，始用汉官宰相赏左企弓等，置中书省、枢密院于广宁，而朝廷宰相自用女直官号。太宗初年，无所更改。"太宗天会三年（1125），金大举伐宋，再次攻占燕京，枢密院迁往燕京。由刘彦宗主持，"凡州县之事委彦宗裁决之"[1]，辅佐元帅府治理汉地民政。

天会二年（1124），宗望、阇母等平定平州张觉叛乱之后，首次改变了太祖以来对新占领区百姓"置猛安谋克一如本朝之制"[2]的方针。"宗望恐风俗揉杂民情弗便，乃罢是制，诸部降人但置长史，以下从汉官之号。"[3]自平州以后，金军对新占领的汉人地区皆循此制不变，故而原辽燕云十六州及原

---

[1] 《金史》卷78《刘彦宗传》，第1770页。
[2] 《金史》卷2《太祖纪》，第29页。
[3] 《金史》卷44《兵志》，第993页。

北宋黄河以北大片地区的州县制度与官制得以存留。

天会四年（1126），金宗望率领的东路军伐宋顺利，正月，宗望军抵汴京城下，与宋帝城下结盟，宋割中山、太原、河间三镇与金，金撤军。不久，宋毁约，割地之事搁置。八月，金再次举兵，目标是与宋划黄河为界。金人在占领宋地后沿用宋制，于是中原地区辽、宋两种制度并存。辽南面汉制是以中书省为中心的三省制，枢密院为最高军政机构，主六部事。宋制则是以尚书省为中心的三省六部制。金廷主朝政的谙班勃极烈斜也、国论忽鲁勃极烈宗幹根据国家形势的巨大变化，"劝太宗改女真旧制，用汉官制度。天会四年，始定官制，立尚书省以下诸司府寺"①，开始了中央与地方官制改革的步伐。

由此可见，金代省制的改革是在保留汉官制的基础之上进行的，那么，三省制的改革是在中央进行的还是在中原枢密院辖境内进行的？这是必须搞清楚的问题。

据史书记载，太宗天会四年（1126）以后中央仍然是勃极烈制度，天会十年（1132）四月再次任命诸勃极烈，直到熙宗即位初年仍可见到诸勃极烈的事迹，显然《百官志》所言"遂有三省之制"，不是指中央已经实现三省制取代了勃极烈制度。但若考察一下天会四年以后中央官吏的官职变化，便可以发现中央开始出现仿照中原汉制建立的机构，"立尚书省以下诸司寺"是指建立尚书省的下属机构。三省最高机构的建立则是在太宗末年，如曾做过熙宗的老师一直在中央的韩昉，天会五年"加昭文馆直学士，兼堂后官。再加谏议大夫，迁翰林侍讲学士。改礼部尚书"②。韩昉任礼部尚书是在天会十二年（1134），同年"以（韩）企先为尚书右丞相，召到上京"③。这说明到太宗末年，尚书省、六部及属下机构已基本健全。

---

① 《金史》卷78《韩企先传》，第 1777 页。
② 《金史》卷125《韩昉传》，第 2714 页。
③ 《金史》卷78《韩企先传》，第 1777 页。

天会四年建三省制的工作同时在中原地区进行，即逐步将汉人枢密院改组为三省制，为日后中央改制提供经验。《金史·张通古传》："天会四年，初建尚书省，除工部侍郎、兼六部事。"《金史·高桢传》："天会六年，迁尚书省左仆射，判广宁尹，加太子少傅。"原知燕京枢密院事刘彦宗之子刘筈，天会七年（1129）由直枢密院事加给事中转任"礼部侍郎"[1]。天会八年（1130）正月，以同中书门下平章事、知枢密院事韩企先为"尚书左仆射兼侍中"[2]。这标志着中原汉人枢密院向三省制改组完成。从其发展过程看，亦是先从基层机构着手，最后枢密院最高长官转任三省最高长官。

综上所述，"天会四年，建尚书省，遂有三省之制"，是指金朝统治集团于天会四年（1126）颁布诏令对女真旧制和原辽汉人枢密院制进行改革，建立以尚书省为中心的三省制。诏令颁布后，中央与中原同步进行改革，官制改革是自下而上，先建基层机构，后立最高机构。

中原地区基本保留了原辽宋地方政治制度，改革基础比较雄厚，故于天会八年（1130）初首先完成改革，十月"诏辽、宋官上本国诰命，第等换授"[3]。《金史·蔡松年传》："天会中，辽、宋旧有官者皆换授，为太子中允，除真定府判官。"中央官制是由女真制向汉制变革，困难、阻力较大，在改制中对原有方案还不断加以修订。《金史·宇文虚中传》："虚中亦被留，实天会六年也。朝廷方议礼制度，颇爱虚中有才艺，加以官爵，虚中即受之，与韩昉辈具掌词命。"宇文虚中是宋高宗建炎二年（金天会六年，1128）以"资政殿大学士，为祈请使"出使金朝，被金太宗扣留不遣。新官制是在原辽、宋官吏的参与下对唐、宋、辽制或因或革而形成的。前面所举韩企先在中原地方任知汉人枢密院事时，改任"尚书左仆射兼侍中"，其后至上京拜为中央"尚书右丞相"。一曰仆射，一曰丞相，官名不同，这大概

---

① 《金史》卷78《刘筈传》，第1771页。
② 《金史》卷3《太祖纪》，第61页。
③ 《金史》卷3《太祖纪》，第62页。

是在中央改制时又对中原地方新建的三省制有所修订而成。天会十二年正月，"甲子，初改定制度，诏中外"①，但新官制尚未及全面实行，太宗病重身亡，推行新官制的重任就落到后继人熙宗身上了。

二、熙宗改革与三省制的完善

天会十三年正月，熙宗即位，开始着手准备废止女真中央最高军政权力机关——国论勃极烈制度，全面实行三省六部制的改革。

熙宗虽然生长于女真内地，但"自童稚时，金人已寇中京，得燕人韩昉及中国儒士教之……由是与旧功大臣，君臣之道殊不合，渠视旧功大臣曰：'无知夷狄也'。旧功大臣视渠则曰：'宛然一汉家少年子也'"②。加之自幼即受倡导改革女真旧俗的养父宗幹的政治主张的耳濡目染，因此，熙宗走中原化的道路，以三省六部制度取代女真国论勃极烈制度的立场十分坚定。

然而，全面改革女真传统的国家政治制度，必然会遭到统治集团内部一些女真上层贵族的激烈反对，一方面是顽固死守女真旧制的奴隶主大贵族；另一方面是因改制就会丧失既得利益的女真军功大贵族。熙宗初年围绕着改旧制立新制，女真统治集团内部展开了尖锐激烈、错综复杂的斗争，既有革新派与保守派之争，又有女真贵族政治派系间的斗争，还交织着个人之间的恩怨。熙宗在宗幹等人的辅弼下，经过四五年的斗争，终于完成了改制、立制、巩固新制的历史重任。

（一）以相位易兵权

熙宗欲全面推行新制，首先遇到的问题是如何安置位高权重的诸勃极烈，尤其是通过改制消除来自驻守中原的国论右勃极烈、都元帅宗翰的威胁。

---

① 《金史》卷3《太祖纪》，第65页。
② （宋）徐梦莘：《三朝北盟会编》卷166《炎兴下帙六十六》引《金虏节要》，绍兴五年正月，第1197页。

天会三年（1125）金对宋开战以来，宗翰一直驻守中原。天会七年（1129），燕云两枢密院合并，置于宗翰的左副元帅府控制之下，自此宗翰全权操纵中原诸路的立法、司法、赋税、科举、任人大权。十年（1132），宗翰擢任都元帅，成为金军最高统帅，不仅手握西路军的兵权，而且东路军统领的金朝最精锐部队也受宗翰的节制。连南部的傀儡刘齐政权亦是"凡军国事，以至赏刑斗讼，毋巨细皆申元帅府取决"①。以宗翰为首的西路军女真军功贵族集团的势力迅速膨胀，天会末年，成为朝廷不容忽视的一支政治力量。熙宗欲行的新制，是在中央集权的原则下建立的中原化官制，其核心是以系统的行政统辖机构在全国各地建立起强有力的皇权统治，以取代具有浓厚女真制色彩的地方分治体系，以武力治国转向文治。这必然触及宗翰等女真贵族的既得利益，如果处理不好，极有可能造成国内战乱或国家分裂。这对熙宗稳定政权的统治是至关重要的。

或许是在"宋太祖高官释兵权"的启示下，年轻的熙宗在宗幹等人的辅佐下，也采取了与当年赵匡胤的策略极为相似的手段，"以相位易兵柄"②。天会十三年（1135）一月，太宗驾崩，熙宗即位。三月，熙宗下诏"以国论右勃极烈、都元帅宗翰为太保，领三省事，封晋王"。同年十一月，下诏任命宗翰手下几位得力干将入京为官，"以元帅左监军完颜希尹为尚书左丞相兼侍中，太子少保高庆裔为左丞，平阳尹萧庆为右丞"③。

元帅左监军完颜希尹是女真军功贵族中具有较高文化水平的人（女真文字创造者），自天会初年一直随宗翰驻守云中，以他卓越的政治才干和军事才能辅佐宗翰治理中原，是宗翰得力的左右手，深受信任，若宗翰入朝参政，或率军出征，往往以希尹留守云中，倚以方面之重，是宗翰集团中的二号人物，故任以尚书省左丞相兼领门下省侍中，是领三省事之下最重要的长

---

① （宋）李心传：《建炎以来系年要录》卷53，绍兴二年四月庚寅，中华书局，1956年，第937页。
② （宋）宇文懋昭撰，崔文印校证：《大金国志校证》卷9《熙宗纪一》，第137页。
③ 《金史》卷4《熙宗纪》，第70页。

官之一。

高庆裔是东京路渤海人，自斡鲁（宗翰叔父）取辽东便追随宗翰之左右，此人"尤桀黠，颇知书，虽外为恭顺，称恩颂德不绝词，而稍稍较求故例无虚日"①。对其主忠心耿耿，又精明能干。太祖时，众臣与宋使者议归燕地之事，高庆裔提出："今所议者，燕地也，平滦别是一路。"②这一建议使金朝留下平、营之地，宋朝失去东北与华北之间的天险，天会中伐宋金军没费吹灰之力轻易再取燕京。高庆裔的建议不能不说很有战略眼光。天会中任云中留守，建议宗翰行重刑酷法统治中原汉人。秉承宗翰旨意在枢密院行磨勘法排斥异己，以巩固宗翰在中原的统治地位。又献计劝宗翰首先向太宗建议立刘豫为齐帝，以合太宗欲立傀儡统辖河南地之意，又收买刘豫使之从原来投靠元帅左监军挞懒转向投靠宗翰，从而大大地加强了宗翰的实力。高庆裔勘称宗翰集团的干将，深得赏识。故熙宗擢任高庆裔为尚书左丞，又任宗翰集团的另一干将萧庆（契丹人）为尚书右丞。

熙宗将宗翰及其集团的主要成员都调回中央并委以宰执重任，一时尚书省几乎为宗翰集团所垄断，中原地区的统治权开始收归中央，元帅府的大权转入皇室贵族宗弼等人手中，解除了熙宗的后顾之忧。待形势稳定下来，天会十五年（1137）春，以贪赃罪下左丞高庆裔于大理寺狱中，"粘罕（宗翰）乞免官庶人，赎庆裔之罪，国主不许，斩庆裔于会宁市。庆裔临刑，粘罕哭别之，庆裔曰：'我公早听某言，事岂至于今日？某今死耳，我公其善保之。'以此庆裔尝教粘罕之反明矣。时山东西路转运使刘思、肃州防御史李兴麟、河东北路转运使赵温讯，坐庆裔下狱，思伏诛，兴麟杖脊，除籍为民，温讯值改元，赦，得免。其余连坐甚众，皆粘罕之爪牙。粘罕自是失势矣，安得不愤闷而死？"③六月高庆裔被杀，七月宗翰"恚闷而死"④。之

① （宋）徐梦莘：《三朝北盟会编》卷9《政宣上帙九》，宣和四年九月十一日丁卯，第63页。
② （宋）徐梦莘：《三朝北盟会编》卷4《政宣上帙四》，宣和二年三月，第26页。
③ （宋）宇文懋昭撰，崔文印校证：《大金国志校证》卷9《熙宗纪一》，第140页。
④ （宋）徐梦莘：《三朝北盟会编》卷178《炎兴下帙七八》，绍兴七年八月，第1289页。

后，宗翰在燕云地区的党羽相继下狱伏诛。天眷元年（1138），左丞相完颜希尹罢相出为兴中尹。

宗翰死后，废刘齐政权便不存在任何阻力，于是同年十一月"丙午，废齐国，降封刘豫为蜀王，诏中外。置行台尚书省于汴"[1]，将中原的统治权收归中央。

（二）以相位易储贰

太宗天会十年（1132），确立完颜亶（熙宗）为储贰，任谙班勃极烈。太宗长子宗磐因不得立储而出任国论忽鲁勃极烈，总掌国政。原国论忽鲁勃极烈宗干退居宗磐之下，任国论左勃极烈，暂时平息了太祖与太宗两大家族间的矛盾斗争。

熙宗即位后，宗磐以太宗长子的身份亦有资格立为国储。在改制换官之际，熙宗采取了"以相位易储贰"的办法，天会十三年（1135）初，任宗磐为尚书省尚书令，不久加任太师，领三省事，地位最尊。然宗磐日益跋扈，不把熙宗和宗干等人放在眼里，恣意骄横。《金史·萧仲恭传》："宗磐与宗干争辩于熙宗前，宗磐拔刀向宗干，仲恭（都点检）呵之乃止。"此时三省的执宰中能与熙宗同心合力抵制宗磐势力发展的只有宗干一人，为加强力量，熙宗调皇叔宗隽（太祖子，宗干同父弟）回中央任职，天眷元年（1138）十月"癸酉，以东京留守宗隽为尚书左丞相兼侍中"[2]。谁知事与愿违，"金主以宗磐豪猾难保，故借宗隽才力可以制之。无何，二人共图变逆，其失人心甚矣"[3]。与他俩结为同盟的还有左副元帅挞懒，这使事情变得棘手难办。

完颜挞懒，穆宗子，天会年间是右路军集团的主要统帅之一，初佐右副元帅宗望，宗望去世后，既而佐宗望的继任者宗辅一直驻守在山东、河北之

---

[1] 《金史》卷4《熙宗纪》，第72页。
[2] 《金史》卷4《熙宗纪》，第73页。
[3] （宋）宇文懋昭撰，崔文印校证：《大金国志校证》卷9《熙宗纪一》，第142页。

间。天会十三年（1135），都元帅宗翰调归中央，左副元帅宗辅病死，以挞懒功高任左副元帅，宗弼为右副元帅，统领金朝驻守在中原的军队。过去挞懒一直是皇室一派军功贵族的干将，故深受熙宗、宗干等人的信任，委以重任。但是在官制改革中，中央废刘齐政权设行台，将统辖权收归中央，这使一直欲将山东置于自己统辖范围，却因宗翰在中原掌权而未能如愿的挞懒大失所望。为能实现自己的多年愿望，天眷元年（1138）七月，挞懒趁朝京师之际，提出将河南、陕西归宋。以为这样山东一地必不能再立行台，而归于元帅府之下的燕京枢密院统辖，便可如愿以偿。宗磐、宗隽为拉拢挞懒，极力支持他的倡议，理由是"我以地与宋，宋必德我"。尽管这个理由是那么苍白无力。宗宪当即折之曰："我俘宋人父兄，怨非一日。若复资以土地，是助谁也，何德之有！勿与便。"然而"是时，太宗长子宗磐为宰相，位在宗干之上，挞懒、宗隽附之，竟执议以河南、陕西地与宋"①。八月，熙宗颁行新官制。

　　宗磐等人联合得势，反而促使熙宗下决心消灭这个新结成的具有分裂倾向的皇室贵族集团。天眷二年（1139）六月，熙宗与翰林学士韩昉谈论周成王时说："成王虽贤，亦周公辅佐之力。后世疑周公杀其兄，以朕观之，为社稷大计，亦不当非也。"②熙宗出于社稷大业，七月以谋反罪诛宗磐、宗隽。解挞懒兵权，降任行台左丞相。挞懒至燕京，愈骄肆不法。八月亦以谋反罪诛挞懒。③三年（1140）五月，宗弼统军复取河南、陕西地。至此，熙宗、宗干基本清除了据有重（兵）权居高官的女真大贵族中威胁皇权的异己势力。在以三省制全面取代女真制中央官制的过程中，消除了来自皇室宗室内部的潜在威胁，使三省六部制得以确立、巩固。

---

① 《金史》卷77《挞懒传》，第1765页。
② 《金史》卷4《熙宗纪》，第74页。
③ 《金史》卷77《挞懒传》，第1762—1765页。

三、金代三省制机构及其特点

熙宗天眷元年（1138）八月，颁行新官制及换官格，九月"诏百官诰命，女直、契丹、汉人各用本字，渤海同汉人"[①]。完成了金朝自下而上的汉官制变革，史称"天眷官制"。由于《金史·百官制》没有记载"天眷官制"的具体内容，记载的主要内容是海陵王确立一省制以后的官僚机构设置，故学界对熙宗三省制度的实态（主要是三省之下的机构与职能）的认识有许多模糊的地方。为了探清金代中原化制度初期的状态，有必要对金代三省制度进行探讨。

金代三省制是兼采唐、宋、辽制度并融入女真特点而形成的。中央设尚书、中书、门下三省，三省最高长官为三师领三省事，如天会十四年"三月壬午，以太保宗翰、太师宗磐、太傅宗幹并领三省事"。此绝非是荣职虚衔，而是位高势重的朝中权臣。尚书省设左、右丞相，平章政事，左、右丞，参知政事。门下省设侍中以左丞相兼之；中书省设中书令以右丞相兼之。如天会十三年十一月乙卯"以元帅左监军完颜希尹为尚书省左丞相兼侍中"；皇统六年四月，"以同判大宗正事宗固为太保、右丞相兼中书令"。[②]将门下、中书二省附于尚书省，二省的官员很少除拜，洪皓《跋金国文具录札子》记载："左右丞相以见其人，故以侍中、中（书）令居其下，仍为兼职。两省侍郎亦虚位，以左右丞相皆有见任，仍列其上。参政初亦阙官，故在从二品，后虽置二员，却称参知政事。"隋唐初建三省制为三足鼎立，分掌定策、封驳和执行的职权。宋神宗元丰官制，三省长官尚书令、侍中、中书令并不单独任命。以尚书省的左、右仆射为宰相，左仆射兼门下侍郎，右仆射兼中书侍郎。门下中书二省另设侍郎各一人，管理本省省务，尚书省由左、右丞管理省务，由他们四人任执政。南宋初建炎三年改门下、中书侍郎

---

① 《金史》卷4《熙宗纪》，第73页。
② 《金史》卷4《熙宗纪》，第82页。

为参知政事，而废尚书左、右丞。金吸收宋三省制的特点，但宰执的设置有一定变化，又新增设平章政事一职，人数亦较多，尚书省的权力较前期更大、更集中，中书、门下二省几乎形同虚设。

尚书省下设左、右司，是宰执的秘书，又是处理省务和对六部监督的机构。左、右司之下设吏、户、礼、兵、刑、工六部。洪皓《跋金国文具录札子》："近岁，左右司侍郎不除，却置员外郎各一人。六部初置吏、户、礼之侍郎，位正四品，后置三尚书，仍兼兵、刑、工，位正三品。又增三侍郎，升诸司郎中为五品，添置员外郎。其后六曹皆置尚书。"六部中先设吏、户、礼三部，既而增设兵、刑、工三部，六部设尚书、侍郎、郎中、员外郎，诸官皆备。

大宗正府置判、同判、同签书事。宣徽院，置左右使、同知、（同）签书事。国史院置监修，以宰相兼领；次修史、同修史。御史台置大夫、中丞、侍御史以下，而大夫不除。中丞惟掌讼牒及断狱会法。谏院置左右谏议大夫、补阙、拾遗，并以他官兼之，与台官皆充员而已。翰林学士院置承旨学士、侍读、侍讲学士，直学士、侍制、修撰，而承旨不除。殿前司置都点检，左、右副点检，左、右卫军。劝农司置使、副。记注院置修注。太常寺置卿、少，以下皆备。国子监官不设。始定勋封食邑入衔，大率皆循辽、宋之旧。

外道置转运使而不刺举，故官吏无所惮，都事、令史用登进士第者预其选。官无磨勘之法，每一任转一官。[1]

军事机构不设枢密院，只设都元帅府，置都元帅、左副元帅、右副元帅、元帅左监军、元帅右监军、元帅左都监、元帅右都监。因金宋尚在交战，金朝主要军队驻在中原，故都元帅府仍设在中原。中原地区设两行台尚书省，一是汴京行台（原刘齐政权）；二是燕京行台（原燕京枢密院）。多

---

[1] 以上均参见（宋）洪皓：《鄱阳集》卷4《跋金国文具录札子》与熊克《中兴小记》。

以元帅府首脑兼任行台尚书省宰执，掌管行台政务。但亦有不兼领行台官员的元帅府长官，他们只是单纯的军事将领。这说明都元帅府与行台之间已无直接隶属关系，然而都元帅府还没有完全取消政治职能成为单纯的军事机构，仍存留金初元帅府军政合一的某些特征。

地方设路、府州、县三级行政机构。自熙宗天眷元年（1138）到皇统二年（1142），全国共设17路：上京路（会宁府）、东京路（辽阳府）、中京路（大定府）、北京路（临潢府）、燕京路（析津府）、西京路（大同府）、汴京路（开封府）、河东南路（平阳府）、河东北路（太原府）、河北东路（河间府）、河北西路（真定府）、山东东路（益都府）、山东西路（东平府）、京兆府路（京兆府）、鄜延路（延安府）、庆原路（庆阳府）、熙秦路（临洮府）。各路先后设兵马都总管府，由路的都总管兼任留守、府尹。[1] 上京路设在女真内地，女真族尚处于家族奴隶制时期，胡里改、蒲与、恤品、曷懒、曷苏馆诸女真万户路，因其下统辖均为猛安谋克户，有别于领民户的府州，故仍称路，地位与府州同，不再直隶中央而由上京路兵马都总管府统辖，万户与属下猛安谋克仍为世袭职。州分三级：节度、防御、刺史，兼管一州军政事务。县一级不专设军兵，县令只管民政。太宗、熙宗时不断地将女真人大批徙往中原，南迁的女真人仍然保持原有的猛安谋克组织，自成一个体系居州县之间，不与汉民混杂。猛安相当于防御州，谋克相当于县，由各地路、府、节度使统领。熙宗采取上述办法将尚处于奴隶社会阶段的女真社会组织，顺利地纳入三省制度统治系统，形成别具特色的两重体系并行的地方统治制度，对元、清地方官制的形成具有强烈的影响。

天眷官制改革是一次从中央到地方比较深入而全面的官制改革，废止了女真中央官制（女真族基层社会组织尚且保留），统一了辽、宋旧制，建立起一套适合于金朝国情的中原式中央官制，成为金朝进入中原化王朝制度的

---

[1] 各路设置兵马都总管府的时间有先有后，如东京路与西京路，《金史·地理志》记载：旧"置兵马都部署司，海陵天德二年（1150），改置本路都总管府，后更置留守司"。第555、564页。

重要标志。

　　然而，认真考察一下金代三省制的机构设置和运转机制，便可发现它具有与汉族王朝三省制所不同的特点，其主要方面有三：其一，三省最高长官领三省事还残存着金初国论勃极烈制度的色彩。金代领三省事的官称是承宋制，但北宋官制中的领三省事是有职无权的荣职。金代领三省事则是女真统治者在摈弃旧制全面采用汉官制时，为安置原掌握国家军政大权的中央诸勃极烈而设置的，因而不可避免地带有女真族旧制的遗迹。熙宗时领三省事权高势重，佐天子，总百官，决军政，无事不统。"熙宗在位，宗翰、宗幹、宗弼相继秉政，帝临朝端默。"①当时一切军政大事没有领三省事的参与，皇帝几乎不能单独决定。其二，女真军功贵族、宗室把持着中央和地方的要职，他们大多又承袭或受封猛安谋克世爵，具有王朝官吏和女真家族奴隶主的双重身份，既食俸禄又有领地民户，地位优越于其他各族官吏。其三，在推行汉制初期尚未树立起君主的绝对权威，三省制中作为君主耳目的监察机构——台谏之制是有名而无实，"中丞唯掌讼牒，若断狱会法，或春水秋山从驾在外卫兵物故，则掌其骸骼，至国则归其家。谏官并以他官兼之，与台官皆备员，不弹击，鲜有论事者"②。台官中御史大夫缺而不受，谏官以他官兼之，朝中无弹击，台谏之官只是充员而已。究其原因主要是金朝刚刚从奴隶社会脱胎出来，天眷官制改革没有触及女真奴隶主贵族的根本利益，对女真贵族的特权利益采取了保护政策，因而新确立的国家制度不可避免地具有旧社会的痕迹。随着金政权中原化日益提高，到熙宗末年皇权逐渐加强，领三省事权势减弱，皇统七年（1147），熙宗"以工部侍郎仆散太弯为御史大夫"③，标志着监察制度开始发挥作用。然而，女真统治者对女真官员的优遇政策则终金一代未尝改变。

---

① 《金史》卷63《后妃传》，第1503页。
② （宋）徐梦莘：《三朝北盟会编》卷221《炎兴下帙一百二十一》引《跋金国文具录札子》，绍兴二十五年十一月，第1595页。
③ 《金史》卷4《熙宗纪》，第83页。

第四节　金代一省制度述论[①]

自隋唐创立三省六部制度，经过五六个世纪的发展，到宋金时期，随着君主集权政治倾向的日益严重，三省制已形成向一省制转变的趋势。金熙宗承辽宋制建立的三省制度中，门下、中书二省已形同虚设。海陵王即位后，经过有步骤的改革，正隆元年（1156）终于打破实行了数百年的三省制框架，革去虚设机构，创立了一省制的新体系，使古代王朝的君主集权制达到了新的高峰。本节试对海陵官制改革、一省制组织机构的特点以及发展变化进行分析与探讨

一、海陵的官制改革

海陵王是个有宏图大志的女真皇帝，为了使王朝能称霸整个中国，他与目光短浅的女真老贵族决裂，弃旧图新，进行大刀阔斧的改革。他即位后很快就改变了祖宗以来依靠宗室贵族治国的用人政策，逐步大量起用普通女真人和外族士大夫。从改革官制中残存的具有女真旧制色彩的制度入手，进而实现整个官僚体系的变革，其宗旨是加强君主集权制。

首先，改革最高军事机构。天德二年（1150）十二月，"改都元帅府为枢密院"[②]。太宗天会三年（1125）金朝大举伐宋，建都元帅府，初为国家最高军事统帅机关，随着北宋灭亡，它又成为金朝统治中原地区的最高军政机关。熙宗汉官制改革完成后，都元帅府仍驻中原，最高长官多兼任行台宰执。都元帅府始终具有军政合一的特点，权重势大难以驾驭，掣肘中央。

---

① 《金代一省制度述论》，原载于《北方文物》1998 年第 2 期。
② 《金史》卷 5《海陵纪》，第 96 页。

海陵罢都元帅府改置枢密院，掌军国机务、兵防边备、戎马政令，受尚书省节制。枢密使、副使不直接统兵，若有大规模战事临时委任军队统帅。这是金朝首次将掌管军政（军务）权与军事统帅权分开，枢密院成为国家常设的最高军事机构，其性质、职能、机构与宋朝枢密院基本相同，从而使军权掌握在皇帝手中。此后，如遇大规模战事，临时设置都元帅府，战争结束便罢之。兵兴始设，兵罢则省，掌征伐之事[1]，成为单纯的临时性军事统帅机关。如世宗即位时，对外金宋战争尚未结束，国内契丹反抗斗争如火如荼，大定元年（1161）十月，世宗登基之始，"以完颜谋衍为右副元帅，高忠建元帅左监军，完颜福寿右监军"，以完颜毂英为左副元帅，十一月"以左丞相晏兼都元帅"[2]，统领军队进行国内外战争。在平定契丹叛乱，与南宋议和之后，大定六年（1166），罢都元帅府，复置枢密院。章宗泰和六年（1206），南宋北伐，金设元帅府统兵应战，八年（1208）金宋议和即罢之。[3]临时设置的都元帅府长官都元帅、左右副元帅多以宰执临时兼任。显然，金朝中期的都元帅府，与金前期都元帅府有很大的不同。卫绍王大安三年（1211），蒙古大举南下侵金，从此战火不息，都元帅府也由临时机构转为常设机构，与枢密院并存，不仅中央设枢密院和都元帅府，各地还设行枢密院、行元帅府，并一直延续到金朝灭亡。

其次，罢行台、地方路女真万户官。天德二年（1150）十二月"己未，罢行台尚书省"[4]，即汴京行台。熙宗天眷年间，金于中原置燕京、汴京两行台，皆受都元帅府节制，具有一定的地方自治权。燕京行台于熙宗皇统元年（1141）废止，燕京路直隶中央。天德二年海陵王再罢汴京行台，同时废止元帅府，将中原政令统一于中央，彻底消除地方分治的遗迹。

天德三年（1151）十一月，海陵王下诏罢免上京路女真族世袭万户官，

① 《金史》卷55《百官志一》，第1238页。
② 《金史》卷7《世宗纪上》，第123页。
③ 《金史》卷12《章宗纪四》，第273—283页。
④ 《金史》卷5《海陵纪》，第96页。

改置节度使。诏曰："太祖开创，因时制宜，材堪统众授之万户，其次千户及谋克。当时官赏未定，城郭未下，设此职许以世袭，乃权宜之制，非经久之利。今子孙相继专揽威权，其户不下数万，与留守总管无异，而世权过之。可罢是官。若旧无千户之职者，续思增置。"①这里明确指出罢世袭万户的缘由：其一，此官是权宜之制，若长期设置利少弊多；其二，世袭官子孙相继，专权擅威，不利于地方统治；其三，自国初繁衍至此，人户增加数倍，权力敌一路留守、总管，而世袭权则是无官可比，其属下兵民视如家户子弟。如此强大的势力，对于朝廷是一种潜在威胁，故而罢之。然而，从女真族传统制度出发，一般女真大贵族出身的官员，大多有世袭猛安、谋克爵位，万户改为节度使，若本人原来没有受封亲管猛安、谋克，可授予世袭猛安爵位。至此全国路以下行政机构才完全划一。这不仅加强了统一的中央集权，而且促进了女真族的社会变革。

最后，重新调整和确定了京、府制度。贞元元年（1153）三月，海陵王将京师由上京迁于燕京，改曰中都。自金初国都设于女真内地，熙宗"天眷官制"始确立金朝诸京制度，京师曰上京会宁府（今黑龙江省阿城境内），又承辽、宋京制设东京辽阳府、中京大定府、北京临潢府、西京大同府、燕京析津府、汴京开封府。海陵王认为上京地处边远的女真内地，往来交通不便，给王朝统治带来诸多困难。在国家制度中原化以后，女真内地还处于奴隶制为主的社会形态，国家制度的进一步中原化发展必然要受到限制。京师位于上京，不仅越来越不适应国内的统治，而且海陵王要实现统一整个中国的梦想，也必须走出女真内地。燕京（今北京市）处于金国中部，已有千余年中原制度的根基，经济、文化、地理位置皆占优势，故海陵王选中燕京为迁都地点。迁都后，金朝一都五京制度始完备，京师曰中都大兴府，北京并入中京，改曰北京大定府，汴京改曰南京，东、西、上三京不变。海陵王以

---

① 《金史》卷44《兵志》，第1003页。

后中都成为金朝政治、经济文化的中心。

海陵王将都城由东北一隅迁入中原，这是海陵王改革中一项重大举措，在金朝历史上具有深远影响，为女真族全面汉化迈出了决定性的一步。正隆二年（1157）八月"罢上京留守司"[1]，"止称会宁府，称为国中者以违制论"[2]。十月，"命会宁府毁旧宫殿，诸大族第宅及储庆寺，仍夷其址而耕种之"[3]。以彻底断绝女真大贵族返回上京的念头。[4]尽管这种做法过于偏激，但也表现出海陵王与女真旧势力决裂、走中原化道路的决心。

天德二年（1150）以来一系列的改革措施，是海陵王在基本不触动女真族基层社会组织猛安谋克的基础上，努力消除残留在中央与地方官制中的女真旧制痕迹，调整国家政治体制，为下一步创立更加集权的政治制度做准备。正隆元年（1156）新官制颁行，确立以尚书省为中心的一省制，完成了三省制向一省制的变革。

二、金代一省制机构的特点

正隆元年（1156）正月，"罢中书、门下省"，五月"颁行正隆官制"。[5]新官制以尚书省为唯一的最高政务机构，以三师、三公领宰执。尚书令一员，正一品，总领纪纲，仪刑端揆；左、右丞相各一员，从一品，为宰相，掌丞天子，平章万机；左、右丞各一员，正二品，参知政事二员，从二品，为执政官，为宰相之贰，佐治省事。与熙宗三省制宰执集团相比，不同的是撤销了平章政事两员和领三省事数人（不定），总人数减少为7人。

尚书省下设左右司、六部，"自省而下官司之别，曰院，曰台，曰府，曰司，曰寺，曰监，曰局，曰署，曰所，各统其属以修其职。职有定位，员

---

① 《金史》卷5《海陵纪》，第107页。
② 《金史》卷24《地理志上》，第550页。
③ 《金史》卷5《海陵纪》，第108页。
④ 世宗大定十三年，恢复上京年号，并以上京为陪都，地位高于其他诸京。
⑤ 《金史》卷5《海陵纪》，第106页。

有常数，纪纲明，庶务举，是以终金之世守而不敢变焉"①。较之"天眷官制"的三省制②，有大幅度的调整、改制与增设，其中一部分在"正隆官制"以前已经出现或改制，为"正隆官制"正式确定下来。正隆二年又有个别的补充增设机构，主要变化如下：

御史台，置御史大夫，正三品，掌纠察朝仪，弹劾官邪，及勘鞫官府公事。凡内外刑狱所属理断不当，有陈诉者付台治之。谏院改隶尚书省，又设登闻检院，置知登闻检院，从五品，同知院事，正六品，掌奏御进告尚书省、御史台理断不当事。登闻鼓院，置知登闻鼓院，从五品，同知院事，从六品，掌进告御史台、登闻检院理断不当事。

国史院，置监修、修、同修国史，以谏官兼其职。国子监，置祭酒、丞，国子学、太学隶焉。太府监，置监、少，左右藏库、支应所、太仓、酒坊、典给署、市买司隶属之。少府监，置监、少，尚方、织染、文思、裁造、文绣等署隶属之。东宫官属，置宫师府三师、三少、詹事、三寺、十率府等，掌保护东宫，导以德义。左右谕德，左右赞善，掌赞谕道德，侍从文章。亲王府属官，置傅、府尉、司马等，傅掌师范辅导、参议可否，若亲王在外，亦兼本京节镇同知。

又增设榷货务，掌发卖给随路香茶盐钞引；交钞库，掌诸路文钞及检勘钱钞、换易收支之事；印造钞引库，掌监视印造勘核诸路交钞、盐引，兼提控抄造钞引纸，隶属户部。设惠民司，掌修合发卖汤药，隶属礼部。设武卫军都指挥司，掌防卫都城、警捕盗贼；四方馆，掌提控诸路驿舍、驿马并陈设器皿等事，法物库，掌卤簿仪仗车辂法服等事；承发司，掌发省部及外路文字，隶属兵部。设万宁宫提举司，掌守护宫城殿位；庆宁宫提举司等隶属刑部。

军事机构设枢密院，置使一员，从一品，掌凡武备机密之事。副使、

---

① 《金史》卷 55《百官志一》，第 1216 页。
② （宋）徐梦莘：《三朝北盟会编》卷 166《炎兴下帙六十六》引《金虏节要》，绍兴五年正月十三日丁巳，第 1196 页。

签书院事、同签院事各一员，为常设机构。大定中又设临时军事统帅机构都元帅府，掌征伐之事，兵兴而置，兵罢则省，官职承"天眷官制"不变：置都元帅，从一品；左、右副元帅，正二品；元帅左、右监军，正三品；元帅左、右都监，从三品。皆各一员。①

"正隆官制"革除了三省制时期徒有虚名的门下、中书二省，只存尚书省，将二省所属的必须保留的机构纳入尚书省之中。从改制内容看，官制整体设置有新的改属，机构设置不仅没有减少，六部等下属机构反而有新的扩充，女真旧制的痕迹减少了，汉官制的职能明显加强，内部机构互相制约，更加体现了为君主集权政治服务的特点。具体分析正隆官制的特点大致有如下几方面：

其一，宰执人数减少，皇帝更加专制。金初女真官制具有一个显著特点即君臣共议国政。三省制确立后，这一女真传统旧制的原则仍存留于宰执制度之中，熙宗朝领三省事最多时达4人，加上其下左右丞相、平章政事、左右丞、参知政事，宰执集团达12人。海陵朝三省制时期宰执亦常在10人左右。宰执尤其是领三省事大多是女真宗室、外戚大贵族，他们议国事，治国政，对皇权有很大的制约作用。例如天眷元年（1138），熙宗不得不违心地同意领三省事宗磐等人的建议，将河南、陕西地归还宋朝。有关领土问题，皇帝尚且无法按自己的意志行事，足见宰相权力之大。另外宰执人数多，又容易形成帮派，危及皇权。故正隆改制时取消平章政事官职，减少二员宰相。加上三四名领三省事改为一员尚书令，宰相由原来的六七人减少为3人，即尚书令、左右丞相各一员，执事官不变。减少宰相辅政、议政以及对君主意志的制约，这对国家政治并不具有进步意义，但对实现君主集权政治则是十分有利的。

另外，宰执的任职人员在改制前后有明显的区别。改制前。海陵宰执集

---

① 参见《金史》卷55、56、57《百官志》，第1238—1240页。

团中女真人与外族人的比例大致上是1：1；宰相（领三省事、左右丞相，平章政事）中，宗室为5人，女真外戚3人，其他女真人为1人；渤海2人，汉族4人，契丹2人。改制后，正隆年间宰执集团先后共12人，女真3人（无一名宗室），汉族5人，渤海与契丹各2人；4名宰相（尚书令、左右丞相）中上述4个民族每族1人。女真人地位较高（尚书令），汉人较低（右丞相）。这一重大变化说明两个问题：一是继迁都燕京（中都）后，再次证明海陵与女真宗室贵族决裂的决心，他认识到要建立君主专制政治必须与女真旧传统决裂，摆脱宗室大贵族对皇权的制约；二是说明海陵改制的视野已超越女真一族之界限。要实现"万里车书一混同"①，实现建立统辖海内各族"天下一家"②的大帝国之梦，必须打破女真人狭隘的民族观，大胆任用各族中有才干的优秀人物治理国政，才能使政权强大、昌盛。同时还存在另一层意思，即外族人任宰执易于控制，海陵可随心所欲操纵整个官僚集团。

其二，增加监察机构，加强尚书省内各主要机构间的制约关系。正隆官制罢门下、中书二省，原来属二省的谏院改属尚书省。唐制：谏院掌规谏讽谕，献可替否，是监督君主的。宋元丰改制后，谏官的职责是"凡朝政阙失，大臣至百官任非其人，三省至百司事有违失，皆可谏正"③。谏官不仅在谏净对象上，由皇帝转向大臣，而且也拥有了对百官的监察权。金承宋制建谏院，但在史书中看不到金前期谏院的作用。正隆改制后，谏院改隶尚书省，言官的事迹开始不绝于史册，与之同时台谏合一态势日趋明朗，如"尚书左丞完颜守贞每论政事，守正不移，与同列不合，罢知东平府事，台谏因而挤之"④。诸如此类台谏官联合上章或合谏，评论时政，纠正官邪的事例在《金史》中比比皆是，显然一省制更促进了台、谏官制合一，到了元代便不

---

① （宋）徐梦莘：《三朝北盟会编》卷242，绍兴三十一年十一月二十八日丙申，第1741页。

② 《金史》卷129《李通传》，第2783页。

③ 《宋史》卷161《职官志一》，第3778页。

④ 《金史》卷100《路铎传》，第2205页。

再专设谏官了。熙宗天眷官制时，御史台"大夫不除"①，表明御史台在三省中地位不重要，直到熙宗皇统七年（1147）十一月，"以工部侍郎仆散太弯为御史大夫"②，始除授御史大夫。正隆官制中明确规定了御史大夫的品级和职掌，御史台作为皇帝的耳目在一省制中占有越来越重要的地位。

御史台监督尚书省百官，又隶属尚书省，极易出现官官相护的弊病，为了防止台、省官员滥用职权，正隆二年（1157）八月增置登闻检、鼓二院。登闻检院隶属御史台，"掌奏御进告尚书省、御史台理断不当事"，即可直接向皇帝进告省、台不法事。登闻鼓院则隶属尚书省，"掌奏进告御史台、登闻检院理断不当事"③。如此看来，御史台监督尚书省，登闻检院监督尚书省与御史台，尚书省再通过登闻鼓院监督御史台和检院，环环相扣，监督的主要对象是省、台之官，以敦促百官奉公守法，减少弊政，达到政治清廉的目的。

其三，经济、军事、文化机构健全，中央集权的职能明显加强。正隆官制改革以前有关上述三方面的机构就已经逐渐增设与改制，正隆官制对其加以确定，并进一步扩充。因此，正隆官制与天眷官制相比较，在这三方面有显著的变化。增设的经济部门有太府监、少府监，以及户部下属的榷货务、交钞库、印造钞引库等。军事机构有枢密院。文化、礼制机构有太常寺（皇统三年置）、国史院、国子监等。经过充实的尚书省属下各个机构，各行其职，分掌各方面的具体事务，为推动金政权进入鼎盛时期进行了政治制度的改革和调整工作。

三、一省制的发展与变化

海陵以后，女真诸帝承"正隆官制"创立的一省体制不变。尚书省成

---

① （宋）李心传：《建炎以来系年要录》卷84，绍兴五年正月，第1388页。
② 《金史》卷4《熙宗纪》，第83页。
③ 《金史》卷56《百官志二》，第1279页。

为皇帝控制下的唯一最高权力机构，"政事之臣者宰相执政，和阴阳，遂万物，镇抚四夷，亲附百姓，与天子经纶于庙堂之上者也"[①]。为了限制宰执势力的发展，世宗以后不断设置一些官职和机构以削弱尚书省权力。同时，在一省制的体制下，地方官制也发生了新的变化，章宗以后逐渐形成中央对地方统辖的多方位的系统化的趋势，形成地方官制的新模式。概括起来，金代一省制度大致有如下诸方面的新变化。

第一，增设平章政事，尚书令渐变为虚位不授的官职。世宗大定二年（1162），复置平章政事，仍定员二人。《金史·世宗纪》记载，同年二月甲辰，任命"御史大夫移剌元宜为平章政事"。六月庚午，"以尚书右丞仆散忠义为平章政事兼右副元帅"。平章政事复置的原因与分相权的政策有关。大定年间尚书令一职向荣职转变，左、右丞相地位提高，掌握着尚书省大权。为防止左、右丞相过于权重，复置平章政事以分相权。金末，左丞相一职也不再轻易授人，平章政事成为宰相的主要成员。

尚书令作为尚书省的最高长官，在熙宗初年曾一度设置过，用以交换国论忽鲁勃极烈（宗磐）之位，仅数月尚书令宗磐就改任领三省事。此职一直未再授人。一省制确立后，以尚书令为常设官职，正隆元年（1156）正月"以太师领三省事温敦思忠为尚书令"。六年（1161）五月，思忠卒。七月"以左丞相张浩为太傅尚书令"[②]。可见正隆元年至六年尚书令一职未曾空缺。温敦思忠任尚书令时"颇自任，虽海陵遂非拒谏，而思忠尽言无所避"[③]。张浩任尚书令时正值海陵治兵伐南宋，率军出征后，"浩留治尚书省事"[④]，委以留守重任。由此可见，一省制初期尚书令是君王倚重的辅弼大臣。

大定以后，以尚书令位高而时置时缺，常常虚位。大定二十八年间共任

---

① 《金史》卷109《陈规传》，第2404页。
② 《金史》卷5《海陵纪》，第91—120页。
③ 《金史》卷84《㪍碗温敦思忠传》，第1882页。
④ 《金史》卷83《张浩传》，第1864页。

三名尚书令，完颜守道任职仅4个月；徒单克宁则是在世宗临终前作为顾命大臣而任职的；国舅李石任职五年，是正隆以后任职时间最长的尚书令，其职掌如世宗诏曰："太后兄弟惟卿一人，故命领尚书事。军国大事，涉于利害，议其可否，细事不烦卿也。"①尚书令成为安置宗室、外戚中身份最尊的大贵族的荣誉职位，参议大事亦不过是走走形式而已。章宗朝和卫绍王朝只是初年置尚书令，前者是承用世宗所安排的顾命大臣（一年后克宁卒）；后者则是任用老师完颜匡。卫绍王末年，纥石烈胡沙虎发动兵变，杀卫绍王，立宣宗，自任太师、尚书令兼都元帅，左右朝政。两个月后胡沙虎为术虎高琪所杀。从此尚书令一职不再授人，成为虚设的官职。

第二，监察机构健全，从中央到地方自成系统，监察制度日益严密。正隆官制的中央监察机构不可谓不健全、不严密。然而随着金政权中原化程度提高，监察制度的重要性日益突出。对已有的监察机构，女真统治者仍感不足，章宗承安四年（1199）设审官院，掌奏驳除授失当事，随朝六品，外路五品，谏、台之官七品以上，并送本院审之。或御批亦送禀，惟部除不送。如果审官院有注拟失当，止令御史台官论列。②审官院对尚书省选任官吏工作进行严格监督和审察；本身又受御史台监察。然而，这使尚书省除授官吏权一部分变相转移到台官手中。大约为了防止台官权重，卫绍王大安二年（1210）罢审官院。

为加强监察制度，金统治者逐步建立起对监察官吏实行严格监督管理的制度。世宗大定九年（1169）规定："纠弹之官知有犯法而不举者，减犯人一等科之。"章宗泰和八年（1208），"定制：（监察官）事有失纠察者，以怠慢治罪"。宣宗贞祐二年（1214）"立监察御史升黜格"。兴定元年（1217）"更定监察御史失察法"③，并严格执行，以保障监察制度得以准确

---

① 《金史》卷86《李石传》，第1913页。
② 《金史》卷55《百官志一》，第1246页。
③ 《金史》卷7《世宗纪中》，第155—178页；卷12《章宗纪四》，第267—288页；卷14《宣宗纪上》，第332页。

无误地贯彻和执行。

　　第三，建立地方监察机构。正隆官制并未建立系统的地方监察机构，海陵、世宗两朝对地方官吏采取遣使廉察的做法进行考察，廉察对象不仅是路府州县官，而且包括猛安谋克官吏，如大定十三年（1173），"诏赐诸猛安谋克廉能三等官赏"①。章宗即位初年，大定二十九年（1189）六月，始置地方监察机构提刑司，当时全国二十余路设提刑司九处：西京、南京、临潢、咸平、上京、汾州、河间、平凉、济南②，掌纠察官吏，选拔廉能，审治刑狱，敦劝农桑，以及督促猛安谋克农隙讲武。大定以来，监察机构的职权在猛安谋克内部逐渐扩大，最后将其纳入监察体系之中，反映了女真社会逐渐从奴隶制脱胎出来完成社会变革的过程。承安四年（1199）四月，改提刑司为按察司，泰和八年（1208）又以"诸路按察使并兼转运使"③。地方监察机构的权力逐渐扩大，提刑司（按察司）与中央御史台构成一套完整的监察系统，在金代官僚制度中发挥着重要作用。金末蒙古南侵，国土日蹙，统治渐趋瓦解，按察司很难发挥作用，于是贞祐三年（1215）罢按察司。近侍之权渐重，内相权甚至有时大于宰执。近侍局是殿前都点检的下属机构，掌侍从，承敕令，转进奏帖。世宗以后近侍局地位逐渐提高，开始预政，世宗尝说："近侍局官须选忠直练达之人用之，朕虽不听谗言，使佞人在侧，将恐渐渍听从之矣。"④这表明近侍局官已参与议论时政。有时还被派出访察地方政务，宣宗曰："（近侍局）自世宗、章宗朝许察外事，非自朕始也。如请谒营私，拟除不当，台谏不职，非近侍体察，何由知之？"⑤宣宗南渡之后，近侍之权尤重，以其伺察百官，采访民间，号"行路御史"。"职虽五品，其要密与宰相等，如旧日中书，故多以贵戚、世家、恩倖者居其职，士大夫

① 《金史》卷7《世宗纪中》，第159页。
② （宋）宇文懋昭撰，崔文印校证：《大金国志校证》卷38《提刑司九处》，第539页。
③ 《金史》卷57《百官志三》，第1308页；卷12《章宗纪四》，第285页。
④ 《金史》卷8《世宗纪下》，第197页。
⑤ 《金史》卷101《抹捻尽忠传》，第2229页。

不预焉。"①

哀宗即位后，欲整治宣宗遗留的陋政，正大三年（1226）置益政院于宫中，"以学问该博、议论宏远者数人兼之，日以二人上直，备顾问、讲尚书、通签、贞观政要。名则经筵，实内相也"②。当时有名望、学识的大臣如杨云翼、赵秉文等人兼任益政院官，论自古明君治术，间及民间事，颇有补益。③哀宗初年国事的确呈现出暂时的中兴之势，但很快又衰败下去。哀宗以益政院取代近侍局，以学问该博之臣取代谄谀之辈，然其治政仍依靠内相，尚书省的权力越来越小。

第四，枢密院从尚书省分离出来，院省并立。正隆定制："枢密院虽主兵，而节制在尚书省。"④然蒙古南侵，宣宗迁汴，军事成为国中大事，枢密院地位提高，权力加重。贞祐四年（1216）二月，"诏皇太子控制枢密院事"。"皇太子既总枢务，命有司议典礼，以金铸'抚军之宝'授太子，启禀之际用之。"⑤此后，"凡在军事，省官不得预，院官独任专见"⑥。尚书省的权力被限于政务，形成省、院并立的局面。哀宗正大九年（1232）正月，"置尚书省、枢密院于宫中，以便召问"⑦。然将相分权，弊病百出，早在贞祐四年，陈规上章指出："近军旅之务，专委枢府，尚书省坐视利害，泛然不问，以为责不在己。""陛下既以宰相任之，岂可使亲其细而不阅其大者乎。"面对金朝与蒙古战事败多胜少，群臣不断上言以为将相权不当分，"请依祖宗故事，枢密院听尚书省节制"⑧。直到天兴元年（1232）四

① （金）刘祁：《归潜志》卷7，中华书局，1983年，第78页。
② 《金史》卷56《百官志二》，第1280页。
③ （金）刘祁：《归潜志》卷7，第73页。
④ 《金史》卷114《白华传》，第2510页。
⑤ 《金史》卷14《宣宗纪上》，第316页。
⑥ 《金史》卷114《白华传》，第2510页。
⑦ 《金史》卷17《哀宗纪上》，第384页。
⑧ 《金史》卷17《哀宗纪上》，第380页。

月，终又"并枢密院归尚书省，以宰相兼院官"①。然而，此时金朝大势已去，怎样改制也无回天之力，两年后金朝灭亡。

第五，行省、行院、行府的设置与地方机构的新变化。金章宗明昌五年（1194）为治河修堤，以诸路沿河地区设行省，命参知政事胥持国领之，征发民夫，督修堤防。②此为金中期以后置行省之始。金中后期的行省与前期的行台不同，行台是因中原经济、文化水平不同于东北等地而设置的地方机构。行省则是因国家军、政（如治河）事务涉及数路而设置的机构，可协调诸路统一行动，小事便宜行事，大事申报朝廷决之。六年（1195），又命"左丞相夹谷清臣行省于临潢府"③。总领诸军讨伐侵扰边郡的阻䶀诸部。其后，承安中于山东等路置行省括地；泰和中于南京置行省与宋作战。可见初设行省时，有治河、讨叛、括地、对外战争诸种目的，任务完成后便撤销。卫绍王大安三年（1211）蒙古侵金之后，兵事日多，战火迅速蔓延各地，行省设置一个接一个遍于全国，据《金史》记载大略统计有近30个行省，并由临时机构渐变为常设机构。

行六部（行部）、行枢密院（行院）、行元帅府（行府），最初是作为中央各部门的下属机构而设置的，如承安元年（1196），左丞相完颜襄行省于北京（内蒙古宁城），以签枢密院事完颜匡行院于抚州，翌年又以户部侍郎温昉佩金符行部于抚州。随着行省增多，行部越来越多，乃至过滥。贞祐三年（1215）"诏尚书省，行六部太多，其令各路运司兼之"④。四年（1216）以后院、省并立，行院与行府成为枢密院属下机构，设置的数量迅速增加。宣宗末年，《金史》中见于记载的行院、行府已增至四五十处。

行省等机构的出现固然有诸多原因，但最根本的是中央实行一省制为行省的设置与发展提供了官僚体制上的条件和基础。金代行省已具有政治、经

---

① 《金史》卷114《白华传》，第2510页。
② 《金史》卷129《胥持国传》，第2793—2794页。
③ 《金史》卷10《章宗纪二》，第236页。
④ 《金史》卷14《宣宗纪上》，第310页。

济、军事诸种职能，逐渐形成为路级机构之上较大地区的行政机构，尽管金末尚不及调整、固定，但已基本形成一种地方官制的新模式，对元代行省制度的形成具有重要的影响。

综上所述，"正隆官制"创立的一省新制，不仅使金朝中、后期国家形势发生重大变化，而且将我国古代王朝官僚制度推向一个新阶段，中央与地方官制先后形成新的模式，对元明清官制产生极其重要的影响，为中国古代王朝后期君主专制达到登峰造极的地步奠定了政治基础。

第五节　金前期军政合一机构都元帅府职能探析[①]

金太宗天会三年（1125）伐宋伊始，金设置都元帅府，初衷是统率全国军队"掌征讨之事"。五年（1127）灭亡北宋，金军占领了黄河以南中原汉人州县地区，此时金朝中央尚实行国论勃极烈制度，秉持女真传统的政治统辖体系无法有效地统治发达的中原地区。于是驻守在中原的左、右副元帅府迅速转变为军政合一的统治机构，女真军功贵族通过下设的燕京、云中两枢密院，仿照辽朝汉人枢密院统治中原州县地区，这使元帅府具有一定的汉式政治机构的统辖机制，为女真国家有效地统治中原地区发挥了重要的作用。然而对于汉族州县地区而言，左、右副元帅府则是具有女真军事统治特点的机构，在很大程度上束缚了中原社会经济的恢复和发展。这里应该说明的是，金代都元帅府的设置分前后两个时期，前期从太宗天会三年（1125）伐宋至海陵天德二年（1150）十二月"改都元帅府为枢密院"[②]，是常设的军政合一的统治机构；后期从世宗大定年间复置元帅府至金末，是"兵兴始置，

---

① 《金前期军政合一机构元帅府职能探析》，原载于《史学集刊》2000年第2期。
② 《金史》卷5《海陵纪》，第96页。

兵罢则止"的王朝军事统帅机构。本节仅探讨金前期都元帅府职能的特点与演变，进而探析金初女真族文化与汉、渤海等民族社会文化正面冲突下，所产生的制度、文化方面的变异，都元帅府作为金朝初期汉官制度萌芽时期第一个以女真贵族为主体的具有鲜明汉官制度因素的机构，在理顺女真国家对汉人州县地区的统治机制中发挥的重要作用。

都元帅府的性质和特殊的地位使之具有军事、政治诸方面多种职能，随着国家汉官制变革完成，有的职能发生了深刻变化，有的职能被取消，总的发展趋势是军事性质日益强化，政治职能逐渐减少。

一、军事决策与最高军事统帅机关

金朝不论是女真传统国家制度时期，还是完成汉制改革后，中原式国家制度时期，历任都元帅皆由辅弼大臣兼任。金太宗朝，首任都元帅由谙班勃极烈（国储）完颜杲兼任[①]；二任都元帅由国论移赍勃极烈完颜宗翰兼任[②]。熙宗确立三省六部制度后，都元帅多由领三省事或左、右丞相兼任[③]，他们均是皇帝周围军国大事的决策人。凡重大军事行动，不仅都元帅是主要决策人之一，而且元帅府的主要官员也参与决策。《中兴小纪》卷十六记载：绍兴四年（天会十二年，1134），"刘豫遣人乞兵同入寇，晟（金太宗）议于诸帅，尼雅满（宗翰，都元帅）、乌克绅（完颜希尹，元帅右监军）沮之，惟鄂勒浑（完颜宗辅，左副元帅）请行。晟遂以鄂勒浑权左副元帅，达兰（完颜挞懒）权右副元帅，将兵应豫"。《金史·刘豫传》亦记载此事，却与之出入较大，"宗翰将入朝，再议以伐宋事"，完颜宗弼（元帅右都监）以为不可，"及豫以书报，而睿宗（宗辅）亦不肯用豫策，使挞懒帅师至瓜州而还"。前者言诸帅归京师与国主共议征战事。后者则曰诸帅在中原商议是否

---

① 《金史》卷76《杲传》，第1737—1740页。
② 《金史》卷74《宗翰传》，第1693—1700页。
③ 《金史》卷4《熙宗纪》，第69—89页。

举兵伐宋之事，由都元帅把商讨的意见带到京师，再由国主和诸勃极烈共议。两种记载都反映了元帅府官员参与军事决策，并且他们的意见在决策中起很大作用。

都元帅府成立后，进行了多次战争，大到灭亡北宋，渡江追击南宋高宗，宗弼渡淮逼宋划界的战争；小到平定各地抗金势力和叛乱的战役，无不由都元帅府调兵遣将指挥作战。初期都元帅居守京师，不临军作战。左、右副元帅是金军实际的最高统帅，元帅左、右监军及左、右都监是担当某方面军的重要指挥官。天会十年（1132）后，都元帅临军驻守中原，亲自统军作战，左、右副元帅的地位相对下降，但始终是统率金军主力倚重一方的重要将帅。

二、有权自行签军、任免各级军官

金朝军队来源主要有二，一是征发猛安谋克兵；二是在各族人民中签军。金人刘祁曰："金朝兵制最弊，每有征伐或边衅，动下令签军，州县骚动。"[1]太宗天会年间，"金签军之法自元帅府下诸路帅，帅下节镇，镇下支郡，郡下诸县，县下籍民丁多寡之数，令备军械军装，以听点集"[2]。天会五年（1127）"金人起燕山、云中、中京、上京、东京、平州、辽西、长春八路民兵入寇两河"[3]。这便是元帅府所实行的一次较大规模的签军。熙宗确立三省六部制度后，天眷二年（1139），"国主亶始令诸路不得从元帅府，须见里面使臣，所持御画牌札，方许签发"[4]。将签军权收归中央。

元帅府的长官从都元帅到都监由皇帝亲自任命，而都元帅府这七位主要官员可以全权任免属下办事人员及所统领的军队各级将领，但并不是对所有将领都有任免权。金代军事官员分为两类，一是世袭官，是根植于女真族特

---

① （金）刘祁：《归潜志》卷7，中华书局，1983年，第77页。
② （宋）熊克：《中兴小纪》卷27，商务印书馆，1936年，第310—311页。
③ （宋）徐梦莘：《三朝北盟会编》卷111《炎兴下帙一一》，建炎元年七月十六日，第814页。
④ （宋）熊克：《中兴小纪》卷27，第311页。

有的军政合一的社会组织猛安谋克中的军事长官，平时为民，战时为兵，部民随世袭长官征战，长官称为谋克、猛安、万户。另一种是普通军官，是常备军和签军的长官，称为行军谋克、猛安、万户，都统、监军等。第一类，都元帅府无权除授，是皇帝亲自封授，它与土地、部民是连在一起的。第二类，可由都元帅府高级官员承制选授。如"睿宗定陕西，活女为都统，进攻泾州，败其兵"①。活女是完颜娄室之子，自伐宋以来，一直在娄室的麾下。天会八年十二月娄室卒，活女"袭合扎猛安，代为黄龙府万户"②。活女先后两个官职，都统为右副元帅宗辅所授。袭合扎猛安、代黄龙府万户则由皇帝亲自任命，黄龙府世袭万户是金初女真内地的路级长官③，元帅府无权除授。

除授武官的标准是军功，行军万户授金牌，行军猛安授银牌，行军谋克和蒲辇授木牌。④国家汉制改革完成后，元帅府的这一职权仍无变化。如天会十五年（1137）"齐国废，元帅府承制以（徐）文为南京步军都虞候，权马步军都指挥使。……（天眷三年,1140）河南既平，宗弼（都元帅）劳赏将士，赏文银币鞍马。充行军万户"⑤。

三、中原地区最高行政统辖机构

金灭亡北宋之后，左、右副元帅府迅速转变为中原最高军政统治机构，为适应对汉人州县地区的统治，承用原辽汉人枢密院的制度，左副元帅府之下设云中枢密院；右副元帅府之下设燕京枢密院，分辖中原各地，时呼"东朝廷，西朝廷"⑥。天会七年（1129）两枢密院合一设于云中，十年（1132）以后都元帅府亦迁至云中。汉地发布各项政令，诉讼治狱、征税纳赋、圈土

---

① 《金史》卷72《活女传》，第1653页。
② 《金史》卷72《活女传》，第1654页。
③ 程妮娜：《试论金初路制》，《社会科学战线》，1989年第1期。
④ 《金史》卷58《百官志四》，第1335页。
⑤ 《金史》卷79《徐文传》，第1785—1786页。
⑥ （宋）宇文懋昭撰，崔文印校证：《大金国志校证》卷3《太宗纪一》，第40—41页。

括地无不总揽于都元帅府，汉人枢密院作为都元帅府之下辅佐治理中原政务的机构秉承其旨意具体实行之。

女真制国家初期尚未建立起完备的赋税制度，在占领辽朝州县地区之后，税收成为国家财政的主要来源之一，但还没有受到女真奴隶主统治集团的充分重视。女真奴隶主贵族一面通过府州县等地方机构征收赋税，一面更热衷于直接获得人口、土地、财物、牲畜。都元帅府一面告谕中原地区百姓免除北宋末年的苛捐杂税，"重难徭役科敛，诸般巧细，籴买变折香矾茶盐之类，凡尔疾苦，并为蠲除"[1]，以招抚民心。一面以更野蛮残忍的手段对汉人进行疯狂的经济和人身掠夺。如在山东地区，"督责州县，括刷钱粮，虏掠乡村，拘收牛马，老稚离散，田野荒芜，民不聊生"[2]。在河北河间府"时居民皆为军士所掠，老幼存者亡几"[3]。这当是元帅府统治初期中原各地的缩影。

天会七年（1129）六月，元帅府颁"易服令"，"禁民汉服，又下令髡削发，不如式者杀之"[4]。九年（1131），制严法禁窃盗，"盗及一钱者罪死"[5]。又运用汉人的邻保、乡巷以及州县组织系统把中原汉人固定在籍贯乡里，"诸路百姓不得擅离本贯，欲出行则具人数行李，以告五保邻人，次百人长、巷长，次所司保明以申州府，方以番汉公据以行，市肆验之以鬻饮食，客舍验之以安止，至则缴之于官，回则易之以还。在路日限一舍，违限若不告而出者，决沙袋二百"[6]。以此来阻止汉人迁徙南流，保证新占领地区的户籍和人口的稳定，给社会经济、流通，以及人民生活造成诸多不便。

---

① （金）佚名编，金少英校补：《大金吊伐录校补》第131《行府告谕两路抚慰指挥》，中华书局，2001年，第355页。
② （宋）徐梦莘：《三朝北盟会编》卷155《炎兴下帙五五》，绍兴三年正月，第1118页。
③ 《金史》卷80《赤盏晖传》，第1806页。
④ （宋）李心传：《建炎以来系年要录》卷28，建炎三年秋，第560页。
⑤ （宋）宇文懋昭撰，崔文印校证：《大金国志校证》卷7《太宗纪五》，第113页。
⑥ （宋）李心传：《建炎以来系年要录》卷40，绍兴元年秋，第749页。

天会十一年（1133），金朝首次"悉起女真土人，散居汉地"^①，熙宗皇统元年（1141），再次将女真、奚、契丹之人，"皆自本部徙居中州，与百姓杂处"^②，十几万猛安谋克户口由东北迁入中原，聚居屯田。土地从何而来，金初史料未见明确记载。黄河南北几经战火，"荆榛千里"^③。淮河流域也是"不耕之田，千里相望"^④。似乎猛安谋克户迁入中原，土地来源充足。然而作为统治民族绝不会去垦荒耕种，而是占有沃土良田。后来世宗与张九思的一番话中曾提到，"国初元帅府拘刷民间指射租田"^⑤。透露出为安置猛安谋克户，元帅府在中原地区强夺汉人土地圈土括田的事实。熙宗天眷元年（1138）完成了三省六部制的改革，中央统辖中原州县区域已不存在制度上的障碍，都元帅府作为过渡时期的地方行政机构的作用逐渐丧失，熙宗通过对中原机构的改革削减都元帅府对中原地区政务的控制。天眷元年九月"改燕京枢密院为行台尚书省"^⑥。与汴京行台尚书省制度划一，其机构和运作机制与中央尚书省接轨，在行政上受中央与都元帅府的双重领导。"皇统元年（1141），以燕京路隶尚书省，西京及山后诸部隶元帅府。"^⑦这样元帅府的政治职能发生两方面显著变化：一是太宗时元帅府的官员皆可兼管民政。熙宗时，只有被委任兼行台尚书省或地方官的都元帅府官员才可兼管民政。国初汉人枢密院是元帅府下属的辅佐机关，此时中原行台尚书省则是中央设在地方的行政机构，仍与都元帅府同驻一地，使元帅府对其实行监督和节制。二是都元帅府行使政治职权的范围大大缩小了，皇统元年（1141）以后主要在原刘齐政权的范围内。当王朝中央集权进一步强化时，都元帅府与行台尚书省作为地方分治的遗制，同时被撤销。

---

① （宋）李心传：《建炎以来系年要录》卷68，绍兴三年秋，第1162页。

② （宋）李心传：《建炎以来系年要录》卷138，绍兴十年，第2226页。

③ （宋）庄绰：《鸡肋编》卷中，萧鲁阳点校，中华书局，1983年，第43页。

④ 汪藻：《浮溪集》卷2《论淮南屯田》，丛书集成初编本，商务印书馆，1935年，第15页。

⑤ 《金史》卷90《张九思传》，第2004页。

⑥ 《金史》卷4《熙宗纪》，第73页。

⑦ 《金史》卷24《地理志上》，第564页。

四、选授、迁黜中原各级地方官吏和科举取士

都元帅府的官员有权任免地方官员，这与金初都统、军帅司路长官的职能是一致的，并不是中央给予都元帅府官员的特权，而是金初政治体制的特点之一。天会二年（1134），太宗以空名宣头五十，银牌十给宗望，"命宗望，凡南京留守及诸阙员，可选勋贤有人望者就注拟之，具姓名官阶以闻"①。军帅、都统承制便宜授官，然后呈报朝廷备案。这种制度在成立都元帅府以后仍承用不变。"天会八年（1180），睿宗（宗辅）以左副元帅次泾州，（张）中孚率其将吏来降，睿宗以为镇洮军节度使知渭州，兼泾原路经略安抚使。"②天会中，桂州管内观察使赤盏晖因从元帅左都监阇母攻打潍州有功，"帅府承制加静江军节度使"③，甚至路官都元帅府亦有权授之，如"元帅府承制以蒲卢浑为河北西路兵马都总管"④。

《金史·刘彦宗传》记载：太宗朝刘彦宗任知枢密院事，"诏彦宗凡燕京一品以下官皆承制注授"。然查《金史》极少见汉人枢密院承制授官之事，大约其授官主要限于枢密院各机构的官吏和地方低级官吏，即便如此也要受到元帅府的控制。天会十年（1132），"左副元帅宗维（宗翰）谕枢密院，磨勘文武官出身、迁轶、冒滥，命西京留守高庆裔参主之，夺官爵者甚众"⑤。工部侍郎张通古亦在被免官之列，国论忽鲁勃极烈宗幹"素知通古名，惜其才，遣人谕之使自理，通古不肯，曰：'多士皆去，而己何心独求用哉。'宗幹为论理之。除中京副留守"⑥。这足以说明元帅府对汉人枢密院官吏亦有任免权，并且有权自作主张，对枢密院及路府州县官实行大规模磨

---

① 《金史》卷3《太宗纪》，第49页。
② 《金史》卷79《张中孚传》，第1788页。
③ 《金史》卷80《赤盏晖传》，第1806页。
④ 《金史》卷80《乌延蒲卢浑》，第1804页。
⑤ （宋）李心传：《建炎以来系年要录》卷52，绍兴二年春，第927页。
⑥ 《金史》卷83《张通古传》，第1859—1860页。

勘行动，罢免了众多官吏。对此中央并不干涉，个别知名人士遭到罢免，中央首席辅弼大臣出面说情才保住官位，但仍然离开中原，改任东北地区地方官。

驻守中原的左、右副元帅府很快就掌握了中原地区科举取士的大权。这是因为金初科举只是为了解决新占领区县官奇缺的问题，并不是女真政权官员入仕的主要途径，故朝廷委元帅府行之。受元帅府控制的科举取士大约始于天会四年（1126），河北有"真定榜""金皇子郎君（宗望）破真定，拘境内旧进士七十三人，赴安国寺试策"[①]。山西有"朔州榜"，分别由左、右副元帅主持，在各自辖区内，由枢密院官员禀其旨意出题开科取士。天会七年（1139）两枢密院合一，科举大权归入左副元帅宗翰手中。北宋灭亡后，元帅府主持的科举分南北选，"辽人皆用词赋，两河人皆用经义"[②]。天会十年（1132）"是夏，粘罕试举人于白水泊，磁州胡砺为魁。是举也，粘罕密诚试官，不取中原人，故是岁止试词赋，不试经义"[③]。说明这个时期科举制度只不过是金朝女真制度之下汉人地区地方官选举的补充形式，元帅府长官可随心所欲凭个人喜好取士。

天会末年，中央官制改革条件已经成熟，开始逐步减少元帅府的政治职能。十一年（1133），太宗诏曰："比以军旅未定，尝命帅府自择人授官，今并从朝廷选注。"[④]"熙宗即位之二年，诏辟贡举，始备其列。"[⑤]将任人、科举权收归中央。

五、为朝廷监督、节制刘豫政权

金灭北宋后，立张邦昌为楚帝，不久宋高宗杀张邦昌。金太宗仍欲在

---

① （清）张金吾：《金文最》卷86《褚先生墓碣》，中华书局，1990年，第1254页。
② （宋）熊克：《中兴小纪》卷6，第73页。
③ （宋）宇文懋昭撰，崔文印校证：《大金国志校证》卷7《太宗纪五》，第115页。
④ 《金史》卷3《太宗纪》，第65页。
⑤ 《金史》卷51《选举志一》，第1149页。

中原授立藩附，"循邦昌之故事也"①。故占领宋地仍不易官制，风俗无所更改。立谁为傀儡皇帝，在都元帅府官员中颇有酝酿，"金师自破山东，挞懒久居滨、潍，刘豫以相近，奉之尤善。挞懒尝有许豫潜逆之意。（高）庆裔，粘罕心腹也，恐为挞懒所先，遂建此议，务欲归功粘罕，而又使豫知恩出于己，望其后报也"。"粘罕遣高庆裔询访河南州郡，求贤人建国，州郡迎合上意，共推刘豫。"②"于是金主晟遣庆裔、同知制诰韩昉，以是月（天会八年，1130，九月）立豫于北京。"③高庆裔是左副元帅宗翰手下亲信官吏，韩昉则一直在朝廷为官。上述史料说明了两点：其一，立刘豫为帝，是都元帅府官员选择推荐的。其二，立刘豫的使臣是由都元帅府属下官员和中央派出的官员组成，又以都元帅府官员为主。这意味着刘豫政权是受朝廷和元帅府双重管辖的。

刘豫政权自建立之日起，就丧失了自主权，刘豫名为皇帝，实则金朝一特殊辖区的地方官。在金政权尚处于以女真制为主的时期，代为统辖比邻南宋王朝的州县地区。刘齐虽设百官、军队，自行征收赋税，司法断案，但重大事情需决于朝廷，如使用年号、立太子等，刘豫欲立子麟为太子，请于金廷，太宗不许，曰："若与我伐宋有功则立之。"④显然在女真皇帝眼中，刘豫并非邻国之君，而是南部藩屏，使其与宋相攻两败俱伤，坐收渔翁之利。由于金廷偏僻遥远，元帅府负有监督、节制刘豫政权的职责，"豫在开封，凡军国事以至赏刑斗讼，毋巨细，申元帅府取决，沿河、沿淮，及陕西、山东等路，皆驻北军"⑤。

熙宗即位后，全面推行汉官制度改革，刘豫政权已失去存在的意义，于是议废刘豫政权。天会十五年（1137）"宣（熙宗）诏左、右副元帅达兰

① （宋）宇文懋昭撰，崔文印校证：《大金国志校证》卷6《太宗纪四》，第100页。
② （宋）宇文懋昭撰，崔文印校证：《大金国志校证》卷6《太宗纪四》，第100页。
③ （宋）熊克：《中兴小纪》卷8，第100页。
④ 《金史》卷77《刘麟传》，第1762页。
⑤ （宋）李心传：《建炎以来系年要录》卷53，绍兴二年四月庚寅，第937页。

（挞懒）、乌珠（宗弼），提兵以寇江为名，径之东京（今开封）废豫"①。
"降封刘豫为蜀王，诏中外。置行台尚书省于汴。"②汴京行台仍受中央与元
帅府的双重统辖。由此可见，刘豫政权从建立直到废止始终受元帅府的控制
与操纵。

在金朝汉官制度变革前后尽管都元帅府政治职能逐渐减少，却始终保持
军政合一的特点。其军事职能尚保存着浓重的女真族特征，既掌国家军备，
戎马政令，又是军事统帅机关。金朝军事机构完全中原化，上述两种职能分
设机构，则是金中后期才完成的。

都元帅府是金朝中央实行女真制度后期和确立汉官制度前期的国家重要
军事、政治统治机构。它是金宋战争和金朝对中原地区实行全面军事统治的
产物，呈现出女真传统旧制与辽、宋王朝制度有机结合的时代特征，形成了
介于女真制与汉官制之间的过渡时期官制的特质，成为中央国论勃极烈制度
与中原州县制度之间的统辖机构，发挥了女真国家对汉人州县地区统治的中
介作用。它的建立在金初具有重要的进步意义，使中原人民免于女真奴隶制
度的奴役。

金朝汉官制度变革完成后，不久金宋弭兵，进入和平时代，国家统治方
针由武治转向文治，都元帅府逐渐由具有汉官因素的先进机构，转变为残留
浓重的女真旧制痕迹的落后制度，最终为中原化军事机构所取代。

---

① （宋）熊克：《中兴小纪》卷23，第268页。
② 《金史》卷4《熙宗纪》，第72页。

第三章　金代地方官制

第一节　金初府、州、县考略[①]

金初府、州、县制度仅实行于原辽、宋州县地区，具有鲜明的时代和地域特征。它经历了辽、宋、女真制度的共存阶段，进而发展成为统一的金朝府、州、县制度，是金政权中原化变革的重要起点和组成部分。研究这一制度有助于了解女真统治集团进入汉族州县地区后，迅速中原化的历史原因和历史发展的必然趋势。

一、金初府、州类型

金初随着反辽侵宋战争的胜利，领土迅速扩大，政治、经济与民族构成都发生了巨大的变化。女真统治者为适应形势的变化和统治的需要，由原来全面推行女真制度转向"因俗而治""以汉制治汉人"，使受到战争严重摧残的汉族州县地方建置得以存留。从此，府州成为金初路制下的一级地方统治机构。但是由于原辽、宋地方制度不尽相同，各地受女真制度影响程度不同，金初府、州制度呈现出地域性的差异，大体可分为两种类型：

第一种是原辽朝州县地区类型，在基本存留辽制的基础上，兼容了女真制成分。辽朝府分为京府和一般府两个等级，京府置留守司，设留守、副留

---

① 《金初府州县考略》，原载于《北方文物》1989 年 3 期。

守、知某京留守事、同知某京留守事；府设府尹、知某府事、同知某府事。辽朝州分设节度使、团练使、防御使、刺史、知州等。金初府、州在区划、机构和官制上沿袭了辽制，但实际内容则发生了重大的变化。

一是金初府、州分为路治府、州与一般府、州两个等级。金初在原辽州县地区设置十一路（辽全国仅设五道），路制机构设置都统司和军帅司，都统司的地位略高于军帅司。同一级别路治所在的京、府、州，虽然沿用辽官制不同，但其地位是相等的，如咸州路都统司治所咸州与南路都统司治所东京辽阳府地位相同，略高于上京路军帅司治所上京临潢府。路治府、州高于其他府、州，尽管后者与前者实行的官制相同。

二是府、州官员的职掌为军政合一，尤其军事性质较强是其显著特点之一。他们掌管辖区内的民政、司法、赋税，并拥有一定数量的猛安谋克军队，负责境内戍守、治安，如遇国家发动大规模战争，他们需率部下随朝廷大军出征。天辅四年（1120），金太祖攻打辽上京临潢府，咸州路知银、双州王伯龙以兵护粮，"六年，从攻下中京，并克境内诸山寨"①。

三是女真族府、州官员均由女真贵族担任，除留守司官员沿用辽官职名称外，其余均称之为孛堇。他们与其他民族府、州官员职掌大体相同，只是调动比较频繁。②

四是不仅女真族府、州官员大多具有猛安的封号，其他民族的一些府、州官员也有授予世袭猛安、谋克的封号。如收国二年（1116）五月，"既破永昌，遂以（高）桢同知东京留守事，授猛安"③。天辅二年（1118），汉人王伯龙"率众二万及其辎重来降，授世袭猛安，知银州，兼知双州"④。由于金初这一地区的都统，军帅司路制，属于女真制向汉制过渡时期官制，从而赋予其统辖的府、州，亦具有一定的女真制色彩。

---

① 《金史》卷81《王伯龙传》，第1820页。
② 程妮娜：《金初勃堇初探》，《史学集刊》1986年第2期。
③ 《金史》卷84《高桢传》，第1889页。
④ 《金史》卷81《王伯龙传》，第1820页。

第二种是原北宋地区类型，在基本因袭宋府、州制度的基础上，亦掺杂了部分女真制成分。宋"南渡初，其东京、北京并置留守，以开封、大名知府兼"。金初因之，京设留守司，府设尹、知府、少尹、判官等，州分设安抚使、防御使、团练使、刺史、知州。"掌总理郡政，宣布条教，导民以善而纠其奸慝；岁时劝课农桑，旌别孝悌，其赋役、钱谷、狱讼之事，兵民之政皆总焉。"①地处金、宋两国交战区的府、州的官员，尚具有率军作战以御来犯之敌的职掌。因金初在这一地区驻有大量军队，直接受元帅府统辖，故一般府、州官员不掌军队，军事职能较小。女真族府、州官员仍然是除留守司官员外，均称孛堇，他们的身份、地位、职掌与前一类型女真族府、州官员孛堇大体相同，与宋地其他府、州官员职掌的明显区别是军政合一，具有较强的军事性质。

金初府、州官员的任免，据《金史·兵志》记载："及其得志中国，自顾其宗族国人尚少，乃割土地，崇位号以假汉人，使为之效力而守之。"女真统治者对伐宋军队所经过的宋朝府、州，"城邑负固不服者即攻拔之，降者抚恤之"②。投拜开门者，府、州官属更不改易，并依旧制。招谕不降以兵攻拔者，大多任命随军征战的女真贵族和先降金的原辽、宋旧官吏为府、州长官。③其任免权，原辽地区掌握在路级长官都统、军帅手中；原宋地区则由元帅府承制任免之。府州官职的人员分配，大体是一金人（女真人）、一辽人；或"一金人、一燕人、一南人共同镇守"④。收国二年（1117）五月置东京留守司，以乌蠢（女真人）知东京留守事，高桢（原辽官员，渤海人）同知东京留守事。⑤通常以女真官员主掌兵马军政，汉族（或契丹、渤海族）官员主掌诉讼、租赋与民政。金初官僚集团中存在着严重的民族等级差别，

① 《宋史》卷167《职官志七》，第3973页。
② 《金史》卷2《太祖纪》，第34页。
③ （宋）徐梦莘：《三朝北盟会编》卷98《靖康中帙七三》引《燕云录》，第719—727页。
④ （宋）徐梦莘：《三朝北盟会编》卷98《靖康中帙七三》引《燕云录》，第726页。
⑤ 《金史》卷2《太祖纪》，第19—46页；卷84《高桢传》，第1889页。

"有公事在官先汉儿，次契丹，方到金人……有兵权钱谷先用女真，次渤海，次契丹，次汉儿"①。女真族官员以统治民族处于优越地位，其他民族官员中，汉族官员地位最低，其中南人（宋人）地位尤为微贱，虽身居高官也不能得到统治者的充分信任。这种民族歧视政策直到海陵王时期才稍有转变。

二、金初县几废复置

金初县级机构在金太祖占领平州以前几乎废而不置。《金史》中仅有一例关于任免县官的记载，天辅二年（1118），"斡鲁古兵至境上，（孔）敬宗劝刘宏迎降，遂以敬宗为乡导，拔显州，以功补顺安令"②。顺安县属中京路懿州。这一时期，金朝在新占领地区全面推行猛安谋克制度，县级机构几乎由猛安谋克制度所取代。

《金史》记载，收国二年（1116）五月，"东京州县及南路系辽女直皆降。诏除辽法，省税赋，置猛安谋克一如本朝之制"③。天辅七年（1123），挞懒"抚定奚部及分南路边界，表请设官镇守。上曰：'依东京渤海例置千户、谋克'"④。据此可知，金初辽东、西地区普遍设置猛安谋克。但应注意到，汉、渤海族的猛安谋克与女真猛安谋克存在着质的差别，在猛安谋克之下仍然保留原有的社会生产关系，不是靠奴隶进行生产，而是一家一户的个体经济。猛安谋克长官与所辖的人民没有血缘关系，其任免途径有三：第一，择选各族人民中有资产、有才干的人任猛安、谋克。天辅二年（1118），太祖下诏咸州路都统阇哥曰："择其才可干事者授之谋克，其豪右诚心归附者拟为猛安。"⑤第二，任命归降的原辽朝官员为猛安谋克。天辅

---

① （宋）徐梦莘：《三朝北盟会编》卷98《靖康中帙七十三》引《燕云录》，第725页。
② 《金史》卷75《孔敬宗传》，第1719页。
③ 《金史》卷2《太祖纪》，第29页。
④ 《金史》卷77《挞懒传》，第1763页。
⑤ 《金史》卷71《斡鲁古传》，第1637页。

二年（1118），"以降将霍石、韩庆和为千户"①。千户即猛安。第三，对率众归附的各族头领，视其人数多少授以猛安、谋克。"尝用辽人讹里野以北部百三十户为一谋克，汉人王六儿以诸州汉人六十五户为一谋克。"②"汉人李孝功、渤海二哥率众来降，命各以所部为千户。"③由于猛安谋克制度具有政治、军事、生产三位一体的特点，促使人们对长官的人身依附关系有所加强。

金初，女真统治者以落后的奴隶制性质的猛安谋克组织强行编制汉族、渤海等族人民，这在州县地区无疑是一种倒退，遭到汉族人民和官吏的强烈反抗，人口大量逃亡，府、州、县既降复叛的事件屡屡发生，平州地区的反抗尤为激烈。这使女真统治者认识到在州县地区推行猛安谋克制度，不仅得不到预期的统治效果，反而造成政治、经济上的混乱。于是不得不放弃原来的主张，天会二年（1124），"平州既平，宗望恐风俗揉杂民情弗便，乃罢是制，诸部降人但置长吏，以下以汉官之号"④。从此停止继续在汉区推行猛安谋克制度，使中原地区保留了原有的府、州、县各级统治机构。这一决定成为金国家政权中原化的极其重要的契机。

金初，任县级官吏的人，多为汉人和渤海人，很少见契丹人，女真人几乎不任此职。天会二年（1124）以后，县级官吏的需求量显著增加，为解决官吏来源问题，天会二年二月、八月连续两次开科取士。灭北宋后，天会五年（1127）八月，太宗下诏："河北、河东郡县职员多阙，宜开贡举取士，以安新民。其南北进士，各以所业试之。"⑤天会初年科举既无定期，亦无定数，视需要而定，所取之士大都委以县令、丞等职。《金史》记载："刘敏行，天会三年（1125）进士，除太子校书郎，累迁肥乡

---

① 《金史》卷2《太祖纪》，第32页。
② 《金史》卷44《兵志》，第993页。
③ 《金史》卷2《太祖纪》，第32页。
④ 《金史》卷44《兵志》，第993页。
⑤ 《金史》卷3《太宗纪》，第57页。

令，转高平令。"① "翟永固，中天会六年（1128）词赋科，授怀安丞，迁望云令。"②此外，擢用一批归附的原辽、宋官吏任县级官吏。金初县制循辽、宋制不变。

三、金太宗朝整顿府、州、县制

金灭北宋以后，统治区域内各地的府、州、县官制呈现出不统一的状况。原辽地用辽制，宋地用宋制，女真族府、州官员，又沿用女真族习惯官称，造成地方官制混乱，职掌不明确，官吏升迁调动不便的局面，不利于建立统一稳定的统治秩序。同时，辽、宋在地方州名上又有重复的现象，如辽、宋均有安、泽、隰、德诸州，也急待调整、厘定。于是在天会六、七年间对府、州、县制度进行了统一的调整和改革。

天会六年（1128）八月，金太宗下诏，"以州郡职员名称及俸给因革诏中外"③。表明金朝对府、州、县官制改革完成。金代对辽、宋地方官制进行了取舍，形成了新的统一的地方官制。府设尹、知府、少尹、判官，州分设节度使、安抚使、防御使、团练使、刺史、知州。其中节度使是采辽制，安抚使是采宋制。防御使、团练使、刺史、知州在辽、宋制中均有，但是防御使与团练使的位置，辽、宋制不同，金从宋制防御使居团练使之上。县设令、丞、主簿、尉。

制定统一的府、州、县官制以后，担任府、州官的女真贵族不再称孛菫，而是授予具体明确的官职。如天会六、七年后，完颜宗贤任归德军节度使④；蒲察胡盏任"德顺州刺史，改陇州防御使、凤翔尹"⑤。女真族与汉、渤海、契丹诸族府、州官员在陟黜、职掌各方面完全相同，然而女真官员的

① 《金史》卷128《刘敏行传》，第2762页。
② 《金史》卷89《翟永固传》，第1975页。
③ 《金史》卷3《太宗纪》，第59页。
④ 《金史》卷66《宗贤传》，第1566—1567页。
⑤ 《金史》卷81《蒲察胡盏传》，第1819页。

统治民族优越性依然存在。与此同时，金朝统治者对府、州、县各级行政区划进行了大规模的调整。《三朝北盟会编》卷132记载：建炎三年（金天会七年，1129），"去中山、庆源、信德、河中府名，复旧州名；去庆阳、庆成军名，复旧县名；改安肃军为徐州，广信军为遂州，威胜军为沁州，顺安军为安州，永宁军为宁州，北平军为永平县，乐寿县为乐寿州，肃宁城为肃宁县"。受战争摧残较严重的辽东、西地区，废弃的州、县大约在此时重新补置。《拙轩集·先君行状》记载：王寂父王础，时摄洺州鸡泽令，"会辽东更置郡县守令，皆取当时治有声迹者，先君（王础）擢海州析木令"。从中原调去一批有政绩的官员，旨在恢复和加强这一地区州、县的机构与工作，建立正常的政治统辖秩序。

天会末年，金朝统治者开始向中原地区大批迁入女真猛安谋克，杂处各州、县之间，其"居止处皆不在州县，筑寨处村落间。千户、百户虽设官府，亦在其内"①。与当地汉族州、县互无统辖关系，由路总管府和节度使管辖，地处边疆的猛安谋克则由招讨司管理。从此，金代地方统治机构中女真制与州县制并存，实行两重统治体系的局面基本形成，并成为金朝一代之规，不断得以完善和发展。②

经过改革、调整，金初府、州、县官制划一，机构健全，稳固了女真统治集团在汉族地区的统治，也为金朝国家机构由女真制度向汉官制度变革奠定了基础。太宗末年，金国家政权中原化已成为不可阻挡的历史发展趋势。于是，天会十二年（1134）正月，"初改定制度，诏中外"③，开始在国家中央机构中全面实行汉官制度变革。

---

① （宋）宇文懋昭撰，崔文印校证：《大金国志校证》卷36《屯田》，第520页。
② 金章宗时期，女真族社会变革完成后，地方行政机构仍实行汉、女真双重统治系统。
③ 《金史》卷3《太宗纪》，第65页。

第二节　金初非女真人的猛安谋克[①]

猛安谋克制度是金朝女真族一项十分重要的制度，它至少包含四项内容：一是地方基层行政组织；二是军事组织；三是军、政官员；四是世袭爵。前三项制度是同时建立的，后一种制度则略晚一些。这里主要探讨作为地方行政组织的猛安谋克制度在非女真人地区的推行。1114年，女真人完颜阿骨打起兵反辽，十月，初命生女真诸路以三百户为一谋克，十谋克为猛安，创建了女真社会最初的一级行政组织，它具有政治、军事、生产多种职能，长官实行世袭制。金太祖一朝在原辽州县地区渤海、汉、契丹、奚等族中大规模推行猛安谋克制度，使之成为府州之下一级行政建置。

一、在辽东地区推行猛安谋克

1115年金朝建立。金人在原辽朝州县地区推行猛安谋克，始于太祖收国二年（1116）五月。女真宗室贵族完颜斡鲁统军攻打辽东，消灭了据东京（今辽宁辽阳）自立的渤海人高永昌势力，设置南路。太祖诏除辽法，省税赋，在各族人中置猛安谋克一如女真之制。辽东地区是多民族的杂居区，人口以渤海人为主，其次是汉人、系辽籍女真人，还有一定数量的奚人、契丹人。南路都统斡鲁奉太祖命在路内各族人中依照女真制度全面推行猛安谋克，使猛安、谋克成为地方一级统辖机构。

尽管《金史》相关记载较为零散，亦可大致了解辽东地区推行猛安谋克的状况，渤海人高六哥率其乡人迎降金人，被授予榆河州猛安；渤海人张玄

---

① 《金初非女真人的猛安谋克》，原载于《中国社会科学报》2021 年 8 月 9 日。

素在斡鲁军至东京时，开门出降，被授予世袭铜州猛安；辽阳渤海人大臬，出身东京渤海世家大族，在宁江州之战时降金，为太祖收养，他与太祖的关系亲密，忠实于金，初被授予东京奚民谋克，后授猛安，兼同知东京留守事，上述诸位皆为渤海人。

女真起兵之初，太祖曾说："女真、渤海本同一家。"[1]在金军与渤海人高永昌的战争中，渤海人站到女真统治者一边，这使女真统治者更加信任渤海人，大臬初任奚民谋克便说明了这一点，在斡鲁基本完成当地猛安谋克的设置后，大臬改任为渤海猛安。据《金史·高彪传》记载，榆河州猛安高六哥告老后，由其子高彪承袭猛安，天辅五年国论忽鲁勃极烈完颜杲（斜也）统内外军对辽展开全面攻势时，高彪领本部谋克随从南路都统斡鲁参战。这可说明金朝在辽东推行的猛安谋克制度，无论组织形式还是运作机制皆与女真猛安谋克相似。

但是辽东地区人口远多于女真内地，若按照金制三百户为一谋克，十谋克为一猛安，新设置的各族猛安谋克数量一定很多，路的都统（军帅）司很难有效地直接统辖诸猛安谋克，尽管在战争中府州一级机构已相当残破，却因为统治的需要而被保留下来，于是形成了新的地方建置体系：路—府州—猛安谋克，猛安谋克大体相当县一级机构。新设置的各族猛安谋克官职同样是世袭职，因此当猛安官被擢任府州长官时，他们仍然保有猛安的称号。

二、咸州路采用辽东模式

太祖天辅二年（1118），金人将辽东地区的猛安谋克模式推行于咸州路。太祖诏咸州都统阇哥曰："择其才可干事者授之谋克，其豪右诚心归附者拟为猛安，录其姓名以闻。"[2]咸州路同样是多民族聚居区，人口以

---

[1] 《金史》卷2《太祖纪》，第25页。
[2] 《金史》卷71《斡鲁古勃堇传》，第1637页。

汉人为多数，其次是奚人、契丹人，还有一定数量的渤海人。《金史·奚王回离保传》载："太祖破辽兵于达鲁古城，九百奚营来降。"九百奚营居地在韩州（今吉林梨树）。收国元年九月，奚人随从女真军将银术可攻黄龙府。这年末，金设置咸州路，九百奚营划入咸州路辖区。金攻占咸州时，诸部相继来降，获辽北女真系籍之户。此间，汉人、契丹人、渤海人相继归附。

咸州路设置之初并没有推行猛安谋克制度，大约天辅二年（1118）才开始推行猛安谋克制度。从《金史·太祖纪》《兵志》等的记载看，这年以奚人萧宝、乙辛等为猛安谋克；辽人讹里野（或为契丹人）以北部130户为一谋克；汉人王六儿以诸州汉人65户为一谋克；辽懿州节度使刘宏执辽候人，以户3000为猛安；王伯龙率众2万人降，授世袭猛安，知银州（今辽宁铁岭），兼知双州（辽宁法库）。此外还有以辽降将霍石、韩庆和为猛安；以龙化州降者张应古、刘仲良为猛安；汉人李孝功、渤海二哥率众来降，各以所部为猛安。天辅三年，辽人杨询卿、罗子韦率众来降，各以所部为谋克。

按金制，三百户为一谋克，十谋克为一猛安。咸州路设置猛安谋克时，并不是严格遵守这一规定。因归降人所带来的人户参差不齐，只能根据具体情况进行设置，六七十户、一百多户亦可设一谋克，三千户左右设一猛安。王伯龙率众2万人，以1户5口计，为4000户，在授其猛安的同时又任命为州官。咸州路都统在任命猛安、谋克官员后，需"录其姓名以闻"，报中央备案。咸州路与前面论及的南路应体现了女真统治者在原辽州县地区推行猛安谋克制度的大致状况。

三、东北普遍设置猛安谋克

天辅四年（1120）到七年（1123），金朝相继攻占了辽朝的上京道与中京道，女真统治者同样在各族地区推行猛安谋克制度。四年，太祖遣谋克辛斡特剌、移剌窟斜招谕临潢府，汉人毛子廉率户二千六百来归，"令就领其众，佩银牌，招未降军民"①。按金制：银牌授以猛安。毛子廉以2600户被授以猛安。太宗天会元年（1123）十一月，太宗以空名宣头及银牌给上京路军帅实古乃、婆卢火等，使以便宜授之。这表明上京路官员对于征服的、归附的民户，同样以猛安谋克进行编制和统辖。

天辅六年（1122）正月，金军攻占辽中京（今内蒙古宁城），设中京都统司路。继而，太祖以完颜挞懒率军经略辽中京道的奚人地区，设置奚路（六部路），奚有十三部、二十八落、一百一帐、三百六十二族。挞懒经略奚人地区的过程并不顺利，七年正月，辽奚王回离保反金称帝。五月，奚路都统挞懒攻速古、啜里、铁尼所部十三岩，皆平之。回离保为属下所杀。回离保死后，奚人依次附属。完颜挞懒抚定奚部后，表请设官镇守。太祖诏曰："依东京渤海列置千户、谋克。"②之后，挞懒率军继续攻打在建州（今辽宁建平之西）地区契丹部族。《金史·昌传》记载："辽外戚遥辇昭古牙部族在建州，斜野袭走之，获其妻孥及官豪之族。挞懒复击之，擒其队将葛鲁燥、白撒葛，杀之，降民户千余，进降金源县。诏增赐银牌十。又降遥辇二部，再破兴中兵，降建州官属，得山砦二十，村堡五百八十。阿忽复败昭古牙，降其官民尤多。昭古牙势蹙亦降，兴中、建州皆平。诏第将士功赏，抚安新民。挞懒请以遥辇九营为九猛安。上以夺邻有功，使领四猛安，昭古牙仍为亲管猛安。五猛安之都帅，命挞懒择人授之。"挞懒征服契丹诸部族后，同样设置猛安谋克进行统辖。辽西地区的汉人、渤海人亦比照南路、咸州路的模式，设置猛安谋克，置于府州之下进行统辖。

太祖末年，原辽东京道、上京道、中京道州县地区，普遍设置猛安谋克制度，以统治渤海、契丹、奚、汉等各族人民。各族猛安谋克通常以本族猛安、谋克官员统辖本族民户。猛安谋克官员以本路长官任命为主，也有朝廷任命的现象。猛安谋克官员的任命途径有二：第一，在新占领地区，择选

---

① 《金史》卷75《毛子廉传》，第1718页。
② 《金史》卷77《昌传》，第1763页。

各族人中在当地有名望、有资产、诚心归属金朝的人任命为猛安；有才干可为官者任命为谋克。第二，任命率众归降的原辽朝官员、各族首领，视其人数多少授以猛安或谋克。然而，汉、渤海人的社会经济发展水平远高于女真人，其猛安谋克是建立在一家一户的个体租佃经济基础上，猛安、谋克长官与所辖的猛安谋克户没有血缘关系。但由于猛安谋克制度具有政治、军事、生产三位一体的特点，长官又有世袭的特权，促使猛安谋克户对长官的人身依附关系有所加强。

四、汉、渤海人猛安谋克的废止

金初以猛安谋克组织强行编制汉、渤海等族人口，这在原辽州县地区无疑是一种倒退。太宗初年，南京路（治所在今河北卢龙）军帅完颜宗望向平州地区推行猛安谋克制度时，遭到汉族官民的强烈反抗。而且，女真统治集团也认识到具有女真制特点的猛安谋克制度，无法适应汉地租佃经济和社会文化，太宗天会二年（1124），"宗望恐风俗揉杂民情弗便，乃罢是制（猛安谋克），诸部降人但置长吏，以下从汉官之号"①。从此停止继续在汉人地区推行猛安谋克制度，使中原地区保留了原有的府、州、县各级行政建置。

天会六年（1128）八月，太宗下诏："以州郡职员名称及俸给因革诏中外。"②开始整顿、调整、划一原辽、宋州县制度。天会八年（1130），重新恢复辽东、辽西地区的县制。王寂在《先君行状》中曰："父王础，时摄洺州鸡泽县令，会辽东更置郡县守令，皆取当时治有声迹者。先君（王础）擢海州析木令。"③从中原调去一批有政绩的地方官员，旨在加强这一地区州县机构的恢复工作。金朝恢复原辽地县制的原因，大约是汲取了在中原州县地区统治的经验，认识到县制远比猛安谋克制度更适合对汉、渤海等族的

---

① 《金史》卷44《兵志》，第993页。
② 《金史》卷3《太宗纪》，第51页。
③ （金）王寂：《拙轩集》卷6《先君行状》，文渊阁四库全书本，第9a页。

统治。恢复原辽地的县制，为后来废止辽东、辽西地区汉、渤海猛安谋克，做了必要的准备工作。经过改革、调整，金朝府、州、县机构逐步健全，官制划一。金熙宗天眷三年（1140），罢汉、渤海猛安谋克。从太祖收国二年（1116）到熙宗天眷三年（1140），在东北地区汉、渤海人中实行了20多年的猛安谋克制度被全面废止。从此，金朝作为地方行政建置的猛安谋克，只实行于女真、契丹、奚等北方民族社会之中。

第三节　金代京、都制度探析[①]

金代京、都制度，是在照搬其他民族制度的基础上，融入女真民族传统的政治特征形成的。在金朝不同的社会制度发展阶段上，京、都制度不断调整、变革，在女真统治集团对国内各地各民族的种族统治的运作中，发挥了极其重要的作用。金代京、都制度承辽、宋，启元、明、清，具有鲜明的时代特征和民族特色。

一、金代京、都制度的形成与发展

研究金代京、都制度首先要探清金初京、都制度的起源和特点，然而要搞清这一问题，必须弄清金制与辽、宋制的关系。

辽代设五京，上京临潢府（今内蒙古巴林左旗林东）、中京大定府（今内蒙古宁城）、东京辽阳府（今辽宁辽阳）、西京大同府（今山西大同）、南京析津府（今北京市），又以五京为中心将全国划为五大行政区曰五道。有人评论说："辽国地方官制也甚为特别，境内五京列峙，悉为畿。"[②]北宋

[①] 《金代京、都制度探析》，原载于《社会科学辑刊》2000年3期。
[②] 俞鹿年：《历代官制概略》，黑龙江人民出版社，1978年，第185页。

设四京，东京开封府（今河南开封）、南京应天府（今河南商丘）、西京河南府（今河南洛阳）、北京大名府（今河北大名）。与辽制不同的是，北宋诸京不是分布于全国各地，而是为拱卫京师——东京而设立。显然，在京师之外又设诸京是这一时期地方建置的一个显著特点。

金初设一都六京，皇都会宁府①（初曰内地②，或曰御寨③，在今黑龙江阿城境内）、汴京开封府（时间暂短，很快划归刘齐政权）、东京辽阳府、西京大同府、中京大定府、上京临潢府、南京平州（今河北卢龙）。天辅六年（1122）十二月，金太祖占领辽南京，七年归还北宋，南京迁至平州。太宗天会三年（1125），金再取宋燕山府（今北京市），迁南京于此，又称燕京析津府。④七处京、都，一为女真所建；一为承北宋所建；其余五京承辽制。金初并不是原封不动照搬辽、宋京制，而是把它们纳入了金代地方统治制度之中。金初地方最高行政建置是路，到天会六七年间，全国共设29路（天会末年调整为26路）⑤，诸京所在的路均以京为路治，但并不都以京名路，如南路治东京。另外，金初仅承用辽的京府名和治所地点，管辖区域明显缩小。如原辽东京道，金初设南路、曷懒路、黄龙府路等近十个路。辽代诸京是各个地区的统治中心，宋代诸京是拱卫京师（东京为京师）。金初，皇都之外的诸京则与邻近各路路治地位相当，还没有成为一个较大区域的统治中心。这是由于金初尚处于以女真制为主的政权时期，对所占领的辽、宋州县地区实行军事统治，地方的统治体系还残留明显的女真传统的分治色彩。太祖朝以国论忽鲁勃极烈杲任都统驻守辽地，原辽地诸京与诸路皆在其统辖之下。太宗朝设左、右行元帅府（天会十年后为都元帅府）于中原，全权统辖燕京、西京、汴京（很快划归刘齐政权）与中原诸路。因此金初虽已

---

① 《金史》卷24《地理志上》，第550页。

② 《金史》卷24《地理志上》，第550页。

③ （宋）徐梦莘：《三朝北盟会编》卷98《靖康中帙七十三》引《燕云录》，第726页。

④ （金）元好问：《续夷坚志》卷3《永安钱》，常振国点校，中华书局，1986年，第69页。

⑤ 程妮娜：《试论金初路制》，《社会科学战线》1989年第1期。

具备京、都制度的规模，但并没有充分发挥诸京的作用。

熙宗天眷元年（1138），颁布"天眷官制"，废止王朝的女真中央制度，确立了中央三省六部和地方路府州县制度。在大规模调整和改革地方政治制度的同时，重新确定了诸京制度。八月，"以京师为上京，府曰会宁。旧上京为北京"①。《金史·地理志》："袭辽制，建五京，置十四总管府，是为十九路。"将金初三种形态的26路②，改革为统一的汉官制形态的17路（海陵王时增至19路）。京则并非五京，而实则七京：上京（原皇都，今黑龙江阿城）、东京、中京、北京（原辽上京，泰州路并入其中）、西京、燕京、汴京，每京府都是路治，以留守兼任路官。故熙宗时实际是建七京，置十总管府，上京虽曰京，实则为都，其地位与作用远比其他诸京重要得多。

海陵即位后，为确立君主集权制，对国家制度实行大刀阔斧的改革，其中一项重要措施即是迁都，贞元元年（1153），将京师从东北部边远的女真内地——上京，迁往地处金国中部社会经济文化发达的燕京，"以燕乃列国之名，不当为京师号，遂改为中都"，府曰大兴。③在此前后，京、都制度出现一次较大的变化，天德二年（1150），削北京号为临潢府；迁都同年，改中京为北京，汴京为南京；正隆二年（1157），削上京号，称会宁府。形成一都四京：中都大兴府（今北京市）、东京辽阳府、北京大定府、西京大同府、南京开封府。直至世宗大定十三年（1173），重新恢复会宁府为上京，从此金代一都五京成为定制。

世宗重新恢复上京后，因上京是女真族的发祥地，又是经营了近40年的都城，其地位远在诸京之上，加上世宗着力建设发展上京，使之成为金朝在东北地区的统治重心，此后上京实际处于陪都的地位。

---

① 《金史》卷4《熙宗纪》，第73页。
② 程妮娜：《试论金初路制》，《社会科学战线》1989年第1期。
③ 《金史》卷24《地理志上》，第573页。

二、京、都在全国统治中的地位与作用

金朝是一个多民族政权，在幅员辽阔的领域内各民族既混居杂处，又各自有相对集中的聚居地。女真人主要分布在以阿什河流域为中心的松花江、牡丹江流域以及朝鲜半岛的东北部，尽管太宗、熙宗、海陵时曾大规模将女真猛安谋克和宗室贵族迁入中原，但女真人的故乡仍是以女真人为主的居住区。渤海人主要居住在辽东地区。契丹、奚人主要分布在今内蒙古东部与山西北部阴山一带。汉人又可分为两大部分，一是辽人，除分布在东北各地的汉人外，多居住在中原北部燕云一带；一是宋人，分布于黄河流域，今鲁、豫、陕地区。在这四大主要民族中女真人最落后，却居统治地位，其他三个民族分别是历史上不同政权的遗民，其社会生活、风俗有一定差别，但都具有很强的经济、文化实力。基于这种国情，熙宗确立的诸京制度是有一番良苦用心的，经海陵、世宗时期的发展，京、都在金朝地方统治中发挥了重要作用，尤其是南北两都在金国的统治中占有举足轻重的地位。

上京会宁府，从建国初始御寨时期就已经发挥着国都的作用，直到海陵迁都，金朝以此为都城近40年，虽然上京僻处一方，却占有"国中"地位，它不仅是"金源文化"的中心，而且是金政权前期的政治、经济的中心。金初女真贵族集团在灭辽、宋的战争中，从辽五京与宋汴京将大批财富、人口、礼乐仪仗、图书文籍源源不断运抵上京，中原文明的输入促使这里发生了重大变化。熙宗汉官制改革完成后，上京三省六部官邸林立，各族百官荟萃，宋、高丽、西夏使臣往来于此，加强了上京与各地的交通，城市经济、文化迅速发展起来，对尚处在奴隶制社会的女真人产生了重要影响。有人统计，金朝在白山黑水之间建设的大小城镇约有300座[①]，足见当时的繁荣景象。

---

① 朱国忱、魏国忠：《金源故都》，北方文物杂志社，1991年，第51页。

海陵迁都后，"命会宁府毁旧宫殿"，"夷其址而耕种之"。①其后继者世宗是个民族观念极强的女真皇帝，对祖业肇兴之地十分重视，不仅恢复了上京的名号，并且着力加强上京的政治地位。首先，重修宗庙宫殿。不仅大体恢复了上京原来的面貌，而且使之具有陪都的规模。其次，向上京移民，加强兵备力量。再次，巡幸上京。祭祖庙，宴宗室，行狩猎，察民情，倡旧风，以保持女真传统风俗为治国之长久大计。最后，以上京为宗室外戚聚居之处，给予各种优遇。经过世宗恢复、整顿、加强后的上京，成为地处国家兴王之地的陪都，是东北地区重要的政治、经济、文化（女真文化）中心。

东京辽阳府，金承辽制而立。东京原为渤海人的聚居地。金代东京亦被渤海人视为故乡。金朝前期女真统治者以"女直、渤海本同一家"②，在政治生活中给他们以优惠待遇（仅次于女真人），"（太祖）天辅间，选东京士族女子有姿德者赴上京（会宁府）"③。从此渤海上层大族与女真皇室建立了通婚关系，婚姻关系与政治关系交织在一起，相得益彰。东京既是管理辽东半岛以渤海人为主的各族居民事务的重镇，也是女真统治者维系渤海大族、寻求民族间的同盟者以巩固金朝统治的基地。另外，自建国初东京便肩负着镇抚高丽的边疆重任，在维护领土的尊严与邻邦友好交往方面发挥着重要作用。

北京大定府，承辽中京之制而立。金初曰中京，海陵贞元元年（1153）改为北京，是金中期以后契丹人故乡——松漠地区唯一的京府。契丹人以善骑射著称，是女真人之外金朝军队的重要兵源，以其聚居地在西北地区并为金朝守备边防。然而契丹人桀骜不驯的性格，尤其是海陵末年爆发的契丹人大规模反抗斗争，又使女真统治者不得不对其加倍防范。北京是金设在契丹族中心区的统治重镇，负有安抚、利用、监督、防范契丹人的职责。章宗以

---

① 《金史》卷5《海陵纪》，第108页。
② 《金史》卷2《太祖纪》，第25页。
③ 《金史》卷64《后妃传》，第1518页。

来，西北高原游牧民族兴起，战事日渐频繁，规模逐步扩大，北京大定府的军事地位和作用越来越突出。承安元年（1196）十月，"命左丞相襄行省于北京"①。金蒙交战后，宣宗朝又于此置行元帅府。②北京处于金蒙战争的前线，加上契丹人叛金事件时有发生，这里一直是金朝驻有重兵的军事重镇之一。

西京大同府，亦承辽制所立。太宗天会三年（1125），金宋开战，左副元帅府设于西京，其下置云中枢密院。七年（1129），燕云两枢密院合并为一，仍置于西京。十年（1132），都元帅府移置西京。金宋战争期间，西京是中原地区的军事、政治中心，这为西京诸方面的发展提供了优越的条件，也奠定了西京在中原北部的重要地位。西京的北面是鞑靼蒙古诸部，西南与西夏毗邻，东面是京师——中都，占有重要的军事战略地位。路内南部人口以汉人为主，北部以契丹人为主，境内西南、西北两大招讨司负有守边重责，西京正处于汉人与契丹人居住区的接合部，其政治统治作用不容忽视。

南京开封府，承宋制立京，位于金国最南边，是唯一设于原宋人区域的京府。初名汴京，海陵贞元元年（1153）改曰南京。自熙宗皇统元年（1141）金宋划淮为界，两大王朝对峙南北，虽和多战少，但双方都没有放弃向外扩张（或曰收复失地）乃至统一中国的愿望，因而即使在和平时期，金朝防范宋人的戒心亦始终存在。占领汴京后，对原宋地实行特殊统治，先立刘齐政权，后设汴京行台尚书省，将其置于都元帅府的监视与控制下（直到海陵天德二年废止都元帅府为止），有很强的军事统治色彩。宣宗贞祐三年（1215），在蒙古大军咄咄逼人的攻势下，宣宗采取南逃妥协的策略，迁都南京，南京成为金末都城。

中都大兴府，原辽南京析津府，金初称燕京。金宋战争中，右副元帅府驻守于此，下设燕京枢密院，与驻守西京的左副元帅府合称"东朝廷"与

① 《金史》卷10《章宗纪二》，第240页。
② 《金史》卷103《奥屯襄传》，第2275—2276页。

"西朝廷"①。燕京在中原的统治地位是不言而喻的。海陵贞元元年（1153）迁都燕京，号曰中都。海陵选择燕京为新都的原因有三：一是燕京位于金国土之中部，水陆交通四通八达，便于中央对地方的统治，有利于强化君主集权。二是过去京师位于内地，中原政务委都元帅府兼管，致使驻守中原的军事贵族势力坐大，难以驾驭。迁都于燕京，可废止都元帅府和行台尚书省，消除地方分治的残余，强化中央集权。三是燕京在金朝诸京中社会文化最为发达，经济实力最为雄厚，具有立都的基础。迁都标志着女真统治集团走出内地、与女真奴隶制度旧俗决裂、进入王朝的全面发展时期。经过几代帝王的经营与发展，中都已具有相当的规模，文物典章灿然成一代之规。不仅是金代政治、经济的中心，而且是各族文化荟萃、融合、升华、发展的中心。

三、京、都官制与官吏的任免

金初，金军攻入辽地后，女真统治者承用部分辽京府官制。熙宗完成国家汉官制改革后，始确立金朝京、都官制。其后随着政治制度中原化的深入，京、都官制不断加以完善，在金代官僚制度中占有重要地位。金代京、都官制从出现到确立、完善，可分为两个时期。

首先，女真制国家时期的诸京官制，为承用辽制时期。太祖收国二年（1116）五月，"东京州县及南路系辽女直皆降" "以（高）桢同知东京留守事"。②这是金朝置诸京官之始。太祖末年即收用辽朝五京，便在一定程度上承用辽京官制作为地方官制的补充，见于《金史》这一时期的官职有：某京留守、同知某京留守事。天会四年（1126），金灭北宋占领汴京，八年（1130）立刘齐政权，汴京归刘齐，直到天会十五年（1137）汴京才置于中央直接统辖下，故官制从略。

金初诸京皆为路治所在地，太祖、太宗朝在原辽地设置的路制为都统司

---

① （宋）宇文懋昭撰，崔文印校证：《大金国志校证》卷3《太宗纪一》，第40—41页。
② 《金史》卷2《太祖纪》，第29页；卷84《高桢传》，第1889页。

或军统司，路治所在地的京、府、州则因辽制各有不同，但地位差不多。与金朝汉官制确立后的地方官制不同的是，金初的路官——都统或军帅不兼路治京（留守）、府（府尹）官职，路官均由女真军事贵族担任，而诸京留守司的官员初期都是归附于金的原辽朝官员。如治于南京的南京路都统是完颜阇母，南京留守为张觉；治于西京的西南、西北两路都统是完颜宗翰，其后为完颜希尹，西京留守则是韩企先、高庆裔。到太宗天会六年（1128）以后才见有女真贵族出任诸京留守，如完颜银术可"天会十年，为燕京留守"①。仍不是以路官兼任。有关金初皇都——御寨（会宁府）的机构和官职没有任何记载，因此不得而知。但从当时中央国论勃极烈、地方万户路以及女真基层社会组织猛安谋克的机构与官职都十分简单，可推知金初京师的机构与官制也是十分简陋的。

其次，金朝京、都官制确立与完善时期。《金史·百官志》记载的京、都官制是海陵"正隆官制"颁行的制度，以及海陵以后诸帝增设的机构。然诸京官制当是在保留熙宗"天眷官制"的基本框架和内容之上有所增补改革而形成的；中都官制则是海陵朝制定的，与诸京官制有明显的差别，居地方官制之首。

熙宗确立中原式地方官制后，全国统一设置兵马都总管府路，凡路治设在诸京的路级长官皆兼任京留守司官，"留守一员，正三品，带本府尹兼本路兵马都总管"。其下置同知留守事、副留守等各级官员，又设诸京警巡院，基本是承用辽制。熙宗之后诸朝又增设了上京提举皇城司、南京提举京城司，东京、西京、北京三京并设宫苑使。②金世宗以后，上京虽失去了京师的地位，但仍高于其他诸京处于陪都地位，故置提举皇城司。南京或许因为海陵末年曾欲迁都开封府，于此大修宫殿，置提举京城司。由于诸京在金代地方统治体系中发挥着越来越重要的作用，其地位也高于其他路治府。金代

---

① 《金史》卷72《银术可传》，第1659页。
② 《金史》卷57《百官志三》，第1307页。

府级官员分为三级：以诸京留守带本府尹兼本路兵马都总管为第一级，诸府府尹兼本路兵马都总管为第二级，诸府府尹不兼本路兵马都总管的为第三级。

中都官制与诸京不尽相同，长官不称留守，而称府尹，当皇帝车驾巡幸，则置留守等官。这不同于辽制而与宋制略同，北宋东京开封府"牧、尹不常置，权知府一人，以待制以上充"。"天子巡守、亲征，则命亲王或大臣总留守事。"①金中都大兴府置"尹一员，正三品，掌宣风导俗，肃清所部，总判府事。兼领本路兵马都总管府事。车驾巡幸，则置留守、同知、少尹、判官。惟留判不别置，以总判兼之"。属下官员职掌明确细致，分判吏、户、礼、兵、刑、工六案之事。设在中都的官府机构还有：都转运司、都曲使司（酒使司、院务、税醋使司）、都商税务司、广备库、流泉务、店宅务、左右厢别贮院、木场、买物司等。②中都大兴府与原京师上京会宁府相比，官府机构庞大，经济部门增多，职能多样，其运转机制的汉化程度明显提高，与金朝国家制度整体汉官制深化是同步的。

京、都位于国家军政要地，其长官掌一路军民之政，为朝廷所倚重，故其人选尤为女真统治者所重视。自熙宗天眷元年（1138）至金末，据《金史》统计出任京、都最高长官（都府尹、留守，或曰京府尹、牧）共157人次，其中，女真人占绝对优势，达126人次，占总数的80%。令人瞩目的是皇子、皇孙、亲王和外戚的人数众多，共99人次，占女真人的78%强；亦占总数的63%。外族京、都长官只有31人次，契丹族最多为17人次，占外族人次的二分之一强；汉族居次为10人次，占三分之一；渤海人最少为5人次。由此可见，女真统治者任用京、都最高长官与拜相封帅的原则相同，依靠本族人，以宗室外戚为核心，一般不轻易委以外族人。上京是金源发祥地，其长官不仅全部是女真人，而且主要是宗室出身的贵族。北、西、南三京是外族长官较集中的地点，这三京是契丹人和汉人的聚居区，当地的文化与风俗具

———————

① 《宋史》卷166《职官志六》，第3941页；卷167《职官志七》，第3959页。
② 《金史》卷57《百官志三》，第1295—1334页。

有典型的民族风格，与女真文化有较大的区别，出于统治的需要，任用了一定比例的熟悉当地民情的外族长官，因而外族官员中以契丹人和汉人为多。中都虽地处文化发达的汉人地区，但京师重地的府官任命，女真统治者是不会轻许外人的。金世宗曾说："朝官不历外任，无以见其才。外官不历随朝，无以进其才，中外更试，庶可得人。"①金代大凡被委以重任的人都曾任过京、都长官，金朝许多著名将相都可以在历任京、都官员的名单中见到他们的名字，如纥石烈良弼、徒单克宁、仆散忠义、完颜昂、夹谷衡等等，仅最知名的人士就可以列举20多位。非但如此，金朝最有作为的几位皇帝中海陵、世宗、章宗亦曾做过京、都长官，足见京、都官员地位之重要，进而推之便可清楚京、都制度在金朝地方统治体系中举足轻重的地位和作用。

综上所述，金代京、都制度出现于金朝建立初期，确立、完善于汉官制改革之后。根据多民族的国情，诸京分布于各民族的聚居区，成为统辖各民族、治边的重地。金后期在承辽宋多京制的基础上，开创了居国之中心立都——中都；于统治民族发祥地设陪都——上京，新的南北都制，成为元、明、清朝建都所遵循的原则，如元代的大都与上都，明代的北京与南京，清代的北京与盛京，皆是如此。

第四节　论猛安谋克官制中的汉制影响②

猛安谋克制度是金代女真族重要的政治、军事制度，中外学者对其进行了多方面的深入研究。然而有关猛安谋克官制的研究尚欠薄弱，汉制影响是研究猛安谋克官制发展、变化的一把"钥匙"。本节试图从猛安谋克如何纳

---

① 《金史》卷86《李石传》，第1914页。
② 《论猛安谋克官制中的汉制影响》，原载于《北方文物》1993年第2期。

入汉官体系与官员执掌，猛安谋克官员的任免、升迁情况，以及猛安谋克俸禄制的形成三方面，探讨猛安谋克官制中的汉制影响，以促进女真族社会变革中汉制与本族交融问题的研究。

一、猛安谋克统辖体系与官员职掌

完颜阿骨打继任都勃极烈的第二年（1114），"初命诸路以三百户为谋克，十谋克为猛安"[①]，确立了猛安谋克制度，把女真人行将崩溃的血缘氏族部落组织改革为具有军事、政治、生产三种职能的地缘行政组织，使松散的原始氏族公社统治转变为强有力的国家机器统治。1115年金朝建国后，在女真族奴隶制时期和奴隶制解体、社会改革完成后，汉制对猛安谋克统辖体系与官员职掌的变化发展，均产生了十分重要的影响。

官僚统治体系受政权规模、性质以及文明发展的程度所制约，同时它又具有民族习俗和外部影响的因素。女真初兴时，诸路猛安谋克直属中央国论勃极烈，作为地方行政体系而存在。对辽战争的胜利，使金朝领土迅速扩大，统辖人口猛增，女真统治者开始参用汉制设路，由万户府路和都统、军帅司路统辖诸猛安谋克。熙宗确立三省六部制的官僚制度后，将女真猛安谋克纳入统一的中央集权国家的官制体系之中，在地方路、府节镇之下建立州县、村社与猛安谋克、村寨并存的双重地方统治体系，以猛安比防御州，谋克比县，村寨比村社。边疆地区的猛安谋克隶属于招讨司（西北边境）。女真内地，熙宗天眷元年（1138）设上京路兵马都总管府，路下仍保留金初万户、猛安、谋克三级统治机构。海陵天德三年（1151）十一月，"诏罢世袭万户官"[②]，改万户为节度使，其统治体系与汉地同一。

章宗时女真族社会变革完成，猛安谋克发展为国家的军事屯田组织，完成了奴隶制官制向王朝地方军政官制的变革。在此前后，为对猛安谋克加

---

① 《金史》卷2《太祖纪》，第25页。
② 《金史》卷5《海陵纪》，第98页。

强监督管理，参照汉制建立了监察制度。章宗大定二十九年（1189）六月，"初置提刑司，分按九路，并兼劝农采访事、屯田、镇防诸军皆属焉"①。提刑司的安抚判官"专管千户谋克"②，对猛安谋克实行监察。承安二年（1197）进行调整，"谕尚书省：猛安、谋克既不隶提刑司，宜令监察御史察其臧否"③。四年（1199）改提刑司为按察司。泰和元年八月，"制猛安、谋克并隶按察司"④。猛安谋克再度受按察司的监督。《金史·百官志》载："按察司并安抚司。使，正三品，镇抚人民，讥察边防军旅之事，仍专管猛安谋克，教习武艺及令本土纯愿风俗不致改易。"直至宣宗贞祐三年（1215）按察司罢，猛安谋克"委监察采访"，与汉人官制同一。

由此可见，金汉官制确立初期，虽然猛安谋克是奴隶制官制，但女真统治者将众多的女真猛安谋克徙置于汉族区域之中，不得不将其纳入汉官制的体系，这使之不可避免地受到汉制的强烈影响，产生某些具有汉官特点的因素，缓慢地向王朝主体官制演变。女真族社会变革完成后，统治者出于维护本族旧制的立场，仍然保留猛安谋克官制。其目的一是借此给予女真人种种特权，使之始终处于统治民族地位；二是保持女真民族亦兵亦民的传统，使之始终是国家军队的主要兵源；三是防止女真人彻底汉化。然而章宗以后猛安谋克已发生质的变化，它在吸收部分汉制的基础上发展成为兼有女真官制和汉官制特点的猛安谋克官制，尤其是对猛安谋克实行监察制度，表明在汉制的影响下，金王朝对女真官制管理体系日臻完善。

猛安谋克官制具有军事、政治、生产三种职能，终金一代未尝有变。但官员职掌特点前后有明显变化。金之初年，女真猛安谋克部民平居听以佃渔射猎习为劳事，有警则下令部内，壮者皆兵。作为女真制政权的基层官员猛安谋克的职掌与原始社会末期氏族部落长还有许多相似之处，其一，国家对

---

① 《金史》卷9《章宗纪一》，第210页。
② 《金史》卷57《百官志三》，第1308页。
③ 《金史》卷10《章宗纪二》，第243页。
④ 《金史》卷11《章宗纪三》，第257页。

猛安谋克官员的职掌无具体规定，无赋税差科，缓则生产射猎，急则出战，唯一的兵役尚且是全民皆兵，显然还没有形成一套明确而详细的职责。其二，猛安谋克内官府机构尚不健全，还没建立严密的统治体系。官员基本上仍采用原始氏族部落长的统辖方法，长官与部民间的关系还具有浓厚的父家长制大家庭的色彩。

熙宗时猛安谋克被纳入汉官制体系后，为适应上级官僚机构的统治，猛安谋克不仅吸收了汉族地方官诸种职掌，而且还被授予汉官品阶。《金史·百官志》记载："猛安，从四品，掌修理军务、训练武艺、劝课农桑，余同防御。"防御使"从四品，掌防捍不虞、御制盗贼，余同府尹"。"诸谋克，从五品，掌抚揖军户，训练武艺。惟不管常平仓，余同县令。"金代县分三级，上令从六品，中令正七品，下令从七品。"掌养百姓、按察所部、宣导风化、劝课农桑、平理狱讼、捕除盗贼、禁止游惰，兼管常平仓及通检推排簿籍，总判县事。"将猛安谋克地方官类比汉官制的州县官，将同级汉官的职掌引入猛安谋克官制。由于猛安谋克是具有政治、军事、生产三种职能军政合一的官职，这使猛安谋克始终具有汉官所没有的特殊职掌：首先，掌管本部的军务。"抚揖军户""修理军务，训练武艺"。迁入中原地区的猛安谋克类似屯田军，"蒲察三门，小名三门。自幼袭封，因而名焉。明威将军，见住益都府，千户，兼管屯田军"[1]。其次，负有特殊情况下率本部兵出征的职责。如布辉，"袭其父猛安，授昭勇大将军。海陵伐宋，以本猛安兵从"[2]。最后，猛安亦具有劝课农桑、征收赋税的职掌。谋克虽不管常平仓，却掌牛头税仓。女真人初不纳税，太宗年间始纳轻微的牛头税，"备饥僅"，"每谋克别为一廪贮之"，谋克负责管理，"亏损则坐之"。[3]

同时，猛安谋克官府机构也不断得以完善。猛安府设有"与猛安同勾当

---

① （宋）徐梦莘：《三朝北盟会编》卷245《炎兴下帙一四五》引《族帐部曲录》，绍兴三十一年十一月二十八日丙申，第1763页。
② 《金史》卷66《合住传》，第1562页。
③ 《金史》卷47《食货志二》，第1063页。

副千户官"[1]，"司吏四人，译一人，挞马、差役人数并同旧例"。谋克府设"女直司吏一人，译一人，挞马"[2]。谋克之下，"村寨五十户以上，设寨使一人，掌同主首"[3]，职掌按比户口、催督赋役、劝课农桑、禁察非违、巡警盗贼等事务。猛安谋克机构健全，官员职掌明确，不仅仅加强了国家对猛安谋克部的统治，而且也建立了部内官员对部民的严密统治。

在汉官制的影响下，猛安谋克官制很快摆脱了原始落后的形态，在女真族还处于家族奴隶制社会的状况下，超前地进入具有诸多汉官制特征的形态，这对促进女真族从奴隶制向封建制发展，进而全面封建化，无疑具有重要的积极作用。

二、猛安谋克官员的任免、升迁

女真地方官猛安谋克是世袭职，新任者均由女真皇帝任免，承袭者则须经皇帝批准方可正式任命。如完颜璋"皇统六年，父神土懑卒，宗弼奏璋可袭谋克，诏从之"[4]。猛安谋克的世袭制初用旧制，实行父死子继和兄终弟及两种方式。这在金初国主世系与勃极烈制度的任职中都可以见到。如金初的世系是：

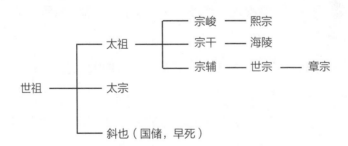

诸勃极烈中，国论忽鲁勃极烈撒改卒，补其子宗翰为移赉勃极烈；乙室

---

① 《金史》卷70《思敬传》，第1626页。
② 《金史》卷57《百官志三》，第1329页。
③ 《金史》卷46《食货志一》，第1031页。
④ 《金史》卷65《完颜璋传》，第1548页。

勃极烈阿离合懑卒，补其弟谩都诃为阿舍勃极烈。按照女真人的习惯，在父子相承中往往择有才干的儿子继承，不一定是长子。

熙宗时女真统治集团开始接受中原儒家政治思想，主张以嫡长子继承制取代旧俗。在统治者的倡导与鼓励下，女真人始渐接受这一新观念，在猛安谋克官员承袭上，不断出现弟将世袭职转让兄子的事情。如温迪罕移室懑，"皇统初，袭其兄谋克，积战功，为洮州刺史。谓人曰：'谋克，兄职也。兄子斡鲁古今已长矣。'遂以谋克让还兄子"[1]。然而取消旧制并非易事，直到世宗时兄弟或嫡庶争袭猛安谋克职的事还时有发生。"初突合速以次室受封，次室因得袭其猛安。及分财异居，次室子取奴婢千二百口，正室子得八百口。久之，正室子争袭，连年不决，家赀费且尽。正室子奴婢存者二百口，次室子奴婢存者才五六十口。世宗闻突合速诸子贫窘，以问近臣，具以争袭之故为对。世宗曰：'次室子岂当受封耶？'遂以嫡妻长子袭。"[2]

随着女真奴隶制全面瓦解，新的社会关系初步建立，世宗、章宗时期为完善女真猛安谋克的任免制度，制定了一些新的法律条令，其中不难看出汉制的影响。

其一，世宗规定"凡承袭（猛安谋克）人不识女直字者，勒令习学"，并制定一条法令："自受女直、契丹、汉字曾学其一者，即许承袭。"[3]提高袭职者的条件，促使女真贵族普及文化教育（学习内容当为儒家经典），这对提高女真官员行政能力，缩短女真官吏与汉官间的差距，巩固女真统治具有重要意义。

其二，大定十七年（1177）颁布新规定："四月甲戌，制世袭猛安谋克若出仕者，虽年未及六十，欲令子孙袭者听。""十月丁丑，制诸猛安，父任别职，子须年二十五以上方许承袭。"[4]金朝许多出任中央与地方官的女真

---

① 《金史》卷91《温迪罕移室懑传》，第2013页。
② 《金史》卷80《突合速传》，第1803页。
③ 《金史》卷73《宗尹传》，第1675页。
④ 《金史》卷7《世宗纪中》，第168页。

人都有世袭猛安谋克的封号，他们无法亲自管理猛安谋克事务，大多委托代理人管理。这项规定一方面改变了许多猛安谋克与长官分离的现象，强化了女真地方组织的统治；另一方面又为身居高官的猛安谋克受封者的后人提供了一条入仕途径。

其三，大定二十年（1180），世宗新授一批世袭猛安谋克，并命新授者就封："三从以上族人，愿从行者，猛安不得过十户，谋克不得过六户。"①金初猛安谋克是以长官的家族或宗族为核心结成的有一定血亲关系的集团，尽管其中也或多或少地有其他家族或宗族，而且这种外来人口的比例越来越大，然而宗法关系一直是猛安谋克内部统治关系的显著特点之一。这项规定改变了以往的惯例，谋克家族仅占部民人户的2%，猛安家族仅占1%—1.4%，长官与部民间几乎不存在血缘关系，这与女真社会的变革有密切关系，使猛安谋克官制更接近汉官制的统辖机制。

其四，章宗时进一步修订、完善猛安谋克任免制度，并以法律形式加以确定。承安五年（1200）正月，"定猛安谋克军前怠慢，罢世袭制"；五月，"定猛安谋克斗殴、杀人，遇赦免死，罢世袭制"②；泰和八年（1208）四月，"诏更定猛安、谋克承袭式格"③，其法规定："若袭封之人亡，及因他故合去官者，许令长男继之。如长男已亡，或笃废疾者，长孙继之。长子与长孙具亡，次子继之。本枝绝，兄弟继之。兄弟无，近亲继之。"④显然女真人已完全接受汉族承袭观念，最终以嫡长子继承制取代了女真旧俗。女真官员任免制度的发展与变化是与女真族缓慢而深刻的社会变革同步进行的，其结果既体现了女真官制的质变，又表现了女真意识形态已呈现汉化的明显趋势。

女真官员的升迁制度，是由女真制发展为女真制与汉制相结合的混合

---

① 《金史》卷44《兵志》，第995页。
② 《金史》卷11《章宗纪三》，第253页。
③ 《金史》卷12《章宗纪四》，第283页。
④ （宋）宇文懋昭撰，崔文印校证：《大金国志校证》卷35《除授》，第508页。

体。金初，猛安谋克多以军功得升迁。如大臬，"收国二年，为东京奚民谋克，是时，初破永昌，东京旁郡邑未尽服属，使臬伺察反侧。有闻必达，太祖以为忠实，授猛安，兼同知东京留守事"①。太宗末年战事减少，地方官猛安谋克的职能由以军事为主转向以政治为主，升迁的渠道主要有二：第一是军功。虽数量越来越少，但一直保持到金末。完颜襄"年十八袭世爵。大定初，契丹叛，从左副元帅谋衍以本部兵讨贼，……论功为第一。有司拟淄州刺史，诏特授亳州防御使"②。第二是政绩突出。由于猛安谋克官员的行政职能日益加强，政绩优劣越来越成为官员升迁的重要标准。大定三年（1163）将汉官廉察之制引入女真官制："诏廉问猛安谋克，廉能者第一等迁两官，其次迁一官。污滥者第一等决杖百，罢，择其兄弟代之。第二等杖八十，第三等杖七十，皆令复职。蒲辇决则罢去，永不补差。"③升迁条件的变化一方面反映了女真官制职能的变化，另一方面反映了女真官制的汉化倾向。但应注意到，女真人并不完全照搬汉制，而是将汉制与女真制相结合形成一种新的制度。如廉察之制中廉能者迁官显然取于汉制；污滥者施杖刑，严重的免官以兄弟代之，则为女真旧制。

女真官制的升级，通常理解应是谋克升为猛安。然而猛安谋克官职是世袭制，又与一定的土地和人户有着不可分割的联系，这给升级带来障碍。在金初女真人连年取得战争胜利的特殊国情下，大量外族人口涌入女真社会，领土急剧增加，为猛安谋克的扩充提供了条件，因此当时因军功由谋克晋升猛安的例子并不罕见。熙宗以后，国内形势趋于稳定，猛安谋克也处于饱和状态，很少再有人由谋克升为猛安。④为此女真人吸收了汉官的品阶与迁官之制，以解决女真官制无法解决的矛盾。如大定初，在平定移剌窝斡起义的战争中，朝廷规定："如捕获窝斡者，猛安加三品官，授节度使；谋克加四品

---

① 《金史》卷80《大臬传》，第1808页。
② 《金史》卷94《襄传》，第2086页。
③ 《金史》卷54《选举志四》，第1202页。
④ 在升迁上，应注意地方官猛安谋克与封世爵猛安谋克的区别。

官，授防御史；庶人加五品官，授刺史。"[1]章宗时，女真族社会变革完成，猛安谋克发展成为适应女真新的社会结构的地方官制，明昌五年（1194）确立了陟黜之制："能劝农田者，每年谋克赏银绢十两匹，猛安倍之。……三年不怠者，猛安、谋克迁一官。……田荒及十之一者，笞三十，分数加至徒一年。三年皆荒者，猛安、谋克追一官……为永格。"[2]猛安谋克的升降一般只体现在官品上，在新增置猛安的特殊情况下，才偶尔见到个别谋克升为猛安，至于猛安因罪降为谋克的事例几乎不见。

三、猛安谋克官员俸禄制

金政权初创时期，女真官员没有俸禄。猛安谋克贵族与部民同样靠拥有人口（包括奴婢）和牲畜向国家领取土地，耕作所得归土地占有者所有，不向国家纳税。当时拥有成百上千名奴隶的猛安谋克贵族是很平常的，他们占有大量土地，攫取财富。由于战争频繁，女真族全民皆兵，猛安谋克又是军队的基层指挥官，作为参战的报酬是在战争中大肆掠夺的战利品（人口、牲畜、财物），按照女真风俗以战功高低分配战利品。《三朝北盟会编》卷3记载："将行军大会而饮，使人献策，主帅听而择焉。其合者，即为特将任其事。师还，又大会问有功高下赏之，以金帛若干举以示众，或以为薄，复增之。"猛安谋克贵族所得财物无疑高于一般女真战士。显然这种分配关系具有浓厚的原始色彩。据《金史》卷58《百官志》记载：

从四品：钱粟四十贯石，曲米麦各十称石，春秋罗绫各六匹，绢各三十匹，绵一百三十两。外官，钱粟四十贯石，曲米麦各七称石，绢各十八匹，绵六十两，公田十四顷。猛安，钱粟四十八贯石，余皆无。

从五品：钱粟三十贯石，曲米麦六称石，春秋罗绫各匹，绢各二十匹，

---

[1] 《金史》卷133《移剌窝斡传》，第2852页。
[2] 《金史》卷47《食货志二》，第1050页。

绵八十两。外官，钱粟二十五贯石，曲米麦各四称石，绢各十四，绵四十两，公田七顷。谋克，钱粟二十贯石，余皆无。

大定二十年，诏猛安谋克俸给，令运司析支银绢。省臣议："若估粟折支，各路运司储积多寡不均，宜令依旧支请牛头税粟。如遇凶年尽贷与民，其俸则于钱多路府支放，钱少则支银绢亦未晚也。"从之。

从上述记载可看出猛安谋克与汉族官员在俸给上有明显差异，主要表现在如下方面：

第一，猛安谋克的俸给明显低于同级汉官。汉官分内官（朝官）和外官（地方官），猛安谋克当为外官，若与同级汉外官比较，猛安谋克仅有粟钱，其他米麦、罗绫、绢绵皆无。二者的粟钱额亦不相同，猛安略高于汉官，谋克则低于同级汉官，与正六品汉外官的粟钱额相当。

第二，金朝入品外官皆有职田，从四品外官为十四顷，从五品外官为六顷，而猛安谋克却无职田。

第三，猛安谋克与汉官支取俸给的地点不同。地方汉官于所属路府支付俸给，猛安谋克则于本部牛头税粟中支取。大定二十年（1180）欲从转运司支付猛安谋克俸给，但因国家财力不及而未能实行。

前两项表明猛安谋克的俸给低于汉官，这与女真统治者一贯给本族人（尤其贵族）以各方面优待的基本国策似乎不符。然若深入考察猛安谋克的实际收入就可明了其中原因：国家对猛安谋克户实行授田制。"其制，每耒牛三头为一具，限民田二十五受田四顷四亩有奇，岁输粟大约不过一石，官民占田无过四十具。"①猛安谋克官员在屯驻地处在宗族长或家长的地位，不仅家大人多，而且拥有众多的奴隶，如猛安突合速至少有奴婢二千口②，因而占有很多土地。即使在金中期以后女真奴隶制已经瓦解，女真贵族拥有的奴

---

① 《金史》卷47《食货志二》，第1062—1063页。
② 《金史》卷80《突合速传》，第1081页。

婢数量减少了，但是他们凭借特殊的地位和手中的权力占有的土地不是减少了而是增多了。"有一家一口至三十顷者"，尚有一家占田"三千余顷"。[①] 国家为保证新授猛安谋克官员占有土地，大定二十年（1180）规定："定功授世袭谋克，许以亲族从行，当给以地者，除牛七具以下全给，十具以上四十具以下者，则于官豪之家量拨地六具与之。"[②]谋克所占土地额为十三具，合土地52顷52亩有余。若猛安倍之，占地为105顷有奇，是汉官职田的7.5倍，所得丰厚是汉官所不及的。另发给猛安谋克的俸给是效汉制所得的官品俸禄，仅占其收入的一小部分。因此，猛安谋克的实际"俸给"远远高于汉官。

后一项则表明女真俸禄制上还残存原始分配关系的印迹。牛头税粟是猛安谋克户领取牛头地后所交纳的地税，税额甚轻，每四顷四亩有奇的土地仅纳一石或五斗粟，牛头税不入国库，而在本部设仓储之。一是备凶年；二是支付猛安谋克官员俸给。后者显然是由原始氏族公社时期，把部分氏族公社的公共财物作为部落酋长的日常消费这种原始关系转化而来的。

由此可见，猛安谋克俸禄制是猛安谋克官制纳入汉官制体系后效仿汉制而形成的，它仅是女真族原有分配关系的补充，因而猛安谋克官员的实际收入是以两种形式体现的：一是作为女真大家族（宗族）长以牛头地分配形式占有大量土地；二是作为女真地方官支取定额俸给。这样由女真旧制与汉制所构成的猛安谋克官员收入额远远高于汉官，这完全符合金代官制中女真族官员始终处于优越地位的状况。

综上所述，猛安谋克官制中的汉制影响日渐加深，在其发展过程中，女真人一面积极吸收汉制弥补旧制的不足，一面又极力保持民族本色以巩固自身的统治地位。这一值得注意的历史现象，贯穿于女真社会由低级向高级发展的全过程，表现于从经济基础到上层建筑乃至意识形态各个领域，猛安谋

① 《金史》卷47《食货志二》，第1046页。
② 《金史》卷47《食货志二》，第1063页。

克官制的发展和变化是其中一个重要方面。

第五节　金朝西北部契丹等游牧民族的部族、糺制度研究 [①]

辽朝灭亡后，契丹族成为金朝统治下的主要民族之一。除了散居在各地的契丹人之外，西拉木伦河与老哈河流域仍然是契丹、奚族的聚居地，在其北面嫩江流域分布着归属金朝的乌古、迪烈等游牧部族。金朝对西北地区驻牧的各游牧民族，没有触动其原有的游牧经济生活，仍然保持原辽朝的社会组织形式——部族、糺，对其进行统治。金朝对西北地区各游牧民族的统辖方式，体现了金朝女真统治者一贯遵循的"因俗而治"的基本治国方针，但在金朝中央集权的国家体制下，所承用的辽制在统辖机制上已经发生了重要的变化，学界有关这方面的研究还不多见。

一、金西北边地部族、糺制的设置

部族，辽代部族是统辖契丹等游牧民族的基层行政机构，具有军政合一的统治特点。金朝承用辽制，在西北边地对契丹等游牧民族仍然设置部族制度进行统辖。

糺，最早见于《辽史》，《辽史·国语解》云："糺，军名。"关于糺，多年来国内外学界一直争论不休。早在20世纪前期，中日学者就已提出多种不同的看法，日本学者箭内亘最早开始探讨这个问题，他认为辽金糺军有所不同，辽代糺军中的宫卫糺军和遥辇糺军主要是护卫军，但非常时期

---

① 《金朝西北部契丹等游牧民族的部族、糺制度研究》，原载于《吉林大学社会科学学报》2007年第3期。

（如征渤海、打宋朝）也随从大军出征。群牧二乣军是护卫群牧所官衙而设置的军队；各部族乣军是戍守北部边地的军队。金代的乣军则比较单一，即是由契丹（奚）人组成的戍守西北部边地的军队，金末曾徙至内地成为南征的前锋，或一度成为女真皇帝的护卫。[1]鸟山喜一则认为，无论辽代还是金代组成乣军的不仅有契丹部族人，也有北部地区其他部族人。[2]我国学者陈述认为，《辽史》中所记载的乣军为青帜军，乣军有留后户，有戍军，辽各宫分、部族屯驻边陲的军队，即任边戍者，用青帜曰乣军。金之乣军虽沿自辽代，在性质上与辽之乣军不同。在契丹之世，乣军为抽调出戍之军，故有管理留后户之司徒，有管领戍军之详稳。金则固定其任务，专防北边，以久在北边，故金世无所谓留后户。[3]20世纪80年代杨若薇对前人观点提出质疑，她认为《辽史》中"乣"，是军的代用字，不是一种军队或兵种的名称。辽代部族实行军政合一制度，军也是部的代称，因而诸部亦称为诸乣，乣官当即指部落官。金代所谓"乣人"是泛指女真人以外的、包括契丹人在内的所有原辽朝统治下的北方游牧部族，由乣人、乣户中调发的军队，即是"乣军"。[4]综合上述学者研究的成果，可得到这样一个认识，金代的乣是承用辽制又有一定变化而形成，是戍守在西北边地的契丹等游牧部族，其组成的军队称为"乣军"。

金代的部族、乣分别隶属于北京路（初治今内蒙古巴林左旗林东，后迁到今内蒙古宁城）的东北路招讨司和西京路（治所在今山西大同）的西南、西北两路招讨司。东北路招讨司，金朝初年称为乌古迪烈统军司，《金史·太宗纪》记载，天会二年（1124）闰三月，"乌虎里、迪烈底两部来降"。三年二月，"以庞葛城地分授所徙乌虎里、迪烈底两部及契丹民"。由此可知，乌古迪烈统军司设置于金太宗天会三年（1125），以统辖归附

---

① [日] 箭内亘：《遼金時代に所謂乣軍に就いて》，《史学杂志》第二十六编第七号，大正四年七月。
② [日] 鸟山喜一：《乣軍に就いての疑》，《史学杂志》第三十七编第八号，大正十五年一月。
③ 陈述：《乣军考释初稿》，《历史语言研究所集刊》第 20 卷，1948 年。
④ 杨若薇：《辽朝"乣"之探讨》，《历史研究》1986 年第 1 期。

的乌古、迪烈部族和一部分契丹民。乌古迪烈统军司的治所最初在厖葛城，据《金史·地理志》记载其地"与蒲与路近"。蒲与路，在今黑龙江省克东县西北十八里的古城址。乌古迪烈统军司治所当在蒲与路治所的西面，有学者认为厖葛城是今黑龙江省齐齐哈尔市附近的金代古城。[1]海陵天德二年（1150），"改乌古迪烈统军司为招讨司"[2]。大约在升为招讨司的时候，更名为东北路招讨司，治所也由厖葛城迁到泰州[3]，即今吉林省洮南市。章宗泰和年间因对北边阻㼤用兵，"宗浩乃命分司于金山"[4]。其后虽然兵罢，"其副招讨仍置于边"[5]。金山，在今黑龙江省龙江县之西，紧邻金界壕。西北路、西南路招讨司在金太宗天会年间已经设置[6]，《大金国志》卷38《招讨司三处》记载："西南路丰州置司，西北路桓州置司，东北路泰州置司。"丰州，在今内蒙古呼和浩特市之东；桓州，在今内蒙古正蓝旗。[7]

《金史》的《地理志》《兵志》《百官志》记载诸部族和诸糺的名称略有不同，现择录于下：

《金史·兵志》记载："东北路部族糺军曰迭剌部（承安三年改为土鲁浑札石合节度使），曰唐古部（承安三年改为部鲁火札石合节度使），二部五糺，户五千五百八十五。其它若助鲁部族、乌鲁古部族、石垒部族、萌骨

① 孟广耀：《辽代乌古敌烈部初探》，《中国蒙古史学会成立大会纪年集刊》，内蒙古人民出版社，1979年。
② 《金史》卷44《兵志》，第1003页。
③ 《金史》卷44《兵志》记载："东北路者，初置乌古迪烈部，后置泰州"，第1003页。
④ 《金史》卷44《兵志》，第1003页。
⑤ 《金史》卷12《章宗纪四》，第283页。
⑥ 《金史》卷44《兵志》记载：金世宗大定五年（1165）之后，"寻又设两招讨司（西北、西南路），与前（东北路）凡三，以镇边陲。"这里关于设置西北、西南两路招讨司时间的记载有误。据同书卷81《耶律怀义传》记载："天会初（1123），帅府以新降诸部大小远近不一，令怀义易置之，承制以为西南路招讨使。乃择诸部冲要之地，建城市，通商贾。诸部兵革之余，人多匮乏，自是衣食岁滋，富牧蕃息矣。""（天会）十年（1132），加尚书仆射，改西北路招讨使。怀义在西陲几十年，抚御有恩，及去，老幼遮道攀恋，数日不得发。"这表明最晚到太宗朝已经设置西南、西北两路招讨司了。关于金代招讨司另撰文研究。
⑦ 参见中国历史地图集编辑组：《中国历史地图集》第六册，中华地图学社出版，1975年，第51页。

部族、计鲁部族、孛特本部族数皆称是。西北、西南二路之紏军十，曰苏谟典紏、曰耶剌都紏、曰骨典紏、唐古紏、霞马紏、木典紏、萌骨紏、咩紏、胡都紏凡九。"

《金史·地理志》记载："部族节度使：乌昆神鲁部族节度使，军兵事属西北路招讨司，明昌三年罢节度使，以招讨司兼领。乌古里部族节度使。石垒部族节度使。助鲁部族节度使。孛特本部族节度使。计鲁部族节度使。唐古部族，承安三年改为部罗火扎石合节度使。迪烈（又作迭剌）女古部族，承安三年改为土鲁浑扎石合节度使。

详稳九处：咩紏详稳，贞祐四年六月改为葛也阿邻猛安。木典紏详稳，贞祐四年改为抗葛阿邻谋克。骨典紏详稳，贞祐四年改为撒合辇必剌谋克。唐古紏详稳。耶剌都紏详稳。移典紏详稳。苏木典紏详稳，近北京。胡都紏详稳。霞马紏详稳。"

《金史·百官志》记载：有咩紏、唐古紏、移剌紏、木典紏、骨典紏、失鲁紏、慈谟典紏、胡都紏、霞马紏。

根据上述记载，并将散见于《金史》各纪、传中记载的各时期任职某部族节度使或某紏详稳，一并进行统计和比较，对金代部族与诸紏的设置有如下认识：

东北路下统辖的游牧民族建置以部族为主，主要有迭剌（又作迪烈、迭剌女古）部族（章宗承安三年改为土鲁浑扎石合节度使）、唐古部族（章宗承安三年改为部罗火扎石合节度使）、助鲁部族、乌鲁古（又作乌古里）部族、石垒部族、萌骨部族、计鲁部族、孛特本部族、卜迪不部族、卓鲁部族，共10个部族。另有乌昆神鲁部族，《地理志》曰其军兵事属西北路招讨司。诸部族中迭剌部族当是契丹人；唐古部族为唐古人；乌鲁古部族、石垒部族当是原辽时的乌古、迪烈人；萌骨部族，当是归附金朝的蒙古部人口。其他诸部族的族属不详，估计以契丹人部族为主。

《兵志》又曰："东北路部族糺军曰迭剌部（承安三年改为土鲁浑札石合节度使），曰唐古部（承安三年改为部鲁火札石合节度使），二部五糺，户五千五百八十五。"只说迭剌部和唐古部二部设有五糺，有户5585。查《金史》纪、传的记载，与东北路部族有关的糺，有迪列糺（迭剌部），《金史·移剌塔不也传》记载，移剌塔不也"泰和伐宋，有功，遥授同知庆州事，权迪列糺详稳"。乌古里糺（乌鲁古部），《金史·奥屯襄传》记载："奥屯襄，本名添寿，上京路人。大定十年，袭猛安。丞相襄举通练边事，授崇义军节度副使，改乌古里糺详稳，召为都水少监、石州刺史。"胡烈糺，《金史·独吉思忠传》记载："大定间修筑西北屯戍，西自坦舌，东至胡烈么，几六百里，中间堡障。"这里的胡烈么，陈述先生认为当为胡烈糺之误。此胡烈糺亦当为东北路诸糺之一。[1]可见在东北路在设置部族的同时，还设有糺。如前面所言，金代的糺制沿自辽代，是戍守在北方的游牧部族的人口组成的军队，称为"糺军"。章宗中期北方战事频繁，承安元年（1196）十月，"命左丞相襄行省于北京"[2]。目前见到的东北路所属的糺，都出现在章宗承安年间以后，这与金朝北部战事日益频繁，部族军队长期戍守边防有关。

西南、西北两路的游牧民族则主要设糺统辖，主要有苏谟典（又作苏木典、慈谟典）糺、耶剌都（又作移剌都）糺、骨典糺（贞祐四年改为撒合辇必剌谋克）、唐古糺、霞马糺、木典糺（贞祐四年改为抗葛阿邻谋克）、萌骨糺、咩糺（贞祐四年六月改为葛也阿邻猛安）、胡都（又作胡睹）糺、移典糺、失鲁糺，共11个糺。西北、西南两路统辖下的诸糺与东北路下统辖的各部族，从经济类型上看二者都是游牧部族，从民族成分上看都是既有契丹也有其他北方游牧部族，世宗大定十八年（1168），"命部族、糺分番守

---

[1] 陈述：《糺军考释初稿》，《历史语言研究所集刊》第20卷，1948年。
[2] 《金史》卷10《章宗纪二》，第240页。

边”①。说明二者都负有为金朝戍守北方边陲的义务。为何一主要称部族，一主要称乣？这恐怕与"乣"更偏重军事，而部族则重于生产有关。

金代西南、西北两路招讨司隶属于西京路，西京路的南面是发达的农业区；北面草原地带是金朝主要的群牧所驻牧的地区。诸乣的主要任务是戍守边防，若北方有警，部族立刻组成军队，阻击阻鞑、蒙古等游牧民族的掠夺和骚扰。

二、部族、乣官员的任命与职掌

金朝统辖北方游牧民族的部族制度是承袭辽制，但辽朝契丹的部族制是契丹建立王朝之后的地方政治制度，乌古、迪烈人的部族制则是羁縻制度。金朝部族制当是以原辽朝契丹部族制度为主，也掺杂部分女真制度，这促使乌古、迪烈、蒙古等族社会逐渐脱离了原始形态，以适应金朝国家地方游牧制度的统治。《金史·百官志》记载："诸部族节度使，节度使一员，从三品，统制各部，镇抚诸军，余同州节度。副使一员，从五品。判官一员。知法一员。"部族节度使司的最高行政长官为节度使，"统制各部，镇抚诸军"，"宣风导俗"，总判部族各种政务，其职掌为兼管军政。节度使司还设有节度副使、判官、知法。部族节度使司之下设有秃里、移里堇司等基层行政机构，秃里，置"秃里一员，从七品，掌部落词讼、防察违背等事"。然《百官志》开篇又曰"惟镇抚边民之官曰秃里"。显然这是一级地方军政机构。移里堇司，置"移里堇一员，从八品，分掌部族村寨事"。《金国语解》曰："诸'移里堇'，部落墟砦之首领。"此为部族下基层社会组织，部族制下社会经济兼有畜牧业与农业，因而既有部落也有村寨。

部族统辖下的各族民户，社会经济以游牧经济为主，同时也有一定规模的粗放农业，如"迭剌、唐古二部五乣，户五千五百八十五，

---

① 《金史》卷44《兵志》，第995页。

口十三万七千五百四十四，内正口十一万九千四百六十三，奴婢口一万八千八十一。垦田万六千二十四顷一十七亩，牛具五千六十六"[1]。国家向其征收牛具税、畜牧税，督促耕作。大定二十五年（1185）五月，"癸卯，遣使临潢、泰州劝农"[2]。遇上兵荒灾年国家同样要赈济部族贫民，以稳定社会秩序。如大定初年契丹攻掠临潢等州郡，百姓困弊，世宗诏前太子少保高思廉，"安抚临潢，发仓粟以赈之，无衣者赐以币帛，或官粟有阙，则收籴以给之，无妻室者具姓名以闻"[3]。世宗大定十七年（1167），"诏以羊十万付乌古里石垒部畜牧，其滋息以予贫民"。十八年（1168），命赈乌古里石垒部转户饥。[4]契丹等族部民在北部地区始终过着游牧生活，彪悍善战的习俗未变，女真统治者以契丹等各部族戍守北边，抗击同样是北方游牧部族的蒙古、阻䩪诸部，在稳定北部边地统治方面取得了明显的效果。

然而，到金章宗以后，蒙古草原上的游牧民族迅速发展壮大，不仅草原游牧民族之间的征战规模不断升级，而且开始向南部地区扩张。金朝北边经常受到蒙古等族的掠夺与侵扰，导致戍守北部边地的诸部族常年处于战争状态，继世宗在北边修筑边堡之后，章宗时期又大规模开筑壕堑，于是在东北路也出现了诸乣设置。《金史·百官志》记载："诸乣，详稳一员，从五品，掌守戍边堡，余同谋克。皇统八年六月，设本班左右详稳，定为从五品。么忽一员，从八品，掌贰详稳。"乣详稳为从五品，其官品明显低于部族节度使的从三品，其职掌也明显少于部族节度使，这说明其职权也小于部族节度使，其职掌是"掌守戍边堡，余同谋克"。谋克是兼管军民两政的地

---

① 《金史》卷46《食货志一》，第1034—1035页。
② 《金史》卷8《世宗纪下》，第189页。
③ 《金史》卷89《苏保衡传》，第1974页。
④ 《金史》卷7《世宗纪中》，第170页。

方官，"掌抚辑军户、训练武艺"[1]，督促生产，征收赋税[2]。清朝学者钱大昕认为，《金史》将糺详稳列在部族节度使之后，诸移离堇司之前，"则糺亦部落之称"[3]。东北路的诸糺是隶属于部族节度使，还是隶属于招讨司，史无明载。

金朝初年在刚刚占领北边游牧部族地区时，女真皇帝给予率军占领这一地区的女真军帅以较大的权利，他们可以便宜授予率众前来归附的部族首领以官职。《金史·习古乃传》记载：

（习古乃）为临潢府军帅，讨平迭剌，其群官率众降者，请使就领诸部。太宗赐以空名宣头及银牌，使以便宜授之。……乌虎里部人迪烈、划沙率部族降，朝廷以挞仆野为本部节度使，乌虎为都监。习古乃封还挞仆野等宣诰，以便宜加挞仆野散官，填空名告身授之，及录上降附有劳故官八百九十三人，朝廷从之。于是，迪烈加防御使，为本部节度使。划沙加诸司使，为节度副使，知迪烈底部事。挞离答加左金吾卫上将军，节度副使，知突鞨部事。阿枭加观察使，为本部节度使。其余迁授有差。以厖葛城地分赐乌虎里、迪烈底二部及契丹人，其未垦者听任力占射。

金熙宗时期国家制度中原化以后，对部族制度加以整顿，各级官员的任免权也收归中央。《金史·完颜襄传》记载："故事，诸部族节度使及其僚属多用糺人。而颇有私纵不法者，议改用诸色人。（丞相）襄曰：'北边虽无事，恒须经略之，若杜此门，其后有劳绩何以处之？请如旧。'"所谓糺人，即指契丹、乌古、迪烈、蒙古等北方各游牧部族人。此外女真统治者还任命一些女真官员担任某些重要地区部族的节度使，据《金史》记载统计，

---

① 《金史》卷57《百官志三》，第1329页。
② 程妮娜：《金代政治制度研究》，吉林大学出版社，1999年，第92页。
③ （清）钱大昕：《潜研堂文集》卷34《三答袁简斋书》，四部丛刊初编本，商务印书馆，1929年，第7b页。

曾任唐古部族节度使的有完颜宗尹、独吉义、乌延吾里补、移剌毛得、完颜可喜、完颜斜哥（后二人为唐括部族节度使），及该部节度副使完颜蒲剌都等。任石垒部族节度使的有乌孙讹论，任乌古十垒部族节度使的有夹谷清臣、温迪罕移懃，及该部族节度副使奚沙阿补。任迭剌部族节度使的有独吉义、完颜麻吉、完颜海里、完颜撒改。又有孛特本部族节度使夹谷吾里补，卜迪不部副使赤盏胡失赖以及卓鲁部族节度使独吉义等人。其中独吉义一人先后任迭剌部族、卓鲁部族以及唐古部族节度使。见于记载的诸部族节度使共有16人，其中只有唐古部族节度使移剌毛得是契丹人。其他诸部族节度使均为女真人，其中完颜宗尹、完颜可喜、完颜斜哥、完颜海里等人是女真宗室贵族。

章宗明昌年间以后，蒙古、阻𩏩等游牧民族不断骚扰金北部边地，东北路下开始设置诸糺，诸糺长官亦由朝廷任命，见于《金史》记载的有底剌糺详稳完颜铁哥、权迪列糺详稳移剌塔不也、乌古里糺详稳奥屯襄等，其中移剌塔不也为契丹人。即便是查阅《金史》记载的西南、西北两路招讨司统辖的诸糺详稳的任职者也是女真人多，契丹人少，另外还有两位渤海人，如"高闾山，澄州析木人。选充护卫，调顺义军节度副使，转唐括、移剌都糺详稳，改震武军节度副使"①。如此看来，金朝北京路与西京路下统辖各游牧民族的诸部族和诸糺的长官主要是女真人，而不是契丹等游牧部族的本族人。《金史·完颜襄传》云："诸部族节度使及其僚属多用糺人。"当为诸部族节度使之下僚属多用糺人，即诸部族、诸糺之下的基层官员主要是游牧部族的本族人。金朝统治者将统辖游牧部族的军政大权主要掌握在女真人手中，任用游牧部族的本族人担任部族和糺的基层官员以实行对游牧部族的因俗而治。

---

① 《金史》卷129《高闾山传》，第2777—2778页。

三、金后期部族、糺的变化

金朝中期北部草原上蒙古、阻鞣人逐渐强大，不断侵扰、掠夺金朝北部边地人口、牲畜，地处北部边地诸群牧、部族、诸糺的契丹等游牧部民连年与蒙古、阻鞣交战，人口、牲畜都受到一定的损失。海陵末年发动对宋战争，要征调北部边地各部族牧民南下，于是西北路首先爆发了契丹牧民反战斗争。

海陵正隆五年（1160），金廷使牌印燥合等人尽征西北路契丹丁壮，契丹人曰："西北路接近邻国，世世征伐，相为仇怨。若男丁尽从军，彼以兵来，则老弱必尽系累矣。幸使者入朝言之。"燥合不敢言于朝廷，而是全力征兵，西北路契丹人不甘心如群羊为人所驱使，被迫起兵反抗。诸群牧户率先起来响应，"山后四群牧、山前诸群牧皆应之"[1]。"是时，迪斡群牧使徒单赛里、副使赤盏胡失荅，耶鲁瓦群牧使鹤寿，欧里不群牧使完颜术里骨、副使完颜辞不失，卜迪不部副使赤盏胡失赖，速木典糺详稳加古买住，胡睹糺详稳完颜速没葛，辖木糺详稳高彭祖等皆遇害。"[2]糺碗群牧使徒单赛一亦战死。[3]西京路下西南、西北路及北京路的契丹人也纷纷响应。其时海陵正在全力伐宋，"诸猛安谋克兵皆行，州县无备"[4]。移剌窝斡率领契丹兵围临潢府，攻泰州城，远近震骇。海陵一面伐宋，一面以"（纥石烈）志宁为北面副统，与都统白彦敬，以北京、临潢、泰州三路军讨之"[5]。世宗即位后，迅速结束对宋战争，发大军全力征讨契丹叛军，大定二年（1162）平定了历时两年的契丹反战斗争。

平定契丹反战斗争后，金朝统治者对契丹人的统治发生了一定的变

① 《金史》卷133《移剌窝斡传》，第2849页。
② 《金史》卷121《温迪罕蒲睹传》，第2639页。
③ 《金史》卷120《徒单思忠传》，第2621—2622页。
④ 《金史》卷86《乌延查剌传》，第1920页。
⑤ 《金史》卷87《纥石烈志宁传》，第1929页。

化。《金史·兵志》云："窝斡既平，乃散契丹隶诸猛安谋克。……十七年（1177），又以西南、西北招讨司契丹余党心素狠戾，复恐生事，它时或有边隙，不为我用，令迁之于乌古里石垒部及上京之地。"这里记载的是女真统治者对参加叛乱的契丹人所采取的两种措施：

其一，"散契丹隶诸猛安谋克"，《金史·世宗纪》记载：大定三年（1163）八月，"甲戌，诏参知政事完颜守道招抚契丹余党。戊寅，诏罢契丹猛安谋克，其户分隶女直猛安谋克"。同书卷90《完颜兀不喝传》对此次安置参与叛乱的契丹人有较为详细的记载：

窝斡已平，诏罢契丹猛安谋克，其元管户口，及从窝斡作乱来降者，皆隶女直猛安谋克，遣兀不喝于猛安谋克人户少处分置。未经罢去猛安谋克合承袭者，仍许承袭，赈赡其贫乏者，仍括买契丹马匹，官员年老之马不在括限。顷之，世宗以诸契丹未尝为乱者与来降者一概隶女直猛安中，非是，未尝从乱可且仍旧。平章政事完颜元宜奏，已迁契丹所弃地，可迁女直人与不从乱契丹杂处。上以问右丞苏保衡、参政石琚，皆不能对。上责之曰："卿等每事先熟议然后奏，有问即对，岂容不知此。"保衡、琚顿首谢，上曰："分隶契丹，以本猛安租税给赡之，所弃地与附近女直人及余户，愿居者听，其猛安谋克官，选契丹官员不预乱者充之。"

这次被罢的契丹猛安谋克，仅限于参与叛乱者，随后将这些契丹人户打散分别隶属于女真猛安谋克。但未尝从乱的契丹猛安谋克则依旧以契丹人任本族猛安谋克官员。

其二，将西南、西北招讨司"契丹余党"，迁之于乌古里石垒部及上京之地。事情的起因和经过见于《金史·唐括安礼传》：

（大定）十七年，诏遣监察御史完颜觌古速行边，从行契丹押剌四人，授剌、招得、雅鲁、斡列阿，自边亡归大石。上闻之，诏曰："大石在夏国西北。昔窝斡为乱，契丹等响应，朕释其罪，俾复旧业，遣使安辑之，反侧之心犹未已。若大石使人间诱，必生边患。遣使徙之，俾与女直人杂居，男婚女聘，渐化成俗，长久之策也。"于是遣同签枢密院事纥石烈奥也、吏部郎中裴满余庆、翰林修撰移剌杰，徙西北路契丹人尝预窝斡乱者上京、济、利等路安置。以兵部郎中移剌子元为西北路招讨都监，诏子元曰："卿可省谕徙上京、济州契丹人，彼地土肥饶，可以生殖，与女直人相为婚姻，亦汝等久安之计也。卿与奥也同催发徙之。仍遣猛安一员以兵护送而东，所经道路勿令与群牧相近，脱或有变，即便讨灭。俟其过岭，卿即还镇。"上已遣奥也、子元等，谓宰臣曰："海陵时，契丹人尤被信任，终为叛乱，群牧使鹤寿、驸马都尉赛一、昭武大将军术鲁古、金吾卫上将军蒲都皆被害。赛一等皆功臣之后，在官时未尝与契丹有怨，彼之野心，亦足见也。"安礼对曰："圣主溥爱天下，子育万国，不宜有分别。"上曰："朕非有分别，但善善恶恶，所以为治。异时或有边衅，契丹岂肯与我一心也哉。"

这次主要是迁徙西北路的契丹人户，一部分是曾参与叛乱被罢的契丹猛安谋克人户，被迁到上京、济州（今吉林省农安县）等地；一部分是俘获的契丹叛军将士，这其中相当部分的人当是部族、糺人，迁到"临潢、泰州"一带[1]；还有一部分契丹人"不与叛乱及放良奴隶"，被迁到乌古里石垒部[2]。在世宗看来"契丹岂肯与我一心"，故全力削弱契丹人的势力，以避免他日契丹人发生边患。

虽然女真统治者千方百计地防范契丹人发生反叛，却未能阻止契丹人反抗金朝统治的斗争，世宗大定二十年（1180）九月，"丙子，蒲速椀群牧老

---

[1] 《金史》卷73《完颜守能传》，第1691页。
[2] 《金史》卷7《世宗纪中》，第166页。

忽谋叛，伏诛"。章宗明昌元年（1190）"胡里纥亦叛，啸聚北京、临潢之间"。承安元年（1196）十一月，"庚寅，特满群牧契丹陁锁、德寿反，泰州军击败之"。卫绍王至宁元年（1213）五月，"诏谕咸平路契丹部人之啸聚者"。宣宗贞祐三年（1215）正月，"北京军乱，杀宣抚使奥屯襄"①。直至金末仍然未能避免"纥军杂人召祸于外"的事情发生。②

_____

① 《金史》卷7《世宗纪中》，第175页；卷94《完颜襄传》，第2088页；卷10《章宗纪二》，第240页；卷13《卫绍王纪》，第296页；卷14《宣宗纪》，第306页。

② 《金史》卷44《兵志》，第992页。

第四章　金代官制综论

第一节　女真人与汉官制 [①]

汉官制是汉族中原王朝政治制度的重要内容，与中原的经济基础相适应。历史上凡在中原建立政权、王朝的民族，无一不采用汉官制度。金朝一方面用汉人和汉官制度；另一方面又推行女真制度，并在发展中逐渐形成以汉官制为主的两种制度并行的官制。金代汉官制，既是对中原制度的认同、继承，又具有适应女真族统治需要的鲜明特征。研究金王朝汉官制的出现和发展、女真人在汉官制中的地位及其入仕汉官的途径，是了解女真族社会变革的一个重要方面。

一、汉官的出现与发展

女真人任职汉官名称的官职，当始于金建国前景祖乌古乃按受辽朝生女真部族节度使之时。节度使，是唐朝地方官的官称，辽朝承用之，不仅用于汉地州官，也用于契丹部族官，还用于边地属部的羁縻官。生女真部族节度使属于后者。此后，凡为完颜氏女真军事部落联盟联盟长者，均袭此官职向辽称臣纳贡，为辽朝经营鹰路。辽代属部节度使是在不改变边地少数民族原有的社会组织的基础上，授其首领带有羁縻性质的官职。因而这只是女真首

[①] 《女真人与汉官制》，原载于《吉林大学社会科学学报》1990年第6期。

领在名义上接受汉官名称的官职之始。

金代用汉官制始于女真军队占领辽朝东京道地区之时，女真人任汉官亦由地方官始。太祖收国元年（1115）十二月，始置都统、军帅司路，任女真贵族为都统、军帅，路下基本保留辽府、州制度，但县级机构破坏严重，女真统治者在这里广置猛安谋克，"一如郡县置吏之法"①。之后将路—府州—猛安谋克这套地方制度推行于新占领的辽朝东北州县地区。太宗初年，女真攻入平、营地区（河北卢龙一带），因汉人的激烈反抗，不得不放弃强制推行猛安谋克的政策，采取"因俗而治"的方针，燕云地区府、州、县制度才得以存留。及太宗天会五年（1127）灭北宋，于原北宋州县地区依宋制置兵马都总管府路，下属府、州、县，女真人在中原任汉官者始相继出现。如"鹘沙虎，国初有功，天会间，为真定留守"②。但女真贵族任一般府、州官的仍称勃堇③，这种状况一直延续到天会六年（1128）前后。

金初一部分女真人任地方汉官，但他们与其他女真官员的差别不大，占有大量奴婢财富，统领军队驻守府、州。职掌安辑人民，征集粮草，肃清辖境内契丹残余势力，如遇大规模军事行动随时率军前往。如天辅六年（1122）末，金军攻打显州，"知东京事完颜斡论以兵来会"④。在战争中他们立刻显露出奴隶主贵族的掠夺本性，与当时汉族地方官有较大的差别。金初政权处于女真制为主的阶段，女真人任地方汉官是作为女真统治集团在汉族地区的代表而出现，不可避免地带有女真奴隶主军事统治的印迹。

天会六年（1122）改革地方汉官制，女真官员不再称勃堇，如蒲察胡盏任"德顺州刺史，改陇州防御史，凤翔尹"⑤，他们在官职、职掌、陟黜诸方面与汉族府、州官员同一。熙宗天眷官制颁行后，女真路官由都统、军帅转

---

① 《金史》卷 128《循吏传》，第 2757 页。

② 《金史》卷 70《习不失传》，第 1619 页。

③ 程妮娜：《金初勃堇初探》，《史学集刊》1986 年第 2 期。

④ 《金史》卷 71《斡鲁古传》，第 1636 页。

⑤ 《金史》卷 81《蒲察胡盏传》，第 1819 页。

授兵马都总管，除女真内地仍设万户路外，全国地方汉官制逐步统一。此后很快以稳固的统治秩序取代了女真族的军事统治。值得注意的是，金前期女真人绝少任县官。这与女真官员大多是世家贵族或军功贵族有关，在他们出任地方汉官前，往往已有猛安谋克封爵或曾任行军猛安等军职。黄掴敌古本"皇统间，以功袭谋克，移屯于寿光县界为千户。六年，授世袭千户，棣州防御使"[①]。直到世宗开设女真科举，出任县官的女真人才日渐多起来。

在女真军事组织中，汉官称号出现较早。世祖劾里钵时已出现都统称号[②]，穆宗盈歌以"撒改为都统，辞不失、阿里合懑、斡带副之，以伐留可、诈都、坞塔等"[③]。金建国后，太祖仍多次任命都统率军作战。天辅五年（1121）十二月，"以忽鲁勃极烈杲为内外诸军都统，以昱、宗翰、宗幹、宗望、宗盘等副之"[④]，再次伐辽。都统无疑是汉族军事官称，然太祖时国家并没有建立固定的军事机构，都统仅是临时军事长官的称号，战争结束后，各自仍称原女真官号。

太宗天会三年（1125）十月始设都元帅府，"置元帅及左、右副，及左、右监军，左、右都监"[⑤]。五年（1127）灭北宋后，以都元帅府的左、右副元帅兼任中原地区政务长官。他们既是国家最高军事机关的高级官员，又是中原地区最高军政长官，这与汉族军事官员的性质有较大差别。海陵天德二年（1150），女真统治者按照中原王朝军事机构的模式，"改都元帅府为枢密院"[⑥]。都元帅府成为战时临时机构，"兵罢则省"[⑦]，提高了金朝军事机构的中原化程度。初期女真人任军事汉官仅限于高级军事首脑和将领，下级将领则实行女真官制。太宗时，对部分战功显著的女真军事将领始授武散

---

① 《金史》卷81《黄掴敌古本传》，第1818页。
② 《金史》卷68《欢都传》，第1593页。
③ 《金史》卷1《世纪》，第13页。
④ 《金史》卷2《太祖纪》，第36页。
⑤ 《金史》卷44《兵志》，第1002页。
⑥ 《金史》卷5《海陵纪》，第96页。
⑦ 《金史》卷55《百官志一》，第1238页。

官号。如"（乌延）蒲离黑从太祖伐辽，勇闻军中。天眷三年，袭猛安，授宁远大将军"[1]。熙宗以后，又新增授宗室子弟以武官品阶，以示皇恩，并作为日后入仕的阶梯。如阿琐，"天德二年，以宗室子，授奉国上将军，累加金吾卫上将军，居于中都"[2]。表明汉官制已波及女真猛安谋克军事制度之中，对女真军人汉化起到一定的作用。

女真人任中央汉官出现较晚。天辅六年（1122）十二月，"太祖入燕，始用辽南、北面官僚制度"[3]。"置中书省、枢密院于广宁府，而朝廷宰相自用女直官号。"[4]广宁府在今辽宁北镇。太宗天会三年对宋开战，在对宋战争中，为统治新占领的州县地区，左副元帅之下设置云中枢密院（在今山西大同），右副元帅之下以广宁枢密院的官员设置燕京枢密院（在今北京）。此时枢密院是燕云地区行政机关，没有成为全国性机构，与辽制不同。辽南、北面官制是以民族划分，"以国制治契丹，以汉制待汉人"[5]。金初则以地区划分，汉官权限小，仅相当于较高一级的地方官。太宗天会四年（1126）始定官制，"建尚书省"[6]。即在燕云枢密院变以中书省为中心的三省制为以尚书省为中心的三省制，欲统一原辽、宋的不同制，但未能马上实行。中央则始终实行国论勃极烈制度。天会八年（1130）"以同中书门下平章事韩企先为尚书左仆射兼侍中"[7]，是汉地枢密院定官制后第一任尚书省的最高长官。天会十二年（1134）中央改定官制，召韩企先至御寨（黑龙江阿城）出任第一名中央尚书省的右丞相。[8]十三年（1135）正月，熙宗即位，开始着手以三省六部制取代国论勃极烈制度，直到天眷元年（1138）才最后完成汉官制

① 《金史》卷86《乌延蒲离黑传》，第1919页。
② 《金史》卷69《阿琐传》，第1608页。
③ 《金史》卷78《赞》，第1779页。
④ 《金史》卷78《韩企先传》，第1777页。
⑤ 《辽史》卷45《百官志一》，中华书局，1974年版，第685页。
⑥ 《金史》卷55《百官志一》，第1216页。
⑦ 《金史》卷3《太宗纪》，第61页。
⑧ 《金史》卷78《韩企先传》，第1777页。

的改革工作，八月，颁行新官制，史称"天眷官制"。大批女真贵族陆续出任汉官，上至领三省事、宰执、六部尚书，下到院、台、府、司、寺、监、局、署、所的各级官员，其中有宗室、世戚贵族，亦有一般女真人，他们以统治民族的身份占据中央各级机构的重要职务。

天眷官制改革并没有触及女真奴隶主的根本利益，女真统治者对女真贵族的特权采取了保护政策。任汉官的女真人中多承袭或受封猛安谋克世爵，他们既食俸禄又有领地与民户，地位优越于同级汉族官史，具有王朝官吏和女真家族奴隶主的双重身份。熙宗以后，尤其是海陵迁都燕京后，受高度发展的汉文化熏陶和中原租佃经济的影响，任汉官的女真人迅速向士大夫和官僚地主转化，成为第一批汉化的女真人，其中优秀分子在国家各时期政权和本民族的社会变革中曾起过十分重要的作用，推动了女真族的社会进步。世宗大定十三年（1173）开女真进士科，二十六年（1186），"制猛安谋克皆先读女直字经史然后承袭"①，进一步缩小了汉官中女真人与汉人之间文化水平的距离，促使二者逐渐同一。

二、女真人在汉官制中的地位

凡历史上建立政权的民族无不在国家官僚集团中占据统治地位。女真人亦是如此，不论是汉官制局部实行时期，还是全面推行以后，始终占据重要的地位。由于国家形势的变化，统治集团内部各种政治势力的消长，以及女真族社会变革完成后，统治集团内部观念、意识的演变，等等，诸种因素促使女真人在汉官制中的地位在不同时期有不同程度的差异。

（一）地方汉官制中女真人的地位

金代地方最高行政区划为路，其长官掌握着一路的军政大权，历来为女真统治者所重视，不肯轻易授予他族。金初，各地路制不同，原辽地设

① 《金史》卷8《世宗纪下》，第192页。

都统、军帅司路，长官全部是女真奴隶主贵族，其中完颜氏贵族初占总数的60%，到天会三年（1125）渐由完颜氏和外戚徒单氏贵族所垄断。[1]这是血亲关系在金初地方汉官制中的体现。原宋地设兵马都总管府路，不受中央直辖而由左、右副元帅府统领，兵马都总管与属下各级官吏均由元帅府承制任命，故史书很少记载任职者。仅见的天会中几位兵马都总管多是女真人，如"元帅府承制以蒲卢浑为河北西路兵马都总管"[2]，外族人极少。

熙宗天眷官制颁行后，对全国路制和区划进行了厘革与调整，划一为兵马都总管府路制（女真旧地路下尚置万户府路，直至海陵时才改为节度使），当时全国设十七路。海陵以后有个别路被撤销、增置或更名，前后共见二十四路。金制，京府路以留守带本府尹，兼本路兵马都总管，其他路亦多以路治府尹兼本路兵马都总管。据此，将《金史》中记载的诸路长官的民族成分列表如表4-1。

表4-1　诸路长官的民族成分一览表

路名	女真人	契丹人	渤海人	汉人	总计	女真人占（%）	备注
上京路	16				16	100	
咸平路	8	3		1	12	66.7	天德二年置
东京路	22	1			23	95.6	
中京路	11	1	1	2	15	73	贞元元年中京路更名北京路。天德二年北京路更名临潢府路，三年撤销
北京路	21	4		1	26	80	
临潢府路	2				2	100	
燕京路	6	1		1	8	75	贞元元年燕京路更名中路路
中都路	3		1	1	5	60	
西京路	24	4	1		29	82.7	

[1] 程妮娜：《试论金初路制》，《社会科学战线》1989年第1期。
[2] 《金史》卷80《乌延蒲卢浑传》，第1804页。

续表

路名	女真人	契丹人	渤海人	汉人	总计	女真人占（％）	备注
汴京路	3			1	4	75	贞元元年汴京路更名南京路
南京路	10	5		6	21	47.6	
河东南路	9	1		4	14	64	
河东北路	8	3		3	14	57	
河北东路	9	1	1	3	14	64	
河北西路	10	1		4	15	66	
上东东路	12	2		1	15	80	
山东西路	10	1		1	12	83	
大名府路	6	2		1	9	66	正隆二年置
京兆路	11			1	12	91.6	
庆原路	6			2	8	75	
鄜延路	8	1		2	11	72.7	
熙秦路	2			2	4	50	大定二十七年熙秦路更名临洮路
临洮路	12	4		3	19	63	
凤翔路	5			4	9	55.6	大定二十七年置
总　计	234	35	4	41	317	73.8	

注：路官，包括留守与路治府尹；人是指人次，一人任几路长官计为几人次。

如表所示，路官总计317人，女真路官234人，占总数的73.8％。二十四路（实为十九或二十路）中女真人占100％的二路，占60％以上的十八路（有六路为80％以上），不足50％的仅一路。总体看，东北地区和中原地区分布女真猛安谋克户较多的路，女真路官的比例较高，其他路则稍低。上京路是女真族发祥地，居民90％以上是女真人，女真大贵族的势力盘根错节，尤其海陵迁都以前非宗室大贵族不得任上京留守，故路官均为女真人。女真路官最少的南京路是文明高度发达的汉人居住区，出任南京留守的无论是汉人、契丹人还是女真人无不通晓儒家思想和治政术，尽管女真人的文化水平相对低，但在南京路他们的数量仍高于其他族，只是低于其他路中女真官员的比例。

女真路官有两个值得注意的特征，一是宗室贵族较多，如海陵曾任中京留守，世宗历任东京、中京、燕京留守。郓王昂、芮王亨、代王充、荆王文、魏王道济、越王永功、豳王永成、胙王元等女真亲王都曾出任路官。二是金代宰执大多由路官提拔入阁，其中较著名的有宗隽、宗敏、宗宪、纥石烈志宁、徒单克宁、统石烈良弼、唐括安礼、徒单镒等。足见金朝对地方统治十分严密，也体现了女真族统治的特点。

（二）中央汉官制中女真人的地位

熙宗完成中央汉官制改革以后，大批女真贵族出任三省六部的各级官员。金代以领三省事、尚书左、右丞相、平章政事、尚书左、右丞、参知政事为三省宰执。海陵正隆元年（1156）颁行"正隆官制"，将三省制改革为一省制，废领三省事，改置尚书令。据《金史》记载统计宰执共359人，女真族230人，占总数的64%；汉族79人，契丹族26人，渤海族24人。宰执中职务越高女真人比重越大。熙宗前期领三省事权高势重时，清一色为女真宗室贵族。皇统以后左丞相逐渐成为中央实际掌权的官员，故女真人比例最高，为93.5%。仅有的两名外族领三省事，为皇统末年的契丹人萧仲恭和海陵贞元三年（1155）的渤海人大臬均任职一年，其时领三省事的职权已大为削减。两名外族左丞相，渤海人张浩和契丹人萧玉则是海陵压制女真宗室势力大批擢用他族士大夫时任职的。海陵时期宰执中外族人明显增加，如右丞相中10名外族人（汉族4人、契丹3人、渤海3人）中6名是海陵时任职的。尽管这一时期女真宗室遭到沉重打击，执事中汉人比例明显上升，但女真族的优势地位并没有动摇。

据《金史》记载统计，金代六部尚书227人，女真族97人，汉族108人，契丹族13人，渤海族9人，女真人低于汉人位居第二。六部是宰执下执行各种行政事务的机构，若从各部尚书具体任职状况考察，户、礼二部为汉人所长占明显优势，分别为39人和34人，而女真族仅分别为6人和7人。吏部女真人与汉人相等。兵、刑、工三部女真人多于汉人，尤其兵部尚书28人中女真族为21人，占78%，另7名外族人中6名是海陵朝和金末任职的。由此可见六部尚书中女真人占优势的部门仍多于汉人，女真统治者对外族人主要是用其所长，并把他们的权力限制在一定范围之内，军事一般不委汉人，由此而形成一个以女真人为核心的官僚集团。

（三）军事汉官制中女真人的地位

女真统治者历来重视军权。在军事汉官集团中女真人始终占有十分重要的地位，掌握着金代军事决策和统兵权。太宗天会三年（1125）十月至海陵天德二年（1150）十二月，金最高军事机构为都元帅府，置都元帅，左、右副元帅，元帅左、右监军，左、右都监。这期间都元帅与左副元帅全部为女真宗室贵族，其下右副元帅至右都监各级官员的绝对人数（一人任几职只算一人）中仅有两名外族人，渤海人大㚖自太宗天会十一年（1133）至海陵天德二年（1150）历任右都监、元帅右监军、元帅左监军、右副元帅；契丹人耶律余睹自天会三年（1125）至十年（1132）任元帅右都监。显然军事汉官机构完全控制在女真宗室大贵族手中。

天德二年（1150）十二月，改都元帅府为枢密院。历任枢密使均为女真人。枢密副使中女真族31人，契丹族8人，渤海族1人，汉族4人，女真人占70%强，临时任命的都元帅，左、右副元帅均为女真人，但在出身上与前期稍有差别，既有宗室贵族也有普通女真人。其下四级元帅府长官118人，女真族102人，仍占绝对多数。外族官员中仅许霖（元帅左都监）、高忠建（元帅左监军）于正隆末宋大定初任职，其余全部是宣宗迁汴后，为抗击蒙古入侵而任命的。金末，女真军队与将领腐败不堪，汉军成为抗蒙主力，因此，汉族军事长官也随之增多。尽管如此，女真统治者始终没有放手让外族人参与军事决策权和最高统兵权。表现了他们一直依靠本族人作为统治国家的支柱，对外族人则存在着戒备心理。

综上所述，金代汉官制从中央到地方，从政府到军事部门，女真官员在人数上占绝对优势，在职务上均居首位。其原因：一是取决于女真人的统治民族地位，女真皇帝不肯把相权、军权、地方统治权轻易与他族人；二是女真族能够顺应历史发展的趋势，在接受中原文明的同时，不断地进行自我更新，使之达到新形势下国家各级官吏的标准，很快成为官僚集团的核心力量。从而保证了有金一代的官僚集团中，女真族自始至终地占据着统治地位。

三、女真人入仕汉官的途径

金朝各个时期，女真人入仕汉官的途径不尽相同，主要有军功、荫补、袭世爵、科举四途。

第一，女真以兵得国，崇尚武功，金初女真人主要以军功入仕。太祖阿骨打起兵反辽之初，与诸将誓曰："汝等同心尽力，有功者，奴婢部曲为良，庶人官之，先有官者叙进，轻重视功。"[1]反辽战争的胜利为一批战功卓著的将领带来了高官厚禄，他们成为最早入仕汉官的女真人。当时即使是由原氏族部落贵族转成的女真奴隶主贵族也需取得战功才能委任各级汉官职。如金初汉地首任女真路官，无一例外均为率军攻占这一地区的军事将领。太宗天会六年（1128）地方汉官制改革后，京、府、州女真官员大都是由各级军事将领转任的。如"沃侧，年十七，隶军中……从攻陕西，为右翼都统，攻城破敌，皆与有功。师还，正授谋克，迁华州防御使"[2]。这类记载在金初事迹史料中频为多见。

熙宗前期女真将相皆由军功入仕，其中宗室贵族占绝对优势，这与"太

---

① 《金史》卷 2《太祖纪》，第 24 页。
② 《金史》卷 72《活女传》，第 1653 页。

祖征伐四方，诸子皆总戎旅"①，"兄弟子姓才皆良将"②，密切相关。金中期战事稀少，军功不再是女真人入仕汉官的主要途径。仅在海陵末年对宋开战和大定初年平定契丹起义的战争中，尚有少数女真人以军功入仕。平章政事宗宁，"起家为海陵征南都统，战瓜洲渡，功最。历祁州刺史"③。及至金末，国家处于战乱之中，以军功入仕的汉官又多起来，然女真人却不多。此时女真族已基本汉化，文弱之风颇盛，贵族腐败堕落，无法与金初驰骋疆场的女真贵族和骁悍的女真勇士同日而语。

第二，金代实行优遇女真人的政策，门荫是保障女真族统治地位的重要手段之一，也是终金一代女真人入仕汉官的主要之途。《金史》卷52《选举志》："凡门荫之制，天眷中，一品至八品皆不限所荫之人。贞元二年（1154），定荫叙法，一品至七品皆限以数，而削八品用荫之制。"④"凡诸色出身文武官一品，荫子孙至曾孙及弟兄侄孙六人，因门荫则五人。"⑤其下递减。金对荫补诸职的人员来源和出职有明确而严格的规定，如"省祗候郎君。大定三年（1163），制以祖免以上亲愿承应已试合格而无阙收补者及一品官子，已引见，止在班祗候，三十月遁迁。初任与正、从七品，次任呈省"⑥。承荫的各族人中女真人受到优遇，如护卫，"初考，女直人迁敦武校尉（从八品下），余人迁保义校尉（正九品上）"⑦。以门荫入仕的官员，出职九品至从五品，大定中降至六品。高者官品不仅超过汉族科举进士（授从八品），亦高于状元（授正、从七品）。女真宗室世戚子弟如遇时机蒙皇恩还可以超迁，左丞相仆散忠义子仆散揆"少以世胄，选为近侍奉御。大定十五年（1175），尚韩国大长公主，擢器物局副使（从六品）"。大定末已

---

① 《金史》卷19《睿宗纪》，第408页。
② 《金史》卷44《兵志》，第991页。
③ 《金史》卷73《宗宁传》，第1676—1677页。
④ 《金史》卷52《选举志二》，第1159页。
⑤ 《金史》卷52《选举志二》，第1160页。
⑥ 《金史》卷53《选举志三》，第1181页。
⑦ 《金史》卷53《选举志三》，第1173页。

官到刑部尚书（正三品）。①皇子、皇孙则不按寻常规定，往往先封王，及至成年（有的不及成年）便委以高官。宣宗第三子完颜守礼，宣宗登极，进封遂王，时年十五，授秘书监（从三品），贞祐四年（1216）改枢密使（从一品）。

据《金史》有关记载统计，金代女真宰执和最高军事汉官中有明确记载出身的139人，其中以门荫入仕的为69人，占二分之一，居各种出身之首。门荫制度使女真将相中父子（熙宗初年领三省事宗幹与末年领三省事完颜亮）、祖孙（熙宗朝左丞相完颜希尹与世宗朝尚书令完颜守道）乃至三世为将相（世宗朝左丞相仆散忠义、章宗朝平章政事仆散揆与宣宗朝左副元帅兼枢密副使仆散安贞）的不下十例；以皇子、皇孙位居将相的有十五六人。显然，门荫制度是女真统治集团牢牢控制汉官制的重要职务和权力的手段之一，表现了落后民族统治先进民族、少数族统治多数族的特点。

第三，袭世爵是女真入仕汉官的又一途径。金初猛安谋克世袭贵族须立战功才能除授各级汉官。熙宗皇统年以后战事较少，始在世袭猛安谋克中选充、除授汉官。

以袭世爵入仕汉官的主要有两种情况：其一，本人有文才或武略，被选充擢用。如承晖，"好学，淹贯经史。袭父益都尹郑家塔割刺讹没谋克。大定十五年（1175），选充符宝祗候，迁笔砚直长"②。宣宗时官至右丞相兼都元帅。奥屯襄"大定十年（1170），袭猛安。丞相襄举通练边事，授崇义军节度副使"③。其二，遇有重大战事或朝廷政变率本部军赴之，以功受以官职。如夹谷清臣，"皇统八年（1148），袭祖驳达猛安。大定元年（1161），闻世宗即位，率本部军六千赴中都会之，以功迁昭武大将军"④。平定窝斡起义后，迁知颍顺军事，后官至左丞相。对于袭世爵入仕的女真

① 《金史》卷93《仆散揆传》，第2067页。
② 《金史》卷101《承晖传》，第2223页。
③ 《金史》卷103《奥屯襄传》，第2275页。
④ 《金史》卷94《夹谷清臣传》，第2083页。

贵族子弟，朝廷一般视其世爵高低而授汉官，谋克低，猛安高，其后则靠个人奋斗。由于受身份、环境和机遇的限制，以此入仕汉官的女真人数量不多。

第四，在开设女真进士科以前，太宗时已出现以学业入仕汉官的女真人。天会中设女真字学于西京，选诸部女真儿童入学。久之，又从中选出学业优良者送京师深造，毕业后有的授官。如纥石烈良弼、纳合椿年、耨碗温敦兀带补尚书省令史，后来均官至宰执。其后亦有因习女真字、契丹字而入仕的女真人，如平章政事粘割讹特剌，"贞元初，以习女直字试补户部令史，转尚书省令史"①。但没有形成常制。

世宗大定十三年（1173）首开女真进士科，定制三年一试，为女真平民子弟开辟了一条新的入仕途径。它标志着女真族已经达到一定的汉化程度，它的出现对提高女真官员的文化素质，促进汉文化在女真族内广泛传播具有十分重要的意义。"世宗、章宗之世，儒风丕变，庠序日盛，士繇科第位至宰辅者接踵。"②有的女真贵族宁肯不走门荫之路或放弃世爵而参加科举。完颜仲德"读书习策论，有文武才。初试补亲卫军，虽备宿卫而学业不辍。中泰和三年（1203）进士第，历仕州县"③。赤盏尉忻"当袭其父谋克，不愿就，中明昌五年（1194）策论进士第"④。足见女真人的观念已发生变化，渐与汉人同一。金后期女真宰执中进士出身达15人，其中不乏寒门子弟，显然高官集团中女真人的成分已发生显著变化。估计在低级汉官中，进士、举人出身占相当的数量，世宗大定十三年（1173）以后，女真县级官员大量出现即是一个例证。科举入仕是女真仕官制度的重大革新，亦为中国古代科举史上的创举。

总而言之，女真人入仕汉官，前期以军功为主，后期转向科举，荫补入

---

① 《金史》卷95《粘割斡特剌传》，第2107页。
② 《金史》卷125《文艺传·序》，第2713页。
③ 《金史》卷119《完颜仲德传》，第2605页。
④ 《金史》卷115《赤盏尉忻传》，第2532页。

仕贯穿始终。总趋势是女真制特点不断消减，中原化程度日益提高。在发展过程中女真统治民族的利益没有受到任何损害，反而提高了女真人的中原化水平，巩固了他们在汉官制中的地位。然而，及至金末，朝廷政治腐败，导致"仕进之歧既广，侥幸之俗益炽，军伍劳效，杂置令录，门荫右职，迭居朝著，科举取士亦复泛滥，而金治衰矣"①。

第二节　试论金代汉官制中的女真族特点②

　　历史上，落后的民族统治先进的民族，一开始，由于情况不同对先进民族的社会制度所采取的办法也不相同。女真人建国后，其初极力推行本民族的政治制度于原辽地区，占领原辽燕云地区以后沿辽州县制度。灭北宋后，又很快地接受中原的先进制度对政权进行有步骤的改造，变以女真制为主的政权为中原式政权。与此同时，金朝统治者为维护本民族的特权与地位，在行汉制的同时采取以汉制为主体兼容其他族的制度与习俗的政策，一元化于金制之中，形成具有多元制度的一体结构的特点。金代汉官制，正是在这种具体的历史条件下产生和发展起来的，不可避免地带有女真族的某些特征。同时，中国古代王朝后期官僚制度的发展趋势，又不可避免地赋予金代汉官制以新的内容与特点。这些因素促使金代汉官制在继承传统的中原汉官制的基础上又有创新，其中既有积极进步的方面，也有消极落后的方面，对后来的王朝官制的形成产生了重要影响。

---

① 《金史》卷51《选举志一》，第1130页。
② 《试论金代汉官制中的女真族特点》，原载于《东北亚历史与文化》，辽沈书社，1991年。

一、领三省事的设置

熙宗即位，以三省六部制取代了国论勃极烈制度，其中最具女真族特色的莫过于以三师领三省事的设置。北宋有"总治三省事""领三省事"。宣和七年夏四月"戊辰，诏行元丰官制。复尚书令之名，虚而勿授三公但为阶官，毋领三省事"[①]。金熙宗即位置领三省事以三师为之，是结合女真勃极烈制的废除和置汉官制而设的，具有自己的历史和政治的原因。

首先，女真统治者在摈弃女真旧制全面采用汉官制时，为了取得原掌握着国家军政大权的中央诸勃极烈的支持，必须在新官制中给予他们与过去相等的地位和权力。置领三省事，佐天子，总百官，决军政，事无不统。由勃极烈转任领三省事后，并没有使其权力旁落，相反地取得了与过去同样的地位。既可打消他们对汉官制的抵触情绪，支持官制改革，又不会在受汉职后因权力分配不等而发生矛盾斗争。在当时的历史条件下，如果诸勃极烈之间发生争斗，很可能引起全国性分裂战争，后果是十分严重的。诸勃极烈对汉官制改革的态度，决定着改革能否成功。因而领三省事的设置确为明智之举。

其次，置领三省事可通过以高官易兵权的办法，达到加强中央集权的目的。自太宗天会十年，移赉勃极烈宗翰兼都元帅，一直握重兵驻守华北，权势日重，又有很强的独立性，对中央形成潜在的威胁。诸勃极烈转授领三省事后，招宗翰归京师免去其都元帅的职务，军权收归皇帝。此后直至海陵天德二年改元帅府为枢密院为止，仅有三名领三省事一度兼都元帅：宗弼、兖（各一年）、宗贤（仅一月）。时间短又均驻中央，君主对军队的控制力明显加强。

最后，领三省事的设置在官制改革的初期，对稳定政治局面，全面转授

---

① 《宋史》卷 22《徽宗纪四》，第 416 页。

汉官制创造良好的政治环境起到了重要的作用。汉官制的核心是皇权至上，实行中央集权统治。女真奴隶主贵族集团向汉官制官僚集团转变的过程中，丧失了过去享有的一部分权力，这必然会引起守旧分子的不满和反叛。熙宗初年，女真统治集团内部革新派与保守派的斗争和大贵族间的权力之争交织在一起，大小谋反事件屡有发生。女真皇帝为得到享有崇高威望的女真宗室大贵族的支持，置领三省事委以高官重权，其中宗幹、宗弼等人辅弼熙宗利用各种政治势力的矛盾，狠狠打击了保守派的势力，保证了汉官制改革的顺利完成。

由此可见，领三省事是女真统治者根据国情全面接受汉官制的同时，为安置原来女真制中央首要大臣——诸勃极烈而设置的，因而不可避免地带有女真族旧制的遗迹。汉官制确立初期，领三省事权高势重，他们都是皇帝的父辈，受祖宗旧规影响，当时国家一切军政大事，没有领三省事的参与，皇帝几乎不能单独决定。显然这时期领三省事还具有金初勃极烈制度的大贵族联合执政的色彩。

熙宗天眷三年，经过新、旧势力的激烈较量，确立了汉官制的巩固地位。在较量中四名领三省事中有三人先后病死或被诛，仅剩宗幹一人。皇统元年宗幹病卒，直至皇统七年九月宗弼任领三省事，其中有很长时间空缺。表明在汉官制确立后，领三省事的历史作用基本完成，随着皇权日益提高，领三省事所具有的女真大贵族联合执政，共同辅弼君主的色彩逐渐消失，成为宰执中的成员，但始终保留着很高的地位。

领三省事任职人员的身份前后有变化，这与国家形势和领三省事职权变化有密切关系。最初，领三省事都是先帝皇子、极有权势的宗室大贵族。到皇统末年，熙宗沉湎于畋猎饮酒，悼后干政，帝、后、宗室各派政治势力斗争激烈。领三省事的任职人员升降频繁，其中出现一名外族人萧仲恭，此人忠君有德望，不畏权贵，熙宗任用他为的是与后派抗衡。海陵即位后，对诸领三省事或诛或罢或令其致仕，为不使大权旁落任胞弟兖为领三省事。天德四年充卒，以后所任领三省事均为宗室以外女真人和外族人。其主要原因：一是由于海陵实行打击宗室贵族，重新组成以普通女真人和外族士大夫为核心的领导集团的方针，促使领三省事的成分发生根本变化；二是海陵为达到皇权至尊目的，大幅度削减领三省事的职权，使其位高而无甚实权。贞元年间，领三省事已向最高荣誉职转变。

领三省事作为女真旧制变相存留于汉官制中，随着金政权中原化程度不断提高，领三省事的女真族特点逐渐消失，最后成为真正意义上的汉官职。海陵正隆元年中央变三省制为一省制，领三省事被废止。

二、军政合一的特点

军政合一是女真族官制的显著特点之一。女真人接受汉官制后总体上仍保持了军政合一的特点，但在各时期表现的程度和范围不同，大体是初期强烈，中期减弱，后期复盛。使金代汉官制别具特色。

金初，汉官制一出现就表现了强烈的军政合一的特点。太祖、太宗时期，地方路、京府、州各级汉官都兼理军民政务，如王伯龙，天辅二年"知银州，兼知双州。四年，太祖攻临潢，伯龙与韩庆和以兵护粮饷"[1]。郭药师，太宗任为燕京留守，"从宗望伐宋"[2]。估计金初各级地方汉官均统军镇抚一方，并负有率军从征的职责。这与女真军事民主制的传统是相一致的。金占领黄河流域后，地方汉官的军事职掌开始减弱，尤其中原地区汉官主要掌民政。表明女真统治者由军治转向政治。

金前期国家最高军事汉官机构元帅府（太宗天会三年至海陵天德二年）始终具有军政合一的特点。初以最高军事首脑兼任中原地区行政长官，熙宗皇统年改以宰相或行台丞相兼任元帅府长官。这在金以前汉官制度中很少见，仅辽朝以汉人枢密院领中书、尚书省掌汉人军政事务。金与辽又有区

---

① 《金史》卷81《王伯龙传》，第1820页。
② 《金史》卷82《郭药师传》，第1834页。

别，不是以汉人治汉人，而是女真军队主力驻守中原，以军队首脑治理中原政务。表现了女真统治者对汉人的不信任，符合落后民族统治先进民族往往付之于武力，靠军事优势实行高压政策的普遍现象。只有在统治民族文化水平普遍提高后，军事统治的色彩才能逐渐减弱。

熙宗"天眷官制"中没有设置中央军事决策机关，最高军事统帅机构（元帅府）又设在中原。中央领三省事和宰执虽不兼军事职务，但国家重大军务均由他们决定。皇统元年金再次对宋开战，始以宰相兼军职，具有统兵权。"以宗弼为尚书左丞相兼侍中，都元帅，领行台如故。"①宗弼统军伐江南，宋人割地求和，"宗弼以便宜划淮为界"②，缔结和议。翌年二月，宗弼还京师，官职不变。此后金朝终未能把将相权彻底分开，然而也没建立宰相兼元帅府官员的固定制度，时而单受军职，时而以宰相兼军职。天德二年以前，都元帅曾为领三省事（宗弼、宗贤、兖）、左丞相（宗弼、宗贤）、右丞相（亮，即海陵）兼领。左副元帅曾为领三省事（宗敏）、左丞相（秉德）、行台左丞相（撒离喝）兼领。显然一人兼军政职时并不求官品完全一致，军职往往只是根据国家形势或宰相个人的功劳、在朝廷中的地位而授，其中也有统治阶级内部争权夺势斗争的成分。枢密院设置后，一般不以宰执兼枢密使、枢密副使，遇有战事复置元帅府时，则仍多以宰相兼任军事统帅，亲自统军作战。尽管这种制度与中原汉官制有某些吻合，但不能视为女真人学习汉制而形成的，应看作是女真族军政合一的古老传统在新官制中的遗存。

金朝后期，汉官制中军政合一的特点又显著发展起来。章宗时，北边蒙古起事，南边再对宋开战，国内又有治黄河、括地诸棘手之事。于是开始在各要地临时设置行省，以宰执主之，具有较大的军政自主权，行省下统有军队。宣宗南迁后，不仅行省遍地，又于"沿河诸城置行枢密院元帅府，大者

---

① 《金史》卷4《熙宗传》，第77页。
② 《金史》卷4《熙宗传》，第77页。

有'便宜之号',小者有'从宜'之名"①。或以一人兼领行省和行元帅府,如兴定二年,"以(仆散)安贞为左副元帅权参知政事行尚书省元帅府,及唐、息、寿、泗行元帅府分道各将兵三万,安贞总之,划定期日,下诏伐宋"②。行省长官是朝廷在各地的军政全权代表。金代行省是承唐行台之制演变而来,金末各地普遍设置行省,除其他因素外,与猛安谋克兵制具有寓兵于民的特点和女真统治者一直存留军政合一的观念有密切关系,从而使金末官制中普遍具有军政合一的特点。

三、汉官封爵的女真族特点

金代汉官封爵可分为两种:一是女真族世爵,即猛安谋克;二是汉族爵位,即王、公、侯、伯、子、男。

(一)猛安谋克世爵

金代猛安谋克制度是一种复杂的民族制度,包含许多内容,这里仅论及作为世爵的猛安谋克。

太祖、太宗时期,受封猛安谋克的汉官既有女真人,也有契丹、渤海、汉人,他们都具备一定的条件。其一,在对辽、宋战争中战功卓著,被授予猛安或谋克。如,余里也,"从宗望伐宋,以功迁真定路安抚使兼曹州防御使,佩金牌。授苾里海水世袭猛安"③。其二,女真奴隶主贵族出身的官员,他们有的本人原是氏族贵族,建立猛安谋克制度时转授猛安或谋克。有的是袭父、祖猛安或谋克,后出任汉官。如"蒲察胡盏,案出浒水之人。年十八从军,其父特厮死,袭为谋克",从伐辽、宋有功,"授德顺州刺史,改陇州防御使、凤翔尹"④。其三,率部降附金朝的各族首领和官员,女真统治者视其人数的多少授以猛安或谋克,并委以汉官。如"王伯龙,沈州双城人。

---

① 《金史》卷44《兵志》,第1004页。
② 《金史》卷102《仆散安贞传》,第2246页。
③ 《金史》卷66《合住传》,第1562页。
④ 《金史》卷81《蒲察胡盏》,第1819页。

辽末，聚党为盗。天辅二年，率众二万及其辎重来降，授世袭猛安，知银州，兼知双州"①。不具备上述条件的汉官，即使居高官显位也未必能得到封授。如金初著名汉官燕、云枢密使刘彦宗、韩企先、时立爱等人都没有得到猛安谋克世爵。另外，应注意到金初封授的猛安谋克世职中，女真人与其他民族有差别，女真族猛安谋克既有领地又有民户，其他族猛安谋克可能没有领地只食民户。

熙宗汉官制改革后，"天眷三年，罢汉、渤海千户谋克"②。他们的封爵同时被免除，仅有极个别人因是勋旧大臣得以保留世爵。③此后"非宗室勋臣之家不封，勋臣之家亦止本色人及契丹、奚家而已"④。受封猛安谋克的汉官享有女真贵族的荣誉和待遇，故事实上女真皇帝极少再新封授外族人。汉官封授猛安谋克逐渐制度化，主要有如下几种途径：

第一，宗室、世戚出身的汉官是封授猛安谋克的主要对象。熙宗以后新授猛安谋克世爵的汉官大都是宗室，女真皇帝不仅大封前朝君主的子孙，而且亲自封授皇子，如世宗将六名皇子都授予世袭猛安。金中期以后，世戚在统治集团中的地位明显提高，查《金史世戚传》所收18人中11人有世袭猛安谋克的封号。女真统治者通过封授世爵，保持宗室、世戚的崇高地位，巩固他们手中的权力，从而形成一个坚固的女真贵族统治核心。

第二，父、祖对国家有大功，后人得封或承袭猛安谋克。这类汉官受封有两种途径：一是父、祖有猛安谋克世爵，本人为长子承袭之。如"磐本名蒲速越，以大臣子累官登州刺史，袭猛安"⑤。二是父、祖虽有大功但不及封授猛安谋克而卒，追封子孙，如宗尹，大定八年"录其父功，授世袭蒲与路

① 《金史》卷81《王伯龙传》，第1820页。
② 《金史》卷80《大㚖传》，第1809页。
③ 《金史》卷80《大㚖传》，第1809页。
④ （宋）宇文懋昭撰，崔文印校证：《大金国志校证》卷35《除授》，第507页。
⑤ 《金史》卷80《宗磐传》，第1810页。

屯河猛安，并亲管谋克，除太子太保，枢密副使如故"①。使许多女真汉官得到猛安谋克封爵，一方面可以加固女真官员对国主的向心力；另一方面又促使女真汉官保持本民族特色。同时还含有笼络契丹等族官员和压制汉族官员的成分。

第三，授予汉官中功劳卓越的女真人。熙宗时三、四品以上有一定功绩的女真军、政汉官很多人被授予世袭猛安谋克。如左副都点检（从三品）宗贤，"皇统四年，授世袭谋克，转都点检，封豳国公"②。世宗时以功受封的汉官显著减少，一是由于女真汉官多以门荫入仕，高级官员中贵族占优势，他们大多已袭世爵，没有猛安谋克封号的人不多。二是由于世宗是具有强烈民族意识的皇帝，对猛安谋克的封授十分重视，绝不肯授以外族人，对本族人封授标准也更加严格。即使官至一品的丞相一般也只授世袭谋克，有卓越功绩（主要是军功）的人才授世袭猛安。如，完颜守道，大定十八年"迁左丞相，授世袭谋克"③。当朝名相纥石烈良弼"表乞致归田里"，才"授胡论宋葛猛安，给丞相俸僎，良弼乃致仕归"。④世宗以后这种封授方式更为少见。但是，金末，在抗蒙伐宋战争中，以军功得封猛安谋克的汉官猛增，而且不分女真、契丹、汉人。使猛安谋克世爵丧失了原来的意义，成为女真统治者笼络人心的应急措施之一。

猛安谋克承袭法规定"若袭封之人亡，及因他故合去官者，许令长男继之。如长男已亡，或笃废疾者，子孙继之。长子与孙俱亡，次子继之。本枝绝，兄弟继之。兄弟无，近亲继之"⑤。通过代代承袭，到了金中期女真汉官中具有猛安谋克封爵的人很普遍，有的女真贵族"一门世封猛安五人，谋克

① 《金史》卷73《宗尹传》，第1674页。
② 《金史》卷70《宗贤传》，第1620页。
③ 《金史》卷88《完颜守道传》，第1957页。
④ 《金史》卷88《纥石烈良弼传》，第1955页。
⑤ （宋）宇文懋昭撰，崔文印校证：《大金国志校证》卷35《除授》，第507—508页。

十七人"①。这使女真人在各族汉官中地位特殊待遇优厚，始终保持了统治民族的地位。另一方面又使他们与本家族、宗族保持着密切联系，使之在一定程度上保持着本民族的特色，延缓了女真汉官与汉族士大夫同化的过程。

（二）汉族封爵

封爵是汉官制度的重要内容。天会十三年，照宗封宗翰为晋国王、宗磐为宋国王②，这大约是金代封爵之始。天眷元年十月确定封国制③，将女真部族、姓氏纳入汉族封爵制度，使之别具特色。

《金史》卷55《百官志》记载："正从一品曰郡王，曰国公。正从二品曰郡公。正从三品曰郡侯。正从四品曰郡伯。（旧曰县伯，承安二年更），正五品曰县子，从五品曰县男。"这大约是章宗时期的封爵制度。事实与之稍有不符，《金石萃编》卷一五八："正大四年，李文本爵为陇西郡开国子，食邑百户。"又有蒲察家奴被封为彭城郡男④，说明郡伯之下还应有郡子、郡男。章宗以前一品中还有国王或王，分三个等级。封王（国王）大国二十，次国三十，小国三十，基本是中原旧有的国名，郡王号有十："金源、广平、平原、南山、常山、太原、平阳、东平、安定、延安。"⑤其中有女真地名，也有中原地名，"其封赠法皆依宋朝旧制，止无加封。若既封之后，必待及品格则再封，兼止从其官，不从其职"⑥。

另外，对于女真人还有一项特殊规定，女真人（其中包括部分外族姓氏）受封郡号有四：金源、广平、陇西、彭城。其中白号之姓，完颜等二十七姓皆封金源郡，裴满、徒单等三十姓皆封广平郡，吾古论等二十六姓皆封陇西郡。黑号之姓唐括、蒲察等十六姓皆封彭城郡。白、黑二号之姓大

---

① （金）元好问：《元好问全集》卷27《龙湖卫上将军术虎公神道碑》，姚奠中主编，李正民增订，山西古籍出版社，2004年，第632页。

② 《金史》卷74《宗翰传》，第1699页；卷76《宗磐传》，第1730页。

③ 《金史》卷4《熙宗传》，第73页。

④ 王可宾：《女真国俗》，吉林大学出版社，2012年，第100页。

⑤ 《金史》卷55《百官志一》，第1229页。

⑥ （宋）宇文懋昭撰，崔文印校证：《大金国志校证》卷35《除授》，第508页。

概是女真原始的婚姻集团或氏族的标志，后来沿袭下来，分衍成诸多姓氏。将封号与郡望相结合大约始于唐代，金效唐制将女真各姓分别附于各郡号。然而，若考察各姓地望，仅完颜氏与"金源"地望相关，广平、陇西、彭城是中原地名，与女真各姓旧居地无任何关系，显然是汉官制改革后，女真人效法汉人的一种比附。在实际封授时，白号姓内所附三郡号并不十分严格，如完颜氏主要受封为金源郡号，但也有人被封为广平郡号，如完颜晏，大定元年"拜左丞相，封广平郡王"①。白、黑两号之间所封郡号相对严格些。还有的女真人被封为四郡以外郡号，如宗宪，"天德初，为中京留守，安武军节度使。封河内郡王。改太原尹，进封钜鹿郡王"②。说明《百官志》中的规定是就其姓氏的主要部分而言的。女真四郡号间存在着等级差别，金源居首，广平次之，陇西、彭城不属封王郡号，只见有公、侯、伯、子、男的封号，这与金朝在各方面给宗室以优遇的原则是一致的。

　　除上述特点之外，海陵正隆官制改革后，又呈现出新的显著特点，即官僚机构简单，权力高度集中。唐宋以后不断强化中央集权和君主集权制已成为汉官制发展的趋势，中央三省制趋于简化在北宋元丰官制已见端倪。金天眷官制以尚书省为主，中书、门下二省几乎形同虚设。海陵正隆官制完成了三省制向一省制变革，这不仅使君主集权制达到顶峰，同时促使传统的中原汉官统治体系发生变化。金朝晚期在州县之上普遍设置军政一体的行省，这固然有防御战争需要和女真传统体制影响的因素，然一省制与行省的适应性才是行省得以存在并广泛推行的主要原因。正隆官制及受其影响官制出现的新变化和新特点，在中国古代王朝官制史上具有划时代的意义，对元明清官制的形成产生了巨大的影响，成为古代多民族国家官僚制度的又一个新模式。

---

① 《金史》卷 73《晏传》，第 1673 页。
② 《金史》卷 70《宗宪传》，第 1616 页。

第三节　试论文治武功在金代官政中的表现[①]

金代官政是研究金代政治制度史的核心课题之一，它是金朝统治者组建、整顿、提高、治理国家官僚集团的基本原则和政策，集中地体现了历代女真统治者的治国思想，直接关系着官僚集团的整体素质和官僚机构的运转效率。金代官政中既有对女真本俗的传承，也有对中原式官政的继承；并且随着国家形势的发展，革新某些传统弊政，形成了具有民族特色的官政。

金代官政各时期不尽相同，内容广泛繁杂。它与国家政治形势和中心任务，以及君主的好恶有着密切关系。在金朝由兴入盛转衰的过程中，文治武功在官政中的表现形式和比重发生显著的变化，对国家政治产生十分重要的影响。本节仅就文治武功在金代官政中的消长与影响，以及存在的社会原因等问题进行初步探讨，以就教于专家、学者。

一、崇尚武功

金初与金末，金朝皆在战火之中，战争的胜负关系到国家的存亡，因而武功成为任免、升黜官吏的重要依据和标准。但由于两个时期国家形势截然不同，其官政所产生的效果相差亦远。

金初，女真人刚刚迈入阶级社会，金太祖在马背上建国，反辽灭辽的战争与新兴的奴隶主阶级对外掠夺财富的战争交织在一起。战争的胜败关系到女真民族的存亡；同时，武功也被女真人视为获取财富（人口、牲畜、财物）和升官晋爵的最荣耀的途径。这是金初官政实行崇尚武功的历史条件和

[①]《试论文治武功在金代官政中的表现》，原载于《辽金史论集》第八辑，吉林文史出版社，1994年。

社会基础。阿骨打起兵反辽誓师于来流水之畔，誓词中即有"有功者……庶
人官之，先有官者叙进，轻重视功。苟违誓言，身死梃下，家属无赦"①。
金朝建立后，这一成规成为一项重要的官政，故女真人人争相参战，踊跃杀
敌。时人言："女真兵若满万则不可敌。"②随着对辽战争的胜利，以武功
入仕获得高官厚禄的官吏与日俱增。中央诸勃极烈的任命与升迁虽主要受其
家族地位的制约（均为皇族宗室大贵族），同时本人也必须有卓越的军事才
能。地方各路首任长官皆由率军攻占这一地区的女真军事将领担任。京、
府、州各级官吏亦多视军功而委任。这更加刺激了金朝中央与地方官吏（金
初各级官员职掌多兼管军政）在对辽、宋战争中骁勇顽强，以少胜多的战例
不胜枚举。崇尚武功的官政加速了金朝灭辽、北宋两个王朝的进程，开创了
国家规模，立稳了国家根基，成为与南宋划淮而治，雄踞北方的王朝。

　　金末，朝廷政治腐败，国势日渐没落。在北方草原的蒙古汗国南下侵金
的强大攻势下，女真统治者一面对蒙古妥协投降，南逃迁汴；一面再次推出
崇尚武功的官政，以图激励官民抗战，恢复祖宗的基业。然而，这对于已经
腐败堕落的官僚集团所起的作用只是微乎其微。宣宗末年与哀宗时期，朝廷
宰执、行台、行部的重臣，几乎都是由武将而拜相、委任的。然而，金蒙战
争中，金朝胜少败多，战胜任官升迁，战败却不严厉惩处。如金末重臣术虎
高琪因败宋军累官至元帅右监军。金宣宗初年，蒙古大军围攻中都，高琪每
出战辄败，恐权臣纥石烈执中治罪，出兵杀执中，宣宗拜高琪为平章政事，
入相朝廷。朝廷的腐败政治，使崇尚武功的官政失去了往日的号召力。上行
下效，妥协、投降派占上风，官吏不思抗战卫国，而是降蒙做官，或割据称
王，金朝统治很快陷于分崩离析，走上灭亡的道路。由此可见，同是一种官
政，在不同的政治条件下，起着截然不同的作用。

---

① 《金史》卷2《太祖纪》，第24页。
② 《金史》卷2《太祖纪》，第25页。

二、政绩与武功并举

金太宗（天会五年灭北宋以后）和熙宗时期，国家的中心任务由对辽、宋战争转向巩固新占领地区的统治。当时女真统治者一方面急于建立、健全各种制度，理顺中央对原辽、宋地区的统治机制，在此基础上完成国论勃极烈制度向三省六部制的变革，实现国家政权中原化。另一方面，金宋关系尚处于战争状态，女真统治集团欲乘胜追击宋高宗赵构，以图灭亡南宋。同时中原地区原宋朝官民组织起声势浩大的抗金武装，对金朝统治形成严重的威胁。

在这种形势下，金朝官政一个突出的特点即为"武功与政绩并举"，体现在官僚集团中，又表现出因民族不同，而文武各有侧重。一般地说，考察女真族官吏注重武功，考察汉、渤海等族官吏注重政绩，这是由各族官吏在分职上的特点所决定的。自金朝建立后，女真统治者从不肯轻易将军权委与他族人，从中央到地方军权牢牢地掌握在女真人手中。如府州官职的人员分配，大体是"一金人，一燕人（辽人），一南人（宋人）共同镇守"。通常以女真人掌兵马租赋，汉人或他族人掌诉讼、民政，"有公事在官，先汉儿，后契丹，方到金人……有兵权钱谷先用女真，次渤海，次契丹，次汉人"[①]。以小见大，这基本体现了这一时期金朝官制的分职。对于进入文明社会仅仅二十余年的女真统治集团，治理偌大个多民族国家尚力不从心，必须任用大批汉、渤海、契丹等族官吏，治理在战争废墟上建立起来的国家。这是武功与政绩并举的官政施行的政治条件和历史背景。

金朝官制在一定程度上始终保持着军政合一的特点，国家高级官职更是如此（通常由女真贵族任职）。在金太宗、熙宗时期，诸勃极烈和女真宰执大多是兼掌军政，单纯的高级军事将领几乎不存在。因而，对女真官员的

---

① （宋）徐梦莘：《三朝北盟会编》卷98《靖康中帙七三》引《燕云录》，第725页。

考核、升迁、降黜，不仅仅以武功为依据，而是以武功为主，参用政绩；或武功与政绩并举。在这一时期，权倾朝廷的重臣首推太宗朝的国论移赉勃极烈完颜宗翰（熙宗初转任领三省事），和熙宗朝的将相完颜宗弼（兀术）。宗翰在灭辽、北宋的战争中战功最为显赫，天会十年（1132）晋职兼领都元帅，领燕云枢密院。他既是中央诸勃极烈成员之一，又是国家最高军事长官，又统辖着最富庶的南部地区，是太宗末年最有实权的政治势力。宗弼是继宗翰之后，金对宋战争中战绩斐然的第一人，他对扩大、巩固金朝在中原的统治领域，与南宋划淮为界立下了汗马功劳，官至领三省事、都元帅、领行台尚书省事，亦集中央军政和地方大权于一身。两人皆以武功官至极品，但在金朝由女真制为主的政权向中原式政权的变革中，他们政治主张不同，政绩不同，个人结局也不一样。宗翰顽固地坚持奴隶主贵族的立场，对中原人民施行种种暴政，"盗及一钱者罪死"①；强令汉人削发易服，"不如式者死"②；无故大索两河人民拘行于旅途，成千上万的汉人一日间便沦为奴隶，或卖或杀，惨不忍睹③。使华北地区在遭受战争摧残之后，社会经济更加凋零残破。宗翰在中原的毒政，与金太宗后期力图理顺对汉区的统治关系，恢复北方社会生产，缓和民族矛盾的施政方针大相径庭。因此太宗末年开始削减宗翰的权力，熙宗在着手政权汉官制改革之初，罢免宗翰的军权和对华北地区的统辖权，将其召回中央。不久，宗翰因其党羽势力被剪除，愤懑而死。宗弼在汉制改革中，与熙宗的政治主张一致，积极投入改革斗争之中，从改革派的执行者到决策人之一，为剪除保守势力做了大量而重要的工作。在他掌理朝政期间，中央官中开始逐渐重用原宋官吏，提高官僚集团的执政水平。治政上讲求财用，主张与民休息，恢复社会经济。在中原（行台地区）革除刘齐政权弊政，减税三分之一，令齐军将士解甲归田，增加社会生产劳

---

① （宋）宇文懋昭撰，崔文印校证：《大金国志校证》卷7《太宗纪五》，第113页。
② （宋）宇文懋昭撰，崔文印校证：《大金国志校证》卷5《太宗纪三》，第84页。
③ （宋）宇文懋昭撰，崔文印校证：《大金国志校证》卷6《太宗纪四》，第106页。

动力。政权政治制度不断巩固、完善，北方社会经济由残破转向恢复、发展。宗弼所取得的政绩深受熙宗赏识，直到病卒，始终是熙宗所倚重的辅弼大臣。

金太宗和熙宗时期正是金朝由马上取天下，向马下治国家的转轨时期，武功文治对国家的存亡兴衰同样重要，不可偏废一方。由武功文才政绩入仕迁官皆有之，然这一时期，官僚集团之中无武功不能任高官（也有个别的现象），无政绩不能善始终。这种官政是与金朝官僚集团是以女真人为主的特征相适应的。

三、注重政绩

金海陵王、世宗、章宗三朝是金朝和平建设时期，战事不多，国家各种制度日臻完善，中原化程度不断提高，女真族最后完成了奴隶制瓦解的社会变革。官僚集团内部消除了奴隶制残余，官政更多地吸收了汉族官政中以重政绩为主的特征。然因社会条件的差异和君主个人的喜好，又出现了重吏治与行仁政的区别。

（一）崇尚吏治

大凡古代王朝处于经济向上发展时期，帝王多崇尚吏治。海陵王生性好大喜功，官政中重吏治的特征尤为显著。海陵时，注重官吏在本职范围内所施展的能力和取得的效益，提拔一批理财能手。如张浩，任平阳尹时，严行法治，平盗息乱，"强宗黠吏屏迹，莫敢犯者，郡中大治"。累官至尚书右丞。又营建中都有方，使"天下乐然趋之"，按期完成浩大的工程，迁官至左丞相、尚书令[1]。右丞相蔡松年亦是以善理财而著称，在他的主持下，"徙榷货务以实都城，复钞引法"，都城及京兆置钱监[2]。这一时期，从中央到地方各级的官吏多讲求财用，对金朝社会经济的发展起到了重要的促进作用。

---

[1] 《金史》卷83《张浩传》，第1863页。
[2] 《金史》卷125《蔡松年传》，第2716页。

为督促官吏恪守职掌，海陵以法治官。首先，中央建立了完备的监察机构。实行一省制之后，以御史台监察尚书省，防止尚书省滥用职权。以登文检院监察御史台，有不当事告尚书省。又以登文鼓院监察登文检院，理断不当事告御史台。彼此制约，环环相扣，无所疏漏。其次，提高监察机关的效率，诏御史台官吏："自今百官有不法者，必当举劾，无惮权贵。"[①]令其勿徇私情，官吏有不法事不弹劾者，不可；而鞫事不实，亦以法杖之。最后，奖勤罚懒以提高官吏办事效率。海陵多次戒敕宰相以下官，曰："朕不惜高爵厚禄以任汝等，比闻事多留滞，岂汝等苟图自安不以民事为念耶？自今朕将察其勤惰，以为赏罚，其各勉之。"[②]又诏："朝官称病不治事者，尚书省令监察御史与太医同诊视，无实者坐之。"[③]使百官勤于职守。海陵朝注重官吏政绩的成效，因其大小而擢用之，为政无绩者不受重用，无能力不能尽职者，遭到贬黜。故"当时宰执止以案牍为功"[④]，促使一些官吏为政不务远图，止以苛刻为事。急功近利，虽然取得了显著的政绩，国力增强了，但也造成一些社会矛盾。在某种意义上说，此种官政也是酿成海陵末年社会矛盾和民族矛盾、阶级矛盾激化的原因之一。

金朝前期，女真族官员几乎垄断了中央军政和地方最高官职，但在注重政绩，尤尚吏事的官政下，大批汉、渤海、契丹等官吏，由于善于理财、治政，政绩卓著而受到重用，擢任为省、台高级官员。打破了熙宗以前宰执为女真宗室贵族所垄断的局面，使官僚集团内部的民族结构发生重大的变化，为金朝进入鼎盛时期准备了擅长经济之术，能力较强的官僚集团。

（二）倡行仁政

金世宗、章宗时，宇内小康，典章文物灿然成一代治规。统治者全面接受汉族官政，最突出的特点是倡行仁政，仁政的主要内容在于"爱养下民"

① 《金史》卷5《海陵纪》，第96—97页。
② 《金史》卷5《海陵纪》，第97页。
③ 《金史》卷5《海陵纪》，第97页。
④ 《金史》卷7《世宗纪中》，第160页。

"使百姓蒙利""天下安乐"，如此"上当天心，福必报之"①。推行仁政重在以文德感化下民，要求官吏为政当宽严适度，过宽"有罪不问，既过之后则谓不知"，纪纲不正，仁政不行；过严"有罪必责，则谓每事寻罪"，易导致民心不安，吏民思乱。朝廷考察官吏政绩行为亦以此为原则，"太宽则人不知惧，太猛则小玷亦将不免于罪"。过宽过严其结果是一样的。故世宗说："朕尝思之，赏罚不滥，即是宽政也。"为政"惟当用中典耳"②。可见女真皇帝对汉族儒家仁政的核心思想"中庸之道"理解至深，并身体力行，推行于官政和治民政策之中。

金世宗、章宗二世择官标准已基本汉化，既与金初崇尚武功，重用军将之策迥然不同；也与汉官制度刚确立时期，重用有吏治之才的官政有明显不同。统治者从国家长治久安的目的出发，更加重视国泰民安的宏远大计，重用官吏中为政清廉，忠直德行之士。世宗曾说："夫儒者操行清洁，非礼不行。以吏出身者，自幼为吏，习其贪墨，至于为官，习性不能迁改。政道兴废，实由于此。"③把任用儒者看作政道兴废的关键。金前期女真统治者任用汉人多是辽人，压制宋人。自海陵以后，到世宗、章宗时逐渐转向重用原宋人，推尚儒士忠直、清廉、纯谨、练达的品行。世宗说："南人劲挺，敢言直谏者多，前有一人见杀，后复一人谏之，甚可尚也。"④德与才在世宗看来，前者更为重要。"人之有干能，固不易得，然不若德行之士最优也。"以吏事之能而见称的官员，很少委以重任。左宣徽使敬嗣辉才能过人，因欠纯实，世宗戒谕之："凡为人臣，上欲干民之誉，必亏忠节，卿宜戒之。"世宗时不仅帝王左右的朝廷大臣须是忠实之人，皇储府邸官属，亦"选纯谨秉性正直者充，勿用有权术之人"⑤。章宗时承世宗既定官政基本思想不变，

---

① 《金史》卷7《世宗纪中》，第173页；卷8《世宗纪》，第199页。

② 《金史》卷7《世宗纪中》，第171页；卷8《世宗纪》，第185页。

③ 《金史》卷8《世宗纪下》，第185页。

④ 《金史》卷8《世宗纪下》，第184页。

⑤ 《金史》卷6《世宗纪上》，第141页；卷8《世宗纪》，第192—193页。

谕尚书省："官吏有能务行德化者，擢而用之，则教化可行，孝弟可兴矣。今之所察举，皆先才而后德，巧猾之徒，虽有脏污，一旦见用，犹为能吏，此廉耻所以丧也。若谕所司，察举官吏，心审真伪，使有才无行者不能觊觎，非道求进者加之纠劾，则奔竞之俗息，而廉耻可兴矣。"①一是为国家政治修明，官吏廉洁报国，统治机制运转通畅，效率显达。二是为教化风俗，"凡士民之孝弟姻者举而用之，其不顾廉耻无行之人则教戒之，不悛者则加惩罚"②。使百姓懂得依照仁义礼智信的道德规范行事，以建立稳定的社会秩序。倡行仁政取得显著成效，君臣百姓上下相安，家给人足，仓廪有余，宇内小康。

　　世、章二世监察官吏尽职的政策与海陵时有较大差别，由以责罚为主转向勉励为主，台谏之臣不仅要劾恶，更重要的是举善，不可只录其恶而不举其善，亦不可只理细务，以细碎之事责谪官吏。世宗一再告诫台谏机关："自三公以下，官僚善恶邪正，当审察之。若止理细务而略其大者，将治卿等罪矣。"③认为"专任责罚，不如用赏之有激劝也"④。令监察御史分路刺举善恶以闻，扬善去罪，赏罚并用，勉励官吏尽职尽责。由于任用官吏以德重于才，考核官吏不再是一时一事而擢任，而是进行全面考察。任官与升官十分慎重，尽管是职低位轻的小官，对求入仕者，亦"问以疑难，令剖决之。其才识可取者，仍访察政迹，如其言行相副，即加升用"⑤。平时对各级官吏不断地进行考察，据职官政绩表现，分廉能、污滥、不职三等而黜陟之。虽为政有称誉之声，亦要明访暗察其名实相符，方可第其政绩，各进官旌赏。重用德行之士是为勉励百官尽忠之道，以社稷利益为重，不计较个人得失。通常官居下位，欲冀升进，勉为公廉，贤不肖尚不可尽知。及其地位

① 《金史》卷10《章宗纪二》，第228页。
② 《金史》卷8《世宗纪下》，第187页。
③ 《金史》卷6《世宗纪上》，第129页。
④ 《金史》卷8《世宗纪下》，第198页。
⑤ 《金史》卷8《世宗纪下》，第191页。

通显，观其施为，方见本心。世宗曾谓宰执曰："朕观在位之臣，初入仕时，竞求声誉以取爵位，而既显达，即徇默苟容为自安计，朕甚不取。"①又有一些职官，"须职位称惬所望，然后始加勉力，其或稍不如意，则止以度因为务，是岂忠臣之道耶？"②官居高位为自守而不求进取，不敢极言进谏以论及国家要务；或计较官位高低，不以国事为重，皆以度日为务，非忠信德行之士所为。统治者不断督促宰执重臣自检行为，为百官做忠臣之表率。同时，宰执尚负有教化风俗，清正官风的职责，若"风俗不淳，官吏苟且"，皇帝赐宰执手诏以责之。③在这种官政之下，察廉任用官吏重在升举德行才能之士，才智过人品行浇浮之人，犹不当用。④有才无德之官或不受重用，或遭贬谪官位不能守；德才兼备之官则不断升迁，或可位至宰执。

终金一代，女真统治者十分重视保持女真人在官僚集团中的统治地位，在政权中原化程度日益加深的形势下，为提高女真族官吏的行政素质，采取将女真传统文化与汉族儒学接轨的手段，使之懂得仁义道德之所在，在不丧失女真族本色的前提下，成为掌握儒学的官吏，以保证其统治地位不发生动摇。

金世宗曾说："女直旧风最为纯直，虽不知书，然其祭天地，敬亲戚，尊耆老，接宾客，信朋友，礼意款曲，皆出自然，其善与古书所载无异。"⑤将女真传统文化比附儒学，认为女真人纯直俭朴的古风与儒家所倡导的忠正清廉是一致的。在两种文化有共同点的基础上，大力提倡女真人学习儒家经典，以女真文不断翻译汉族历代经、史、子、集中的经典著作，增设健全女真学校。世宗说："朕于圣经不能深解，至于史传，开卷辄有益。每见善人

---

① 《金史》卷6《世宗纪上》，第144页。
② 《金史》卷7《世宗纪中》，第162—163页。
③ 《金史》卷10《章宗纪二》，第236页。
④ 《金史》卷10《章宗纪二》，第233页。
⑤ 《金史》卷7《世宗纪中》，第164页。

不忘忠孝，检身廉洁，皆出天性。"①在女真官吏中上至皇储、将相，下到猛安谋克，倡导学习以儒家为核心的中原文化。大定十三年（1173），开设女真进士科，以儒家经典取士。使女真族中出现一批以科举入仕的官吏，其中材杰之士，尤其得到统治者的重视。如徒单镒、夹古阿里补、尼厖古鉴等人，门第不高，非皇室宗族，但在较短时间内官至宰执。女真官宦子弟多由门荫入仕，初入侍为护卫、亲军，经一定年限出职授官。世宗以护卫日后皆是治民之官，"其令教以读书"。章宗诏"诸有出身承应人，系将来受亲民之职，可命以属谕使为学。其护卫、符宝、奉御、奉职，侍直，近密，当选有德行学问之人为之教授"②。又诏"亲军三十五以下令习《孝经》、《论语》"③。女真族世袭官"猛安谋克皆先读女直字经史然后承袭"④。并以廉能考核女真官吏，大定十三年八月"诏赐诸猛安谋克廉能三等官赏"⑤。护卫年老且不识字者，以其不能治民，不再授亲民之职。青壮年护卫亲军之中，已到年限尚不识字者，虽令其依例出职，然若不能尽职，涉赃贿，"必痛绳之"⑥。将女真官员纳入行仁政的官政之中。

世宗、章宗与历代女真帝王一样，出于维护本民族和本阶级的利益，在所推行的官政中对女真官吏给予种种优遇。女真贵族出身的人既无政绩又无武功，更谈不上德才之士，同样可授职升迁。大定三年（1163）八月诏："祖宗时有劳效未曾迁赏者，五品以上闻奏，六品以下及无职事者尚书省约量升除。"⑦世宗、章宗时此类诏书时有所见，施恩泽于宗室子弟，授以各种官职、散官，量予廪禄，使之名位可称。然而既任为官，即便是皇亲国戚宗室贵族出身的官吏，也不可为所欲为，对于他们的不法行为同样要绳之以

---

① 《金史》卷8《世宗纪下》，第195页。
② 《金史》卷9《章宗纪一》，第210页。
③ 《金史》卷12《章宗纪四》，第270页。
④ 《金史》卷8《世宗纪下》，第192页。
⑤ 《金史》卷7《世宗纪中》，第159页。
⑥ 《金史》卷8《世宗纪下》，第194页。
⑦ 《金史》卷6《世宗纪上》，第132页。

法。世宗说："朕于女直人未尝不知优恤。然涉于赃罪，虽朕子弟亦不能恕。"[1]为政廉洁是官吏必须遵守的基本原则，女真显贵亦不能例外。这既与女真传统观念的好恶有关，亦与国家行仁政的总体官政密切相关。

文治武功在金代官政中的消长、变化，体现了金朝政治制度由女真制度向中原式制度发展变化的过程，表现了女真统治集团不断吸收汉族文化，运用于官政之中，促使金朝官僚机构引进汉族制度的运转机制，使之逐渐成为保有某些女真族统治特征的中原型王朝。

---

[1] 《金史》卷 8《世宗纪下》，第 194 页。

第五章　金代民族·经济

第一节　金代东北民族分布与民族迁徙 [1]

金朝是由女真人建立的北方民族王朝，东北地区作为女真人的勃兴之地，成为金朝重点发展和建设的地区。由于金朝前期女真统治者实行南北民族大迁徙政策，东北地区民族杂居现象十分普遍，民族分布格局也出现了一定的变化，但在各民族的传统聚居地仍然呈现出各民族相对聚居的分布格局。

一、东部地区的民族分布

东北的东南部地区，女真起兵反辽时，这里是汉人、渤海人和系辽籍女真人的杂居地。完颜阿骨打首先积极联合辽东半岛的渤海人和系辽籍女真人共同反辽，他一面派遣归降的渤海人梁福、斡答剌返回故乡，"招谕其乡人曰：'女直、渤海本同一家，我兴师伐罪，不滥及无辜也。'"以女真与渤海的先世都同出于肃慎—靺鞨族系而称"本同一家"，以感召渤海人参加到女真人反辽斗争中去；一面派大将完颜娄室"招谕系辽籍女直"，以联系本族人共同反辽。[2] 金朝在系辽籍女真人的协助下很快占领了辽东，平定了企图乘机独立的渤海人高永昌的势力。

---

① 《金代东北民族分布与民族迁徙》，原载于《金上京文史论丛》第二集，哈尔滨出版社，2008年。
② 《金史》卷2《太祖纪》，第25页。

金代渤海人仍是一个人口众多的民族。辽太祖灭渤海国后，辽太宗将渤海整族迁往辽东，在辽东地区居住近百年的时光，渤海人已视辽阳一带为故乡。金代渤海人社会发展水平与同一地区的汉族社会已经相差无几，因此金朝统治者对渤海族采取与汉族相同的统治方式。然而，在政治生活中，女真统治者给予渤海贵族以优厚的待遇，金太祖"天辅间，选东京士族女子有姿德者赴上京（御寨）"[①]。这使渤海上层大族与皇室建立了通婚关系，《金史·后妃传》中记载渤海人出身的后妃有十人，金朝九个皇帝中有四人海陵、世宗、卫绍王、宣宗的母亲是东京渤海人。这使渤海人取得了仅次于女真人的政治地位。汉族仍然是金代辽东地区主要居民之一。此外这里还居住着女真族，金代生、熟女真人形成了一个统一的民族共同体，金朝对女真人实行猛安谋克制度，直到金朝后期，"辽东路多世袭猛安、谋克居焉，其人皆女直功臣子"[②]。

东北的东中部、北部地区，辽时北部松花江流域分布着众多生女真部族，黑龙江流域分布着鼻古德、五国部等部族，东中部地区分布着铁骊、蒲卢毛朵、达卢古等大量的回跋女真部族以及兀惹等渤海遗民，咸州、黄龙府一带还有少量的汉户。生女真人建立金朝前后，这一地区的原始部族纷纷附女真，如金建国前夕，"兀惹雏鹘室来降"。建国不久，金太祖收国二年（1116）正月戊子，诏曰："自破辽兵，四方来降者众，宜加优恤。自今契丹、奚、汉、渤海、系辽籍女直、室韦、达鲁古、兀惹、铁骊诸部官民，已降或为军所俘获，逃遁而还者，勿以为罪，其酋长仍官之，且使从宜居处。"[③]女真统治者对于新征服和前来归附的东北部较为落后的原始部族，初期采取因俗而治的方针，保持其原有的社会组织与经济形态，任其酋长为勃堇（即部落长），为金朝统辖其部民。如天辅二年（1118）太祖诏达鲁古部

---

① 《金史》卷64《后妃传》，第1518页。
② （金）刘祁：《归潜志》卷8，第82页。
③ 《金史》卷2《太祖纪》，第29页。

勃堇辞列："凡降附新民，善为存抚。来者各令从便安居，给以官粮，毋辄动扰。"①到金太宗时期，金朝废止勃堇制度，以猛安谋克制度取代原来以部落勃堇制度统辖新征服的东北边疆地区的部族，使之逐渐与女真族的建置同一，这些部族也逐渐融入女真族之中，史书中也不再见有关于兀惹、蒲卢毛朵、达卢古、鼻古德、铁骊等族事迹的记载。②

女真东北部的五国部，在金朝分为几部分，靠近女真的部分被纳入女真族之中，如金朝的胡里改女真，金世宗在谈论胡里改女真人时说："其人皆勇悍，昔世祖与之邻，苦战累年，仅能克复。其后乍服乍叛，至穆、康时，始服声教。"③可见在女真建国前这部分五国部人已被纳入女真部落联盟的势力范围内。金灭北宋以后，太宗天会八年（1130）七月，"徙昏德公、重昏侯于鹘里改路"④。即将北宋徽、钦二帝因于胡里改城。《南渡录》曰女真皇帝下令将二帝"可移向五国城"⑤。这说明胡里改城即辽代的五国城，在今黑龙江省依兰县。此外，孙进己等著《女真史》认为，"五国部中的没撚部加入了女真"⑥。但是，分布在黑龙江下游地区的五国部人则没有纳入女真族，仍然是分散地处于原始社会末期的原始部落。

黑龙江下游地区分布的诸原始氏族部落，金代称之为吉里迷、乌底改人，即辽代五国部的一部分。其居住地东北可达黑龙江入海口、库页岛，以及乌第河流域。由于地处边远地区，封闭性较强，吉里迷、乌底改人社会发展十分缓慢，始终处于原始社会氏族部落阶段。金朝初年，吉里迷、乌底改归附女真，其地在金朝壤地封疆之内。

由此可见，东部的南部地区是以汉人、渤海人为主，并有一定数量的女

①《金史》卷2《太祖纪》，第31页。

② 程妮娜：《金初勃堇初探》，《史学集刊》1986年2期。

③《金史》卷8《世宗纪下》，第193页。

④《金史》卷3《太宗纪》，第62页。

⑤（宋）辛弃疾：《南渡录》卷2《南烬纪闻录下》，广益书店，1912年，第12b页。另外（宋）李心传：《建炎以来系年要录》卷35"建炎四年七月"记载"二帝自韩州移居五国城"，第676页。

⑥ 孙进己、张璇如、蒋秀松、干志耿、庄严：《女真史》，吉林文史出版社，1987年，第87页。

真人的居住区；中、北部松花江流域是以女真人为主的居住区，其中还有少量的汉人居住；黑龙江下游地区为吉里迷、乌底改人的居住区。

二、西部地区的民族分布

西拉木伦河与老哈河流域在金代仍然是以契丹、奚族为主的聚居地。辽中期以后大部分奚人和越来越多的契丹人开始从事农业生产。到了金代，契丹社会分为从事农业生产的契丹农户和从事传统游牧生产的契丹牧户，前者按照女真猛安谋克制度进行编制，后者仍然保持部族、乣制，并承担着为金朝守护北部边地的职责。

辽西地区南部一直是汉族世代居住耕种的农业区，其北面的西辽河流域由于辽朝初年和中期契丹统治者曾将大批汉人、渤海人迁入这里，逐渐形成农业经济与游牧经济犬牙交错的局面。金代承辽无大变化，南面辽西农业区与其北面的农牧接合部地区，是汉人、渤海人、契丹人和奚人杂居耕种的地区。金代上述四个民族均处于大致相同的社会形态，然而彼此社会发展水平则存在着差异，社会经济也存在着农耕与游牧的区别，总体看汉族领先，渤海次之，契丹和奚人落后于前两族。

西北草原地带，南面西辽河南北主要是从事游牧经济的契丹人聚居地。北面嫩江与松花江合流以西、以北地区是乌古、迪烈部分布的地区。金太宗时期，天会二年（1124）闰三月，"己丑，乌虎里、迪烈底两部来降"。三年（1125）二月，"丁卯，以厖葛城地分授所徙乌虎里、迪烈底二部及契丹民"①。辽时分布在海拉尔河、额尔古纳河、克鲁伦河流域广大地区的乌古（羽厥）部、敌烈部，曾是辽朝统辖下的人数较多势力强大的北方游牧部族。金灭辽后，一部分乌古、敌烈部落归附金朝，金初称为乌虎里、迪烈底，后称为乌古、迪烈部。金朝将其安置在嫩江以西，洮儿河以北地区，仍

---

① 《金史》卷3《太宗纪》，第52页。

然过着四时迁徙的游牧生活，随着其社会发展进步，逐渐脱离了原始社会形态，进入文明社会。

西北大兴安岭以西、外兴安岭以南的草原地带分布着众多的蒙古、阻卜等部落。辽朝灭亡后，蒙古草原上众多的游牧民族部落又出现了新的分化和重组，辽时一些部族名称消失了，金代又出现了一些新的部落名称。学界一般认为，蒙古部是以蒙兀室韦为核心而形成的，《史集》中称为尼伦（纯洁）蒙古的十余个部落就是蒙兀室韦发展形成的；称为迭儿列勒（普通）蒙古部落的诸部，大致也多出自室韦。[1]

辽代阻卜在《金史》中写作阻𩏡，又作鞑靼。王国维《鞑靼考》云："至见于《金史》之阻𩏡，若北阻𩏡，则略当唐时之'东鞑靼'，亦即蒙古人'塔塔儿'。"[2]金代北方草原游牧部落形成了几个大部族，阻𩏡只是辽代阻卜的一部分，是否即是金朝后期的塔塔儿部，学界有不同意见。多桑《蒙古史》记载塔塔儿分为六部。[3]《蒙古秘史》记载塔塔儿部居住在捕鱼儿湖、阔涟湖一带[4]，捕鱼儿湖即今贝尔湖；阔涟湖，即今呼伦湖。这里自辽朝以来一直是乌古敌烈人的聚居地。孟广耀认为，金朝初年留在原地没有东迁的乌古敌烈人，在金代被称为塔塔儿。[5]孙秀仁等人则认为塔塔儿部主要是辽代的敌烈部，活动在大兴安岭以西地区。[6]

在蒙古与阻卜之间又有合底忻部、山只昆部，"合底忻者，与山只昆皆北方别部，恃强中立，无所羁属，往来阻𩏡、广吉剌间，连岁扰边"[7]。两部分布的地区大致在今呼伦贝尔市境内的伊敏河、辉河一带。[8]

① 孙秀仁、孙进己、郑英德、冯继钦、干志耿：《室韦史研究》，北方文物杂志社，1987年，第91页。
② 王国维：《观堂集林》卷14《鞑靼考》，上海书店，1989年，第10a页。
③ [瑞典]多桑：《蒙古史》卷1附录2《中亚诸部族》，冯承钧译，中华书局，1962年，第164页。
④ 新译简注本《蒙古秘史》卷1《道润梯步》，内蒙古人民出版社，1978年，第24页。
⑤ 孟广耀：《辽代乌古敌烈部初探》，《中国蒙古史学会成立大会纪年集刊》，内蒙古人民出版社，1979年。
⑥ 孙秀仁、孙进己、郑英德、冯继钦、干志耿：《室韦史研究》，北方文物杂志社，1987年，第115页。
⑦ 《金史》卷93《宗浩传》，第2073页。
⑧ 干志耿、孙秀仁：《黑龙江古代民族史纲》，黑龙江省文物出版编辑室，内部发行，1982年，第295页。

活跃在蒙古高原的诸游牧部落大都处于原始社会末期发展阶段，在相互争战中此起彼伏。在金朝国力强大时期，草原诸部纷纷归附金朝，但当金后期国力衰落时，以蒙古部落为首的草原诸部纷纷背叛金朝，并举兵对金开战，成为金朝后期严重的边患。

三、南北民族的迁徙

自金朝建国（1115）到海陵王迁都燕京（1153）前，女真统治者以上京（金初称为"御寨"，在今黑龙江省哈尔滨市阿城区金上京古城）为都城。这一时期上京是金朝政治统治的中心，也是女真统治集团全力发展建设的地区，在对辽宋战争中女真统治集团将俘获、掠夺以及归附的各族人口源源不断地迁往女真居地。另一方面，为了加强对新占领地区的统治，又将女真猛安谋克分期分批地迁到金朝统治下的各个地方。于是金朝前期出现了南北民族对流的现象，由南向北迁徙各族人口，是女真统治集团以军事强制的手段进行的；由北向南迁徙女真猛安谋克，是金朝统治者有计划按部就班地完成的。

由北向南移民的高潮在金太祖、太宗两朝期间，女真统治集团在攻打辽朝和北宋王朝过程中，以及灭亡辽、北宋王朝之后，从辽五京（尤其是燕京）和北宋汴京将大批财富、礼乐仪仗、图书文籍源源不断运抵金上京（今黑龙江省哈尔滨市阿城区），同时将大批汉、契丹、渤海等各族降人、俘虏和技艺、工匠迁往东北的中部和北部，主要是上京（御寨）周围的女真人地区。

金太祖天辅元年（1117）十二月，金军"拔显州，乾、懿、豪、徽、成、川、惠等州皆降"[1]。"迪古乃、娄室奏，攻显州新降附之民，可迁其富者于咸州路，其贫者徙内地。"[2]天辅二年（1118），"诏敬宗与刘宏率懿州民徙内地，授世袭猛安，知安州事"[3]。显州、懿州等在辽河以西，所徙民

---

① 《金史》卷2《太祖纪》，第30页。

② 《金史》卷71《斡鲁古勃堇传》，第1637页。

③ 《金史》卷75《孔敬宗传》，第1719页。

户当主要是汉人。

金在占领了辽朝上京道和中京道以后，开始将契丹、奚与室韦等部族东迁。《金史·食货志·户口》记载："天辅六年（1122），既定山西诸州，以上京为内地，则移其民实之。又命耶律佛顶以兵护送诸降人于浑河路，以皇弟昂监之，命从便以居。"同书《太祖纪》亦记：天辅六年九月，"节度使耶律慎思领诸部入内地"。七年（1123）"以山西诸部族近西北二边，且辽主未获"，"昂与稍喝以兵四千监护诸部降人，处之岭东，就以兵守临潢府。昂不能抚御，降人苦之，多叛亡者。上闻之，使出里底戒谕昂。已过上京，诸部皆叛去，惟章愍宫、小室韦二部达内地。诏谙版勃极烈吴乞买曰："比遣昂徙诸部，多致怨叛，稍喝驻兵不与讨袭，致使降人复归辽主，违命失众，当置重法。若有所疑，则禁锢之，俟师还定议。'"①金初国家最高军政机关是国论勃极烈制度，谙班勃极烈在诸勃极烈中位高且贵，既是国储，又是首席辅弼大臣，皇帝率军亲征，谙班勃极烈居守贰国政，吴乞买后即位为太宗。这次奉命迁徙契丹等族部民的完颜昂是太祖弟，国论阿买勃极烈辞不失"劝太宗因国庆可薄其罚，于是杖昂七十，拘之泰州，而杀稍喝"②。

金太祖占领辽燕京（今北京市）后，按照宋金"海上盟约"，金朝得宋朝岁币而将所占燕云州县归还宋朝。天辅七年（1123）四月，金军撤出燕京城，"将燕城职官、民户、技术、嫔嫱、娼优、黄冠、瞿昙、金帛、子女等席卷而东"③。并"尽括六州之地上户几二三万起发，由松亭关去，燕中合境为之大扰"④。这次移民由金将完颜习古乃、婆卢火监护，"尽徙六州氏族富强工技之民于内地"⑤，宋人得到的燕京和檀、顺、蓟、景、涿、易六州，

---

① 《金史》卷46《食货志一》，第1032页；卷65《昂传》，第1553页。

② 《金史》卷65《昂传》，第1553页。

③ （宋）徐梦莘：《三朝北盟会编》卷16《政宣上帙十六》引《平燕录》，第113页。

④ （宋）徐梦莘：《三朝北盟会编》卷16《政宣上帙十六》引《北征纪实》，第114页。

⑤ 《金史》卷2《太祖纪》，第24页；卷46《食货志一》，第1033页。

"皆空城而已，人物既寡，城橹又悉毁"[①]。然两年后，金太宗天会三年（1125）金军再次占领燕京等府州县。

金太宗天会三年（1125）对宋开战，五年（1127）灭亡北宋。女真铁骑进入中原后，"纵兵四掠，东及沂、密；西至曹、濮、兖、郓；南至陈、蔡、汝、颍；北至河朔，皆被其害。杀人如刈麻，臭闻数百里。淮泗之间，亦荡然矣"[②]。灭北宋后，金兵押解宋徽、钦二帝北归，宋皇室3000余口随之北迁。宋人邓肃作《靖康行》中云："胡人慕德犹贪利，十乘载金未满意。钗钏那为六宫留？大索居民几卷地。"[③]宋徽、钦二帝北徙途中，所见中原大地满目疮痍，"乡村荒残，无复人烟"。在这次浩劫中被女真军队掠夺到东北的中原汉族人口当为数不少，天会六年（1128）二月，女真统治集团又"迁洛阳、襄阳、颍昌、汝、郑、均、房、唐、邓、陈、蔡之民于河北"[④]。将河南人口迁到河北，以充实当时由女真贵族控制的燕云地区。

由此可见，金朝初年由南向北移民是伴随着女真灭亡辽、宋王朝的战争而进行的，被强行迁到女真居地的人口主要是汉人和契丹人等北方各民族人口，其中很多人沦为女真人的奴隶。大量外族人口迁入女真居地，不仅充实了这一地区的劳动力及经济实力，也使这里的民族成分发生了很大变化。中原文明和先进的生产工具、生产技术和经验的输入，促使女真人聚居地区经济、文化迅速发展，这对刚刚从原始社会脱胎出来尚处于奴隶社会的女真人产生着巨大的影响。

由北向南移民从金太祖时期就已经开始，一直延续到海陵王时期，这期间在太宗末年、熙宗皇统初年间和海陵王贞元年间曾出现三次高潮，其特点是大量女真人由原住地迁往原辽宋汉人、渤海人和契丹人地区。

金朝建立后不久，太祖就开始不断地将成批的女真猛安谋克户迁往新占

① （宋）徐梦莘：《三朝北盟会编》卷16《政宣上帙十六》引《北征纪实》，第113页。
② （宋）李心传：《建炎以来系年要录》卷4，建炎元年四月庚申，第87页。
③ （宋）石茂良：《避戎夜话》卷下，中国历史研究社编，上海书店，1982年，第179页。
④ 《金史》卷3《太宗纪》，第58页。

领的原辽朝地区，女真猛安谋克制度确立于金朝建国前夕，完颜阿骨打"命诸路以三百户为谋克，十谋克为猛安"①。有金一代猛安谋克始终是女真社会基层组织，具有政治、军事、生产三种职能合一的特点。首次迁移女真猛安谋克户是在太祖收国二年（1116），"分鸭挞、阿懒所迁谋克二千户，以银术可为谋克，屯宁江州"②。宁江州，在今吉林省扶余市石头城子古城址，是女真起兵之后首次打败辽军的地方。第二次是在太祖天辅二年（1118），"以娄室言黄龙府地僻且远，宜重戍守，乃命合诸路谋克，以娄室为万户镇之"③。黄龙府，在今吉林省农安县，曾是辽朝镇守东北的军事重镇。第三次是在天辅五年（1121），"遣昱及宗雄分诸路猛安谋克之民万户屯泰州，以婆卢火统之，赐耕牛五十"④。泰州，在今吉林省洮南一带，曾是辽朝镇守西北的军事重镇。太祖时期将女真猛安谋克户迁往女真原住地的邻近地区，主要是为了军事镇守的目的，"黄龙一都会，且僻远，苟有变，则邻郡相扇而起"，故戍守之。⑤同时也有一定的经济目的，"以境土既拓，而旧部多瘠卤"，移民于泰州。⑥

金太宗年间先后灭亡辽与北宋，为了加强对华北地区的统治，开始将大批女真猛安谋克户迁入中原，从太宗末年到海陵王时期先后共有三次移民高潮。第一次在太宗天会十一年（1133），"是秋，金帅宗维（宗翰）悉起女真土人散居汉地。惟金主及将相亲属卫兵之家得留"⑦。"令下之日，比屋连村，屯结而起。"在宋人看来，女真人大批迁入中原是因为"女真，一部族耳。后既广汉地，恐人见其虚实，遂尽起本国之土人棋布星列，散居四

---

① 《金史》卷2《太祖纪》，第25页。

② 《金史》卷72《银术可传》，第1658页。

③ 《金史》卷2《太祖纪》，第31页。

④ 《金史》卷2《太祖纪》，第35页。

⑤ 《金史》卷72《娄室传》，第1650页。

⑥ 《金史》卷46《食货志一》，第1032页。

⑦ （宋）李心传：《建炎以来系年要录》卷68，绍兴三年九月，第1162页。

方"①。实际上是女真统治者唯恐"中州怀二三之意"，将女真猛安谋克户南迁至中原以监视汉人的行动。第二次是在熙宗皇统元年（1141），这年金宋缔结"绍兴和议"，南宋把淮水以北土地割让给金朝，"大散关北，并山入京兆，络商州，南以唐邓西南皆四十里，取淮之中流为界"②。"女真、奚、契丹之人，皆自本部徙居中州"，"自燕之南，淮陇之北，俱有之，多至五六万人，皆筑垒于村落间"③。第三次是在海陵正隆年间，贞元元年（1153）海陵王将都城从上京迁到燕京（今北京市），改燕京为中都，各族百官及其家属也随着中央机构而南迁。随后，将大批女真宗室贵族和猛安谋克户迁往河北、山东等地，《金史·纳合椿年传》记载："贞元初，起上京诸猛安于中都、山东等路安置。"《金史·兵志》对这次移民记载得更加详细："贞元迁都，遂徙上京路太祖、辽王宗干、秦王宗翰之猛安，并为合扎猛安，及右谏议乌里补猛安，太师勖、宗正宗敏之族，处之中都。斡论、和尚、胡剌三国公，太保昂，詹事乌里野，辅国勃鲁骨，定远许烈，故杲国公勃迭八猛安处之山东。阿鲁之族处之北京。按达族属处之河间。"这次南迁女真猛安谋克户的目的与前两次略有不同，不仅是为了加强新迁都城的守卫和防御，而且还有防范女真旧贵族的意图，对此金世宗曾说："海陵自以失道，恐上京宗室起而图之，故不问疏近，并徙之南。"④日本学者三上次男先生认为这次前往华北的猛安，一共有12个。⑤若以一猛安3000户计，至少有30000多户。张博泉师估计女真猛安谋克户口有一半以上分布在中原。⑥

从女真内地迁入州县地区的女真猛安谋克户，各路府"计其户口，授以

---

① （宋）宇文懋昭撰，崔文印校证：《大金国志校证》卷8《太宗纪六》，第126页。

② 《金史》卷24《地理志上》，第549页。

③ （宋）李心传：《建炎以来系年要录》卷138，绍兴十年，第2226页。

④ 《金史》卷8《世宗纪下》，第185页。

⑤ [日]三上次男：《金代女真研究》，金启孮译，黑龙江人民出版社，1984年，第182—183页。

⑥ 张博泉：《金代经济史略》，辽宁人民出版社，1981年，第40页。

官田，使自播种。春秋量给衣马。若遇出军，使给其钱米"[1]。"所居止处皆不在州县，筑寨处村落间，千户百户虽设官府，亦在其内。"[2]千户，即猛安；百户，即谋克。到金朝中期，从东北南部辽河东西，到黄河以北中原大地，到处都可以见到女真人的聚居点。于是女真内地的女真人口明显减少，但仍是以女真人为主的居住区。

　　总而言之，金朝是地跨东北与华北平原的北方王朝，女真统治者出于加强本族统治的需要，进行南北民族大迁徙，南部民族北上，北部民族南下，造成东北各地民族分布出现前所未有的普遍杂居现象。这在客观上加强了东北各民族之间的经济、文化联系，中原汉文明在东北地区得到广泛的传播，尤其是促进了女真民族社会飞速发展。由于金朝统治者奉行全力发展本民族起源地的政策，使得东北少数民族地区得到空前的开发和建设。

第二节　金代农业技术初探[3]

　　农业是金代经济构成中最基本的生产部门，在社会经济发展中起着主导作用。10世纪中叶，女真社会开始由农业、畜牧、渔猎复合型经济向农业经济转化。当金朝建立之际，已确立了以农为本的发展方针。熙宗时，国家政权汉官制变革完成，中原地区农业经济逐渐全面恢复和发展。并且空前地把中原先进的农业技术传播于东北各民族地区，促进了多民族经济全面地发展，这是过去任何王朝所不能及的。在各族劳动人民的生产实践中，金代农业技术已远远超过辽代，达到了北宋的水平，并有新的开创。

---

① （宋）李心传：《建炎以来系年要录》卷138，绍兴十年，第2226页。
② （宋）宇文懋昭撰，崔文印校证：《大金国志校证》卷36《屯田》，第520页。
③ 《金代农业技术初探》，原载于《中国农史》1989年第3期。

一、耕作技术

农业生产工具的改进是耕作技术进步的重要标志之一。东北边地出土的大批金代铁制农具引人注目，仅黑龙江省肇东八里城金代遗址一次就出土50余件。[①]出土的金代农具无论从数量、种类还是性能上都展现了耕作技术发展的新水平。

在已出土的金代铁制农具中犁铧的数量很可观，北京地区发掘的金代土坑墓中，几乎每墓都随葬4件铁铧头[②]，表明当时牛耕已取代了锄耕。金代犁铧形制已相当进步，由铧、犁镜、趟头、犁牵引等各种部件组成，分为大、中、小不同规格和各种形制，具有开沟破土、翻土、碎垡等功能，可根据不同土壤性质和耕作时不同程序的技术要求，进行深耕、浅耕，以适应于在各种条件下进行开荒、春耕、中耕和秋耕的需要。北京金墓出土的铁铧，有的形如三角锥，两面高脊，元王祯《农书》称之为镵，最适于开荒和翻耕生地。[③]东北地区亦多有出土。最多见的是双翼形犁，铧尖较圆，銎口下凹，銎口呈半月形，侧视銎部凸出铧脊，适于翻地起垄。金代北京路宗州一带出土的犁牵引转动灵便，与《农书》所绘形制大体相同。金代犁已达到当时的先进水平，直至20世纪50年代北方犁制仍没有多大变化。

在出土的金代播种工具中，有瓠种器和耧铧。瓠种器俗称点葫芦，由一个开有注种孔的贮种葫芦和一根从葫芦首尾两端穿出的引播杆组成。引播杆又称"箅"，由一根圆木雕成，木棍在伸入葫芦内部的部分雕成两个并列的空心梁，下部雕出一个凹槽，即引槽，葫芦上部近中央部位开一圆形投谷孔，使用时将谷、豆种从圆孔投入，种子即可通过箅进入引槽，进行点播。[④]耧铧是耧车上入土部分的铁足，耧率适用于大面积播种。《齐民要术·耕田

---

① 肇东县博物馆：《黑龙江肇东县八里城清理简报》，《考古》1960年第2期。
② 苏天钧：《北京出土的辽、金时代铁器》，《考古》1963年第3期。
③ 苏天钧：《北京出土的辽、金时代铁器》，《考古》1963年第3期。
④ 郑绍宗：《金代的瓠》，《农业考古》1983年第2期。

第一》引用崔寔《政论》："其法三犁共一牛，一人将之，下种、挽耧，皆取备焉。日种一顷。"不仅播种效率高，而且性能好，具有开沟、下种、覆土三种功能。耧、瓠有时并用，互为补充。"两耧重耩，窍瓠下之，以批契继腰曳之，此旧制。"[①]收割工具有大小不同规格的镰刀、手镰、钩镰等。手镰形制小巧，专门用来掐穗；钩镰形体较大，刃部锋利，上接有铁链，可能是打谷草、牧草的工具。

中耕工具有铁趟头、铲、耧及各种类型的锄。在农作物生长期间进行中耕管理，实行松土、灭草、施肥等一系列措施，以提高农作物的产量。趟头，即附在犁上的分土器，用于疏松农作物两侧的土壤，清除两侧杂草，同时能向苗根培土。出土的趟头分为大小不同规格，显然是为适用于不同的作物。锄是最普遍的农家锄草工具，不仅出土数量多，而且种类齐全。其中，耘锄上有铁柄，可与犁架衔接，是当时比较先进的除草工具。金代民间畜牧业也很发达，饲养牛、马、猪等，大量的厩肥为农业生产提供了丰富的肥料。其他农具还有锹、镐镢、锄刀、垛叉等等，其中有的即为施肥工具。通过施各种有机肥，改良培肥土壤，不仅能提高产量，还能起到防旱保墒的作用。

金代农业经济重心北移，推动了东北地区耕作技术的大幅度提高。金代统治者十分重视发展女真族农业生产，采取一系列有力措施。如世宗时为防止女真猛安谋克户的土地荒芜，一再下诏督促其精勤农务，使不精于稼穑的女真人皆自耕耘，吸收了中原先进的农业技术，由粗放耕作进入精耕细作，促使女真人的耕作技术不断发展。

二、区田法的试行

区田始于西汉成帝年间。其法是土地平面掘一尺至三尺不等的"区"或

---

① （北魏）贾思勰：《齐民要术》卷3《种葱第二十一》，文渊阁四库全书本，第9a页。

"穴"，把粟集中种植在小区内，小区株数比较多，也不减少每亩总株数。这样，便于在播种前集中力量整地、保墒、防虫、防旱，播种后集中力量中耕、除草、施肥、灌溉。为作物生长发育所需的水分、养料和通气创造条件，使植株早发，生长稳健，充分提高单位面积产量。同时由于土地分区深耕和休闲，对于提高土壤肥力也有很大作用。山区丘陵地带亦可用区田法，《氾胜之书》云："诸山陵近邑，高危倾阪及立城上，皆可为区田，区田不耕旁地，庶尽地力。"采用区田法能获得比一般田亩高得多的产量。

金朝多旱地，区田法既可使旱田高产，又是干旱地区抗旱保墒的好方法。金章宗"明昌三年（1192）三月，宰执尝论其法于上前，上曰：'卿等所言甚嘉，但恐农民不达此法，如其可行，当遍谕之。'"宰执对能否实行区田法颇有争议，参知政事胥持国认为："今日方之大定间，户口既多，费用亦厚，若区种之法行，良多利益。"参知政事夹谷衡持反对意见："若有其利，古已行矣。且用功多而所种少，复恐废亩垄之田功也。"章宗虽有意于区田之法，态度却不甚坚决，下诏"姑试行之"。经明昌四年（1193）在京畿试种颇见成效，于是，"五年正月，勅谕农民使区种"[①]。

金代并没有大面积推行区田法，只局限于小面积试种。开始只推行于濒河地区，章宗令尚书省审定区田法后，"遂勅令农田百亩以上，如濒河易得水之地，须区种三十余亩，多种者听。无水之地则从民便。仍委各千户谋克县官依法劝率"。于承安元年（1196）四月，再次修订为"男年十五以上、六十以下有土田者丁种一亩，丁多者五亩止"。推行地区扩大，限定区田亩数却很少。"二年二月，九路提刑马百禄奏：'圣训农民有地一顷者区种一亩，五亩即止。臣以为地肥瘠不同，乞不限亩数。'制可。"虽然区田可抗旱高产，但是农民因区田之法费工费力，往往只是"以天旱乃始用之，仓卒施功未必有益也"[②]。故至泰和四年（1204）以后，区田之法逐渐废止。

---

① 《金史》卷 50《食货志五》，第 1124 页。
② 《金史》卷 50《食货志五》，第 1124 页。

金代，农业已多向山区发展，故随之出现了大量的山田。金人的诗歌中多有体现，阎长言《婆速道中书事》曰："泉源疏山脉，田垄上山腰。"边元鼎《新居》曰："运饟山田多种黍。"赵元《学稼》云："垦山聊作下农夫。"周昂《山家》云："秋月山田熟，山家趣转奇。"[①]当时东京路的婆速府路、西京的丰州、洛西山中、北京路的兴州等地都开垦了大量的山田，使土地得到充分的开发和利用。

三、农田灌溉

我国古代北部地区由于降水量在时间上分布不均匀，时常春旱秋涝，尤其干旱是这一地区常见的现象。因而北方多旱作农业，水利灌溉对提高农作物产量起着十分重要的作用。

金前期农田灌溉主要靠开渠引水溉田。熙宗天眷元年（1138），"陕右大饥，流亡四集，（庞）迪开渠溉田，流民利其食，居民藉其力，各得其所，郡人立碑纪其政绩"[②]。皇统年间，权陕西诸路转运使傅慎微在任职期间，"复修三白、龙首等渠以溉田，募民屯种，贷牛及种子以济之，民赖其利"[③]。世宗大定年间，定平县令卢庸"治旧堰，引泾水溉田，民赖其利"[④]。此时，一方面是修复因战乱或其他原因而废弃的旧渠、堰；一方面是在水利设施少的地方新开渠，引水灌溉农田。金中期农田灌溉事业更加发展，"明昌五年（1194）闰十月，言事者谓郡县有河可开渠，引以溉田，诏下州郡"[⑤]。

北方水源缺乏，随着农业生产的发展，仅以开渠溉田已无法满足需要，

---

① （金）元好问：《中州集》卷9《婆速道中书事》，中华书局，1959年，第471页；卷2《新居》，第98页；卷5《学稼》，第268页；卷4《山家七首》，第179页。

② 《金史》卷51《庞迪传》，第2013页。

③ 《金史》卷128《傅慎微传》，第2763页。

④ 《金史》卷92《卢庸传》，第2041页。

⑤ 《金史》卷50《食货志五》，第1122页。

金章宗泰和年间出现了凿井溉田，并收到较好的经济效益。《金史·食货志》记载，泰和八年（1208）七月，部官谓："比年邳、沂近河布种豆麦，无水则凿井灌之，计六百余顷，比之陆田所收数倍。以比较之，它境无不可行者。"章宗下令全国各路"可按问开河或掘井如何为便，规画具申，以俟兴作"。凿井灌田的出现与发展，为农田灌溉和农作物栽培开辟了广阔的前景。

金中期以后，北方农业生产技术不断进步，凿井溉田的出现促使水利灌溉事业迅速发展，为金朝大力推广种植水田提供了条件。水稻是高产作物，栽培技术要求较高，因其"收获多于陆地数倍"，深受女真统治者的重视。海陵正隆二年（1157）诏河南，"仍令各修水田，通渠灌溉"[1]。章宗明昌六年（1195）十月，"定制，县官任内有能兴水利田及百顷以上者，陞本等首注除，谋克所管屯田，能创增三十顷以上，赏银绢二十两足，其租税止从陆田"[2]。此时不仅汉人种植水田，女真人也掌握了栽培水田作物的技术。宣宗兴定五年（1221）五月，"南阳令李国瑞创开水田四百余顷，诏升职二等，仍录其最状遍谕诸道"[3]。在提倡、鼓励种植水田的同时，政府进行统一的规划。泰和八年（1208）七月，"诏诸路按察可规画水田"。于是各地"沿河通作渠"，河流较少的地区则"掘井种田，俱可灌溉"。直至金末哀宗天兴元年（1232），尚"遣户部郎中杨大有等诣京东、西、南三路开水田"[4]。金朝提倡种植水田与国家开支浩大，财政紧张，尤其金末战事繁多，政府入不敷出有关。但在客观上则促进了北方各民族的农业生产及技术水平的发展与进步。

四、一年两熟耕作制的出现

12世纪前后，江南农业生产中的一年两熟耕作制度有了很大发展，一般

---

[1] （宋）宇文懋昭撰，崔文印校证：《大金国志校证》卷14《海陵炀王纪中》，第195页。
[2] 《金史》卷50《食货志五》，第1122页。
[3] 《金史》卷50《食货志五》，第1122—1123页。
[4] 《金史》卷50《食货志五》，第1123页。

认为当时这种耕作制度只局限于南宋所辖地区，事实上在金末南部地区，因受江南影响也出现一年两熟耕作。

《金史·食货志》记载，宣宗贞祐四年（1216）八月，"言事者程渊言：'砀山诸县陂湖，水至则畦为稻田，水退种麦，所收倍于陆地。宜募人佃之，官取三之一，岁可得十万石。'诏从之。"

砀山属南京路，当地已知一年两熟的夏稻冬麦轮种之法。一年两熟需要较高的农业技术，稻、麦的性质、特征、生活条件颇不一致，需根据各自的习性调整土地，采用不同的栽培方法。首先，整地尤为重要，将麦地转变为水田时，以"燥者湿之"为原则，将田地干耕晒白，疏松耕作层，平整土地，使之细碎深浅一致，并做成一块块的平畦，修出排灌水道。将水田转变为麦地时，则以"湿者燥之"为原则，排干田水，燥耕细耙，平整田面，并挖干沟、腰沟，将挖出的土壤堆积在地面上，做成深沟高畦。[1]其次，播种收获必须按农时进行，若稍迟缓迁延过时，便会影响下季作物的栽培，抢种抢收是一年两熟耕作制的又一显著特点。最后，施肥量增多，实行播种移栽技术，以及中耕锄草、灌溉排水亦需根据不同的作物采用不同的措施。一年两熟耕作充分利用了土地，大幅度提高了单位面积产量，然而，由于气候和地理条件的限制，一年两熟耕作制在金代没有能得到广泛推行。

结语

金代农业技术已达到较高的水平，从而促进了农业生产的进步与发展。犁耕农业的发展，使金代土地开发卓有成效。《金史·食货志》记载，金章宗明昌四年（1193），尚书省奏："今上京、蒲与、速频、曷懒、胡里改等路，猛安谋克民户计一十七万六千有余，每岁收税粟二十五千余石，所支者六万六千余石，总其见数二百四十七六千余石。"金代猛安谋克户实行牛具

---

① 唐启宇：《中国农史稿》，农业出版社，1985 年，第 585 页。

税地制度，"其制每耒牛三头为一具，限民口二十五受田四顷四亩有奇，岁输粟大约不过一石，官民占田无过四十具"①。上京路岁纳税粟205000余石，其耕地面积为828200余顷。如果按大定二十三年（1183）统计，全国猛安谋克户615624，田1690380顷有奇，牛具384711②，平均每牛具占田4顷39亩有奇。上京路耕地面积则为88万余顷，约占全国猛安谋克户垦田的1/2，这个数字尚且不包括猛安谋克户以外的田地。这在当时东北的北部地区是相当可观的，远远地超过辽代，达到历史上最好水平。

河南地区在金宋战争中破坏严重，地广人稀，出现了大量的荒闲地。金世宗大定年间重新得到开垦，及至金末宣宗兴定三年（1219）统计，河南军民田总197万顷有奇。③据《文献通考》卷4引《中书备对》记载北宋神宗时北方垦田数为1602978顷，较金代河南垦田数少307000余顷，尽管北宋垦田数有很大误差，金代河南垦田数至少达到了北宋时期水平，或有所扩大。另外，中都、河北、河东、山东，陕西等地，"人稠地窄，寸土悉垦"④，土地开发利田超过上述两地，可惜垦田数无载。

如果说犁耕提高了劳动生产率，大规模开发土地提高了粮食的总产量，那么精耕细作则提高了粮食的单位面积产量。金代粮食单位面积产量，旱田以河南为例，"上田可收一石二斗，中田一石，下田八斗"⑤。平均亩产为1石。水田据宣宗兴定四年（1220）七月，李复亨奏："南阳禾麦虽伤，土性宜稻，今因久雨，乃更滋茂。田凡五百余顷，亩可收五石，都得二十五万余石。"⑥水稻亩产五石当为丰年产量。据方回《续古今考》，南宋时期水田亩产为2—3石。据此可推知金代水稻亩产当在2—5石之间，一般年景当在3石左

---

① 《金史》卷47《食货志二》，第1062—1063页。
② 《金史》卷47《食货志二》，第1064页。
③ 《金史》卷47《食货志二》，第1054页。
④ 《金史》卷47《食货志二》，第1043—1067页。
⑤ 《金史》卷47《食货志二》，第1054页。
⑥ 《金史》卷100《李复亨传》，第2218页。

右。金代后期，南部地区出现了一年两熟耕作，若以亩产量平均数计，麦为1石，稻为3石，则亩产可达4—5石之多。北宋时，中原各路粮食单位面积产量在1—1.5石之间[①]，南宋水田在2—3石。如将金代粮食单位面积产量与两宋相比较，可知中原地区基本保持了北宋时期的水平，南部地区则与南宋大体相当。

仅以上述两方面便可得知，并非如过去一些人的看法：金代是农业经济大倒退时期，只呈现出倒退、落后的现象。实际上金代不仅继承了唐、宋以来汉族先进的农业生产技术，还有所创新，并将其推广运用到东北部边地，尤其是金代劳动人民在长期生产实践中凿井溉田，对古代农业生产的发展作出了重要的贡献。

---

① 《宋史》卷176《食货志四》，第4269页。

第六章　金代文献学与史学史

第一节　《遗山文集》与史学 ①

　　《遗山文集》40卷，收录金元之际著名文史大家元好问（字裕之，号遗山）的各种体裁的诗文，从文史两方面展示了元氏的高深造诣与成就。本文就所辑文涉及史学部分，探讨《遗山文集》的史学内容、特点、价值及其与《金史》的关系，进而阐明《遗山文集》在金史研究中的重要地位。

一、《遗山文集》的史学内容与特点

　　在《遗山文集》的后25卷中，辑录碑铭墓志、表、碣、记、序引、题跋、铭、赞、宏词、书、疏、颂、祭文、杂体等，共236篇。粗看文体繁杂，细品则用意极深，"今史册散逸，既无以传信，名卿钜公立功立事之迹，不随世磨灭者，唯金石是赖" ②。

　　宣宗南渡后，翌年蒙古占领中都，从此中原无统，战乱不已。元好问对千年文化史籍惨遭浩劫深为痛惜，为使金朝历史不致泯灭，绵延千年的中华文化不致中绝，遂以史学自任，"以金源氏有天下，典章法度几及汉唐，国亡史作，己所当任" ③。他为广采素材，"以斯文为己任，周流乎齐鲁燕赵晋

---

① 《〈遗山文集〉与史学》，原载于《史学集刊》1992 年第 2 期。
② （金）元好问：《元好问全集》上卷 18《嘉议大夫陕西东路转运使刚敏王公神道碑铭》，姚奠中主编，李正民增订，第 502 页。
③ 《金史》卷 126《元好问传》，第 2742 页。

魏之间，几三十年，其迹益穷，其文益富，其声名益大"①。所过之处"铭天下功德者，尽趣其门"②。元好问利用撰写碑铭、记、序等记述史事，加上"往来四方采抚遗逸，有所得辄以寸纸细字亲为记录，虽甚醉不忘。于是杂录近事至百余万言"③。以文存史，其中一部分文稿辑入《遗山文集》。虽然后来由于诸种原因元好问没能实现写一部《金史》的宿愿，却为后世治金史者奠下基石。如他所言："夫文章天地之元气，无终绝之理。他日有以史学自任者出，诸公之事未必不自予发之。"④

《遗山文集》以史涉及金代帝王治政思想、官制、选举、教育、司法、军事、赋役、工商业、文学、史学、艺术、宗教、重大历史事件等方方面面。从其内容看主要有如下特征：

第一，以铭人叙事存史。据所作墓志的人（事）物的时代、经历、特点，记述相关的史实。

如《闲闲公墓铭》，元好问不仅记述了金末文坛泰斗赵秉文（字周臣，号闲闲）的一生成就，而且将金代文学的出现与发展的经络同记其中。指出宋文学是从五季低谷走出，使唐文复振，而金文学则是从辽与北宋末视五季又下衰的境地走出，承唐、宋文派的正传，形成金代文派。"国初，因辽、宋之旧，以词赋、经义取士，预此选者，选曹以为贵科，荣路所在，人争走之。传注则金陵之余波，声律则刘郑之末光，固已占高爵而钓厚禄。至于经为通儒，文为名家，良未暇也。及翰林蔡公正甫，出于大学大丞相（蔡松年）之世业，接见宇文济阳（宇文虚中）、吴深州（吴激）之风流，唐宋文

① （金）元好问：《元好问全集》下附录1《徐世隆序》，姚奠中主编，李正民增订，第414页。
② （金）元好问：《元好问全集》下附录1《大德碑本遗山先生墓铭》，姚奠中主编，李正民增订，第426—427页。
③ （金）元好问：《元好问全集》下附录1《大德碑本遗山先生墓铭》，姚奠中主编，李正民增订，第427页。
④ （金）元好问：《元好问全集》下附录1《大德碑本遗山先生墓铭》，姚奠中主编，李正民增订，第427页。

派，乃得正传，然后诸儒得而和之。"①提出金代文派形成于海陵王时期，尊蔡珪（字正甫）为金代文宗。接着又列举了金代文派在各时期的代表人物，如世宗、章宗时期的党怀英（字世杰）、王庭筠（字子端）；章宗、卫绍王、宣宗朝的赵秉文、杨云翼（字之美）、李纯甫（字之纯）、周昂（字德卿）；宣宗、哀宗朝的王若虚（字从之）、雷渊（字希颜）等人，其中遗山尤为推崇赵秉文。因此不仅保存了珍贵的史料，而且对研究金代文学史具有重要的参考价值。

第二，史实记述既有宏观的总论，又有一时一事的记录。由于受文体的限制，散于《文集》诸篇中，若对史事分类整理，则是一部难得的史料书。

如关于教育制度，元好问认为："风俗国家之元气，学校王政之大本。"②金政权中原化后，教育制度逐渐健全。《寿阳县学记》曰："近代皇统、正隆以来，学校之制：京师有太学、国子学；县官饩廪，生徒常不下数百人，而以祭酒博士助教之等教督之，外及陪京总管大尹府、节度使镇、防御州，亦置教官。生徒多寡，则视州镇大小为限员。幕属之由左选者，率以提举系衔刺史，州则系籍生附于京府，各有定在。外县则令长司学之成坏，与公廨相受，故往往以增筑为功。若仕进之路，则以词赋、明经取士，豫此选者多至公卿达官。捷径所在，人争走之。文治既洽，乡校家塾弦诵之音相闻。上党、高平之间，士或带经而锄，有不待风厉而乐为之者。化民成俗，概见于此。"③

实行中原教育体制后，金代社会发生显著变化。《内相文献杨公神道碑铭》记载："金朝大定已还，文治既洽，教育亦至，名氏之旧与乡里之彦，率由科举之选。父兄之渊源，师友之讲习，义理益明，利禄益轻，一变五代、辽季衰陋之俗。迄贞祐南渡，名卿材大夫布满台阁，……累叶得人，于滋为盛。"④

---

① （金）元好问：《元好问全集》上卷27《闲闲公墓铭》，姚奠中主编，李正民增订，第477页。
② （金）元好问：《元好问全集》上卷32《令旨重修真定庙学记》，姚奠中主编，李正民增订，第727页。
③ （金）元好问：《元好问全集》上卷32《寿阳县学记》，姚奠中主编，李正民增订，第735页。
④ （金）元好问：《元好问全集》上卷32《寿阳县学记》，姚奠中主编，李正民增订，第735页。

综上所述，金代教育制度承用汉制，初建于熙宗朝，完善于海陵朝，及世宗朝已取得显著成效。科举渐为入仕的主要途径，社会各阶层（包括女真人）文化水平逐步提高，改变了金初武夫治国的局面，不断深化政权中原化程度，使之与中原王朝相差无几。

第三，直笔征信，以叙带论，具有独到见解。如论官制，元好问指出："金朝官制，大臣有上下四府之目，自尚书令而下，左右丞相、平章政事二人为宰相；尚书左右丞、参知政事二人为执政官。凡在此位者，内属外戚，与国人有战伐之功、豫腹心之谋者为多；潢霫之人，以阀阅见推者次之；参用进士，则又次之。其所谓进士者，特以示公道、系人望焉尔。轩轾之权既分，疏密之情亦异。孤寒之迹，处乎危疑之间；难人之言，夺于众多之口。以常情度之，谓必以苟容为得计，循默为知体矣。"①直言抨击了金代官制弊端。宰执是官僚集团的核心，女真统治者以民族、门阀为任宰执的首要条件，多授女真皇亲国戚任之，若任其他民族上层优秀分子也先契丹、渤海，后汉人；先贵族后进士，对汉族士大夫始终存戒备心理。这势必导致汉、渤海、契丹人在不同程度上的离心离德，若遇变故无疑置统治者于孤立危疑的境地，故国家不可能兴盛长久。

元好问坚持国史直笔与征信的传统，直言褒贬金朝百年利弊，体现了中国史学家的传统美德。由此可见，《遗山文集》不仅史料丰富，内容广泛，而且记下了遗山对金史各方面的宝贵看法，具有很高的史学价值，这在金代文集中不多见。

二、《遗山文集》的史料价值

《遗山文集》堪称是晚金史，关于金后期政治、经济、军事、文化诸方而均有记述。由于作者视点、取材和写作方法的特点所决定，又具有正史所

---

① （金）元好问：《元好问全集》上卷16《平章政事寿国张文贞公神道碑》，姚奠中主编，李正民增订，第463—464页。

不载的史料和特征。但内容繁多，不能一一论及，仅就几项具有代表性的事项，见载于《遗山文集》者，结合史事撮述如下。

金朝有两次迁都，第一次是海陵王贞元元年（1153）由上京迁于中都，对女真族全面汉化，政权进入鼎盛时期具有重大意义。第二次是宣宗贞祐二年（1214）由中都南迁汴京，对加速政权全面瓦解有直接关系。

宣宗登基于国家的危难时刻，他对入侵的蒙古军队毫无抵抗信心，采取逃跑政策。一面派人与蒙古讲和，一而积极准备迁都。迁都之议在金廷引起激烈的争论，左丞相徒单镒力主固守中都，认为"銮辂一动，北路皆不守矣"①。百官士庶多上书言不可迁都。然宣宗决意迁都，都迁何处意见不一，元帅左都监完颜弼主张"迁都南京，阻长淮，拒大河，扼潼关以自固"②。《闲闲公墓铭》记载：兵部郎中兼翰林修撰赵秉文认为"中国无古北之险，则燕为近边，车驾幸山东为便，山东天下富强处也，且有海道可通辽东，接上京"③。徒单镒提出若不固守中都，可迁都辽东。④主迁山东、辽东者，旨在易地休整，聚集力量，以图重复旧疆；而主迁汴者则意在苟且偷安，正合宣宗之意。于是翌年五月匆匆迁都汴京，不久中都失守，形势更加恶化。

南迁后，迁都之议并没有结束，仍有人不断上书以图亡羊补牢。元好问在《资善大夫吏部尚书张公神道碑》中记吏部尚书张公理奏："国家兵力非前日之比，以守则有余，以战则不足。大敌在此，何暇远事江淮。又五代以来，都汴梁，非用武之国，特恃大河为固耳。然唐取梁，辽取晋，国朝取宋，河其果足恃乎？"主张国都再迁往关中或河中。⑤从金朝形势看，当初若迁都辽东或山东，后若再迁关中或河中都胜于都汴梁。汴京处于蒙古与南宋

---

① 《金史》卷99《徒单镒传》，第2191页。

② 《金史》卷102《完颜弼传》，第2253—2254页。

③ （金）元好问：《元好问全集》上卷17《闲闲公墓铭》，姚奠中主编，李正民增订，第479页。

④ 《金史》卷99《徒单镒传》，第2191页。

⑤ （金）元好问：《元好问全集》上卷20《资善大夫吏部尚书张公神道碑铭》，姚奠中主编，李正民增订，第531页。

之间，宣宗理应和亲南宋，全力抗蒙以建中兴之业，然而女真统治者错误地估计了形势，认为一直称臣纳贡的南宋软弱可欺，企图避开蒙古兵锋，向江南扩地立国。于是兴定元年（1217）四月宣宗用权臣术虎高琪之计，发兵渡淮侵宋，再开战端，结果腹背受敌，金朝灭亡之日也为期不远了。

章宗时期，女真人社会变革完成不久便走上下坡路。其主要原因是统治者为维护女真统治民族的地位，于各方面给其优遇，使女真人产生强烈的优越感，随之纯朴、勤劳、尚武的习俗逐渐丧失，追求奢华、享受、腐败现象越来越严重，日益滋长的民族惰性使女真人走向没落。

金后期为解决堪称寄生民族的女真人的生计，女真统治者以牺牲汉族人民的利益来满足女真人的需求。当时最突出的仍是土地问题，金中期以前主要是扩官地来安置迁入中原的女真猛安谋克户（其中以各种口实侵占民田的事例亦不少）。然而女真人往往骄纵，惟酒是务，土地或典卖，"或种而不耘，听其荒芜"，"富家尽服纨绮，酒食游宴，贫者争慕效之，欲望家给人足，难矣"[1]。加上女真官僚地主兼并土地的现象日趋严重，金后期女真猛安谋克户贫困的现象十分普遍，然国家官田几扩尽，所剩尽是无法开垦的荒地，于是便转向公开扩民田。《遗山文集》卷16《平章政事寿国张文贞公神道碑》中记载：章宗承安四年（1199），主兵者言："比岁征伐，多至败衄，凡以军事所给之地不足自赡，至有不免饥寒者，所以无斗志。愿括民田之冒税者，分给之，则战自倍矣。"[2]这种公然侵占汉人利益，于国于民百害无一利的做法，引起汉族朝官的非议，平章政事张万公等人不断上奏言括地之利害。[3]

但以章宗为首的女真统治集团出于狭隘的民族意识，冒天下之大不韪，

---

① 《金史》卷47《食货志二》，第1046页。
② （金）元好问：《元好问全集》上卷16《平章政事寿国张文贞公神道碑》，姚奠中主编，李正民增订，第465页。
③ （金）元好问：《元好问全集》上卷16《平章政事寿国张文贞公神道碑》，姚奠中主编，李正民增订，第465—466页。

大规模地扩民田，"（女真）武夫悍卒倚国威以为重，山东、河朔上腴之田，民有耕数世者，亦以冒占夺之，兵日益骄，民日益困"①。其结果必然产生严重的社会问题，一是女真贵族有恃无恐，更加骄横，鱼肉百姓。《顺安县令赵公墓碑》载章宗末年，顺安县"县民佃镇防军田，既淤垫，有未尝投种者，营卒恃势征租，不少贷。民无所于诉，任其陵轹，有夺之牛者"②。《资善大夫吏部尚书张公神道碑》中记载："兵人殴县民，民诉之县，县不决，申送军中，谓之'就被论官司'。民大苦之。"③对于女真骄兵悍卒政府尚且不敢过问，平民百姓更是叫苦连天，怨声载道。二是民族矛盾激化，金末出现民族间的仇杀。宣宗贞祐初年，蒙古南侵，京都迁汴，中原无统，汉族人民趁机而起，《临淄县令完颜公神道碑》载："众至数十万，攻下郡邑，官军不能制。渠帅岸然以名号自居。仇拨地之酷，睚眦种人，期必杀而后已。若营垒、若散居、若侨寓托宿，群不逞哄起而攻之；寻踪捕影，不遗余力。不三二日，屠戮净尽，无复唯类。至于发掘坟墓，荡弃骸骨，在所悉然。"④《平章政事寿国张文贞公神道碑》曰："贞祐之乱，盗贼满野，向之倚国威以为重者，人视之以为血仇骨怨，必报而后已；一顾盼之顷，皆狼狈于镝锋之下，虽赤子不能免。"⑤可见女真统治者所奉行的优遇女真人的民族政策，与统治者的意愿相反，这不仅促使女真人日趋没落，而且把女真人推到其他民族的对立面，给女真人带来了灭顶之灾，甚至殃及无辜的孩子。随着女真人的没落，金政权也走向灭亡。

金后期国家由鼎盛转向衰弱，然文化却进入发展、繁荣时期。《遗山文

① （金）元好问：《元好问全集》上卷16《平章政事寿国张文贞公神道碑》，姚奠中主编，李正民增订，第467页。

② （金）元好问：《元好问全集》上卷20《顺安县令赵公墓碑》，姚奠中主编，李正民增订，第528页。

③ （金）元好问：《元好问全集》上卷20《资善大夫礼部尚书张公神道碑铭》，姚奠中主编，李正民增订，第531页。

④ （金）元好问：《元好问全集》上卷28《临淄县令完颜公神道碑》，姚奠中主编，李正民增订，第665页。

⑤ （金）元好问：《元好问全集》上卷16《平章政事寿国张文贞公神道碑》，姚奠中主编，李正民增订，第467页。

集》中多处提到"承安、泰和间文治煴然勃兴，士生于其时"①"初泰和、大安间，入仕者惟举选为贵科荣路所在，人争走之"②"贞祐南渡后，诗学为盛"③。涌现出众多的文人名士，如党怀英、王庭筠、赵秉文、王若虚、杨云翼、李纯甫等人都是一代名儒，金末集诸家大成者则非元好问莫属。元好问与同时代的文坛名士多有交往，或师或友，这些人谢世后，元好问为其撰碑铭墓志，大多收入《遗山文集》，为研究金代文学史提供了十分丰富而珍贵的史料，这早已为古今学者所认识，故不赘述。

金后期宗教信仰发生引人注目的变化，佛教由盛转衰，道教新门派全真教兴起。章宗时文治已极，天子思所敦本抑末，厚天下之俗。不仅征经明行修的名士，而且道家"流洁已求志，有可以赞清净之化者，亦特征焉"④。朝廷的重视提高了全真教的地位，一些官宦士大夫也与全真大师结交。《通玄大师李君墓碑》载：大师讳大方，字广道，"一时名士如竹谿党公世杰、黄山赵公文孺、黄华王公子端，皆以道义缔交于君。大丞相莘国胥公于人物慎许可，及与君作赞，至有'百世清规'之语"⑤。

到了金末战乱不已，国家前途未卜，王公士庶无久生心，各阶层人纷纷皈依宗教。元好问在《太古观记》中记载："全真家其谦逊似儒；其坚苦似墨；其脩习似禅；共块然无营又似夫为浑沌氏之术者。"⑥其教以道教为本兼融儒、佛、墨诸家，具有广泛的社会基础，故"南渡后，道价重"⑦。"教者独全真道而已。"⑧贵族亦不乏出家为道者，"东平左副元帅赵侯之太夫人既

① （金）元好问：《元好问全集》上卷24《张君墓志铭》，姚奠中主编，李正民增订，第604页。
② （金）元好问：《元好问全集》上卷23《故河南路课税所长官兼廉访使杨公神道之碑》，姚奠中主编，李正民增订，第579页。
③ （金）元好问：《元好问全集》下卷37《陶然集诗序》，姚奠中主编，李正民增订，第44页。
④ （金）元好问：《元好问全集》上卷31《通玄大师李君墓碑》，姚奠中主编，李正民增订，第716页。
⑤ （金）元好问：《元好问全集》上卷31《通玄大师李君墓碑》，姚奠中主编，李正民增订，第716页。
⑥ （金）元好问：《元好问全集》下卷35《太古观记》，姚奠中主编，李正民增订，第13页。
⑦ （金）元好问：《元好问全集》上卷31《紫虚大师于公墓碑》，姚奠中主编，李正民增订，第709页。
⑧ （金）元好问：《元好问全集》下卷35《清真观记》，姚奠中主编，李正民增订，第17页。

老矣，即弃家为全真师，师郓人普惠大师张志刚，居冠氏之洞清庵"①。据记载，当时京师贵游奔走承事全真师，请为门弟子者不胜纪。②足见全真教之盛况。在中国古代一些王朝的末期都盛行道教，如东汉的太平道、五斗米道，金朝的全真教，元朝的白莲教（道教混合于佛教之中），说明道教在我国古代文化中占有重要地位，也是一个值得深入研究的课题。

此外，《遗山文集》还记载金后期帝王治政思想，权臣政治、中央与地方官制的增置与变更、典章法度、社会经济状况、金元之际复杂的政治形势，尤其详细记载了金、蒙、宋三方战争及战争给北方社会带来的灾难，是一部颇具史料价值的著作。

三、《遗山文集》与《金史》的关系

元好问一生在史学领域勤奋耕耘，写下百余万言的著作与文集。元世祖忽必烈时修辽、金二史，欲以遗山主其事，然"恩命未下，哀讣遽闻，使雄文钜笔，不得驰骋于数十百年之间"③，实为憾事。其后，元代"纂修金史，多本其所著云"④。元好问的著作、文集成为《金史》取材的重要文献之一。

《金史》取材《遗山文集》主要出自碑铭表志碣部分。《遗山文集》碑铭表志碣共九十篇，人物涉及社会阶层广泛，上至宰执下及一般平民。《金史》仅取18人立传，其中平章政事1、六部尚书3、御史1、翰林学士和修撰3、路治中2、判官1、转运使1、节度使2、武官2、隐逸1、孝女1。没取的72人中品官为40人，其中六部尚书2、御史2、兵马都总管5、府州官7，其他为下级文武官。另三十人中有隐逸、乡绅、孝女、僧道、医生等。显然《金史》编纂者对人物的取舍既不是以有无官品或官品高低为据，也不是以政事多少与轻重为原则。这与《遗山文集》中的人物主要活动于金元之际这

---

① （金）元好问：《元好问全集》下卷35《紫微观记》，姚奠中主编，李正民增订，第13页。
② （金）元好问：《元好问全集》上卷31《紫虚大师于公墓碑》，姚奠中主编，李正民增订，第709页。
③ （金）元好问：《元好问全集》下附录1《王鹗序》，姚奠中主编，李正民增订，第416页。
④ 《金史》卷126《元好问传》，第2743页。

一特殊的历史时期有关，在当时复杂多变的政治形势下，人物事迹多与蒙古有关。《金史》编纂者受元朝帝王的意志和传统的正史编写范围、体例的限制，大约属如下情况的人物均舍弃之：第一，虽为中央或地方要官又有重要事迹，但其主要活动与保存金朝，抗击蒙古有关者不取；第二，一生无重要事迹者不取；第三，起于金元之际，受命于蒙古统治者不取；第四，僧道、医生、乡绅、非著名的隐逸、孝女不取。这样《金史》所取的人物仅占《遗山文集》的五分之一，一些在金朝末年具有一定影响的重要人物却未能在《金史》中立传，这是《金史》的明显缺陷之一。

《金史》对《遗山文集》中的史料的取舍可以从两方面考察：

首先，《金史》立传的18位人物事迹的取舍，大体可分为三类：一是《金史》全部取材于《遗山文集》。因碑铭墓志对人物家世和一生事迹记载较细，传记进行了一些删节，有个别地方的文字稍作调整。有杨云翼、王若虚、冯璧、冯延登、商衡、康锡、聂元吉、术虎筠寿、完颜陈和尚、郝天挺、聂孝女11人。其中商衡的传记是取材于《商平叔墓铭》和《商氏家世录》两篇文章而写成的。二是《金史》一半取材于《遗山文集》，另一半源他处，有王庭筠、程震、赵秉文3人。三是《金史》虽取材于《遗山文集》，但多半另有所本，有张万公、王扩、雷渊、马庆祥4人。不论哪一类，《金史》编纂者取材时都遵守一定原则：其一，与本人事迹关系不十分密切的史料，包括元好问对金代典章制度和文化的通论不取。如《闲闲公墓铭》中关于金代文学发展的总论没有收入《赵秉文传》。其二，政事以外的事迹少取或不取，即便是名儒高士亦是如此。如王若虚，《墓表》中关于其高深的史学造诣、活动、成就所用笔墨甚多，然传记中只简取其所任史官和作《宣宗实录》之事。另外，墓志铭中一些具体事例也多被删节。其三，与抗蒙保金有关的事迹少取或不取。如《内翰冯公神道碑》中关于迁都应往山东的奏文，因涉及蒙古为《冯璧传》不取。其四，有关民族矛盾激化，汉人不堪种族压迫，反抗仇杀女真人的事迹不取。如《张万公传》虽录取《神道碑》中张万公反对扩地的奏文，却删去因扩地引起的汉人仇杀女真人的恶性结果。这恐怕与元朝亦实行蒙古种族统治，民族矛盾始终严重的国情有关。因此，《遗山文集》可补充《金史》的某些不足，有助于后人全面了解此十八人的生平事迹与特质，进而客观地认识他们生活的时代。

其次，《金史》对其他史料的取舍。如上所述，出于诸种原因《遗山文集》中许多人物未能立传，但他们的碑铭墓志中却记载了《金史》应采纳的较为重要的史料。对此，《金史》编纂者将其提出，记入《金史》其他人物的传记中。如《资善大夫武宁军节度使夹谷公神道碑铭》中关于镐厉王、卫绍王族属禁锢的记载："明昌以来，镐厉王、卫绍王族属皆终身禁锢，男女幽闭婚嫁之望。（正大中）公（夹谷土刺）建言：'二宅僇辱既久，贱同匹庶，就有诡谋，谁与同恶？宜释其宿怨，弘以大度，使之各就人道，遂生化之性。夫国君不可仇匹夫，仇之，则通国皆惧，匹夫且然，况骨肉乎？'语虽不即从，其后天兴初元之赦，皆听自便，盖自公发之。"①《金史》编纂者参用这段史料，将其写入卷93《卫绍王子传·赞》中："卫绍王历年不永，诸子凡禁锢二十余年，镐厉王诸子禁锢四十余年，长女鳏男皆不得婚嫁。天兴初，方弛其禁。"

对于《遗山文集》其他体裁文章中可用的史料，也被补充到《金史》里，如《金史》卷106《贾益谦传》记载："兴定五年（1221）正月，尚书省奏：'《章宗实录》已进呈，卫王事迹亦宜依《海陵庶人实录》，纂集成书，以示后世。'制可。初，胡沙虎弑卫王，立宣宗。一时朝臣皆谓卫王失道，王命绝之，虎实无罪，且有推戴之功，独张行信抗章言之，不报，举朝遂以为讳。及是，史官谓益谦尝事卫王，宜知其事，乃遣编修一人就郑访之。益谦知其旨，谓之曰：'知卫王莫如我。然我闻海陵被弑而世宗立，大定三十年，禁近能暴海陵蛰恶者，辄得美仕。故当时史官修实录多所附会。

---

① （金）元好问：《元好问全集》上卷20《资善大夫武宁军节度使夹谷公神道碑铭》，姚奠中主编，李正民增订，第544页。

卫王为人勤俭，慎惜名器。较其行事，中材不及者多矣。吾如此而已，设欲饰吾言以实其罪，吾亦何惜余年。'朝议伟之。"其中访贾益谦的史馆编修即元好问。此事《中州集》与《遗山文集》卷34《东平贾氏千秋录后记》都有记载，后者还详细记述了元好问到郑州访问贾益谦的经过。进而提高了史料的真实性，为元代史官收入《金史》。

此外，《遗山文集》对《金史》尚有勘误作用。如《金史》卷126《王庭筠传》："明年（泰和二年）卒，年四十有七。"《遗山文集》卷16《王黄华墓碑》："盖将大用，暮年罹此不幸，春秋五十有二，实二年十月之十日也。"又《传》曰："子曼庆，亦能诗并书，仕至行省右司郎中。"《墓碑》则云："公既无子，以弟庭淡之次子万庆为之后，以荫补官至行尚书省左右司郎中。"人物生卒年月与家世是碑铭十分重视的内容，而且王庭筠的家世与行事之状是由其后人呈送遗山，请其为先人作碑文，故当以《墓碑》为是。有一点应提到，《金史》上述记载是抄自《中州集》王庭筠小传，但《中州集》中王万庆官职亦为行省左右司郎中，此为元代史官的疏忽所致。《中州集》成书于金哀宗天兴二年（1233），此时元好问只是间接了解王庭筠的生卒与家世。十几年后，王庭筠后人送来遗文，好问据此作《墓碑》，修正了以前的失误。从《金史·王庭筠传》的内容看，编纂者参用了《中州集》与《遗山文集》，但没有认真考察二者的不同，结果弃正用误。其责任显然不在元好问，而在《金史》编撰者。

《遗山文集》与《金史》作者的地位、身份不同，史料来源、运用也不同。前者是金末文坛巨匠，即使在国破身陷囹圄时，对国史仍然有强烈的责任感。他秉承了中国史学家直笔与征信的优秀传统，以各种形式记录了大量史料。因而《遗山文集》不仅反映了元好问对作国史的执着精神，也体现了他治史的态度和风格。后者则是元朝史馆文官，他们奉旨在《金实录》与各种金代文集、著作（包括《遗山文集》）的基础上作《金史》，史料无疑比前者丰富得多。然而他们受各方面因素所制约，仍然无法完全真实而全面地再现金朝历史。因此，《遗山文集》不仅是《金史》的取材著作，而且是《金史》重要的补充著作。

第二节　中华书局标点本《金史》修订成果概述 ①

《金史》修订工作从2009年开始展开，是中华书局点校本"二十四史"及《清史稿》修订工程中最后启动的一部。点校本《金史》以上海涵芬楼百衲本为底本，是现存《金史》最好的本子，此次修订《金史》不更换底本。以元至正五年（1345）江浙等处行中书省刻本（简称元刻本，即中华再造善本及国家图书馆所藏的三个残本）、清代乾隆二十四年（1759）武英殿刊本（简称殿本），作为本次修订的通校本。明南京国子监刻本嘉靖八年（1529）刊本（简称南监本。参用清顺治十年刊本，简称清南监本）、明北京国子监刻本清康熙二十五年（1686）重校修本（简称北监本）、清同治十三年（1874）江苏书局刻本（简称局本），作为此次修订工作的参校本。以残存《永乐大典》的有关部分，历年出土的碑刻资料，金人、宋人、元人文集、著作，以及朝鲜史籍《高丽史》等史籍，作为本次修订的他校参考书。充分参考和吸纳清代施国祁《金史详校》和近现代学者有关《金史》的校勘与研究成果。

本次修订工作重点在文字校订，对点校本已有的校勘成果，逐条复核，纠正失误，消除差错。另外，点校本虽然以殿本为参校本，吸收了以往诸多的校勘成果，但校勘记中对版本依据提及很少。修订工作从对读各种版本入手，对点校本的改字、补字、删字逐一复核。对底本中明显有误处，如干支

---

① 《中华书局标点本〈金史〉修订成果》，原载于《林沄先生80华诞纪念文集》，科学出版社，2019年。

错误、笔误现象，遵从点校本的修改，如有版本依据，一律加以注明。通假
字从底本，易生歧义的字，据底本回改。此次修订回改200多字，其中有一些
属于点校本改字、补字、删字不当，因回改字而删减和修改了一些不当的校
勘记。这次修订工作删掉原校勘记116条，改写错误、不准确的校勘记数十
条。新增校勘记数百条，并纠正人名、地名、部名、官名以及各种标点不当
处200多处，以及大小字、段落等问题。此次修订工作取得了很好的成果，下
面仅就两方面的成果介绍一下。①

一、增补新校勘记

《金史》修订工作依据《总则》的要求，在版本校的基础上，对底本
的讹、脱、衍、倒及错简，根据相关证据出校改正。出校勘记的原则是"宁
紧毋宽"，对于底本错字，属唯一性的错字，点校本已经径改处，补充校勘
记。新发现的问题，有版本依据，可改字，出校勘记；无版本依据，不改
字，出校勘记。内容有错误，无论有无版本依据，皆不改字，出校勘记。在
出校勘记时，注意校字与校史的区别，避免过度校勘，协调好纪、传、志之
间的问题。三者史源可能不同，纪是实录，传多是碑刻。尊重纪、传、
志之间的差异，尊重原本的面貌，不替古人改错。新出的校勘记主要有以下
几类：

（1）底本错字。遵循上述原则，出校勘记。《金史》卷63《后妃
传》，"太祖宣献皇后，仆散氏，睿宗母也。天会十三年，追策曰德妃"。
"策"，显误，南监本、北监本、殿本、局本并作"册"。点校本径改不
校，此次修订，从点校本改字，但出校勘记。卷95《粘割斡特剌传》载大定
十年（1170）"谍者言夏与宋人通谋犯边"，斡特剌往按其事，察知宋、夏

---

① 《金史》修订组共10人，主持人为程妮娜，修订组成员有：杨军教授、赵永春教授、韩世明教授、
宋卿教授、王昊教授、魏影副教授、王万志博士、孙昊博士、孙久龙博士。文中介绍的内容，除
了作者本人的修订内容外，其他成员的修订成果皆出注说明。

无交通状，世宗甚悦，"赐衣马车牛弓矢器伏"。"器伏"，南监本、北监本、殿本、局本作"铠仗"。此处改字，出校勘记。卷10《章宗纪》载，"以尚书左司郎中粘割胡上为夏国生日使"。"粘割胡上"，诸本同。施国祁《金史详校》卷2认为"上"当作"土"。以女真人名字习惯，施说为是。但没有版本校勘依据，不改字，出校勘记。

（2）系年有误。如《金史》卷63《后妃传》，海陵母大氏，世宗"大定七年（1167），降封海陵太妃，削去皇后谥号"。《大金集礼》卷4，系此事于大定二十年（1180）十二月，"海陵庶人所生母尚有慈献皇后名称俱为未当"。疑此处系年有误。又海陵后徒单氏，"天德二年（1150）封为惠妃，九月，立为皇后"。然卷37《礼志·册皇后仪》载，"天德二年十月九日，册妃徒单氏为皇后"。"九月"当是"十月"之误。此次修订发现这类问题较多，皆出校勘记。

（3）叙事错乱。如《金史》卷80《乌延蒲卢浑》"睿宗为右辅元帅，已定关、陕，……及宋主在扬州，蒲卢浑与蒙适将万骑袭之，宋主已渡江，破其余兵"。卷3《太宗纪》，天会七年（1129）五月，"拔离速等袭宋主于扬州"，八年（1130）七月以后，以右副元帅宗辅往征陕西。卷19《世纪补》同。故此句当在"睿宗为右副元帅，已定关、陕"之前。可见此处叙事有错乱。又如，卷77《宗弼传》载，"宗弼自军中入朝……会置行台于燕京诏宗弼为太保……追至祁州杀之"。卷4《熙宗纪》载，天眷元年（1138）九月"丁酉，改燕京枢密院为行台尚书省"，二年（1139）七月"丙戌，以右副元帅宗弼为都元帅"，"八月辛亥，行台左丞相挞懒、翼王鹘懒及活离胡土、挞懒子斡带、乌达补谋反，伏诛"。三年（1140）正月"以都元帅宗弼领行台尚书省事"。可知此处记事时间错乱，"置行台于燕京"当移至"宗弼自军中入朝，进拜都元帅"之上，"宗弼为太保领行台尚书省都元帅如故"则当移至"追至祁州，杀之"之下。均出校勘记。

（4）记述有误。如《金史》卷77《宗弼传》，称宗弼为"太祖第四子也"。卷69《太祖诸子》载，太祖子景宣帝（宗峻）、宗干、宗望、睿宗（宗辅）皆年长于宗弼，宗隽与宗弼何人年长不详。故云宗弼是"第四子"显误。《大金国志》卷27《兀术传》，"武元第六子，江南误呼作'四太子'"。又卷93《承裕传》载："猛安把添奴追宋骑兵，杀千余人，斩杨雄、李珏于阵，冯兴仅以身免。"《宋史》卷475《吴曦传》记载，宋宁宗开禧三年（金泰和七年，1207）二月甲戌夜，宋李贵斩吴曦，"贼党姚淮源、李珏、郭仲、米修之、郭澄等皆诛之"。宋将李珏并非死于金宋战场。此类皆出校勘记。

（5）机构、官职、设置、封爵、谥号等名称不准确。以《金史》卷12《章宗纪》为例，泰和八年（1208）六月，"以元帅左都监乌古论谊为御史大夫"。据本书卷120《乌古论元忠附谊传》，章宗泰和"六年（1206），伐宋，迁元帅左都监。七年（1207）。转左监军，八年（1208），拜御史大夫"。以此处"左都监"是"左监军"之误。又同年十一月，"敕谕临潢泰州路兵马都总管承裔等修边备"。据卷24《地理志》，"（海陵）天德二年改北京为临潢府路，……（世宗）大定后罢路，并入大定府路"。然章宗朝以后仍有临潢府路之称，卷101《孛术鲁德裕传》，章宗朝，"迁左监军兼临潢府路兵马都总管"。此时泰州隶属临潢府路，故"泰州"二字为衍字，当削；并应于"临潢"下补"府"字。两处均不改动，出校勘记。

《金史》中上述各类名称，在不同的卷中，或其他史籍、碑刻中有时会出现不同的记载，有的可以判断正误，有的无法判断正误，如《金史》卷63《后妃传》，"肃宗靖宣皇后，蒲察氏"。《大金集礼》卷3载，"请上皇曾叔祖太师尊谥曰穆宪皇帝，庙号肃宗，妣曰静宣皇后"。知"靖宣"是"静宣"之误。又卷79《施宜生传》，"齐国废，擢为太常博士，迁殿中侍御史，转尚书吏部员外郎，为本部郎中"。宋人周密《癸辛杂识》别集卷上《汴梁杂事》载，"金皇统四年（1144）四月一日奉议大夫、行台吏部郎中、飞骑尉施宜生撰并书"。与此异，不知哪书记载有误。此次修订均出异文校。

本次修订《金史》，充分吸收学界已有的成果，《金史》共135卷，加上书后所附《金国语解》，只有7卷没有新出校勘记，有5卷新出校勘记的数量超过原有的校勘记，如卷63，原有校勘记9条，新出校勘记13条。3卷（60、61、62）金与宋、西夏、高丽的交聘表（上、中、下）的修订取得了较多的成果；卷60，原有校勘记17条，新校勘记20条；卷61，原有校勘记37条，新校勘记31条，删掉原校勘记1条；卷62，原有校勘记38条，新校勘记25条。此次修订工作共出新校勘记711条，占修订后校勘记总数的26.6%，校勘记的撰写更为规范化。

二、修订人名、地名、官名等标点与专名线的问题

《金史》标点和专名线容易出错的地方，主要是女真等北方民族的人名、地名、官名等问题，本次修订工作对于近代以来学界关于金代女真人名、女真语言、少数民族官名、边疆地名等方面研究的成果，审慎鉴别，加以吸收。注意专称和泛称的区别，如番、蛮、夷、狄、戎等，有的原是专称后为泛称，也有原是泛称后为专称，加以仔细辨别，凡专称都加专名线。此外，对存在一些标点错误和标点过简的问题也进行了修订，此次修订标点近260处，专名线30余处，力求做到标点、专名线精确，校勘精审。

（一）人名的标点与专名线的修订

随着金史与女真史研究的深入，对女真的姓氏与名字的特征有了较多的认识，此次修订发现点校本中女真人名字的标点和专名线存在一些问题。如将两人误认为一人，《金史》卷3《太宗纪》，点校本标点为："蒲察鹘拔鲁、完颜忒里讨张万敌于白马湖。""蒲察"是女真人的姓氏，但也有女真人名为"蒲查（蒲察）"。①卷59《宗室表》称穆宗有子名蒲察，封齐国公；卷80《阿离补传》记载大定间所定亚次功臣有"济国公蒲查"；卷73

---

① 《金史》卷88《移剌道传》有载："潍州刺史蒲察蒲查为博州防御使"，第1967页。

《完颜希尹传》称"西京降，使蒲察守之"。"鹘拔鲁"亦为女真名。卷71
《斡鲁传》，"西京已降复叛，敌据城西浮图，下射攻城者，斡鲁与鹘巴鲁
攻浮图，夺之"。卷74《宗望传》，"辽主自金城来……照里、特末、胡拔
鲁、背答别获牧马万四千匹、车八千乘"。知蒲察与鹘拔鲁非一人，两人的
名字中间当加顿号。①又卷7《世宗纪》，点校本标点为："因粘拔恩部长撒
里雅寅特斯等来"。据卷121《粘割韩奴传》，"秃里余睹、通事阿鲁带至
其国见撒里雅"。知撒里雅、寅特斯为二人名，中间当加顿号。②卷80《大
臭传》点校本标点为："盘属内侍僧儿员思忠使言于宝林曰"。据本书卷6
《世宗纪》载"盘属内侍僧儿言之宝林"。知僧儿与员思忠为两人，中间当
有顿号。

　　还存在将一个人的姓氏与名字断开，误认为是二人的现象。如卷74，
点校本标点为："宗翰使耨盌温都、移剌保报都统杲"。耨盌温都为女真
姓氏，卷5《海陵纪》称贞元元年（1153）十一月"左丞相耨盌温都思忠致
仕"；卷60《交聘表》记载，正隆四年（1159）十二月"大兴少尹耨盌温都
谦为宋吊祭使"。知"耨盌温都"为姓氏；"移剌保"亦译作"乙剌补"，
为本名。耨盌温都移剌保即耨盌温都（敦）思忠，为一人，中间不应断开。③
又卷65《谢库德传》，点校本标点为："温迪痕、阿库德"。温迪痕为女真
姓氏，该卷上文有"阿库德，温迪痕部人"，温迪痕与阿库德是一个人的姓
与名。④又如卷98《完颜匡》传，点校本标点为："及管押纳合、道僧、李全
家口一并发还。""纳合"属女真"白号之姓"⑤，"纳合"与"道僧"是一
个人的姓与名，不可断开。

　　以专名线表示人名的地方，也存在判断有误的现象。如卷67《石显

---

① 卷 3 由赵永春教授修订。

② 卷 7 由杨军教授修订。

③ 卷 74 由赵永春教授修订。

④ 卷 65 由孙昊博士修订。

⑤ 《金史》卷 55《百官志一》，第 1229—1230 页。

传》，点校本的专名线标为："<u>石显</u>与<u>完颜部窝忽窝出邀于路</u>"，将完颜部人的名字标注为"窝忽窝出"。局本则作"<u>完颜部窝忽窝</u>出而邀诸路"，认为该人的名字为"窝忽窝"。按照金初女真人名汉译的习惯看，最多为三字，四字译法则是金末元初之俗，且"出"字与"邀"连称亦通。四库本《通鉴续编》即称："<u>锡馨</u>与完颜部人<u>鄂和共</u>出邀于路。"与局本同，将人名断至"鄂和共"（窝忽窝）。我们以清人判断为准，将人名线画至"窝忽窝"①。又卷84《杲传》，点校本的专名线标为："与<u>宋王彦之</u>军七千人遇于<u>沙会泺</u>"。《宋史》卷368《王彦传》载，"彦即为利路钤辖，俄改金、均、房州安抚使，知金州"。显然正确的专名线当在"王彦"之下。同卷《高桢传》，点校本的专名线标为："有近侍<u>冯僧家奴</u><u>李街喜</u>等皆得幸<u>海陵</u>"。日本学者小野川秀美的《金史语汇集成》以"冯僧家奴""李街喜"为二人，崔文印的《金史人名索引》亦将"冯僧家奴"作为一个人的姓名列入索引。可见此处点校本误将李街喜视为近侍冯僧的家奴，其实近侍应为冯僧家奴、李街喜二人。②

（二）地名的标点与专名线的修订

修订过程中发现点校本地名的标点与专名线也存在一定问题。如将两处地点误认为是一处，卷2《太祖纪》，点校本的专名线标为："追及<u>跋忒</u>于<u>阿斯温山北泺</u>之间"，将北泺视为阿斯温山的一部分，然文中称"阿斯温山北泺之间"，显然阿斯温山和北泺为两地，在两者之间当加顿号。"北泺"加专名线。又卷72《娄室传》，点校本标点为："遂降<u>移炖益海路</u>太弯照撒等"。然据卷71《斡鲁传》："辽兵六万来攻照散城，阿徒罕勃堇乌论石准与战於益褪之地，大破之。"益褪即移炖。卷121《纳兰绰赤传》，其为"咸平路伊改河猛安人"。伊改即益海。是知移炖和益海为两路，应于两者中间加顿号。

---

① 卷67由孙昊博士修订。
② 卷84由宋卿教授修订。后一条又见周峰：《金史标点正误一则》，《北方文物》1998年第1期。

　　还有将一地误认为两地的现象，如卷71《阇母传》，点校本标点为：
"将士分屯于安肃、雄、霸、广、信之境"。据卷24《地理志》遂州条称：
"宋广信军，天会七年（1129）改为遂州，隶河北东路，贞元二年（1154）
来隶，号龙山郡。"是知广信为军名，不应断为两地。①又卷98《完颜纲
传》，点校本标点为："京兆府推官蒲察秉彝戍虢华"。虢与华为二州，中
间当加顿号。

　　金代女真与部分北方民族的社会基层组织实行猛安谋克制度，"猛安，
从四品，掌修理军务，训练武艺，劝课农桑，余同防御"。"诸谋克，从五
品，掌抚辑军户、训练武艺。惟不管常平仓，余同县令"。②作为行政建置
的猛安谋克名称之下，当有专名线。但点校本对于行政建置的猛安谋克均
没有加专名线，而在设置猛安谋克的地区下加上了专名线。如卷94《夹谷衡
传》，"山东西路三土猛安益打把谋克人也。"《瑶里孛迭传》，"北京路
窟白猛安陀罗山谋克人也。" 卷95《蒲察通传》，"中都路胡土爱割蛮猛安
人也。"此次修订，比照州县之例，在行政建置的猛安谋克（如上述猛安谋
克）之下皆补上专名线。

（三）官名、官署机构标点的修订

　　金朝初年以女真传统制度为主，在新占领的辽宋旧地参用辽、宋制。金
熙宗"天眷官制"改革，确立三省六部制。海陵王进一步改革官制，"正隆
官制"确立一省六部制。随着对金朝政治制度研究的深入，对金代官制有了
较为明确的认识，除了以校勘记的形式进行修订外，在标点修订方面也有一
定的成果。如卷3《太宗纪》，点校本标点为："移赍勃极烈宗翰兼左副元帅
先锋，经略使完颜希尹为元帅右监军"。据卷74《宗翰传》载，"宗翰为左
副元帅，自太原路伐宋。" 王彦潜《大金故尚书左丞相金源郡贞宪王完颜公

① 卷2、卷72、卷71由赵永春教授修订。
② 《金史》卷57《百官志三》，第1329页。

神道碑》记，"由先锋经□□□□右监军"①。知此处二人的官职分别为左副元帅、先锋经略使，原标点有误。又卷72《银术可》传，点校本标点为："辽曳剌、麻荅十三人"。卷114《白华传》载，"上遣近侍局提点曳剌粘古即白华所居"，这里的"曳剌"为移剌氏的异写。卷55《百官志》枢密院令史条下有"曳剌十五人"，这里的"曳剌"为女真官职名。无论是姓氏"曳剌"，还是职官"曳剌"，都不能与下面的麻荅分为两人。故曳剌、麻荅中间的顿号应去掉。②

金章宗即帝位后，于大定二十九年（1189）在全国十几个路上设置了9路提刑司。点校本存在将一个机构断开的现象，如卷9《章宗纪》，点校本标点为："以河东南、北路提刑司言"。"河东南北路提刑司"为一个机构的名称，修订时删掉顿号。

（四）错误标点的修订

此次修订还订正了一些错误的标点。《金史》卷10《章宗纪》，点校本标点为："禁射粮军，应役但成队伍"。据卷44《兵志》载"诸路所募射粮军，五年一籍三十以下、十七以上强壮者"。此处标点当为"禁射粮军应役，但成队伍"。卷57《百官志》，点校本标点为："以上军员每百人为一指挥使，各一员分四都"。语句不通，当改为："以上军员每百人为一指挥，使各一员，分四都。"卷63《后妃传》，点校本标点为："并杀充之子檀奴、阿里白、元奴，耶补儿逃匿。"然据卷76《宗斡传》载，"因并杀檀奴及阿里白，元奴、耶补儿逃归于世宗……世宗时，元奴为宗正丞"。据此，阿里白与元奴之间的标点当作逗号。卷64《后妃传》，点校本标点为："以后兄晖子天锡为太尉，石土黑后授世袭猛安"。查《金史》天锡未曾出任太尉，他是太尉石土黑之后。此处标点应为"以后兄晖子天锡，为太尉石

---

① （金）王彦潜：《大金故尚书左丞相金源郡贞宪王完颜公神道碑》，李澍田：《金碑汇释》，吉林文史出版社，1989年，第63页。

② 卷3、卷72由赵永春教授修订。

土黑后，授世袭猛安"。卷98《完颜纲传》，点校本标点为："元帅右监军充右都监蒲察贞分总其事。"《金史》对于宗室之人，经常只称名，省略姓。充，即完颜充。元帅右监军充与右都监蒲察贞为两人，在"充"后当加顿号。等等。

（五）标点过简的修订

点校本存在标点过简的现象，给阅读者带来不便，也不符合点校的一般要求。这种现象在典志各卷中较为多见，以《百官志》为例，卷55，"密院台部统军司令史十人"。不同机构应加标点隔开，修订为"密院、台、部、统军司"。卷56，"伞浮图金银等尚辇仪鸾局车具亭帐之物并三国生日等礼物，织染文绣两署金线"。此处标点过简，而且不同官署之间应加顿号，修订为："伞浮图金银等，尚辇、仪鸾局车具亭帐之物，并三国生日等礼物，织染、文绣两署金线。"卷58，"诸京府运司提刑司节镇防刺等"。此处标点修订作"诸京府、运司、提刑司、节镇防刺等"。其他部分也存在这类现象，如卷63《后妃传》，"婕妤美人才人三位"。修订作"婕妤、美人、才人三位"。卷98《完颜纲传》，"成都潼川府夔利等州路宣抚副使"，修订作"成都、潼川府、夔、利等州路宣抚副使"，等等。

点校本《金史》修订取得了重要成果，修订各类问题总计达1400余处，修订后校勘记总数为2666条。目前修订工作已进入最后阶段，参考审读专家的意见，进行了修改与完善。最后一步是与中华书局的编辑进一步讨论有歧义的部分，力争将错误减少到最少，争取向学界和读者交上一份合格的修订成果。

第三节　谈谈《金史》的编纂、点校与修订①

金朝是东北土著民女真人建立的王朝，1115年建国，1234年被蒙古汗国（1271年为元朝）灭亡，《金史》记录了金朝一百二十年的兴亡始末。金建国二十余年后，熙宗朝完成了国家主体制度的中原化改革，仿照中原王朝建立了国史院、著作局、记注院等一套修史机构。金朝一共修了十部实录，为元代撰修《金史》提供了珍贵的原始资料。尽管金朝与同时期的南宋相比，修史成果不多，但有金一代女真统治者奉行对中原文化兼容并蓄的政策，刊刻了许多官修、私撰的书籍，金朝灭亡之后，遗民中元好问、刘祁、王鹗等一些士大夫以"国亡史作，己所当任"，为使金朝百年来事迹不随世磨灭，或著述或记于碑刻，意在"他日为史官采择"。元朝在上述基础上纂修的《金史》可以称得上是一部信史。尤其是在现代流传下来的金朝书籍很少的状况下，《金史》的史料价值更加弥足珍贵，可以说是研究金朝历史最重要、最有价值的史籍。

一、如何评价《金史》

从《金史》的内容看，值得重视的有以下几个方面。

首先，《金史》的纪、传、志、表中都体现了金朝是一个多民族王朝。女真建国后仅用十几年的时间先后灭亡辽朝和北宋王朝，占据了黄河流域，所辖人口以汉人为主，金朝官员集团由女真人、汉人、契丹人、奚人、渤海人等多民族构成。《金史》除《外国传》和《后妃传》之外，人物传记69卷，共770多人，其中女真人与其他族人约各占一半，汉人在其他族人中

---

① 《程妮娜谈〈金史〉的编纂、点校与修订》，原载于《澎湃新闻》2020年1月25日。

占80%以上。有金一代女真官员始终牢牢地把持着中央与地方重要的军政大权，其他族官员居于次要地位，随着金朝中原化程度的加深，汉族官员的数量与地位日益提高。

其次，彰显了女真人强烈的民族自信心。女真人原无文字，建国之初，金太祖命完颜希尹等人创制女真文字，天辅三年（1119）颁行女真字之后，便以女真字记述本族先祖遗事、旧俗法度。金熙宗时期史馆完成的首部实录即是《祖宗实录》。据此撰写的《金史·世纪》中直言："金之先，出靺鞨氏。靺鞨本号勿吉。勿吉，古肃慎地也。"首开北族在中原建立王朝（政权）者不以先祖比附华夏之炎黄二帝的先河。为了保持女真民族文化传统，迁入中原的女真人仍实行猛安谋克制度，生产之余习练骑射，用女真文翻译儒家经典来提高女真人的文化水平，同时倡导女真纯实之风。尽管如此，金末中原地区的女真人还是基本丧失了本族的尚武传统。

再次，在与南宋、西夏等政权并存的时代，很长时期金朝在政治上占据主导地位，海陵王曾说"天下一家，然后可以为正统"[①]。在多政权并立的历史条件下，金朝号称中国，自视正统。到金朝中后期各族人完成了对女真王朝的国家认同过程，如金后期文坛泰斗赵秉文说"夷而进于中国则中国之"[②]，代表了这一时期各族士大夫的基本共识。在金蒙、金宋战争中女真人与其他各族人士中都出现了许多忠于金国的忠义之士。这反映了我国古代王朝后期，以北方民族为统治者的王朝中一个较为普遍的现象。

二、《金史》的编纂特点

《金史》135卷，其中本纪19卷，志39卷，表4卷，列传73卷。清人赵翼《廿二史札记》评价曰："金史叙事最详核，文笔亦极老洁，迥出宋、元二史之上。"认为金史修撰得益于金代实录本自详慎，宣、哀以后诸将传记，

多本之元好问、刘祁二书，皆耳闻目见，"其笔力老劲，又足卓然成家"。"纂修诸臣于旧史亦多参互校订，以求得实，非全恃钞录旧文者"。每一大事以主其事者详叙之，"有纲有纪，条理井然"，不至枝蔓，"最得史法"。《四库全书总目·金史提要》称赞金史："首尾完密，条例整齐，约而不疏，赡而不芜，在三史之中独为最善。"清人对《金史》的赞扬主要着眼于《金史》的文笔叙事体例和相当程度上的求实审慎。毛汶在《〈金史〉平议》一文中认为，蒙古曾是金的附庸，岁贡有常，蒙古的勃兴滥觞于金章宗泰和之季，此后金元史事的起伏纵横，多互相关联，元朝翰院诸公秉笔为文之际，自不能不明其体例，整其纪纲，兢兢然惟患其书之或有缺闻。故元修《金史》除了原有的基础外，史臣格外用心，也是《金史》在"在三史之中独为最善"的重要原因之一。

《金史》的纂修体例与前代相比，也有其独特之处，其一，汉唐修史唯以实位帝王入本纪，《金史》打破成规，为女真历代祖先作《世纪》，为几位被尊奉帝号的皇帝之父作《世纪补》。其二，新创《交聘表》。金朝南与宋对峙，西北与夏为邻，东南高丽国称臣。《交聘表》将金与宋、夏交聘往来和金与高丽封贡往来并列，金与周边诸国的交往关系一目了然。若以金与诸国的双方关系而论，宋、夏虽有一段时间向金朝称臣，更主要的是"兄弟之国"的交聘关系，表中未能体现差异，略有不妥。其三，《金史》中关于女真历史诸多方面的记载，多不见其他史籍，书末附《金国语解》，以汉字注音的形式将女真语的基本词汇保留下来。元朝史官在编写时说："《金史》所载本国之语，得诸重译，而可解者何可阙焉。"[1]女真文字译音得以保存，这与元朝国史馆由多民族史官共同修史有关。赵翼《廿二史札记·蒙古官名》曰："金史有国语解一卷，译出女真语，令人易解。"对了解金代女真社会生活弥足珍贵。

《金史》虽被后世称道，誉为"三史之中独为最善"，但仍存在诸多的

---

[1] 《金史》"金国语解"，第 2891 页。

疏漏错误。《金史》的志、表较为详备，具有重要的史料价值，其中《选举志》《礼志》较为翔实，但《百官志》《兵志》却缺漏较多，如《百官志》没有从金代官制流变的角度进行梳理和记载，仅以海陵"正隆官制"为主，对之前的金初汉地枢密院、熙宗"天眷官制"，以及章宗朝设置的九路提刑司、金末行省制度等重要制度没有明确的记载。又阙《艺文志》，元朝史官说："金用武得国，无以异于辽，而一代制作能自树立唐、宋之间，有非辽世所及，以文而不以武也。"①金代官私著作虽不能与宋相比，但也有一定数量的著作行世流传，清代学者补撰艺文志，得书二百余种。《金史》未作《艺文志》，实为元朝史官之责。

《金史》中女真人名、地名的同名异译现象比较普遍，如女真皇室起源地的按出虎水，在《金史》中有五种写法；一个女真人的名字两种以上写法很常见，有的多达三四种写法。同名异译现象可能是史源不同所致，也可能是元代史官随意而为造成的。好在《金史》中重要的女真将相的名字，经史官整理，在纪、传、志、表中基本采用汉名，仅在传记中说明其女真本名，如宗弼，"本名斡啜，又作兀术，亦作斡出，或作晃斡出"。这在很大程度上避免了人们读史时可能出现的混乱，是值得称道的。

《金史》中存在讳述金朝前中期与蒙古的关系，以及与蒙古诸部战争的现象。尽管学界赞《金史》详而核，约而赡，不枝蔓，但《金史》与《宋史》相比，尚失之于略，后人研究金史往往苦于资料短缺。此外，《金史》记述中存在诸多疏漏错误，清人施国祁用20余年读《金史》几十遍，著《金史详校》10卷，指出其病有三：一曰总裁失检；二曰纂修纰缪；三曰写刊错误。清代以来学人校勘研究《金史》的成果不可谓不多。对此，我们进行了全面搜集和梳理，加之不断有金代碑刻墓志新出土，在这次《金史》修订工作中皆加以参考和利用。

---

① 《金史》卷125《文艺传上》，第2713页。

三、《金史》修订的主要成果

20世纪60年代中期，中华书局开始点校《金史》，最初由傅乐焕先生承担点校工作，傅先生是辽金史学界的著名学者，不幸的是1966年5月傅先生去世，此时仅完成少部分工作。其后大部分点校工作在1971年后由张政烺先生完成，崔文印先生负责编辑整理。张先生在历史学、古文献学、古文字学等领域有很深的造诣，在史学界享有盛誉。点校本《金史》采取"底本式"整理方式，选取以版本精善、校勘审慎而被称道的百衲本为底本，以北监本、殿本为参校本，择善而从，并参考了残存《永乐大典》的有关部分。对于前人的校勘成果如清人施国祁积二十余年而书成的《金史详校》，张先生采取审慎的态度加以取舍，并对举证缺漏的地方进行了补充。《金史》中记载了大量女真译文的人名、地名、官名，对于不是专门从事金史研究的学者来说，点校是具有相当大难度的。张先生以他深厚的学术功力完成的《金史》点校本，为金史研究者和《金史》阅读者提供了一定的研究基础和极大的便利。点校本《金史》于1975年出版，之后曾经挖改，多次印刷，是现代最通行的《金史》版本。

《金史》修订工作是在原点校本的基础上进行的，修订工作的总体目标是通过全面系统的版本复核、文本校订，吸收学界的研究成果，消弭点校本存在的缺憾，使修订本成为符合现代古籍整理规范，代表当代学术水平的典范之作。《金史》修订工作从2009年开始，主要工作有如下几方面：

一是在点校本所采用的校本的基础上，补充新校本，校订文本，整理出更为准确的文本。点校本以百衲本为底本，参校北监本、殿本，对于诸本的异文，采取"择善而从"的原则，改动过的文字很少注明版本依据。这种现象在点校本"二十四史"的其他史中也可以见到，这在20世纪70年代或许不视为问题，但当下则有违古籍整理规范。《金史》修订工作同样采取"底本式"整理方式，仍以百衲本为底本，通校元刻本（即中华再造善本及国家图书馆所藏其他残本）、清乾隆殿本，参校明南监本、北监本、清局本，以及《永乐大典》残本的相关部分。通过对读版本，对点校本改动过的字逐一复核，通假字、易生歧义的字从底本。改动无误的字，补充版本依据。改动不当的字，予以回改。

二是审慎修订原校勘记，增补新校勘记。对原校记坚持非误不改的原则，力避以是为非，产生新的失误。点校本原有2017条校勘记，修订组在逐条复核的过程中，依据修订总则和《金史》修订凡例的要求，进行适当的修改，使之符合此次的修订体例。如据"凡例"汉语以外的其他民族语言的同名异译现象不出校记，此次对原校记中这部分内容除在列传部分卷目与传文略作统一外，其他一律加以删除。以审慎的态度对确有不当的原校记加以修改或删除，删掉原校勘记120余条，修正不准确的校勘记数十条。

如卷19《世纪补》中记录宗翰说："以八月往陕西，或使宗弼遂将以行，或宗辅、宗翰、希尹中以一人往。"后一处"宗翰"必有误。点校本吸收施国祁《金史详校》的校勘成果，将正文第二个"宗翰"二字改为"宗幹"出校勘记。但据《金史·太宗纪》："太宗以斜也、宗幹知国政，以宗翰、宗望总戎事。"太宗即位后，宗幹任国论忽鲁勃极烈，辅佐太宗居京师，主持建立健全国家制度的工作，并没有在金宋战场上领兵作战，况且，宗幹的身份与地位都高于宗翰，此处改为"宗幹"明显不妥。另外，宗翰时任中央国论移赉勃极烈、左副元朝，不仅是西路军统帅，还统辖着汉人枢密院，军政要务于一身，不太可能统军去攻打陕西。另外，从地位上看，也不太可能将宗翰位于右副元帅宗辅之后，与宗辅、希尹并列。后一处"宗翰"很可能是衍文，但在没有确切依据的情况下，恢复原文，删掉原校勘记。尽管原文读起来前后矛盾，可供研究者进行研讨。

在修订过程中，参考了施国祁《金史详校》、文渊阁四库全书本及道光殿本的考证、张元济《金史校勘记》，以及清代以来学界相关的校勘成果，仔细甄别，加以吸收。新增补校记的出校标准主要依据点校本的校勘记，最后确定新出校勘记近九百条，占修订后校勘记总数2780多条的32%左右。

三是修订标点与专名线的问题。《金史》标点和专名线容易出错的地方，主要是女真等北方民族的人名、地名、官名等问题，随着金史与女真史研究的深入，对女真的姓氏与名字的特征、少数民族官名、边疆地名有了较多的认识。本次修订对200多处失误的标点进行了纠正。

如人名，有误将两人认为一人，卷3《太宗纪》，点校本标点为："蒲察鹘拔鲁、完颜忒里讨张万敌于白马湖。""蒲察"是女真人的姓氏，也是女真人名。卷73《完颜希尹传》称"西京降，使蒲察守之"。卷71《斡鲁传》，"西京已降复叛，敌据城西浮图，下射攻城者，斡鲁与鹘巴鲁攻浮图，夺之"。知蒲察与鹘拔鲁非一人，两人的名字中间当加顿号。卷80《大传》点校本标点为："（宗）盘属内侍僧儿员思忠使言于宝林曰"。同一件事在卷6《世宗纪》中记载"（宗）盘属内侍僧儿言之宝林"。知僧儿与员思忠为两人，中间当有顿号。又有误将一人的姓与名断开认为是二人，如卷98《完颜匡》传，点校本标点为："及管押纳合、道僧、李全家口一并发还。""纳合"属女真"白号之姓"，"纳合"与"道僧"是一个人的姓与名，中间顿号当删掉。

又如地名，有误将两地认为一地，卷72《娄室传》，点校本标点为："遂降移炖益海路太弯照撒等"。据卷71《斡鲁传》："辽兵六万来攻照散城，阿徒罕勃堇乌论石准与战於益褪之地，大破之。"益褪即移炖。卷121《纳兰绰赤传》，其为"咸平路伊改河猛安人"。伊改即益海。是知移炖和益海为两路，应于两者中间加顿号。又有误将一地认为两地，如卷71《阇母传》，点校本标点为："将士分屯于安肃、雄、霸、广、信之境"。据卷24《地理志》遂州条称："宋广信军，天会七年改为遂州，隶河北东路，贞元二年来隶，号龙山郡。"是知广信为军名，不应断为两地。

金代女真与部分北方民族的社会基层组织实行猛安谋克制度，作为行政建置的猛安谋克名称之下，当有专名线。点校本在设置猛安谋克的地区下加上了专名线，对行政建置的猛安谋克没有加专名线。此次修订，比照州县之例，在行政建置的猛安谋克之下补上专名线。

四、基础学习与《金史》修订的关系

我的导师张博泉先生一生学术成就斐然，在辽金史、北方民族、地方史和史学理论领域做出了重要贡献。张先生在辽金史研究中偏重金史研究，是我国第一位以金史为主攻方向的著名学者，他在金史研究领域多有建树，具有开拓和奠基之功。张先生最初是以女真人的基本社会制度为切入点，进而研究整个金朝的社会、经济、政治、文化问题，并在多年的史学探索中建构了"中华一体"的理论体系，将辽金史、民族史、地方史推向深层次研究。我是张先生招收的第一届硕士研究生，毕业留校后，在先生身边工作多年，先生对我的耳提面命，使我从一个懵懂的青年学子逐渐成熟起来，在先生的引领下走进学术殿堂。我在金史领域中主攻研究方向是政治制度史，也跟随张先生做过金史其他领域包括校注《金史》的研究工作，这些学术训练和科研经历，在某种意义上可以说为这次修订《金史》做了前期的储备工作。

修订过程中，无论是复核原校勘成果，还是增订新的校勘成果，都不仅仅是从文字的角度发现问题，还要从历史研究的角度发现问题。如《金史》卷10《章宗纪》，"东京路副使三胜进鹰"。原校记于此句下据殿本出校，"三胜"殿本作"王胜"。复核时在版本校方面补充了南监本、北监本、局本与殿本同。同时注意到金朝无"东京路副使"一职，东京路下当阙某机构。据卷24《地理志》咸平府条下有辽东路转运司；卷9《章宗纪》大定二十九年（1189）"复置北京、辽东盐使司"；《大金国志》卷38有东京咸平府路提刑司，三司皆设有副使。从下文看疑似东京咸平府路提刑副使，此次修订将上述内容补充到校记中。又如，《金史》卷12《章宗纪》，"勅谕临潢泰州路兵马都总管承裔等修边备"。兵马都总管是路一级长官，金朝未曾设置过临潢泰州路，章宗朝有临潢府路，如卷101《孛术鲁德裕传》，章宗

朝"迁左监军兼临潢府路兵马都总管"。此时泰州隶属于临潢府路，故"泰州"二字为衍字，当削，并应于"临潢"下补"府"字。于此处增补新校记。在修订过程中，这类从史学角度发现问题进行校勘，正是基于多年从事金史相关研究的学术积累。

点校本《金史》的修订工作取得了重要成果，修订各类问题总计达一千多处，还有一些有疑问、有争议的问题，保存在校勘长编之中，待日后进一步研究。在修订过程中，每一项修订成果都经过责任编辑的审读、厘定文字，修订办专家和相关领域专家的审稿，最后对意见不统一的问题，修订者、审稿专家、责任编辑坐在一起讨论达成共识，因此修订成果凝聚了许多人的心血。然而，《金史》的校勘工作并没有结束，待后来者继续努力。

第四节　张博泉与辽金史研究 [①]

张博泉（1926年1月—2000年10月），一名甫白，字在清。及老，号东梁老人，晚年自号犁牛子。早年考入东北人民大学，继而考取中国人民大学与东北人民大学联合培养的研究生，先后师从史学名家尚钺、吕振羽二位先生学习中国古代史。毕业后留在东北人民大学（后改校名为吉林大学）历史系任教。张先生早期于先秦史曾写过多篇文章，20世纪50年代末开始研究辽金史，并以金史为主攻方向。在从事辽金史研究的同时，张先生以此为基点上下拓展通贯东北古史研究，多有建树，成一家之言，并在多年的史学探索中建构了"中华一体"的理论体系，为我国辽金史、民族史、地方史和史学理论做出了重要贡献。20世纪50年代以前，在中国古代史的各断代史研究中，

---

① 《张博泉先生与辽金史研究》，原载于《淮阴师范学院学报》2013 年第 3 期。

辽金史是一个比较薄弱的环节，又尤以金史为著，不仅研究成果少，而且没有专门研究金史的学者，多是宋辽史研究者附带研究金史问题。张博泉先生首先以金史研究为主攻方向，将断代史与民族史相结合，史事研究与理论探讨相结合，成果卓著，建构了当代金史研究的体系，在国内外辽金史研究领域具有重要的学术地位，被学界誉为中国第一位专门致力于金史研究的著名学者。张先生在数十年的学术生涯中发表辽金史研究论文近百篇，出版金史研究著作和与辽金史研究有关的著作十几部，下面从三个方面论述张博泉先生辽金史研究的学术成就与特点。

一、独到的辽金民族问题研究

辽金王朝分别由北方民族契丹人和女真人建立，辽金王朝在发展过程中不仅继承和发展了中原王朝的政治、经济制度和文化思想，同时又程度不同地保持了本民族的传统制度和文化礼俗，与汉人建立的王朝存在明显的不同。张博泉先生关于辽金史的研究最初是以女真、契丹统治民族的基本社会制度为切入点，进而研究整个辽金王朝的社会经济与政治问题，将辽金民族问题作为辽金史基础研究的重点之一，这是张博泉先生辽金史研究的重要特点。

金代女真猛安谋克制度是金史研究的核心问题之一，20世纪五六十年代受史学界热点问题即被称为"五朵金花"的"古代史分期问题、历代土地制度问题、古代社会农民战争问题、资本主义萌芽问题、汉民族形成问题"讨论的影响，辽金史学界的学者们围绕辽金政权社会性质、民族关系与融合等问题展开研究。张博泉先生从金朝女真猛安谋克制度研究入手，对金朝社会经济、社会性质和封建化问题展开深入探讨，发表了一系列论文，《论金代猛安谋克制度的形成、发展及其破坏的原因》[1]提出猛安谋克是女真军事民主主义时期军事作战组织，其编制与女真人原始围猎中的伍什编制直接相

---

[1] 张博泉：《论金代猛安谋克制度的形成、发展及其破坏的原因》，《文史哲》1963年第1期。

关。随着金国的建立，原来的军事组织猛安谋克组织与女真本族的村寨组织结合成为女真地方性组织，同时女真国家仍以猛安谋克作为军事编制，而且猛安谋克又是官爵、将校等的称呼。猛安谋克随着金代女真奴隶制经济的确立而确立，也随着这种奴隶制经济的破坏而破坏。作为军事组织的猛安谋克比作为地方组织的猛安谋克保留得更久些。《论猛安谋克在女真族社会发展中的作用》[①]这篇论文是张先生对猛安谋克的土地制度、奴婢制度和民族关系等问题进行研究后，结合女真族的历史进程对猛安谋克在女真社会发展中的作用进行的精辟分析，张先生指出猛安谋克在女真族由氏族制向奴隶制变革以及向外发展中起到重要的促进作用，对女真国家形成和发展以及巩固女真族新社会的秩序具有积极的意义，但是在猛安谋克户迁入中原地区后，它对黄河流域社会生产起到严重的破坏和摧残作用。当女真族内部新地主阶级出现和发展，以及女真奴隶制向封建制变革中，猛安谋克组织及其贵族便成为新生产关系的阻碍者。那么，在金朝统治时期黄河流域农业生产是否一直处于残破状态？当时学界的主流观点是持肯定态度，张博泉先生对此首先提出质疑，他在《金代黄河流域农业生产的恢复发展与租佃关系》[②]中指出在金朝统治时期，黄河流域农业经济经历了金宋战争的破坏，金熙宗时期金宋议和后，黄河流域的经济很快就得到了恢复和发展，即使在女真猛安谋克大批迁入中原之后，当地租佃制始终占绝对支配地位。金朝地租较两宋为轻，人口显著增长，金中期女真奴隶制普遍向地主租佃制转化，黄河流域农业经济发展达到鼎盛时期。金末蒙古南下，中原经济再次陷于残破状态。因此，在金朝统治时期黄河流域的农业生产不是一直处于衰退的阶段，而是经历了残破、恢复、发展与衰落的整个过程。张先生第一次客观地论述了金代社会经济发展水平问题，这对后来的金史研究具有重要影响。其后，张博泉先生探讨了金代东北猛安谋克分布，猛安谋克世官贵族与平民，猛安谋克与民族关

---

① 张博泉：《论猛安谋克在女真族社会发展中的作用》，《吉林大学学报》1963 年第 1 期。
② 张博泉：《金代黄河流域农业生产的恢复发展与租佃关系》，《吉林大学学报》1963 年第 4 期。

系，女真族猛安谋克与头下、八旗制度的比较等①，直到今日仍是中国学者关于猛安谋克研究最重要的成果。

女真族基础社会组织在建国前经由氏族部落发展为部族组织，金建国后为猛安谋克之下的村寨组织和家族组织。对此学界一直无人问津。张博泉先生认为这是研究女真史首先应当解决的重要问题。张先生研读了马克思、恩格斯关于民族学、人类学研究的经典著作，密切关注学界关于民族理论的研究成果和热议的焦点问题，对辽金时期女真族社会组织进行系统而深入的研究，指出辽代女真的部族制度，是了解女真族建国前社会的关键，恩格斯在《家庭、私有制和国家的起源》中所说的"小民族"即是与统一民族相区别的部族，部族是没有形成统一民族之前的部落混合的共同体，高于部落低于古代的统一民族。女真族在建国前有着众多的部族和部落，分布区域相当广大，女真各部族的源不是单一的，同一姓不一定是由同一部落繁衍的，而众多姓结合成的大部居其核心地位的也不一定是一个姓，各姓部落在不同地区也可能繁衍为多部。与此同时，还先后吸收原不属于女真族系的部落加入女真的部落联盟，乃至与女真人融合。张先生熟悉古代东北不同时期山川地域的名称，通晓音韵学和女真语音义，逐一考证了辽代女真各部的分布地点，并从女真部族名称以及有关女真姓氏的语义分析，探讨辽代女真各部落集团的社会关系和特点。进而深入研究了女真部族的经济构成、组织构成和官属构成，指出女真部族组织是由家族、宗族、氏族、部落以及各部落的联合所构成，在女真部族中社会成员分裂为富人与穷人，百官与庶人，氏族贵族与奴婢部曲，是后来阶级统治关系确立的基础，揭示了女真部族制度的实态。②

关于金代女真社会的村寨组织，张博泉先生认为是由建国前的"村寨公社"发展而来，这种村寨公社是以地域为特点的村社组织，发生在原始公社的解体时期，这时女真社会已经出现城堡，有村、乡、寨、铺、屯等各种

① 张博泉等：《金史论稿》第一卷，第251—381页。
② 张博泉：《金史论稿》第一卷，第53—131页。

名称的村寨，其性质与家族公社不同，已具有农村公社的性质。金建国后村寨被保留下来，女真村寨与女真头目、行政设置密切结合起来，成为猛安谋克制度之下的基层组织，随着汉制改革，成为与府州县体制中的村社并存的一种制度。在女真猛安谋克村寨内的土地，采取牛具税地形式分配到各个家族，女真社会中存在父子兄弟聚居聚种与兄弟析居犹相聚种的两种形式。这时的家族长已成为新的奴隶主阶级，是土地的实际占有者，并且使用奴隶劳动。[①]张先生提出金朝前期女真奴隶制是家族奴隶制[②]，这一观点为学界普遍接受。

契丹族和女真族都是东北的土著民族，关于"契丹"与"辽"，"女真"与"金"名称的来源，张博泉先生认为对民族名义的研究不是简单地从民族语音所能解决的，这里有一个历史实际问题，应以当时命名的本俗为依据和标准进行研究。[③]从东北地区看，古时带有普遍性的命名习俗，是依水、依山或依地理方位而命名。《魏书·契丹传》中的悉万丹即契丹，当是契丹原音的书写。悉万丹的"悉万"，当源于鲜卑的弱落水，亦称为作乐水、饶乐水，即今西拉木伦河。《三朝北盟会编》卷3、《建炎以来系年要录》卷1引张汇《金虏节要》均称"辽以辽水名"。冯家昇先生亦主此说。[④]但张先生认为尚有问题需要弄清，辽水及以辽为地称，至少在战国或以前就已存在，此后鲜卑在此水时称弱落水，契丹居此水因以水名为悉万丹，汉语义皆为黄水。辽，是中原固有的名称。辽太宗去契丹号，以辽水为国号，并以五行德运之说水生木为木德，以取得中原帝的资格，辽作为北方中原王朝与北宋对峙当从此开始。张先生进一步指出辽金皆依水名国，而情况又有不同。女真兴起于东北的按出虎水，一开始即定国名为"金"，以按出（金）虎（水）名国。金灭亡辽、北宋后，不再改国名，也不以五行德运之说符之，尊太祖

---

① 张博泉：《金代女真部族的村寨组织》，《博物馆研究》1984年第1期。
② 张博泉：《金代经济史略》，第97—98页。
③ 张博泉：《论东北民族宏观与微观研究的统一》，《社会科学战线》1993年第2期。
④ 冯家昇：《契丹名号考释》，《燕京学报》1922年第13期。

遗训，尚白，其五性之说与五行德运之说无关，不称其为先帝先王之后，以绌辽、宋为中原继承者。及修《辽史》，方涉及金之五行德运嗣统问题，经过争论，由章宗定继宋为土德。到元统一全国，乃废过去以地名国，取义为元，明清继之。①

张博泉先生主张将契丹、女真民族史置于东北民族发展史中进行考察，例如张先生在研究女真部族的村寨组织时，将女真的邑落和村寨与乌桓的邑落公社、明代建州女真的"噶山"组织进行比较；研究猛安谋克时从组织起源、形成，从地方行政组织转化，从社会组织结构和阶级结构，从发展趋向等方面，将猛安谋克与辽的头下和后金的八旗制度进行比较。张先生认为研究契丹、女真社会制度不仅要同汉制相比，更重要的应同北方其他民族的社会制度相比，从中发现他们发展和演变的规律，以及他们的社会组织是如何受中原制度的影响而发展、变化的，这对更深入地了解北方民族有重要的意义。

二、开创性的金朝断代史研究

20世纪初在西方史学研究的影响下，我国近代史学兴起，中国古代各个王朝的断代史研究成果相继推出，然直到80年代初仍不见一部金朝史问世。同时在各种版本的中国通史著作中，除了70年代末出版的蔡美彪先生主编的《中国通史》第六册中金史是采取王朝史形式以外，其他都是作为宋史的附属部分简要提及而已。金朝断代史研究明显滞后于其他各朝断代史。

1978年，张博泉先生在潜心研究金史近20年的基础上完成了《金代经济史略》书稿，之后两易其稿，1981年由辽宁人民出版社出版。这是我国第一部研究金代经济史的专著，在该书的"叙说"中张先生指出金朝是由多民族和多部落所构成，其经济基础是多种多样的，同时也由于各地区自然条件

---

① 张博泉：《"契丹""辽"名称探源》，《黑龙江民族丛刊》1999 年第 4 期。

的差异，其经济形态具有地域性特点。从产业分布状况看，有农业区、牧业区，还有畜牧兼狩猎区。从社会经济发展的形态看，有高度发展的租佃制、农奴制、奴隶制，还有氏族制。在金朝封建经济占主导地位，女真族最初是奴隶制经济占主导，后向封建租佃制转化。金代经济史应从多族、多种经济关系的角度来考察，对金代北方社会经济发展的规律问题、金代女真族由奴隶制向封建制变革问题、金代社会经济的评价问题等给予说明。张先生从上述金代经济结构与民族性和地域性特点出发，对金代农业和人口、工矿业的发展、商业和货币、土地制度、赋役制度、北方民族抗金斗争及其在经济发展中的作用、金承辽宋旧制及其与元制的关系等方面进行了全面论述，其中关于土地制度和赋役制度的研究是全书的重点，也是学术价值最高的部分，之后张先生又以此为基础在《历史研究》上先后发表了《金代女真"牛头地"问题研究》①、《辽金"二税户"研究》②两篇重要论文。这部书首次系统地揭示了金代社会经济的状况、特点、发展趋势与水平，明确提出过去偏重评价女真族对中原北方经济的破坏一面，忽视金朝经济恢复和发展是不客观的，金代经济经历了残破、恢复和发展的过程，中原北部户口比北宋有相当大的增长，促进社会经济在各方面有飞跃发展。尤其是东北的开发和农业经济的发展超过了辽朝及其以前各个朝代。女真族自身经济的发展，特别是进入中原后经"计口授地"社会经济发生的变化，反映了北方民族如鲜卑、契丹、蒙古、满族进入中原后经济发展的规律性，是中国经济史研究的重要问题。毫无疑问金代经济在整个中国经济的发展中不是无足轻重，而是占有重要的地位。该书出版后，被学界称为"开拓"之作，是一部学术价值较高的著作。③奠定了金代经济史研究的基础，一些重要观点已成为学界的通说。

在完成了《金代经济史略》之后，张博泉先生便将编写一部金朝史视为

① 张博泉：《金代女真"牛头地"问题研究》，《历史研究》1981年第4期。
② 张博泉：《辽金"二税户"研究》，《历史研究》1983年第2期。
③ 史云：《评〈金代经济史略〉》，《北方文物》1985年第3期。

自己义不容辞的重要任务，张先生说："直至目前为止（1981年），国内还没有一本较为完整的金朝断代史问世，发表的文章不多，研究的内容也不全面。……近几年来，国内对金史的研究渐有起色，逐渐被学术界所重视，因而激起我写《金史简编》的念头。1980年暑期，拟出编写内容大纲后，始濡笔编撰。"①该书于1984年由辽宁人民出版社出版。这部书是以张先生对金史研究的总看法和已发表及未发表的文章、著作为线索，吸收他人的研究成果编撰而成。这部书最基本的观点有四：第一，中国自古以来是多民族国家，中国境内的各兄弟民族是中国不可分割的一部分，不能用汉族代替整个中国民族这个概念，不能把女真族视为中国民族以外的外来入侵的民族，金政权是中国历史上的民族政权，在国史的系统结构中，它是由女真族建立的一个王朝的断代史，是构成中国历史发展中的一个重要朝代。这一观点在今天看来已经是历史常识，但在当时却只是学术界的一种观点，尤其是在金宋和战史的研究中，如何评价岳飞和金兀术（完颜宗弼）直接涉及到对金朝是否为中国政权之一的认识。第二，金朝社会性质与女真社会性质不可等同认识，早在60年代张先生研究猛安谋克制度时就已经提出女真族封建化的时期是在金章宗时期。这里更为明确提出金熙宗时基本完成了对金政权的全面封建化变革，但女真族直到世宗时奴隶制才最后崩溃，章宗明昌、承安间最后完成由奴隶制向封建制变革的全过程。第三，金朝的经济、文化是继辽、北宋之后发展起来，并远远超过辽朝，从总体发展水平看比南宋差，个别地方可与南宋相比，甚至有所超过。金朝在发展中不仅与汉族建立的王朝有继承和发展的关系，对北方民族和建立的不同层次的政权也有继承和发展的关系。金朝在辽、北宋与元之间是个重要环节，它对元朝的发展有一定的影响。第四，将金朝历史划分为前后两期，前期、后期又可各分为两段，前期：太祖、太宗为前段，熙宗到章宗承安间为后段。后期：章宗泰和年间到宣宗南

---

① 张博泉：《金史简编》前言，辽宁人民出版社，1984年。

渡前为前段，宣宗南渡到哀宗灭亡为后段。[①]

张博泉先生撰写《金史简编》建构了金朝断代史的体系和知识结构，它不仅具有一般断代史的基本特征，而且有其独特的视角，体现了张先生一贯坚持的实事求是的研究风格。该书的出版使金史研究在整体上摆脱了附属于他史研究的状况，第一次将金朝历史的各个方面完整地展现给读者，被学界誉为新中国第一部金朝断代史，是金史研究史上标志性成果，具有里程碑的地位。

张先生认为金朝断代史研究是项接力工作，既要继承前人的研究成果，也要靠后来的发展。在《金史简编》问世后，又有几部金朝断代史著作出版，各有重点与特色。然时至今日，《金史简编》仍然是治金史者所必读的著作，也是高等院校历史专业的本科生、研究生学习金史的首选教材。

三、辽金史研究与"中华一体"理论建构

张博泉先生的辽金史研究成果斐然，不仅涉猎范围广泛，而且观点精深独到，注重理论探讨与创新。在张先生发表的近百篇论文与十几部金史研究著作和与辽金史研究有关的著作中，除了前面论及的辽金民族史、金朝断代史、经济史研究以外，还有对史料的整理与考证，如整理校注金朝王寂撰写的两部行记，《辽东行部志注释》与《鸭江行部志注释》（与罗继祖先生合著）。利用出土材料考证史事，如《辽阳市发现金代〈通慧圆明大师塔铭〉补证》[②]、《金完颜希尹碑史事考辨》[③]等。对辽金历史地理的研究，如《开元城史地考略》[④]，《金"上古城"非"上京城"考》[⑤]，《辽金女真达鲁古部与达鲁古城重议》[⑥]等。对辽金政治制度的研究，如《关于辽代枢密院的几

① 参见张博泉：《金史的研究与思考》，《东北亚历史与文化》，辽沈书社，1991 年。
② 张博泉：《辽阳市发现金代〈通慧圆明大师塔铭〉补证》，《考古》1987 年第 1 期。
③ 张博泉：《金完颜希尹碑史事考辨》，《吉林大学社会科学学报》1987 年第 4 期。
④ 张博泉：《开元城史地考略》，《史学集刊》1983 年第 3 期。
⑤ 张博泉：《金"上古城"非"上京城"考》，《黑龙江社会科学》1998 年第 6 期。
⑥ 张博泉：《辽金女真达鲁古部与达鲁古城重议》，《黑龙江民族丛刊》1998 年第 4 期。

个问题》①，《金天会四年"建尚书省"微议》②，《金代礼制初论》③等。
对金宋关系史研究，如《金宋和战史论》④，《略论完颜宗弼》⑤。对金代
思想文化研究，如《元好问与史学》《时代与元好问》⑥，《论金代文化发展
的特点》⑦，《金代教育史论》⑧，《略论金代的儒家思想》⑨等。张博泉先
生等人撰写的《金史论稿》共分三卷，第一卷为绪论、部族和猛安谋克；第
二卷为金代人物与社会改革、经济和政治制度；第三卷为金宋和战、历史地
理和文化。第一、二卷先后由吉林文史出版社出版（1986年、1991年），它
"既不同于断代史，亦不同于论文集，而是专题研究的丛脞"⑩。其中有些内
容虽然已经以论文的形式在刊物上发表，但是，在编入《金史论稿》时，又
进行了许多补充和修改，与原来的论述已有所不同，有些篇章则是新近的研
究成果，其论述的都是金史研究中重要的根本问题。⑪这两部书出版后，引起
国内外学者的重视。被誉为是我国史学领域研究的重要成果，使金史研究又
登上一个新的台阶。⑫

张博泉先生在几十年的辽金史、北方民族政权史、中国地方史研究过程
中，始终在思考、探讨、建构、发展与之相关的史学理论，以1986年张博泉
先生发表著名论文《中华一体论》⑬为标志，张先生的辽金史研究大致可分

① 张博泉：《关于辽代枢密院的几个问题》，《黑龙江文物丛刊》1984 年第 1 期。
② 张博泉：《金天会四年"建尚书省"微议》，《社会科学辑刊》1987 年第 4 期。
③ 张博泉：《金代礼制初论》，《北方文物》1988 年第 4 期。
④ 张博泉：《金宋和战史论》，《史学集刊》1984 年第 2 期。
⑤ 张博泉：《略论完颜宗弼》，《学习与探索》1983 年第 5 期。
⑥ 张博泉：《元好问与史学》，《晋阳学刊》1985 年 2 期。《时代与元好问》，《晋阳学刊》1990
　　年第 3 期。
⑦ 张博泉：《论金代文化发展的特点》，《社会科学战线》1986 年第 1 期。
⑧ 张博泉：《金代教育史论》，《史学集刊》1989 年第 1 期。
⑨ 张博泉：《略论金代的儒家思想》，《社会科学辑刊》1999 年第 5 期。
⑩ 张博泉等：《金史论稿》第一卷"前言"。
⑪ 友三：《读〈金史论稿〉》，《史学史研究》1987 年第 2 期。
⑫ 李健才：《〈金史论稿〉第二卷出版》，《史学集刊》1993 年第 2 期。
⑬ 张博泉：《中华一体论》，《吉林大学社会科学学报》1986 年第 5 期。《新华文摘》1986 年第 11
　　期全文转载。

为前后两个阶段。前期是寻求这一理论的主体思想阶段，20世纪50年代末、60年代初张先生涉足辽金史研究时就开始关注辽金史在中国历史中的位置和地位，70年代中期到80年代初，他在从事东北疆域史研究的过程中开始思考"一体"疆域问题。[①]张先生在金代文人中最推崇元好问（遗山），家铉翁为元好问的《中州集》作《题中州诗集后》中有曰："盛矣哉！元子之为此名也；广矣哉！元子之用心也。夫生于中原，而视九州四海之人物犹吾同国人。""其生乎中原，奋乎齐鲁汴洛之间者，固中州人物也；亦有生于四方，奋于遐外，而道学文章为世所宗，功化德业被于海内，虽谓之中州人物可也。"张先生读此文深受启示，对元好问"中州一体"思想有了新的理解和认识，这成为张先生提出"中华一体"思想的直接动因。[②]《中华一体论》论文发表后，张先生以中华一体理论指导辽金史研究，在具体问题研究中进一步阐释、发展中华一体理论，这成为他后期辽金史研究的鲜明特点。

张博泉先生在《"中华一体"论》一文中将中国历史划分为前、后两个时期，每个时期又可分为两个阶段，即"前天下一体"、"天下一体"；"前中华一体"、"中华一体"。"前天下一体"是指秦以前；"天下一体"是指秦、汉到隋、唐；"前中华一体"是指辽、宋、金；"中华一体"是指元、明、清。不论是"天下一体"，还是"中华一体"，都包括以汉族（华夏）为主体的各民族在内。各民族的发展有先进，有后进，也有地区、条件和远近的不同，因而不能说今天国内各民族和民族区域都是在同一时间纳入"天下一体"的"中国"（中原）和"中华一体"之内的。各民族都有自己的发展历程，而这个历程无不与中原的历史结合在一起，并受中原历史发展的影响和制约。

辽金时期属于张博泉先生划分的"前中华一体"时期，早在张博泉先生撰写《金代经济史略》期间就已将金与宋南北对峙与隋以前南北朝相类

---

① 1981 年由吉林人民出版社出版《东北历代疆域史》（合著）。
② 张博泉：《中华一体的历史轨迹》"卷头胜语"，辽宁人民出版社，1994 年。

比。①1982年在沈阳成立了中国辽金契丹女真史研究会，陈述会长在学术研讨会上提出要提高辽金史的历史地位，辽、金与五代、两宋南北对峙，是中国历史上的第二次南北朝。张博泉先生十分赞同这一提法，并进一步阐释提出隋以前为前南北朝，唐以后为后南北朝，并屡在文中分析两者的不同，指出后南北朝是以辽金与两宋南北对峙为主的多王朝、列国和列部并存的新时代，它不是前南北朝的简单重复，而是在更高层次上的发展。成为正在探索的"中华一体论"中的一种见解。张先生提出的"中华一体"的完整表述是"中华多元一体与一体多元"，即国家为一体，民族为多元。辽宋金时期是"前中华一体"的重要时代，张先生在不同场合和论著中多次论述了后南北朝的特点，认为辽金时由过去以汉族为主统治中原的历史，转变为以北方少数民族为主统治中原的历史，辽金与两宋是以辽金两朝为盟主，南北对峙，同属一家。在不同王朝统治下的各民族又同为一家，但不等于说再无民族的划分。这一时期传统的"正闰观"受到批评，宋人司马光曰："虽华夷仁暴，大小强弱，或时不同，要皆与古之列国无异，岂得独尊奖一国谓之正统，而其余皆为僭伪哉！"②王安石《明妃曲》云："汉恩自浅胡恩深，人生乐在相知心。"③辽金在政治上取得优势，统治者已把自己看成与中华无异。汉是中华，契丹、女真也自认为中华，有相同文化的均是中华。辽金与宋相互承认是一家两国，为元朝形成统一的中国，各民族向统一的中华发展打下了重要基础。④

从80年代后期到张博泉先生临终前，继发表《"中华一体"论》之后，他又发表了《"中华一统"论》⑤、《一体与边疆史地研究》⑥、《中华一体

① 张博泉：《金代经济史略》，1981年，第224页。
② 《资治通鉴》卷69，魏文帝黄初二年三月条下，中华书局，1956年，第2187页。
③ （宋）王安石著，李壁笺注：《王荆文公诗笺注》卷6《明妃曲二首》，中华书局，1958年，第67页。
④ 张博泉：《中华一体的历史轨迹》，第107—109，313—314页。《近百年来金史研究的进程与展望》，《社会科学战线》1996年第4期。
⑤ 张博泉：《"中华一统"论》，《史学集刊》1990年2期。
⑥ 张博泉：《一体与边疆史地研究》，《中国边疆史地研究》1991年1期。

观念论》①、《中华史论》②等15篇文章，1994年出版了《中华一体的历史轨迹》③，从政治、民族、疆域、社会、经济、文化、观念、心态诸方面，系统地论证了"中华一体"理论，辽金时期是其论证的重点时段之一。与此同时，张先生以中华一体理论对金代文化、教育、礼制与元好问等问题进行了具体研究，他在《论金代文化的发展及其历史地位》④中指出金代文化是遵循致治时期古文派传统，以六经为本，古文为正宗，结合金初名家的风流，于正德、大定年间形成本朝文派，这与金朝统治以儒家思想为本，经史为基础发展文化的思想是一致的，也与女真统治者继嗣中原正统的思想是一致的。在《金代教育史论》中论述了金朝教育的新时代特征，指出金朝以中原的教育思想和经史作为核心，在教育思想上力求把女真国俗与中原经籍糅合在一起，进一步把它发展成为多民族所共享的教育。金代教育的进步主要表现在两方面，一是由贵族教育发展为包括平民子弟在内的教育；二是由华夏族教育发展为包括非华夏族出身的子弟在内的教育。在《金代礼制初论》一文中提出金代礼制是多源的，其在唐、宋礼制的基础上，吸收辽制，特别是契丹人的礼俗，而且保留了部分女真族本身礼俗纳入金代礼制之中，因此金代礼制又具有多元的特点。在中国古代王朝礼制发展的过程中，金代礼制构成一代制度自树立于唐、宋之间。从礼制发展变迁看，金与南宋并存，中原礼制分为南北两大支发展，金朝礼制的历史地位不容忽视。在《时代与元好问》一文中系统阐述了"辽宋夏金为多中国朝、列国、列部"的学术观点，修正了张先生过去认为这一时期为"南北对峙"或"三足鼎立"时期的观点。

张博泉先生的辽金史研究与其提出"中华一体"理论有密切关系，张

① 张博泉：《中华一体观念论》，《社会科学战线》1991年4期。

② 张博泉：《中华一体观念论》，《社会科学战线》1991年4期。

③ 1989年3月张博泉先生完成《中华一体论》书稿，交付某出版社，次年9月，出版社以征订问题不愿赔钱将书稿退回。1992年在原《中华一体论》的基础上增补写成《中华一体的历史轨迹》，后交付辽宁人民出版社出版。张博泉先生几部重要的学术著作均由辽宁人民出版社出版，辽宁人民出版社为繁荣发展金史研究和中华一体理论研究作出了贡献。

④ 张博泉：《论金代文化的发展及其历史地位》，《社会科学战线》1987年1期。

先生是在从事辽金史研究时开始思考辽金与两宋的关系，辽朝与金朝，契丹与女真在中国历史上的地位，成为提出"中华一体"思想的动因。1991年张博泉先生在山西大同辽金契丹女真史国际学术研讨会上正式提出"多元一体与一体多元"的观点，引起与会者的强烈反响。"中华一体"理论是张博泉先生几十年史学研究的最重要成就，它不仅对新世纪辽金史研究具有指导作用，而且为中国历史和中华民族史的研究开辟了新的途径。

第七章　辽金社会风俗文化

第一节　契丹婚俗婚制探析 ①

婚姻制度和习俗，有它相对的稳定性和传承性。我国古代东北契丹族进入文明时代后，仍然保留着较为浓厚的原始婚制婚俗遗风。剖析其婚姻制度与习俗，对深入了解和认识契丹社会历史发展将具有重要作用和意义。

一、契丹婚制的基本形态

辽代契丹人姓氏基本为耶律、萧二姓，实行两姓通婚制度。皇族婚姻范围相当严格："王族惟与后族通婚" ②。贵族与庶族通常不许联姻。皇族、后族，又有广义与狭义之分。广义皇族有世里、遥辇、大贺三氏；后族有述律、拔里、乙室已三氏。狭义皇族指耶律阿保机家族（世里氏一支）；后族指述律氏家族。由于两姓中人员地位有所不同，又划分出不同的婚姻范围。

契丹帝王娶后（原配）基本上限于狭义上的皇族与后族婚配。辽代九帝除穆宗皇后世系不明以外，诸后均出于述律氏。

《契丹国志》记载："王族惟与后族通婚，更不限以尊卑；其王族、后族二部落之家，若不奉北主之命，皆不得与诸部之人通婚"。③若有特殊情

---

① 《契丹婚制婚俗探析》，原载于《社会科学战线》1992年第1期。
② （宋）叶隆礼：《契丹国志》卷23《族姓原始》，贾敬颜、林荣贵点校，第221页。
③ （宋）叶隆礼：《契丹国志》卷23《族姓原始》，贾敬颜、林荣贵点校，第221页。

况超出规定的婚姻范围，须奏请皇帝批准方可行事。辽圣宗时，对皇族婚姻的规定更加严格，开泰八年（1019）十月，"诏横帐三房不得与卑小帐族为婚；凡嫁娶，必奏而后行"①。可能此时皇族与庶族通婚现象严重，故下诏禁止。后族的婚嫁自主权相对大些，只是与帝王家婚配时须奏请皇帝。如圣宗统和七年（989）四月，"国舅太师萧闼览为子排亚请尚皇女延寿公主，许之"②。其他人在规定范围内婚嫁大约可自行其是。

契丹统治者严格地限制皇、后族婚姻范围，同国家的政体密切相关。辽代实行皇族与后族联合执政，"辽之秉国钧，握兵柄，节制诸部帐，非宗室外戚不使"③。"辽之共国任事，耶律、萧二族而已。"④通过皇、后族的广泛联姻，以巩固和加强其政治地位，是辽代统治的重要手段之一。

契丹很早就与外族发生通婚关系，唐开元、天宝年间，为表示臣附唐朝，一些契丹部落首领不断上表请婚。如唐玄宗开元十年（722）"郁于入朝请婚。上又封从妹夫率更令慕容嘉宾女为燕郡公主以妻之"⑤。契丹立国后，上自帝王下至平民各阶层与外族通婚的现象日益普遍。契丹皇族与奚五王族建立世婚关系，又与汉、渤海等族显贵家族联姻，在圣宗妃嫔中有马氏、大氏、白氏、李氏、艾氏等众多的外族女子。世宗还立汉女甄氏为皇后，"宠遇甚厚"，"后与参帷幄，密赞大谋"。⑥景宗女淑哥初下嫁卢俊，后改嫁萧神奴；圣宗八女、九女、十女分别下嫁渤海人大力秋，汉人刘三报，奚王萧高九。⑦太宗会同三年（940）十二月，"诏契丹人授汉官者从汉仪，听与汉人婚姻"⑧。承认契丹贵族与外族通婚的合法性。契丹统治者虽然限制贵族与

---

① 《辽史》卷16《圣宗纪七》，第186页。
② 《辽史》卷12《圣宗纪三》，第134页。
③ 《辽史》卷114《逆臣传·论赞》，第1517页。
④ 《辽史》卷106《卓行传》，第1467页。
⑤ 《旧唐书》卷199下《契丹传》，中华书局，1975年，第5352页。
⑥ 《辽史》卷71《后妃传·世宗妃甄氏》，第1201页。
⑦ 《辽史》卷65《公主表》，第1003、1005—1006页。
⑧ 《辽史》卷4《太宗纪下》，第49页。

庶族通婚，却不禁止与他族上层阶级联姻，同样以此作为维系统治的手段。

辽初，契丹统治者一面将外族人向契丹内地大批移民，一面将契丹人徙入汉、渤海人地区，形成多民族杂居的局面。开始契丹统治者禁止各民族平民互为婚姻，《武溪集》记载："四姓（契丹、奚、汉、渤海）杂居，旧不通婚。"[①]苏辙《奚君》诗曰："燕俗磋犹在，婚姻未许连。"[②]然而，在民族杂居区不可能严格实行这一禁令，尤其太宗既已允许契丹官宦与外族通婚，对契丹平民不能不产生极大影响。于是"谋臣韩绍芳献议，乃许婚配"[③]。辽亡以后，契丹人不断被迁徙、分散于各民族之间，婚姻日后更是成为契丹族逐渐同化于其他民族之中的重要途径。

契丹族在立国前已进入普遍的一夫一妻制的婚姻形态。然而，"一夫一妻制从一开始就具有它的特殊的性质，使它成为只是对妇女而不是对男子的一夫一妻制"[④]。辽代契丹贵族男子在确立嫡妻地位的前提下，又拥有若干偏房小妾。嫡妻或继室均须正式聘娶，纳偏房小妾则往往表现为买卖婚形式，亦有依仗权势强行娶纳者。《乘轺录》记载："隆庆者，隆绪（圣宗）之弟，契丹国母萧氏之爱子也，故王以全燕之地而开府焉。其调度之物，悉侈于隆绪。尝多籍民子女，躬自拣择，其尤者为王妃，次者为妾媵。炭山北有凉殿，夏常随其母往居之，妓妾皆从，弯庐帝幕，道路相属。"[⑤]耶律隆庆正妃即是其姊之女，其下众多妃妾中，贵族与民女、契丹与外族女子皆有之。至于契丹皇帝更不待言，除正式婚娶的若干后妃外，众多宫女也是其不在册的妻子。如太宗五子中三人是宫人萧氏所生。

① （宋）余靖：《武溪集》卷18《契丹官仪》，《钦定四库全书荟要 武溪集 嘉祐集》，吉林出版集团有限公司，2005年，第553页。

② （宋）苏辙：《栾城集》卷16《奚君》，摛藻堂四库全书荟要本，第18b页。

③ （宋）余靖：《武溪集》卷18《契丹官仪》，第553页。

④ [德]恩格斯：《家庭、私有制和国家的起源》，中共中央马克思恩格斯列宁斯大林著作编译局译，人民出版社，1972年，第62页。

⑤ （宋）路振：《乘轺录》，赵永春：《奉使辽金行程录》（增订本），商务印书馆，2017年，第14页。

上行下效，契丹下层官吏与殷富之家亦"皆有小妇侍婢"①。如静江军节度使萧孝忠先后娶五房妻妾：前嫔先掩泉茔，次妻琴弦续断，第三夫人南大王帐分女，第四嫔东刺史位女，第五汉儿小娘子苏哥。②在名分和地位上五房妻妾是有差别的，显然前者高后者低。

与其他民族一样，一夫多妻的现象早在前国家形态时期就存在于契丹大家族长及氏族、部落显贵之中。进入文明社会后，成为契丹统治阶级中的普遍现象，其规模与围范均超过原始父家长制时期。妻妾成群的原因是多种的，最主要、最直接的原因是为了满足统治阶级与富有者的淫侈欲望和达到多子多孙的目的，使家业与江山后继有人。受汉族礼教的影响，契丹人在妻妾中有嫡妻、继室、侧室、侍婢的等级划分，纳娶方式也有差别，即有契丹婚姻习俗也吸收了一定的汉式婚姻习俗。

辽代契丹人的基本婚姻形式为聘娶婚，特点为男方须备一定数量的财物为聘礼，女家经过对其家族考察、衡量，受聘则婚约成立，继而纳之，这期间要经过订亲、会亲、亲迎、拜奥四个程序。

契丹族早婚现象较普遍，一些十三四岁的少男、少女已组成家庭，故子女往往很小就由父母做主订亲。订亲是男家先请媒人提亲，女家同意后便可成立。订亲后不得无故毁婚约，否则对方便认为受到莫大的侮辱。著名的承天皇太后萧燕燕，"幼时尝许韩氏，即韩德让也。行有日矣，而耶律氏求妇于萧氏，萧氏夺韩氏妇以纳之"③。韩氏虽为汉人显贵也只能忍气吞声。又如，国舅大父房之女萧氏，小字瑟瑟，"乾统初，帝幸耶律挞葛第，见而悦之，匿宫中数月。皇太叔和鲁斡劝帝以礼选纳，三年冬，立为文妃"④。这表现了原始遗风，然而并不符合当下契丹婚姻习俗，后来还是以礼选纳入宫立妃。

会亲是在举行亲迎仪式前男女家族会面，男家要搭建会亲穹庐，准备

① （宋）洪皓：《松漠纪闻》，翟立伟标注，第19页。
② 参见陈述：《全辽文》卷9《萧孝忠墓志铭》，中华书局，1982年，第232—233页。
③ （宋）路振：《乘轺录》，赵永春：《奉使辽金行程录》（增订本），第15页。
④ 《辽史》卷71《后妃传·天祚文妃萧氏》，第1206页。

丰盛酒宴，规模盛大。亲迎最为隆重，目前仅能从《辽史·礼志》了解契丹皇、后族的亲迎仪式。

择吉日行婚礼。清晨，皇后梳妆完毕当堂而坐。皇室前来迎亲，使臣与媒妁将酒食、牛羊猪犬鸡（饔饩，即熟食）摆在门前，拜谒皇后与其父母、宗族、兄弟，并进酒。使臣纳币、致词，惕隐（掌皇族政教的大臣）夫人行四拜礼，请皇后就车。皇后拜别、升车，父母饮离别酒，向皇后致戒词。发车时，教坊艺人遮道赞祝以示庆贺，后族人又在后面追拜，皆须赏酒赐物，然后车马才能启程。行至皇宫附近，宰相传旨赐皇后与送亲者酒。

惕隐率皇族在宫门恭候新人，惕隐夫人请皇后下车，地铺黄道，前有人负银罂捧縢；后一人张羔裘作袭击状；又有一妇人捧镜退行，置马鞍于道使皇后跨过。然后诣拜神主室、舅姑御容，奠酒。再拜皇族诸妇中宜子孙者（以此可早得贵子）。皇后更衣，坐于别殿。送亲的皇后姊妹及陪拜者各受赐物，皇族迎亲者与后族送亲者相偶饮酒。亲迎仪式告一段落，接着行拜奥礼。

成亲次日，举行盛大宴饮，皇、后族仍相对偶饮，演百戏，举行角觗、戏马比赛。第三日，后族送亲者辞行。

契丹公主下嫁与纳皇后大同小异，不同处是驸马需亲自迎娶公主，并致宴于帝后。估计一般契丹人娶亲，新郎亦要亲自迎娶。辞行时，公主带上父母所赐的陪嫁物，凡所需俱备，并有送终之具。

从上述契丹婚娶程序看，它将本民族的传统信仰和习俗与汉族的婚俗融合在一起，达到了当时比较进步的文明阶段。宋人将古代六礼因革损益为纳采、纳币（过聘礼）、亲迎三礼。契丹婚娶中订亲与纳采相当，纳币与亲迎同时进行，又有会亲，更充分地表现婚姻是两族或两家契约的特质。新娘跨马鞍、拜宜子孙者，是人们对新人的祝福；新娘出发后，族人追拜其后，下车后又有人张羔裘作袭击状，表现了原始抢婚的痕迹；行拜奥礼，嫁女陪嫁送终物，则体现了母系遗风（见后）。嫁女致戒词，至男家拜宗庙、舅姑，又是汉族婚礼中重要的内容之一。

由此可见，在契丹婚俗发展过程中，既有对古老婚俗的传承，又有适应新婚姻形态而出现的新俗，还有在民族交往中对先进民族婚俗的吸收。

二、两分组织的婚媾痕迹

契丹"古昔相传：有男子乘白马浮土河而下，复有一妇人乘小车驾灰色之牛，浮演河而下，遇于木叶之山，顾合流之水，与为夫妇，此其始祖也"[1]。古老的传说留下了契丹人对两分组织外婚的记忆。原始母系氏族社会时期的两分组织间的族外婚，是在两个或两个以上的婚姻集团间进行婚配，它们可以是从旧的血缘家族分裂而成的两分组织，即两个半边；也可能是相邻而居的两个血缘家族。同一半边内同母所生的子女间不能互为婚姻，这一半边的一群互为姐妹的女子，必须和另一半边的一群互为兄弟的男子互相结婚。同姓氏一集团内部的成员彼此不能婚配，即所谓"同姓可结交，异姓可结婚"[2]。然族外婚与族内婚制并不是对立的，从氏族来说是实行氏族外婚，从部落来说是实行部落内婚。同居在一个部落内的两个氏族可通婚，契丹"婚嫁不拘地里"[3]，亦可与他地部落中属于不同婚姻集团的氏族通婚。在军事部落联盟时期，先后任联盟长的大贺、遥辇、世里氏家族成员，皆与拔里、乙室已二审密氏族成员互相婚配，仍保留着两分组织的外婚形式。辽初，以太祖阿保机所在的世里氏为耶律姓，又将大贺、遥辇二氏比之耶律姓；以太祖后述律氏为萧姓，并将二审密比之萧姓。随后，普通契丹部落中的两大通婚集团，也多分别比附耶律、萧姓，致使辽代契丹人姓氏基本为耶律、萧二姓，几乎不见他姓。于是契丹在原通婚集团的基础上，确立了耶律、萧二姓通婚制度。尽管已完全脱离了原始的婚姻形态，在内容上发生了质的飞

---

① （宋）叶隆礼：《契丹国志》卷首《契丹国初兴本末》，贾敬颜、林荣贵点校，第1页。
② 《辽史》卷71《后妃传·懿祖庄敬皇后萧氏》，第1198页。
③ （宋）叶隆礼：《契丹国志》卷23《族姓原始》，贾敬颜、林荣贵点校，第221页。

跃，然此种两姓通婚的习俗仍反映了原始的两分组织外婚的痕迹。

此外，在契丹族奉行的具体的婚姻形式中，亦存有一些两分组织外婚的残余形式，其中较为典型的有三：

其一，夫兄弟婚与长辈收继婚。宋文惟简《虏廷事实》载曰："虏人风俗，取妇于家，而其夫身死，不令妇归宗，则兄弟侄皆得以聘之。有妻其继母者，与犬豕无异。汉儿则不然，知其非法也。"①

夫兄弟婚又曰"报寡嫂"，在契丹婚姻中十分常见。唐开元年间，契丹联盟长"郁于病死，弟吐于代统其众，袭兄官爵，复以燕郡公主（郁于妻）为妻"②。立国后，仍不改旧俗，连出嫁的契丹公主也不例外。道宗二女纠里，"下嫁萧挞不也。驸马都尉萧挞不也坐昭怀太子事被害，其弟讹都斡，欲逼尚公主，公主以讹都斡党乙辛，恶之。未几，讹都斡以事伏诛"③。辽后族尚公主须奏请皇帝，但驸马兄弟娶寡嫂，虽公主亦不必再奏，以俗当此。公主恶其人品，但无可奈何，幸而讹都斡犯事被诛，公主才得以解脱。子娶庶母、侄娶叔婶的长辈收继婚在汉人眼中是违反人伦，契丹人却认为俗当如此，也为法律所允许。清宁五年（1059）的《耶律庶几墓志》记载："惯宁相公故大儿求哥，其继母骨欲夫人宿卧，生得女一个，名阿僧娘子，长得儿一个，名迭剌将军。"④

随着文明程度的提高，一些契丹人拒绝接受"妻后母"的陋习，却付出很大的代价。圣宗朝权势显赫的皇太弟、尚书令兼政事令耶律隆庆子宗政即是如此。天泰五年（1016），隆庆纳秦晋国王妃，年终隆庆卒，妃仅16岁。"圣宗皇帝藩戚间通王（宗政）娶妃，玉睦介特，辞以违卜，不即奉诏，自是不复请婚，以至无子。"⑤圣宗是契丹皇帝中汉化较深者，仍诏宗政妻后

---

① （明）陶宗仪：《说郛》卷8《虏廷事实》，涵芬楼影印本，中国书店，1986年，第48a页。
② 《旧唐书》卷199下《契丹传》，第5252页。
③ 《辽史》卷65《公主表》，第1007—1008页。
④ 向南：《辽代石刻文编》道宗编上《耶律庶几墓志》，河北教育出版社，1995年，第295—296页。
⑤ 陈述：《全辽文》卷7《耶律宗政墓志铭》，第157页。

母，宗政拒奉诏以至终生未娶。秦晋国王妃改适太尉兼中书令刘二玄，后暴疾而亡，圣宗"诏于显陵开魏国王玄堂而合树焉"[1]。魏国王即宗政，已先卒。二者合葬为名义上的夫妇，足见此种婚俗在辽代契丹族中尚根深蒂固。

契丹夫兄弟婚与长辈收继婚，是由原始两分组织外婚形式发展而来的。在两分组织间实行族外婚，但是"某种或长或短时期内的成对配偶制，在群婚制度下，或者更早的时候，就已经发生了；一个男子在许多妻子中有一个主妻（还不能称为爱妻），而他对于这个女子来说也是她的许多丈夫中的一个主夫"[2]。在家庭出现以后，一个寡妇有再嫁给她已故丈夫的兄弟或家族中男子的义务和权利，而对方也有和她结婚的权利和义务。在私有制产生以后，夫兄弟婚和长辈收继婚增加了新的内容，妻子作为家里的一宗动产，和家庭的其他财产一样不能外溢，只能由族内继承。契丹贵族实行这种婚俗另一重要目的是为保证丧偶者高贵的地位和身份。

其二，妻姐妹婚。在契丹社会盛行妻姐妹婚，曾一度以法律的形式规定下来。这种婚姻形式为，一个男子可以同时或先后娶几个姊妹为妻。显然是两分组织外婚的残余形式。辽初将其定为一项婚姻法，使妻姊妹婚进一步演变为：鳏夫续娶时必须娶已故妻子的未婚姊妹；同时，已故妻子的未婚姊妹也必须嫁给她们姊妹的夫。《辽史·太宗纪》：会同三年（940）"除姊亡妹续之法"。然而，这以后妻姊妹婚作为一种习俗并没因此法取消而废止。

圣宗太平九年（1029）的《萧仅墓志铭》记载：萧仅娶"耶律留守之女，舜容媛丽，懿行柔闲，不永霞龄，先归蒿里。有子二人。再婚其舍，闺仪毕备，女训爰周，有子五人"[3]。萧仅原配夫人先逝，再婚其家，两夫人出自一家。道宗大安六年（1090）《萧裕鲁墓志》记载："次娶耶律氏，北大王帐故静江军节度使陈家奴女，以为继室，亦早亡。继娶次夫人妹，以待巾

① 陈述：《全辽文》卷8《秦晋国妃墓志铭》，第194页。
② [德]恩格斯：《家庭、私有制和国家的起源》，第45—46页。
③ 向南：《辽代石刻文编》，第191—192页。

栉。"①由此可见，虽然法律取消了"姊亡妹续"的规定，契丹人仍习惯先后聘娶一家女。

由于长期实行妻姊妹婚，契丹人形成一种观念，认为姊妹共嫁一夫宜得子。《辽史·后妃传》记载，道宗惠妃萧坦思，"大康二年（1076），乙辛誉之，选入掖庭，立为皇后。居数岁，未见皇嗣。后妹斡特懒先嫁乙辛子绥也，后以宜子言于帝，离婚，纳宫中"②。道宗为得嗣子，甚至令妻妹离婚纳之。天祚帝皇后萧夺里懒与元妃萧贵哥亦为亲姊妹。这种古老的婚俗又附会上祈子的愿望，使之在辽代各民族中均很流行。

其三，表亲联姻，不论辈分。在辽代契丹族婚姻中，最为流行的是交错的从表婚形式，姑舅表兄弟姊妹有优先婚配的权利。在两大姓交错婚姻中，甥舅、甥姨或表姑侄两辈人婚配，乃至外孙女嫁外祖父的现象亦很常见。仅以皇族为例：

太祖阿保机与淳钦皇后生女质古，"下嫁淳钦皇后弟萧室鲁"③，是为舅娶外甥女。"太宗靖安皇后萧氏，小字温，淳钦皇后弟室鲁之女。"④即质古与室鲁所生之女，太宗是太祖弟，则是外祖孙为婚。

《辽史·后妃传》："世宗怀节皇后萧氏，小字撒葛只，淳钦皇后弟阿古只之女。"⑤淳钦皇后是世宗祖母，阿古只之女当为世宗表姑，此为表姑侄相配。

圣宗姊秦晋大长公主"女二人，长适秦晋国王追谥孝贞皇太弟隆庆，册为秦国妃。次适故齐国王隆裕，册为齐国妃"⑥。隆庆和隆裕（《辽史》作隆祐）均为秦晋大长公主同母弟。隆庆另外还娶了妹妹的两个女儿。

---

① 陈述：《全辽文》卷9《萧裕鲁墓志铭》，第238页。
② 《辽史》卷71《后妃传》，第1205页。
③ 《辽史》卷65《公主表》，第999—1000页。
④ 《辽史》卷71《后妃传》，第1200页。
⑤ 《辽史》卷71《后妃传》，第1201页。
⑥ 陈述：《全辽文》卷6《秦晋大长公主墓志铭》，第126页。

《契丹国志·后妃传》：圣宗钦哀皇后"姊秦国夫人一早年嫠居，艳丑私门，后见长沙王名谢家奴，瑰伟美姿容，为杀其妃，而以秦国妻之"①。长沙王谢家奴即隆庆子宗允，圣宗后姊嫁宗允，是为甥姨相配。

道宗女儿撒葛只下嫁萧霞抹；道宗则取萧霞抹之妹萧坦思为惠妃。即岳丈与女婿之妹婚配。

表亲联姻，不论辈分的婚俗亦源于氏族两分组织外婚。早期两分组织的两个半边互相婚姻，并不很注重辈分的差别。确立父系家族后，发展为交错的姑舅表婚的形式。表现在契丹族婚俗上，注重姓氏，不注重辈分，姑舅表婚以异姓为前提，又是"亲上加亲"被肯定下来。

这种婚俗不仅在契丹族中十分流行，而且对周围其他民族也产生了一定影响。如辽代汉族婚姻中此种现象屡见不鲜。在契丹皇、后族中此类婚配之频繁，与其婚姻范围狭窄和唯恐权力旁落的心理，又有密切关系。

三、母系氏族社会的遗风

《辽史·公主表》："契丹故俗，凡婚燕之礼，推女子之可尊敬者坐于奥，谓之奥姑。"②《国语解》："拜奥礼，凡纳后，即族中选尊者一人当奥而坐，以主其礼，谓之奥姑。送后者拜而致敬，故云拜奥礼。"③《尔雅·释宫》："西南隅谓之奥"④，为尊长之位。拜奥礼，是契丹族婚礼中十分重要的仪式。新娘迎进男家，奥姑坐于西南正中，主持婚礼。送亲者拜奥姑、致词、敬酒。婚礼结束，送亲者辞行时，还要以礼物谢奥姑。这种婚俗，当起源于母系氏族社会时期，氏族婚礼，由氏族中德高望重的最年长的妇女主持。进入父系氏族社会以后，契丹人仍以女性主持婚礼，但发展为由父系氏

---

① （宋）叶隆礼：《契丹国志》卷13《后妃传·圣宗萧皇后》，贾敬颜、林荣贵点校，第144页。

② 《辽史》卷65《公主表》，第999—1000页。

③ 《辽史》卷116《国语解》，第1539页。

④ （晋）郭璞注，（宋）邢昺疏：《尔雅注疏》卷5《释宫第五》，阮元：《十三经注疏》，中华书局，1980年，第2597页。

族或家族中未出嫁的地位至尊的女性任"奥姑"。太祖女质古，幼时曾为奥姑。①奥姑是男方家族的象征，必由家族内同姓女子担任，成年女子多出嫁外氏族或家族，娶来的异姓女子（祖母、母亲）无资格担此重任，故契丹婚礼上的奥姑，估计多未成年或青年女子。

契丹妇女出嫁后仍与母亲家族保持着千丝万缕的联系，母亲家族对出嫁的女儿也始终关心，一旦婚姻发生变故，她还要回到母亲家族。这种具有母系氏族社会遗风的观念和习俗，也表现在契丹人嫁女的陪嫁物上。《辽史·礼志·公主下嫁仪》记载，公主出嫁，"赐其婿朝服、四时袭衣、鞍马，凡所须无不备"。最主要的，也是最富民族特色的是"赐公主青幰车二，螭头、盖部皆饰以银，驾驼"，供其平时乘坐；"送终车一，……驾牛，载羊一，谓之祭羊，拟送终之具，至覆尸仪物咸在"②，供送终下葬用。以此表示母亲家族（皇族）对出嫁女生老病死负责到底。这与汉族认为"嫁出的女，泼出的水"的观念和习俗不同，具有浓厚的原始痕迹。

契丹立国后，妇女仍保持着较高的社会地位，贵族妇女有权参与国家军政事务。太祖时述律后有"蕃汉精锐二十万骑"的属珊军，并形成强大的政治势力。太祖崩，后称制，摄军国事，诸事皆出自后之意。太宗亦云："太后族大如古柏根，不可移也。"③辽代著名的承天皇太后萧燕燕（景宗后）、法天皇后萧耨斤（圣宗后）、仁懿皇后萧挞里（兴宗后）、宣懿皇后萧观音（道宗后）均习知军政，总摄国事，甚至亲御戎车，指麾三军。不仅皇后参政，还"任国舅以耦皇族"④。可见，契丹妇女较高的社会地位，是以母亲家族为后盾的。

在这种社会条件下，契丹家庭男女双方在婚姻上均有较大的主动权，情感是维系婚姻的重要条件之一，如果夫妻感情不谐，男女双方都可提出

---

① 《辽史》卷65《公主表》，第999—1000页。
② 《辽史》卷52《礼志五·公主下嫁仪》，第864—865页。
③ （宋）叶隆礼：《契丹国志》卷17《萧翰传》，贾敬颜、林荣贵点校，第168页。
④ 《辽史》卷45《百官志一》，第711页。

离婚。《辽史·公主表》记载，契丹公主因夫妻不谐离婚改嫁的就有3人共4次。景宗第四女淑哥。"与驸马都尉卢俊不谐，表请离婚，准之。"①圣宗第二女岩母董结婚4次，有2次是因感情不和离异。以夫妻感情不谐为由离婚，在契丹法律和舆论上均是认可的。即使是与公主离婚也不会影响这位男子的前程，而且还可以复尚另一位公主。《辽史·萧胡睹传》："重熙中，为郎祗候君，俄迁兴圣宫使，尚秦国长公主，授驸马都尉，以不谐离婚。复尚齐国公主，为北面林牙。"②

在婚姻生活中，契丹男女地位较为平等。婚后，女子行为不修，男子可以与之离婚。兴宗长女跋芹，初因感情不和与萧撒八离婚；清宁初年，改适萧阿速，以妇道不修，阿速又与之离婚；后再嫁萧窝匿。③若男子有罪，女子亦可以与之离婚。道宗第三女越国公主特里下嫁萧酬斡。大康八年（1082），萧酬斡因母亲与妹之事获罪，诏酬斡与公主离婚。④

契丹男女离婚后，均可再娶再嫁。离婚和再婚的妇女不会受到社会歧视或舆论的谴责。《辽史·公主表》记载：圣宗女长寿下嫁渤海人大力秋，大力秋坐大延琳反叛之事伏诛，长寿改适萧糙古。⑤《秦晋国妃墓志铭》记载：皇太弟隆庆"即妃先出适之所天也"（隆庆卒），魏国王宗政"即妃次奉诏所归之喜偶也"（宗政拒婚），中书令刘二玄"即后有诏亲奉左右者也"⑥。说明不论丈夫是自然死亡，还是有罪被诛，妇女都可以再嫁。

辽中期以后，受汉族礼教和"贞操"观念的影响，圣宗开泰六年（1017）四月，"禁命妇再醮"⑦。命妇一般为朝廷重臣的原配夫人；醮，原是古代汉族婚娶时用酒祭神的礼仪，后来以此表示婚嫁。这条法令是对有

①《辽史》卷65《公主表》，第1002—1003页。
②《辽史》卷114《萧胡睹传》，第1513页。
③《辽史》卷65《公主表》，第1007—1008页。
④《辽史》卷65《公主表》，第1010页。
⑤《辽史》卷65《公主表》，第1005—1006页。
⑥ 陈述：《全辽文》卷8《秦晋国妃墓志铭》，第193页。
⑦《辽史》卷15《圣宗纪六》，第179页。

特殊身份妇女的规定，实行范围很窄，对一般契丹妇女离婚与再嫁无过多的限制。因此限制再嫁不是契丹族主要的婚俗。

在古代社会，通常男子主宰家庭、婚姻，可以各种理由休妻。妇女则处于从属地位，汉族妇女即谨奉"嫁鸡随鸡，嫁狗随狗""从一而始终"的婚姻礼教。契丹男女在婚姻上具有较为平等的主动权，今天看来是比较进步的婚俗，而在当时的社会历史条件下，则表现为落后的母系氏族社会的遗风。

第二节　辽代契丹族饮食习俗述略[①]

契丹族兴起于我国东北西部的草原地区，"契丹旧俗，其富以马，其强以兵"，"马逐水草，人仰潼酪，挽强射生，以给日用"。皇祖匀德实时"喜稼穑，善牧畜"，述澜时农业进一步发展。[②]但畜牧业在契丹社会仍占有十分重要地位，因此，契丹族传统的饮食习俗富有浓郁的游牧民族的特色。公元916年契丹建国后，疆域不断向外扩展，并将汉、渤海等族人大批徙入契丹内地，由于农耕文明对契丹的影响，不仅改变了契丹社会内部的经济格局，也促使契丹族的饮食内容、技巧和风俗随之丰富、发展和变化，辽中期后尤为显著。探讨契丹族的饮食习俗不仅有助于了解我国北方丰富多彩的饮食习俗形成的渊源，而且可以从一个侧面了解契丹族与汉族先进文明交融与进步的过程。

一、饮食分类与品种

契丹族传统的饮食是食肉饮酪。建国后随着社会生产水平提高，饮食的

---

① 《辽代契丹族饮食习俗述略》，原载于《博物馆研究》1991年第3期。
② 《辽史》卷59《食货志上》，第923页。

系列与品类也随着由简至繁，但始终保持着本民族的特色。

（一）主食、副食

辽初，契丹人的主食以肉乳为主，粮食为辅。中期以后，粮食在主食中的比重增大，但其嗜肉乳的习俗并没因此而改变。

羊肉、牛肉是一般契丹人日常主要食品，此外还有猪、兔、雉、鹿、骆驼等肉食。肉食加工除煮新鲜肉外，还做成濡肉、腊肉、肉脯（肉干）、肉糜（肉羹）、醢（肉酱）等食品，既可调剂品种花样，又可将一时吃不完的肉加工储存，以备随时食用。

契丹人食肉很讲究佐料，其品种有蒜、葱、韭、酱、盐、醋等。契丹人喜欢辛辣味道，与其生活地区冬长夏短、气候寒冷有关。平民和贵族最平常的食肉方法是，把畜体切成几大块放入大锅中煮熟，然后用匕割成小片蘸各种佐料食之。各地已出土的契丹墓壁画，真实地再现了契丹族烹饪、饮食习俗。如内蒙古昭乌达盟出土的契丹墓壁画[1]：一幅烹饪图表现一契丹人手持长炉钩，身前置一口三足大铁锅，装满了大块肉，锅底炉火正旺，映红了他的脸膛和衣服；另一幅是一高挽双袖的契丹仆人正忙着将一盒大块熟肉切割成小片，然后再端至席中，主人可直接用筷子夹食。在契丹贵族宴饮图中桌上都置满各式小碟、碗，估计是用来盛放各种佐料。在契丹族中还流行一种传统的较讲究的食肉方法：将熟肉、腊肉、濡肉等各类肉食切成正方形的肉块，放在盘中，饮食者自己用刀匕切割成小片，蘸佐料食之，颇类今日的西餐食法。

由于契丹人善做肉酪，契丹皇帝不仅把本族风味的肉制品作为馈赠宋朝皇帝的礼品，而且还派契丹庖人至中原，为宋朝皇帝的生日宴会烹制契丹风味的食品。《宋史·艺文志》记载：契丹贺宋帝的生日礼物中有"牛、羊、野猪、鱼、鹿腊二十箱，以贺承天节日。又遣庖人持本国异味，前一日就禁

---

[1] 项春松：《辽宁昭乌达盟地区发现的辽墓绘画资料》，《文物》1979年第6期。

中造食，以进御云"。

辽初，麨、粥已出现于契丹人的主食中。胡峤《陷北记》载，契丹为探视北方狗国的情况，"尝选百里马二十匹，遣人齎干麨北行，穷其所见"。随着契丹族农业生产的发展和汉化渐深，粮食在契丹族人的主食中越来越占重要地位。宋人王曾使辽，见契丹人"挈车帐，逐水草射猎，食止麋粥、麨糒"[①]。契丹地区低温少雨，农业生产技术较低，故多粗放农业，种植稷、糜粟、黍、稗、麦等。一般地说，契丹人居家时喜食粥，这与其饮食中肉类比重大，及农作物品种有关。外出放牧、打猎时则多食麨，麨又作麨、炒。契丹人把上述农作物炒熟后磨粉加工成干粮，制作简单，食用方便，更便于携带。夏日合水，冬天煮雪食用，这十分适合于游牧狩猎的生活习惯，受到北方民族的喜爱。至今，东北仍有炒面的习俗，精工细做的油茶面（有动物油与植物油两种）已经成为北方风味小吃。

乳粥，又称酪粥，是契丹族的节日、待客食品。辽朝廷盛典佳筵及款待各国使臣时都必备乳粥。梅圣俞《送景纯使北》诗："朝供酪粥冰生碗，夜卧毡庐月照沙。"[②]朱彧《萍洲可谈》记载："先公使辽日，供乳粥一碗，甚珍，但沃以生油，不可入口。谕之使去油，不听，因给令以他器贮油，使自酌用之，乃许，自后遂得淡粥。"[③]所谓"沃以生油"，当为掺以奶酪、奶油之类的食品。因为南北方口味不同，契丹人以为是珍品，而从南面来的宋人则觉得腥膻不堪入口。

辽中期以后，契丹族在与汉、渤海等族的交往中，食品制作技巧不断提高，主食种类也多了起来，有馒首、饼、煎饼、糕等，并能制作美味可口的糕点，如酥乳饼、饼饵（如现代有馅的糕点）等。米面也成为契丹人日常生活中习见的主食。

---

① （宋）叶隆礼：《契丹国志》卷24《王沂公行程录》，贾敬颜、林荣贵点校，第232页。
② （宋）梅尧臣著，朱东润选注：《梅尧臣诗选》，人民文学出版社，1980年，第215页。
③ （宋）朱彧：《萍洲可谈》卷2，朱易安、傅璇琮等：《全宋笔记》第二编第六册，大象出版社，2006年，第153页。

　　契丹人初不种植蔬菜，只是采食一些野生植物。因受汉族的影响，契丹人学会了种植蔬菜，并成为主要的副食之一。契丹皇室日食蔬菜由京城郊外园圃供给，贵族自家也有"枣栗蔬园"，在辽西北的边防城址中发现大片引水灌溉的菜园和贮存蔬菜的库房①，说明戍边的契丹士兵也种菜以供食用。蔬菜品种有从西域传入的回鹘豆，"高二尺许，直干，有叶无旁枝，角长二寸，每角止两豆，一根才六七角，色黄，味如栗"②；有东北地产的葱、韭、芹、菘、菠、蒜等，还有一些味道好、有营养的野生菜也始终保留在契丹人的菜谱中。

　　"春梁煮雪安得饱，击兔射鹿夸强雄。"③野生动物一直被契丹人作为辅助食物的重要来源，他们每年都捕食大量的黄羊、野猪、鹿、兔、豹、熊和各种飞禽、鱼类，以补充食用，还将其加工成濡肉、腊肉、肉酱等具有民族风味的佐食佳品。契丹皇室贵族常年往来于四时捺钵，进行各种围猎活动，以捕获的各类飞禽走兽开设盛大的宴会，尤以春天的头鹅（天鹅）宴、头鱼（鳇鱼）宴和秋季的鹿宴、熊、虎宴最负盛名，届时还要召见各国使臣、少数民族酋长，举行各种娱乐活动。在契丹节日食品中也有用野味制作的菜，《契丹国志》卷27记载，重九筵席中一道菜为"兔肝切生，以鹿舌酱伴食之"。可见在契丹人中还保有生食肉类的习惯。

　　在野味中，貔狸被契丹人视为"珍膳"。此物足短、极肥，"形如鼠而大，穴居，食果谷"④。味如豘子而脆，"善糜物，如猪端，若以一虀置十斤肉鼎，即时糜烂"⑤，是一种特殊的美味。当地人"穴地取之，以供国主之

---

① [蒙古]X·佩尔列：《蒙古人民共和国境内的契丹古城古村遗址》，内蒙古自治区文物工作队：《文物考古参考资料》第一期，1979年。
② （宋）叶隆礼：《契丹国志》卷27《岁时杂记》，贾敬颜、林荣贵点校，第256页。
③ （宋）苏辙：《栾城集》卷16《穹庐》，摛藻堂四库全书荟要本，第19b页。
④ （宋）沈括：《梦溪笔谈》卷25《杂志二》，朱易安、傅璇琮等：《全宋笔记》第二编第三册，第191页。
⑤ （清）厉鹗：《辽史拾遗》卷24《补国语解》引张舜民《画墁录》，文渊阁四库全书本，第1b—2a页。

膳，公相以下皆不得尝之"①。宋使至辽常蒙赐此物，北宋绍圣初年，张舜民使辽，得赐貔狸，然其即纵诸田，馆伴大骇，急求不见，乃曰："奈何以此纵之？唯上意礼厚南使，万有一枚。本国岁课其方，更无租徭，唯此采捕十数以拟上供，一则以待南使也。"②因其味美直到明代仍被视为北方珍品。

（二）酒、茶

辽建国前后，契丹人已经掌握酿酒技术，有以粮食制造的酒渍、酒曲、麦曲酒；以畜乳汁发酵酿造乳酒，色清如水，饮之易醉。

契丹族颇尚豪饮，无论是大小祭祀、重要礼仪、将士出征等国事，还是射箭击球、迎送宾客、婚丧嫁娶、时令节日等民事，无不饮酒。皇室贵族平时饮酒、酗酒更是常事。辽穆宗嗜酒荒唐，忽视朝政，常常至臣僚家狂饮数日，甚至数十日沉醉不醒。应历十九年（969）正月，"自立春饮至月终，不听政"③。契丹皇帝因醉酒失国者亦不乏其人，穆宗和世宗都是在酩酊大醉中被弑。传世的辽代绘画和出土的契丹墓壁画中常见契丹贵族宴饮的场面。辽宁法库叶茂台辽墓墓室内摆设的木桌下，瓷壶中封贮的红色液体即是酒。墓主人是契丹女性，推测契丹妇女也喜饮酒，而且一般家庭大都贮存一定数量的酒，以备日常饮用。故契丹墓葬出土的饮食器具中，酒器（贮酒器、饮酒器）占相当大的比例。

塞北寒冷，契丹人有饮热酒的习俗。将盛酒的注壶浸入装有热水的温酒大碗（或曰钵），待烫热后斟入杯盏中饮用，碗内水凉了，再换上热水。饮热酒的习俗在今天东北农村仍十分常见。

辽代嗜酒风盛，京城村寨到处有酒楼、酒肆，其中当不乏契丹人所经营的。《辽史·穆宗纪》：应历十六年（966）正月，穆宗"微行市中，赐酒家银绢"。十八年（968）正月十五，穆宗"观灯于市。以银百两市酒，命群臣

---

① （宋）王辟之：《渑水燕谈录》卷8《事志》，朱易安、傅璇琮等：《全宋笔记》第二编第四册，第85页。
② （清）厉鹗：《辽史拾遗》卷24《补国语解》引张舜民《画墁录》，文渊阁四库全书本，第2a页。
③ 《辽史》卷7《穆宗纪下》，第87页。

亦市酒纵饮三夕"。辽代实行酒榷，兴宗时"禁诸职官不得擅造酒糜谷；有婚祭者，有司给文字始听"[1]。

饮茶，是契丹人与汉人接触后才出现的，并很快成为契丹贵族的一种时尚。茶可助消化、涤肥腻，契丹人食物中肉占很大比例，在摄取大量蛋白质后，饮一杯浓茶的确十分惬意。随着汉化日深，契丹统治者也效仿中原王朝在一些重大礼仪中设茶膳、行茶、行单茶、行饼茶等程序。[2]

东北不产茶，契丹以馈赠和官、私贸易的方式取得。每逢正旦、生辰，宋朝馈赠辽帝的礼物中都有品种名贵的茶。大宗茶则主要来自辽与南宋的官、私贸易，《南唐书·契丹传》："昇元二年（938），契丹主耶律德光及其弟（兄）东丹王各遣使以羊马入贡。别持羊三万口，马二百匹来鬻，以其价市罗纨茶药。"宋输入辽地的茶，有名贵的岳麓茶（供皇室享用），较贵重的团茶、建茶，及普通的草茶。《画墁录》记载："自尔辽人非团茶不贵也，常以二团易蕃罗一匹。"这种团茶只有契丹贵族殷富才能享用，普通平民大约只能饮一点草茶。此外契丹人还喜饮乳茶，以盐与牛乳和茶共煮而成。可见契丹族在接受汉族饮酒、品茶习俗时，并没有抛弃本族尚饮乳的传统习俗，而将二者融合制成乳茶、乳酒等具有草原民族风味的饮料。

（三）果品

契丹人最初食用的果品当是一些野生果实。五代时契丹破回纥，引进西瓜培植技术，在上京一带多有种植。辽太宗时，胡峤在上京附近第一次吃到西瓜，见到西瓜是"以牛粪覆棚而种，大如中国冬瓜而味甘"[3]。《松漠纪闻》："西瓜形如匾蒲而圆，色极青翠，经岁则变黄，其瓢类甜瓜，味甘脆，中有汁，尤冷。"其后由契丹传入中原。

辽太祖灭渤海后，统治区域扩展到东部山区，果品渐多起来，有山梨、

① 《辽史》卷59《食货纪上》，第925页。
② 《辽史》卷51《礼志四》，第845—856页。
③ 《新五代史》卷73《四夷附录二》，第906页。

楞梨、棠梨、压沙梨、郁李、桃、榛、栗、胡桃、松子等干、鲜果。有官营果圃，并"诏内地州县植果"①。在宁江州一带，"桃李之类皆成园，至八月倒置地中，封土数尺，复其枝干，季春出之，厚培其根，否则冻死"②。在实践中摸索出一套塞北保护果树过冬的方法。

东北果树生长期短，为使四季均能食到果品，契丹人把水果加工成"渍果""酒果""冻果"。渍果又称蜜果，以山果和糖蜜为原料制成。如欧李，"《异域录》作欧梨，或云即郁李，大如樱桃，色味皆如李，渍以饧蜜，秋日下酒佳品，有言欧阳文忠使契丹，嗜此果，因名欧李者，附会可哂"③。欧李之名是否像"有言"者所云，姑且不论，但制法可能起于辽时，并与今日果脯类同，或许果脯即是"渍果"之遗制。酒果，是用酒浸渍的果品。契丹人尚饮酒，酒果颇受其喜爱，辽帝常以此慰劳功臣享外国使臣，在新罗等国贡使的回赐品中，就有"酒果子不定数"④。冻果，是经过冷冻处理的果品，《文昌杂录》记载："余奉使北辽，至松子岭，旧例互置酒三行。时方穷腊，坐上有上京压沙梨，冰冻不可食。接伴使耶律筠取冷水浸良久，冰皆外结，已而敲去，梨已融释。自尔凡所携柑橘之类均用此法。味即如故也。"此与今东北之冻梨、冻柿制法、食法一般无二。当年以飨南使备受赞赏，今仍是北方人民喜食的风味食品。上述果品既保存了原有的品味，又具有鲜果所没有的味道。其加工技术是契丹人与其他民族交往中形成的，后又经过北方各族的发展、丰富、完善，延传至今。

二、饮食方式与节令食俗

契丹族始终没有完全脱离游牧生产，当一些家庭转入半农半牧或农业生

---

① 《辽史》卷11《圣宗纪二》，第245页。
② （宋）洪皓：《松漠纪闻》，翟立伟标注，第26页。
③ （清）西清：《黑龙江外记》卷8，萧穆等重辑，光绪二十年刊本影印本，成文出版社，1969年，第230页。
④ （宋）叶隆礼：《契丹国志》卷21《契丹每次回赐物件》，贾敬颜、林荣贵点校，第204页。

产后，吸收了汉族的部分生活方式，但仍没有完全改变其固有的生活习俗。故契丹人的饮食方式充分体现了游牧民族的生活特点，不论是居家于穹庐内，还是放牧狩猎于野外，都是毛毡铺地，上置矮桌，契丹人席地而坐，饮酒食肉。目前所见的契丹墓壁画和辽代绘画中契丹族宴饮的基本形式都是如此。内蒙古昭乌达盟翁牛特旗契丹墓壁画中宴饮图，描绘穹庐内铺着毛毡，其上前后排列着两矮桌，两桌间置一火盆。前桌置饮具，地上摆着酒瓶；后桌摆满盛放食物的碗、盆、叠盒、勺等。男主人席地坐于当中，正在进食，周围以四、五仆人殷勤侍候。①此当冬季宴饮情景。

契丹人饮食习惯"先点汤，后点茶。至饮，亦先水饮，然后品味叠进"②。这正与汉俗相反，有些宋文人视为无礼义的表现，实则为两族饮食方式与习惯不同。宋路振使辽，曾受契丹官员盛情款待，"虏遣使置宴于副留守之第，第在城南门内，以驸马都尉兰陵郡王萧宁侑宴。文木器盛虏食，先荐骆糜，用杓而啖焉。熊肪羊豚雉兔之肉为濡肉，牛鹿雁鹜熊貉之肉为腊肉，割之令方正，杂置大盘中。二胡雏衣鲜洁衣，持帨巾，执刀匕，偏割诸肉，以啖汉使"③。骆糜即骆驼肉羹（水饮）作为头道菜，其后进肉食。汉使不善用刀匕，故使二位身着整洁鲜丽服装的契丹姑娘手持"帨巾"与"刀匕"侍席。④这是一桌典型的契丹风味的宴席，真实地再现了契丹的饮食方式。

受唐宋汉族统治集团的影响，契丹贵族也有宴饮备乐的时尚。《辽史·乐志》："皇帝生辰乐次：酒一行，觱篥起，歌。酒二行，歌，手伎入。酒三行，琵琶独弹。饼、茶、致语。食入，杂剧进。酒四行，阙。酒五行，笙独吹，鼓笛进。酒六行，筝独弹，筑球。酒七行，歌曲破，角抵。"宴饮备乐曰散乐，后晋天福三年（938），遣使献伶官与散乐于辽，契丹始

① 项春松：《辽宁昭乌达盟地区发现的辽墓绘画资料》，《文物》1979 年第 6 期。
② （宋）朱彧：《萍洲可谈》卷 1，朱易安、傅璇琮等：《全宋笔记》第二编第六册，第 131 页。
③ （宋）路振：《乘轺录》，赵永春：《奉使辽金行程录》（增订本），第 15 页。
④ 罗继祖：《契丹人的饮食》，《辽金契丹女真史研究》1986 年第 1 期。

有散乐。其后契丹贵族宴饮备乐之风颇盛，其舞乐形式少则四五人，多则十一二人，一般为多人吹奏，一人独舞，舞者多为男子。著名辽代契丹风俗画《卓歇图》即表现了畋猎途中契丹贵族宴饮舞乐的喧闹场面，在起伏山丘的避风处，毛毡铺地，矮桌上摆满丰盛的食物，男女主人席地并排坐在桌前，男主人正捧杯饮酒，女主人娴静自若，周围有奴婢侍奉。席前一男子作舞容，二人在旁奏箜篌，三人身带箭囊击掌伴奏。此番情景正如王安石诗中所言："涿州沙上饮盘桓，看舞春风小契丹。"可谓其乐融融。

契丹族的时令节日是效仿汉俗而形成的，在大量吸收汉俗的同时又融入许多本族故俗。这种两族习俗交融的特点也反映在契丹时令节日的食俗上。

元旦，"正月一日，国主以糯米饭、白羊髓相和为团如拳大"，举行仪式后进行宴饮。

人日，正月初七，京都人食煎饼于庭中，俗云"薰天"。

中和，"二月一日，大族萧姓者，并请耶律者，于本家筵席。"

端五，五月初五，"国主及臣僚饮宴。渤海厨子进艾糕，各点大黄汤下。"

三伏，"六月十八日，大族耶律姓并请萧姓者。"契丹贵族主要为二姓：耶律（皇族）、萧（后族），互为亲家。中和、三伏时大约契丹平民亦男女亲家互请宴饮。

中元，七月十五日，前二日备酒食。十四日动番乐，设宴至暮。十五日动汉乐大宴。

重九，"九月九日，国主打团斗射虎，少者输重九一筵席。射罢，于地高处卓帐，与番汉臣登高，饮菊花酒。出兔肝切生，以鹿舌酱拌食之。""又以茱萸研酒"，"亦有入盐少许而饮之者。又云男摘二九粒，女一九粒，以酒咽者，大能辟恶。"

冬至，"国人杀白羊、白马、白雁，各取其生血和酒"，北望拜黑山，奠祭山神。

腊月，国主与番汉臣并戎装，"五更三点坐朝，动乐饮酒罢，各等第赐御甲、羊马"。[①]

上述时令节食品中，糯米产于汉地，菊花酒是汉人酿制，艾糕与大黄汤是渤海族食品。契丹人在食用时则多采用本族食俗，糯米饭与白羊髓相和，做成拳头大的饭团；饮菊花酒食鹿舌酱伴生兔肝片；杀白羊、白马、白雁取其血和酒饮之。饮酒是契丹节令食俗中最重要的内容，几乎每节必饮。男女亲家互请宴饮也以时令节俗的形式固定下来，反映了契丹人对原始氏族社会胞族外婚制的记忆。

三、炊具与饮食具

契丹族的炊具主要是锅与罐，以锅做主、副食品；罐用以烧水，或做流状食品。锅的基本形制为三足大锅与带耳釜两种。前者因局部差别可分带耳与无耳、圆底与平底、直口圆腹与直腹数种。后者则在耳部有多少、大小的区别。三足锅用时有无炉灶均可，便于野外使用，对于始终未脱离游牧狩猎生活的契丹族来说更为实用。炊具质地主要为铁、陶两种，契丹官宦富贵之家使用铁制品，偶见铜制品；穷苦农牧民多用陶制品。

契丹族传统的饮食器具是木、革、陶制品。契丹建国后，随着大批汉、渤海手工业者被迁往上京、中京等地，先进的手工业技术传入契丹地区，也促使当地手工业迅速发展起来，生产出釉陶、瓷、金、银、玉等各种质地的具有契丹民族风格的饮食器皿。澶渊之盟后，辽宋通商频繁，宋地生产的瓷、漆、玉、金、银、玛瑙、琉璃等器大量输入辽地，其中以瓷器最多见，主要是北宋定、汝、耀州、景德镇及其他名窑的产品。从契丹贵族墓葬中出土的随葬饮食具看，宋瓷的数量远远超过辽瓷。说明在契丹贵族日常使用的饮食具中，精美的宋瓷已取代辽瓷居主要部分。但在契丹平民中主要还是使

---

① 均见（宋）叶隆礼：《契丹国志》卷27《岁时杂记》，贾敬颜、林荣贵点校，第250—254页。

用本地生产的陶、瓷器和自制的木器。

契丹人的食具有碗、盘、碟、盆、钵、杓、箸、刀匕等；饮具（包括盛水、酒器具）有杯、盏、托盏、鸡冠壶、注壶、把壶（执壶）、扁壶、凤首瓶、盘口壶、长颈瓶、鹿瓶、鸡腿坛、盖罐、带系罐等。这里重点介绍几种具有典型契丹风格的饮食具。

鸡冠壶，初为便于马上携带的皮囊壶，壶首形似鸡冠，后人名之"鸡冠壶"。契丹建国后鸡冠壶主要是瓷、釉陶制品，偶见金属制品。形制仍仿皮囊壶，上部扁平若鸡冠状，一孔，侧视整体呈弧线三角形，多有仿皮条的凸棱和针脚纹装饰。其后向无有提梁两个形式发展，前者上部穿孔处分成两部分，两孔，有盖，器体扁平多饰花纹，更加便于马上携带；后者上部穿孔处演变为提梁，腹部较圆，器身瘦长，便于居室使用，辽后期更为多见，反映了契丹族日益汉化的过程。

盘口壶，陶或瓷质。器体细高，盘或碗口，口径较大，细长颈，小底。既可人背，又可缚于马背携带，是契丹人游牧狩猎时取水或储水、酒的用具。内蒙古昭乌达盟二八地一号墓石棺画，描绘二契丹人，髡发短衣，足蹬黑靴，各背一盘口壶，带着猪犬向毡庐走去①，显然是刚从远处取水回来，生动地再现了盘口壶在契丹族日常生活中的用途。

凤首瓶，多绿、茶褐釉陶。花式杯口下塑一凤首，张目啄或衔珠，长颈、高身、瘦足，富有西域工艺品造型的格调，是契丹族与西域民族文化交流的例证。

注壶，多瓷质白釉。盘或碗口，长颈，浅圈足稍外侈，最大弧度在肩部，短直流，晚期流稍长微曲，分有执柄与无执柄两种。内蒙古哲里木盟库伦旗曾出土一件葫芦形执壶，腹上有斜直短流，作皮条回曲把，造型端重，胎质精细，釉色细润晶亮，是辽地烧造的瓷器精品。②契丹人多以注壶用作酒

---

① 项春松：《辽宁昭乌达盟地区发现的辽墓绘画资料》，《文物》1979年第6期。

② 陈相伟、王健群：《吉林哲里木盟库伦旗一号辽墓发掘简报》，《文物》1973年第8期。

壶，常见于壁画宴饮图中。另外，契丹贵族饮酒时用一种带温酒钵（大碗）的注壶，为宋朝输入品。如辽宁义县四号辽墓出土的景德镇青白瓷莲花注壶和莲花式大碗，即是同窑烧出的一套酒具。[①]或可表明契丹人饮酒的习俗是受宋人影响而形成的。

鹿瓶，《辽史·穆宗纪》记载，应历十八年三月，"造大酒器，刻为鹿文，文曰'鹿瓶'，贮酒以祭天。"大约此后民间也使用这种叫做"鹿瓶"的大型贮酒器。1981年在内蒙古昭乌达盟巴林右旗出土的辽代窖藏陶器中即有一件"鹿瓶"，通高90厘米、口径33厘米、腹径56.3厘米、底径22厘米。在瓶腹部用梳齿纹拍印出两只栩栩如生头尾相近的写意鹿纹图案。[②]

综上所述，契丹族的饮食习俗，在各方面，既保留了本民族的特点，也因受汉俗的影响发生了显著的变化。表现了契丹族随着经济生产的进步和社会的发展，摈弃本族的陋习，吸收先进文明，不断形成适应本族发展进步的新的饮食习俗。到元以后，契丹族逐渐与汉、蒙等周边的民族融合而在历史上消亡了，但他们的一些食俗却由其他民族保留下来，延传至今。

第三节　契丹帝王城市居俗考略 [③]

罗继祖先生是我国辽史、东北古代地方史、古籍校勘学的著名专家，一生孜孜不倦地钻研，广博而求精，硕果累累；同时又是一位教育家，为培养后人奉献出毕生的精力。读大学时，我即受业于罗老。毕业后，有幸跟随罗老从事东北地方史的教学与科研工作，在此期间，进一步系统地学习了辽

---

① 李文信：《义县清河门辽墓发掘报告》，《考古学报》1954年第8册。
② 韩仁信、青格勒：《辽怀州城址出土窖藏陶器》，《内蒙古文物考古》第3期。
③ 《契丹帝王城市居俗考略——祝贺罗继祖教授八十寿诞》，原载于《长春文史资料》1993年第1辑。

史、东北古代史和古文基础知识，可谓得天独厚，使我受益终生。欣逢罗老八十寿诞，作一短文以表示祝贺，同时也是向先生的汇报。

契丹勃兴于东北西部草原地带，世代"畜牧畋渔以食，皮毛以衣，转徙随时，车马为家"①。"俗旧随牧畜，素无邑屋"。唐末、五代初期，"得燕人所教，乃为城廓宫室之制于漠北"②。契丹本土第一座城郭大约是辽建国前于越耶律述澜（辽太祖阿保机之仲父）利用汉人修建的，此城专为管束汉人俘户，非契丹人所住。此后漠北地区开始逐渐出现星罗棋布的城邑。辽朝建立后，契丹统治者出于政治统治的需要，"依汉制"，用汉人，仿照汉地都邑的规模，又融入某些契丹族的居住习俗，营造都城、奉陵邑（掌祀奉契丹帝王陵的城邑）和州县城镇。辽代前后在契丹腹地建造上京（太祖神册三年，918）、中京（圣宗统和二十五年，1007）两座都城，与承用汉地城市东京（今辽阳市）、西京（今大同市）、南京（今北京市）共号称五京，成为辽代新兴的具有汉制统治特点的政治、经济、文化中心。

契丹帝王不似中原汉族帝王终年居京师很少出巡，而是"秋冬违寒，春夏避暑"，"四时各有行在之所，谓之捺钵"③。终年往来于四时捺钵与京城、奉陵邑之间。据初步统计，契丹帝王（包括太后、王妃等皇室成员）每年仅有三分之一至五分之一的时间居住在京师城邑，其余大部分时间奔波于四时捺钵之间。

四时捺钵是按春夏秋冬置于不同地点，辽前后期捺钵地点有所不同，诸帝因时因人又有差别，主要地点达十数处之多。在那里，契丹君臣从事着富有民族特色，时令性很强的渔猎活动，同时处理军国大事，召见各国使臣。捺钵建筑承袭了契丹先世"毡车为营，硬寨为宫"④的传统，所谓殿"皆木柱竹榱，以毡为盖""锦为壁衣""窗、楄皆以毡为之"；廊庑"以毡盖，

---

① 《辽史》卷32《营卫志中》，第373页。
② 《旧五代史》卷137《契丹传》，中华书局，1976年，第1830页。
③ 《辽史》卷32《营卫志中》，第373页。
④ 《辽史》卷45《百官志一》，第697页。

无门户"；寝宫曰"寝帐"[①]。随行官署亦在毡庐中，太庙设在毡车上。[②] 契丹皇帝出行可随时拔营起牙帐，又可随地搭设穹庐，组成"硬寨""禁围"。捺钵成为保持契丹民族本色，弘扬草原文化的典范，故为契丹帝王所热衷。

确立都邑制度后，契丹皇帝多于冬季居都邑，初春便出行。在春夏秋三季中亦不定期地返京师小住，时间长短、次数多少因诸帝个人喜好不定。（圣宗以后）契丹皇帝最常居住的京城是位居腹地的上京和中京，临幸东、南、西京通常是与相邻政权交战或特殊情况有关。如太宗即位后将东丹倾国迁至辽东，被强行迁徙的渤海遗民初到辽东，民心不稳，故天显四五年间，太宗常驻跸东京（当时称南京，今辽阳市）。圣宗前期与北宋战事日多，在两国交战激烈的数年中，圣宗频繁临幸南京（今北京市），直至澶渊之盟缔结（1004）之后，才返回契丹故地。

契丹传统观念认为先祖的灵魂可以保佑后人，故历来十分重视祭祀祖先。建国后，为供奉皇陵，专门设置了奉陵邑。辽代皇陵和奉陵邑有五处：祖陵（太祖墓）与祖州、怀陵（太宗、穆宗墓）与怀州、显陵（东丹王、世宗墓）与显州、乾陵（景宗墓）与乾州、庆陵（圣宗、兴宗、道宗墓）与庆州。契丹皇帝每年夏秋出行之际，一般都要去谒陵祭祖，从文献记载看，在位皇帝谒祭最多的是前一代君主陵和祖陵，这期间居住在附近的奉陵邑。

由此可见，契丹皇帝最常居住的城市是上京、中京和祖州，这里的宫室建筑形式和风格，最能体现契丹帝王的城市居俗。

辽上京（今内蒙古巴林左旗林东镇南）分南北二城，南城又曰汉城，是商业区，也是地方官府和馆驿所在地，居住着汉官、百工、艺伎、僧道，"中国人并、汾、幽、冀为多"[③]。"城郭、邑屋、市鄽，如幽州制度。"[④]

---

① 《辽史》卷32《营卫志中》，第375页。
② （宋）沈括：《熙宁使虏图抄》，赵永春：《奉使辽金行程录》（增订本），第102页。
③ 《辽史》卷37《地理志一》，第441页。
④ 《新五代史》卷72《四夷附录一》，第886页。

北城即皇城，南部分布众多官署、寺庙、府第，北部为大内。其建筑风格体现了汉制与契丹旧俗的结合。辽圣宗天泰五年（1016）宋薛映使辽入上京，"至承天门，内有昭德、宣政二殿与毡庐，皆东向"①。契丹有拜日习俗，居俗东向而尚左，故宫殿、毡庐皆坐西朝东，面向太阳。大殿出自汉、渤海工匠之手，应为汉式建筑。殿后毡庐则是契丹皇帝的后宫，日常起居的场所。辽后期再度改建上京，《辽史·地理志》记载："起三大殿：曰开皇、安德、五鸾。""（安国）寺东齐天皇后故宅，宅东有元妃宅，即法天皇后所建。"据内蒙古文物工作队实地勘查表明大内中殿址皆南向，此外未勘探出任何建筑址，说明设在这一带的帝王宫寝始终为穹庐。在皇城西部高约8米的小山岗上，有建筑址均东向，估计是齐天皇后与元妃故宅。显然随着契丹族汉化日深，宫殿建筑更加汉化，皇室也开始使用固定的砖瓦居室，但数量很少，仅几个人偶尔用之。

辽中京（今内蒙古昭乌达盟宁城县大明城）是因辽圣宗建议"择良工于燕、蓟，董役二岁，郛郭、宫掖、楼阁、府库、市肆、廊庑，拟神都之制"。"（统和）二十五年，城之，实以汉户。"②二十六年（1008）宋路振使辽，至中京觐见圣宗与太后，他在《乘轺录》中记述：城为三重，仿宋汴京形制，但规模较小，"制度卑陋"。外城坊市制度仿唐代都市格局。内城"街道东西，并无居民，但有短墙，以障空地耳"。皇城中，"止有文化、武功二殿，后有宫室，但穹庐毳幕"。又曰"虏所止之外，官属皆从，城中无馆舍，但于城外就车帐而居焉"。内蒙古考古工作者对辽中京遗址进行了考古勘测和重点发掘，其布局与文献记载基本相符。可见契丹皇室居中京仍为穹庐毳幕，随行百官多数于城外就车帐而居，高官与禁军可能驻在内城，于短墙围障的空地上搭设穹庐居住。表现了契丹族在吸收唐宋都城建制的同时，根据国情族俗保留了一定程度的契丹族居住与建筑习俗。

---

① 《辽史》卷37《地理志一》，第442页。
② 《辽史》卷39《地理志三》，第481—482页。

祖州设置于太宗时期，是辽代第一座奉陵邑，也是太宗以后契丹诸帝拜谒祭祀祖陵时经常临幸的地方。祖州城向东南，分内外两重城。外城正中大道两侧分布许多大小建筑址，均有墙围绕，当为官署、各级官吏住宅与市肆，外城正门外有很稠密的居民区，是奉陵户的住宅。内城分三部分：正中为两明、二仪、黑龙、清秘诸殿堂，供奉着安祖考御容和太祖白金铸像及生前使用的物品；东侧"为州廨及诸官廨舍，绫锦院，……供给内府取索"①。西侧靠北墙和东墙附近，在一基台上有一座石室面南而立，当为契丹统治者举行祭祀的地方。此外这里再没发现任何明显的建筑址②，这片空旷的地方，估计是为契丹皇帝到这里巡幸、祭祀驻辇时设置穹庐、牙帐而留下的空间。

综上所述，自契丹建国之日起，为了适应统治由游牧民族与农业民族构成的多民族国民的需要，相继在契丹内地建立起以上京、中京为首的大大小小京城都邑。随着汉制影响日深，契丹统治集团越来越多地接受先进的汉文化，并反映到皇室的居住与建筑习俗上。上京由初"屋门皆东向，如车帐之法"，改造为"并依汉制"街道纵横，城门四开，大殿坐北朝南。辽中期建造的中京更是基本模仿汴京之制。

然而，契丹统治集团在接受汉制的同时，并没有放弃本族"秋冬违寒，春夏避暑"的传统习俗，终辽一代，常年转徙于四时捺钵与京城之间。契丹皇帝"四时巡守，契丹大小内外臣僚并应役次人，及汉人宣徽院所管百司皆从"。"每岁正月上旬，车驾启行。（汉人枢密院）宰相以下，还于中京居守，行遣汉人一切公事。"③可见辽代京城主要是统治汉人（包括渤海人）的政治、经济中心。这也是一年中契丹皇帝经常不定期地返回京师处理国政，冬季多驻跸京城的重要原因。

由于契丹皇帝、太后、后妃与国家最高统治机构的各级官员（北面官

---

① 《辽史》卷37《地理志一》，第442页。
② [日]岛田正郎：《祖州城》，《文物考古参考资料》第5期。
③ 《辽史》卷32《营卫志中》，第375—376页。

员）并不常年居住京师，因而在契丹腹地营建的上、中京与祖州城内仅有殿堂，没有宫室，皇室后宫与官僚府仍以穹庐、车帐代之。只是到了辽后期，上京城内才出现个别两处后妃宫室。另外，辽东、南、西三京是承用汉族都邑，当保持原有的建筑形制，除殿堂外亦有宫室。在契丹皇帝临幸三京时，应住在宫室中，不会另搭设穹庐，但这在契丹皇帝的城市生活中仅占很少部分。因此，可以说辽代契丹皇帝的所谓城市生活，实际上很大成分仍然是毡帐生活。有一种较流行的观点，认为辽代契丹皇帝居都邑时，已完全放弃传统的居俗，住进汉式深宫后院。显然这与事实相去甚远。

第四节　金源饮食文化述论 [①]

在我国东北地区白山黑水之间生活繁衍着一个古老的民族，在中国古代典籍中，先秦时期称他们为肃慎，汉魏之间称为挹娄，南北朝时期称为勿吉，隋唐时期称为靺鞨，进入五代以后称为女真。11世纪后期，生女真人建立起完颜氏军事部落联盟，在历代完颜氏部落联盟长的带领下逐渐强大起来，1115年推翻了契丹人的辽朝统治，建立了女真国家，国号曰金。金朝建立后，在短短的12年间先后灭亡了辽与北宋，1141年与南宋划淮为界，南北对峙近百年，成为雄踞北部中国的强大王朝。女真人以建立金帝国而名闻天下，"金源文化"即指女真文化，富有民族特色的金源饮食文化，不仅是女真经济生活的一个缩影，而且生动地反映了女真社会的风土民情。

---

① 《金源饮食文化述论》，原载于《民间文化》2001 年第 2 期。

一、谷物与茶食

女真人勃兴于东北的东北部地区，那里有巍峨的长白山、张广才岭，奔腾的松花江、乌苏里江和黑龙江，茂密的原始森林，广袤的原野，丰富的自然资源哺育了女真人的子子孙孙。早在女真先世勿吉人时期，已有原始农业，"佃则偶耕""有粟及麦穄"。①女真完颜部始祖函普时期，"教人举债生息，勤于耕种者遂致巨富"②。到献祖绥可时，女真人逐渐转向定居生活，完颜部定居于按出虎水畔，"耕垦树艺"③"种植五谷，建造屋宇"④，在女真人建国之前，已经形成了以原始农业为主的经济生活。"按出虎"为女真语"金"，女真王朝的国名即源于此。按出虎水（今阿什河）在今黑龙江省哈尔滨市阿城区境内，金建国后立都于此，这里又称为"金源内地"，是金源文化的中心地区。

女真人的饮食是以粮食为主，东北气候极寒冷，土地肥沃，农作物一岁一收。金初女真人农业生产技术低下，农作物主要是粗放低产品种，马扩《茅斋自叙》记载金太祖天辅三年（1119）马扩出使金朝所见，"自过咸州（今辽宁开原）至混同江（今松花江）以北，不种谷麦，所种止稗子。春米，旋炊粳饭"。"自过滨、辰州、东京以北，绝少麦面"。⑤赵子砥《燕云录》记载，金国"五谷惟有糜子、荞麦"⑥。《许亢宗奉使行程录》记载，自咸州北行"地宜穄黍"。可知，女真人建国前后，女真人食用谷类主要有糜子、荞麦、稗子、穄黍、粟等，以此做成麨、粥、饭是女真人日常的主食。

---

① 《魏书》卷100《勿吉传》，中华书局，1974年，第2220页。

② （宋）徐梦莘：《三朝北盟会编》卷18《政宣上帙一八》引《神麓记》，宣和五年六月，第127页。

③ 《金史》卷1《世纪》，第3页。

④ （宋）徐梦莘：《三朝北盟会编》卷18《政宣上帙一八》，宣和五年六月九日，第127页。

⑤ （宋）徐梦莘：《三朝北盟会编》卷4《政宣上帙四》引《茆斋自叙》，宣和二年十一月，第30页。

⑥ （宋）徐梦莘：《三朝北盟会编》卷98《靖康中帙七三》引《燕云录》，第726页。

　　麨，又作粆，即炒面、炒米之类食品。女真人把上述农作物炒熟，或将炒熟的谷类磨粉制成干粮，夏日合水，冬日煮雪冲食，适合于外出狩猎、行军作战、牧放牲畜时食用。《金史》卷67《桓赧传》记载，在女真部落联盟时期，世祖劾里钵率部与反叛势力桓赧、散达决战之前，为缓和紧张气氛，世祖令部落战士"解甲少憩，以水洗面，饮麨水。顷之，士气稍苏息"。麨，这种食品制作简单，食用方便，又便于携带，在女真、契丹等古代东北各民族中十分流行。至今，东北仍有食炒面的习俗，精工细作的油茶面（有用动物油或植物油制作的两种），成为北方美味小吃。

　　稗、糜和粟用于煮饭和熬粥。宋朝使臣马扩到金朝境内以后，一路上所食用的主要是用稗米做的饭，在金太祖的御宴上食用的仍然是稗饭，故其云女真"不种谷麦，所种止稗子"。实际上，金朝初年女真人视稗米饭为上品，有意用其作为宴会、招待客人的主食。女真人的后裔满族人仍视稗子为谷类中的上品，杨宾《柳边纪略》中记载，满人"以稗子为最，非富贵家不可得"。在清康熙年间东北的谷价中稗子居首位。女真人的米饭和粥是日常的主食，其饭食"以半生米为饭，渍以生狗血及葱、韭之属和而食之"。"春夏之间，止用木盆注□粥，随人多寡盛之，以长柄小木勺子数柄回环共食"。①有时米饭与粥共用，宋人许亢宗于金太宗初年出使金朝时，"是晚，酒五行，进饭，用粟，钞以匕。别置粥一盂，钞一小勺，与饭同下"②。显然金朝初年女真人的饮食还十分简陋，宋人认为其食品不可向口。

　　金朝初年，女真人在攻占辽人城池，大肆掠夺人口、财物的同时，开始越来越多地接触到先进的中原文化，汉、渤海、契丹等族先进而丰富的饮食文化因素也逐渐地出现在女真饮食文化中，并对女真饮食文化的进步与发展起到了重要的作用。金太宗天会三年（1125）北宋使者许亢宗在往御寨（今

① （宋）徐梦莘：《三朝北盟会编》卷3《政宣上帙三》重和二年正月十日丁巳，第17页。
② （宋）徐梦莘：《三朝北盟会编》卷20《政宣上帙二〇》引《宣和乙巳奉使行程录》，宣和七年正月二十日壬辰，第143页。

黑龙江省哈尔滨市阿城区）的途中，在咸州受到当地官员的款待，饮酒之后，粥饭、菜肴一并摆上，其中有"馒头、炊饼、白熟、胡饼之类"[①]。这当是受原辽地饮食文化的影响，面食开始出现在女真人的餐桌上了。金朝灭亡辽、北宋之后，强行将大批汉人迁到东北，中原农业技术、生产工具也随之输入女真内地，这不仅促进了女真人农业生产技术的大幅度提高，农作物转向以粟、麦为主；而且女真人食品制作技术不断提高，主食的种类也丰富起来，《归潜志》卷6记载，女真将领纥石烈牙虎带召诸将宴会，"共食猪肉馒头"，可见面食早已成为女真人日常生活中习见的主食。

女真人在招待宾客，举行宴饮时，必设一道具有民族特色的食品——茶食，《宣和乙巳奉使行程录》记载，女真人"最重油煮面食，以蜜涂拌，名曰'茶食'，非厚意不设"。这是一种油炸的面食，涂以女真地区盛产的蜂蜜，做成风味独特的糕点。金熙宗以后，受中原饮食文化的影响，女真传统的"茶食"的品种也丰富起来，制作也越来越精细。金朝中期大定年间（1176）南宋周辉使金，见女真人茶食"一般若七夕乞巧，其瓦垅、桂皮、鸡肠、银挺、金刚镯、西施舌，取其形，蜜和面油煎之，虏甚珍此"[②]。《松漠纪闻》记载：在女真人的婚宴上，"进大软脂、小软脂（如中国寒具）、蜜糕（以松实、胡桃肉渍蜜和糖为之，形或方或圆或为柿蒂花，大略如浙中宝塔糕），人一盘，曰'茶食'"。所谓中国寒具，是中原寒食节禁用烟火时吃的食品，是以糯粉和面，加入少量盐，做成环钏之形，油煎而成，又叫作"馓子"。馓子的特点是香脆，女真糕点则叫作"软脂"，或许是一种糜粉做的油炸糕，如果推测不错的话，今日北方小吃油炸糕可能与女真食品有一定的渊源关系。女真人用于做蜜糕的蜜果制作技术，大约是从契丹人那里学来的，蜜渍的松子仁、胡桃仁香甜可口。蜜糕亦以糜粉为原料，糜似小米

---

① （宋）徐梦莘：《三朝北盟会编》卷20《政宣上帙二〇》引《宣和乙巳奉使行程录》，宣和七年正月二十日壬辰，第144页。

② （宋）周辉：《北辕录》，（明）陆楫：《古今说海·说部十八》，明嘉靖二十三年刊本，第2a页。

而黄，性黏，又称黏谷（今东北俗称黄米面），做成的米糕质腻香软，至今仍是满族等东北人喜爱的地方风味食品。蜜糕，又称松糕，金人赵秉文曾作诗咏松糕："巧谋一饱地，蔺粉不我逃。腹中十八公，笑汝真老饕。"[①]足见这是一种美味食品。

二、肉、菜与调味品

女真人擅养猪，喜食猪肉。女真先世汉代挹娄人时，就有"好养豕，食其肉，衣其皮"的记载。[②]宋人马扩出使金朝在金太祖阿骨打的御宴上，见到"以木楪盛猪、养、鸡、鹿、兔、狼、獐、麂、狐狸、牛、驴、犬、马、鹅、雁、鱼、鸭、虾蟆等肉，或燔、或烹、或生脔，多芥蒜汁渍沃，陆续供列"[③]。许亢宗出使金朝见到"地少羊，惟猪、鹿、兔、雁"[④]。《三朝北盟会编》中记载女真人"下粥肉味无多品，止以鱼生、獐生，间用烧肉"[⑤]。从女真人的肉食看，比较突出的是猪、鸡，而少羊。牛用于农耕，马用于作战、交通，一般禁止屠宰。《金史·地理志上》上京会宁府条下"旧岁贡秦王鱼，大定十二年（1172）罢之。又贡猪二万，二十五年（1185）罢之"。贡猪数量之多足以说明女真内地擅长养猪，而猪肉是女真人最爱吃的肉食，每逢节日、婚宴等喜庆日子，女真人家往往要杀猪宴饮。又有记载女真贵族在举行纳妾礼时，"客集宴以全猪"[⑥]。其中富有民族特色的食品，一是"以极肥猪肉或脂润切大片，一小盘虚装架起，间插青葱三数茎，名曰'肉盘

---

① （金）赵秉文：《闲闲老人滏水文集》卷3《松糕》，四部丛刊初编本，第11a页。
② 《后汉书》卷85《东夷传》，中华书局，1965年，第2812页。
③ （宋）徐梦莘：《三朝北盟会编》卷4《政宣上帙四》引《茅斋自叙》，宣和二年十一月二十九日丙寅，第30页。
④ （宋）徐梦莘：《三朝北盟会编》卷20《政宣上帙二〇》引《宣和乙巳奉使行程录》，宣和七年正月二十日壬辰，第144页。
⑤ （宋）徐梦莘：《三朝北盟会编》卷3《政宣上帙三》，重和二年正月十日丁巳，第17页。
⑥ 王成棣：《青宫译语》，赵永春：《奉使辽金行程录》（增订本），第280页。

子'，非大宴不设"①。二是"心血脏瀹羹，苇以韭菜"。宋人以为"秽污不可向口"，然"虏人（女真人）嗜之"②。今日东北农村过年杀猪时，人们喜食白肉片、血肠、血豆腐之类，被认为是女真饮食文化的遗风。③

狩猎捕鱼所得，在女真人的食物中占有一定比重。女真地多林木，江河多鱼，如前举史料中会宁府辖境产秦王鱼，是一种鳇鱼，体大味美。地东滨大海，海多大鱼、螃蟹。女真人每年都要捕食大量的飞禽走兽和鱼类，以补充食用。女真人"善骑，上下崖壁如飞，济江不用舟楫，浮马而渡"④。其勇士能够"刺虎、博熊"⑤。女真人有丰富的狩猎经验，每见麋鹿之踪迹，"能蹑而摧之，得其潜伏之所。以桦皮为角，吹作呦呦之声，呼麋鹿，射而啖之，但存其皮骨"⑥。其地产一种小而俊健的猎鹰，叫作"海东青"，动作迅猛异常，女真人利用海东青捕捉天鹅、大雁、野鸭、兔、鼠，甚至形体较大的猎物。上面列举的金太祖御宴上排列的各种肉食，几乎囊括了女真人能吃到的所有肉类，其中渔猎产品占有很大比例。在女真人饮食中最常见的野味是鹿、兔、雁、獐以及鱼类，捕获猎物或鱼以后，女真人有生食的习惯，如前面所说的"鱼生、獐生、生裔"等，各种新鲜的生鱼片、生肉片以芥、蒜、醋、盐相伴，鲜嫩爽口。也有烧、燔、烹等各种做肉食的方法。他们常将猎物"炙股烹脯，以余肉和菜捣臼中，糜烂而进，率以为常"⑦。女真人已掌握了腌渍加工技术，将一部分肉食用芥蒜加工成渍肉，贮藏起来，以供日后食用。

女真地区冬季漫长，夏季短暂，蔬菜生长期短，品种少，还要采集一些

---

① （宋）徐梦莘：《三朝北盟会编》卷20《政宣上帙二〇》引《宣和乙巳奉使行程录》，宣和七年正月二十日壬辰，第144页。

② （宋）徐梦莘：《三朝北盟会编》卷20《政宣上帙二〇》引《宣和乙巳奉使行程录》，宣和七年正月二十日壬辰，第143页。

③ 王可宾：《女真国俗》，吉林大学出版社，1988年。

④ （宋）徐梦莘：《三朝北盟会编》卷3《政宣上帙三》，重和二年正月十日丁巳，第17页。

⑤ （宋）宇文懋昭撰，崔文印校证：《大金国志校证》卷27《银术传》，第384页。

⑥ （宋）徐梦莘：《三朝北盟会编》卷3《政宣上帙三》，重和二年正月十日丁巳，第17页。

⑦ （宋）徐梦莘：《三朝北盟会编》卷3《政宣上帙三》，重和二年正月十日丁巳，第17页。

野菜食用。见于史书记载的金初女真人的蔬菜品种只有韭、蒮、长瓜、葱、葵、芥、野蒜、芜荑等数种。为解决冬、春季节的食用蔬菜问题，女真人用盐腌渍蔬菜，以备食用。马扩到金朝御寨时已是十一月份，御宴上"列以蒮、韭、野蒜、长瓜，皆盐渍者"①。女真人夏、秋时节腌渍各种蔬菜和野菜的习俗为满族人所沿袭，直到近现代，东北地区城乡人们仍然保持着这一饮食习俗。

女真人的调味品，有油、盐、酱、醋、姜、芥子之类。油、盐、酱是女真人食品的主要调味品，女真先世之地"水气碱凝，盐生树上，亦有盐池"②。女真人建国后实行盐专卖，是国家财政重要收入之一。油不仅用于做副食，而且油炸或油煎的食品特别为女真人所喜爱。由于地处北方寒冷地带，女真人喜食辛辣味道，米饭拌"葱、韭之属和而食之，芼以芜荑"。芜荑，即姑榆，其味辛香。肉食或"芥蒜沃渍"，或"研芥子和醋伴肉食"，动物血羹也要拌韭菜而食。女真内地不产生姜，占领燕云地区后方知食姜，在南宋使者带来的诸多朝廷礼物中也有生姜。③对从中原输入的生姜，女真人视为珍品，市场上每两姜价至千二百钱，平时饮食"不肯妄设，遇大宾至，缕切数丝置碟中，以为异品，不以杂之饮食中也"④。

在调味品中，女真人最重视酱，其地产大豆，"以豆为酱"⑤，无论皇家贵族还是平民百姓一年四季佐食饭菜都不可缺少酱，若臣下做得好酱，还要送给皇室品尝，否则要受到指责，甚至被视为罪状。金哀宗天兴二年（1233），在蒙古军的强大攻势下，哀宗被迫逃离南京（今河南开封）迁至归德府（今河南商丘）。三月，元帅蒲察官奴以忠孝军在归德府作乱，在杀

① （宋）徐梦莘：《三朝北盟会编》卷4《政宣上帙四》引《茅斋自叙》，宣和二年十一月二十九日丙寅，第30页。
② 《魏书》卷100《勿吉传》，第2220页。
③ （宋）徐梦莘：《三朝北盟会编》卷110《炎兴下帙十》引《建炎通问录》，建炎元年七月四日壬辰，第804页。
④ （宋）洪皓：《松漠纪闻》，翟立伟标注，第39页。
⑤ （宋）徐梦莘：《三朝北盟会编》卷3《政宣上帙三》，重和二年正月十日丁巳，第17页。

参知政事、知府石盏女鲁欢之前，"言汝自车驾到府，上供不给，好酱亦不与，汝罪何辞。遂以一马载之，令军士拥至其家，检其家杂酱凡二十瓮，且出所有金具，然后杀之"①。石盏女鲁欢家贮有20瓮杂酱，当是供其家人一年的食用，也反映了在女真人家饮食中酱的需求量是很大的。近现代东北农村人家仍有每年初春"必备足一年食用豆酱"的习俗。②

三、酒、茶与果品

早在女真先世勿吉人时，"嚼米醖酒，饮能至醉"③。女真时期，"以糜粮酒"。女真民风淳朴，热情好客，景祖乌古乃的妻子唐括多保真出嫁前，勤俭而不吝惜酒食，"在父母家好待宾客，父母出，则多置酒撰享邻里，逮于行旅"④，被视为美德。女真人嗜酒豪饮，每有宴饮"酒行无算，醉倒及逃归则已"⑤。金太祖父世祖劾里钵"尝乘醉骑驴入室中"⑥。《三朝北盟会编》卷3记载，女真人"嗜酒而好杀，醉则缚而候其醒，不然杀人，虽父母不辨也"。

女真建国后仍然嗜酒成风，每逢迎送宾客、男婚女嫁、时令节日、祭祀活动、将士出征，乃至皇帝褒奖大臣、犒劳军士都要饮酒。然女真社会饮酒之风盛行几成公害，甚至有皇帝因酒而身亡。熙宗早年锐意改革，推行汉制，完成了金王朝的汉制变革。又于皇统元年（1141）与宋签订和约，划淮为界，每年得南宋岁币25万两银、25万匹绢，可谓是个有作为的女真皇帝。然而，熙宗后期开始因酒而荒政，《金史·熙宗传》记载：皇统二年（1142）"王月癸巳朔，不视朝。上自去年荒于酒，与近臣饮，或继以

---

① 《金史》卷116《石盏女鲁欢传》，第2544页。
② 陈铁梅、胡联恩等：《桦甸县志》，丁世良、赵放：《中国地方志民俗资料汇编·东北卷》，书目文献出版社，1989年，第293页。
③ 《魏书》卷100《勿吉传》，第2220页。
④ 《金史》卷63《后妃传》，第1500页。
⑤ （宋）徐梦莘：《三朝北盟会编》卷3《政宣上帙三》，重和二年正月十日丁巳，第17页。
⑥ 《金史》卷1《世纪》，第10页。

夜，宰相入谏，辄饮以酒，曰：'知卿等意，今既饮矣，明日当戒。'因复饮"。"辛酉，宴群臣于五云楼，皆尽醉而罢。"熙宗末年，甚至酗酒而妄杀大臣，朝中百官"人怀危惧"，最后导致发生宫廷政变，熙宗被杀而亡。为转变女真人"唯酒是务"的陋习，女真皇帝曾三令五申限制女真猛安谋克饮酒，如大定年间，农忙时"禁绝饮燕，亦不许会他所，恐妨农功。虽闲月亦不许痛饮，犯者抵罪"①。但收效不大。

金朝曾规定酒和麹由国家专卖，但戍边的女真人"遇祭祀、婚嫁、节辰许自造酒"②。金代酿酒技术有新的发展，已发明了"蒸馏酒"技术，从出土的金代蒸馏酒器具看，它是由上下两部分组成，上分体为冷却器，下分体为甑锅，蒸气经冷却后汇集从流排出，一次过程需45分钟，出酒量在一斤左右。③这当是自家酿酒用的小型蒸酒器，携带和生产都十分便利。

饮茶，是女真人与汉人接触后才出现的。女真人内地不产茶，所需茶叶主要通过贸易的手段从汉地输入。金初，女真人饮茶还不多见，熙宗少年时，"燕人韩昉及中国儒士教之"，"烹茶焚香，弈棋战象，徒失女真之本态耳"。"旧大功臣视渠则曰：'宛然一汉家少年子也。'"④女真进入中原后，虽中原地区也出产茶叶，但主要还是来自于南宋。每逢正旦、生辰，南宋馈赠女真皇帝的礼物中有品种名贵的茶叶。大宗茶则主要来自金朝与南宋的官、私贸易，章宗泰和五年（1205）"尚书省奏：'茶，饮食之余，非必用之物。比岁上下竞啜，农民尤甚，市井茶肆相属。商旅多以丝绢易茶，岁费不下百万，是以有用之物而易无用之物也。若不禁，恐耗财弥甚'"⑤。可见其茶叶消耗量之大，甚至影响到国计民生。

饮茶之风在女真内地社会各阶层中也逐渐盛行起来，不仅招待宾客设茶

---

① 《金史》卷7《世宗纪中》，第161页。
② 《金史》卷7《世宗纪中》，第170页。
③ 林荣贵：《金代蒸馏器考略》，《考古》1980年第5期。
④ （宋）徐梦莘：《三朝北盟会编》卷166《炎兴下帙六六》引《金虏节要》，绍兴五年正月，第1197页。
⑤ 《金史》卷49《食货志四》，第1108页。

筵，而且也用于居家自饮，其饮茶的方法大约有两种，洪皓《松漠纪闻》记载"富者瀹建茗，留上客数人啜之，或以粗者煮乳酪"。一是煮茶，二是做成乳茶，以茶和牛乳、盐共煮而成。前者受汉风影响，后者则沿用了契丹的饮食风俗。

女真人最初食用的果品当是一些野生的山果，如松子、胡桃、榛、山梨、野生芍药等。金朝初年，许亢宗出使金朝在咸州宴饮中"果子惟松子数颗"[①]。可见这时女真人的果品种类还十分贫乏。在为数不多的果品中，以野生白芍药花制成的果品颇具女真地方风味，《松漠纪闻》记载："女真多白芍药花，皆野生，绝无红者。好事之家，采其芽为菜，以面煎之。凡待宾，斋素用之。其味脆美，可以久留。"

占领辽、宋地以后，契丹、汉人的果品传入女真之地，李、桃、西瓜、栗、枣等也成为女真人食用的果品。西瓜原产地在西域，五代时契丹破回纥，引进西瓜培植技术，在辽上京（今内蒙古巴林左旗）一带多有种植。金灭辽后，女真地区也开始种植西瓜，《三朝北盟会编》卷3云："女真多白芍药、西瓜。"洪皓在女真内地见到"西瓜形如匾蒲而圆，色极青翠，经岁则变黄，其脆类甜瓜，味甘脆，中有汁，尤冷"[②]。另外，契丹人把水果加工成冻果的技术也为女真人所继承，金人赵秉文《解朝醒赋》中有"山梨冻（坚）"之句[③]，这当与北宋人在辽地见到的"冻梨"相同，其食法在《文昌杂录》中有记载："时方穷腊，坐上有上京压沙梨，冰冻不可食。接伴使耶律筹取冷水浸良久，冰皆外结，已而敲去，梨已融释。……一味即如故。"这与今日东北地区冻梨、冻柿的制法、食法一般无二，它既保存了果品原有的滋味，又具有鲜果所没有的味道，始终是北方人民冬季喜食的风味食品。

女真地区冬季酷寒，在女真人学会种植果树以后，便创造了果树冬季

① （宋）徐梦莘：《三朝北盟会编》卷20《政宣上帙二〇》引《宣和乙巳奉使行程录》，宣和七年正月二十日壬辰，第144页。

② （宋）洪皓：《松漠纪闻》，翟立伟标注，第39页。

③ （金）赵秉文：《闲闲老人滏水文集》卷2《解朝醒赋》，四部丛刊初编本，第5b页。

防寒法，《松漠纪闻》记载："宁江州去冷山百七十里，地苦寒，多草木。如桃李之类，皆成园，至八月，则倒置地中，封土数尺，覆其枝干，季春出之，厚培其根，否则冻死。"宁江州在今吉林省松原市境内。女真人在实践中摸索出来的保护果树过冬防寒法，至今在东北某些地方仍被沿用。

四、富有民族特色的宴饮方式

金初，女真社会刚刚从原始社会脱胎出来，社会生产力水平较为低下，人们日常食物并不丰厚，"其人则耐寒、忍饥，不惮辛苦"。一般人家一天食两顿饭，不食午饭。女真人豪爽好客，每有"饮宴宾客，尽携亲友而来。及相近之家，不召皆至。客坐食，主人立而待之。至食罢，众客方请主人就座"。女真人房屋建筑门皆东向，居室内南、西、北三面筑有土炕，即《三朝北盟会编》卷3所谓"环屋为土床，炽火其下"。炕与炉灶相连，烧火做饭时屋内火炕同时烧暖，女真人宴饮或平时饮食起居都在炕上。以南为尊，西次之，北为卑，长辈坐在南炕，依次排列。女真平常人家饮食器具"无瓠陶，无碗筋，皆以木为盘"。以木盘、碟盛菜、肉，粥用木盆随人多寡而盛之，"以长柄小木勺子数柄回环共食"。或以木碟盛饭，加匕其上，木盆盛羹，食肉则取身上佩带的小刀，切成小块与饭同食。酒不加热，虽冬季亦冷饮，"饮酒无算，只用一木勺子，自上而下循环酌之"，"醉倒及逃归则已"。①

这时期，女真君臣之间没有建立起严格的等级分明的礼仪制度，虽有君臣之称，而无尊卑之别，"君臣同川而浴，肩相摩于道，民虽杀鸡，亦召其君而食之"。女真皇家饮食方式与一般女真人家无太大差别，"虏主所独享惟一殿，名曰'乾元殿'，此殿之余于所居四外，栽柳行以作围禁而已。其殿也绕壁尽置大炕，平居无事则锁之，或开之则与臣下杂坐于炕，伪妃后躬

① （宋）徐梦莘：《三朝北盟会编》卷3《政宣上帙三》，重和二年正月十日丁巳，第17页。

侍饮食。或虏主复来臣下之家，君臣宴然之际，携手握背，咬头扭耳，至于同歌共舞，莫分尊卑"①。君臣无间杂坐炕上，开怀畅饮，皇帝后妃躬侍饮食，席间君臣又同歌共舞，气氛热烈，俨然一派父家长制大家族宴饮的景象。

宋人马扩出使金朝时，曾随金太祖阿骨打去围猎，阿骨打常说："我国中最乐无如打围。"马扩记载了他见到的女真人围猎之后的饮食情景，阿骨打背风坐在一张铺在积雪草地上的虎皮上，君臣以所获禽兽"撒火炙啖，或生脔，饮酒一两杯"。打围期间"每晨至夕，各以射到禽兽荐饭，食毕上马"。马扩见到"阿骨打聚诸酋共食，则于炕上用矮抬子或木盘相接，人置稗子饭一碗，加匕其上，列以菹、韭、野蒜、长瓜，皆盐渍者。别以木楪盛猪、羊、鸡、鹿、兔、狼、獐、麂、狐狸、牛、驴、犬、马、鹅、雁、鱼、鸭、虾蟆等肉，或燔、或烹、或生脔，多芥蒜汁渍沃，陆续供列，各取佩刀，脔切荐饭。食罢，方以薄酒传杯冷饮。谓之'御宴'者亦如此"②。从御宴的饮食内容看，与一般女真人家相比，只是肉食的种类多一些，其烹调方法同样原始而简陋。

从上面记载看，金朝初年女真人饮食是饭、粥与肉、菜同下，食毕再饮酒。《宣和乙巳奉使行程录》中记载则是先饮酒，后食饭菜（肉），"胡法饮酒，食肉不随盏下，俟酒毕，随粥饭一发致前，铺满几案"③。虽东北气候寒冷，女真人一年四季却习惯饮冷酒，这与汉人酒温后饮酒吃肉的习俗不同。遇有大宴会、喜庆日子宴饮，女真君臣或主客男女起舞歌讴，尽兴而归。饮食时，男人们（或君臣们）围坐在炕上，女人们在炕下侍食，虽皇室

① （宋）徐梦莘：《三朝北盟会编》卷166《炎兴下帙六十六》引《金虏节要》，绍兴五年正月十三日丁巳，第1197页。
② （宋）徐梦莘：《三朝北盟会编》卷4《政宣上帙四》引《茆斋自叙》，宣和二年十一月二十九日丙寅，第30页。
③ （宋）徐梦莘：《三朝北盟会编》卷20《政宣上帙二〇》引《宣和乙巳奉使行程录》，宣和七年正月二十日壬辰，第144页。

后妃亦不例外。可见这个时期女真社会虽然没有严格的尊卑之别，却已经立了男尊女卑的观念。

当女真人占领辽、宋之地以后，其饮食方式也开始渐染华风。金太祖天辅四年（1120）年末，其时金朝已经夺取辽上京（今内蒙古巴林左旗），宋使马扩在金上京见到女真皇室宴饮时，"将（辽）上京掠到大辽乐工列于屋外，奏曲荐觞"。金太宗即位（1123）宋遣使许亢宗前往祝贺，在金上京他受到"御厨宴"的款待，见女真皇帝"前施朱漆银装镀金几案，果碟以玉，酒器以金，食器以玳瑁，匙箸以象齿。遇食时，数胡人抬舁十数鼎镬致前，杂手旋切割短钉以进，名曰'御厨宴'"。宴会中"每乐作，必以十数人高歌以齐管也，声出众乐之表，此为异尔"。所奏之乐"云乃旧契丹教坊四部也"，如许亢宗在咸州所见，"有腰鼓、芦管、笛、琵琶、方响、筝、笙、箜篌、大鼓、拍板，曲调与中朝一同，但腰鼓下手太阔，声遂下，而管、笛声高，韵多不合，每拍声后继一小声。舞者六七十人，但如常服，出手袖外，回旋曲折，莫知起止，殊不可观也"。在御厨宴上的舞乐者"人数多至二百人"，又"酒五行，食毕"。[1]

两天后，许亢宗又赴女真朝廷的"花宴"，"酒三行则乐作，鸣钲击鼓，百戏出场，有大旗、狮豹、刀牌、砑鼓、踏索、上竿、斗跳、弄丸、挝簸箕、筑球、角觝、斗鸡、杂剧等，服色鲜明，颇类中朝。又有五六妇人涂丹粉，艳衣，立于百戏后，各持两镜，高下其手，镜光闪烁，如祠庙所画电母，此为异尔。酒五行，各起就帐，戴色绢花，各二十余枝，谢罢，复坐。酒三行，归馆"。[2]可见在金灭北宋之前，女真贵族的饮食器具已是金银玉、象牙、玳瑁等各类器具，饮酒或五行、三行，有舞乐、百戏相伴，已非金初

---

[1] （宋）徐梦莘：《三朝北盟会编》卷4《政宣上帙四》引《茅斋自叙》，宣和二年十一月二十九日丙寅，第31页；卷20《政宣上帙二〇》引《宣和乙巳奉使行程录》，宣和七年正月二十日壬辰，第146页。

[2] （宋）徐梦莘：《三朝北盟会编》卷20《政宣上帙二〇》引《宣和乙巳奉使行程录》，宣和七年正月二十日壬辰，第146页。

女真皇室食用木器，饮酒无算所能相比，具有明显的辽风影响。

　　金朝进入中原后，在汉族文化的影响下，女真饮食文化确立了严格的尊卑礼仪，皇室贵族的饮食方式越来越烦琐，饮食内容更加丰富而精细。金世宗大定九年（1169）南宋楼钥出使金朝时，受到金朝钦差大臣乌古论璋代表女真皇帝的赐宴，先点汤，"初盏燥子粉，次肉油饼，次腰子羹，次茶食，以大样贮四十楪，比平日又加工巧，别下松子、糖粥、糕糜、里蒸、蜡黄、批羊、饼子之类，不能悉记。次大茶饭，先下大枣豉二、大饼肉山，又下爕鱼、咸豉等五碟，继即数十品，源源而来，仍以供顿之物杂之。两下饭与肚羹，三下饼子，五下鱼，不晓其意，盖其俗盛礼也。次饼餤三，次小杂椀，次羊头，次爆肉，次划子，次羊头假鳖，次双下灌浆馒头，次粟米水饭、大簇钉，凡十三行。乐次：筝、笙、方响三次升厅，余皆作乐以送。亦有杂剧。""第十三行，茶罢，与押宴接伴谢宴，拜表庭下如仪。""自此每赐宴，礼数准此。食味乐次大同小异。"①从其饮食方式和内容上看，女真人传统的饮食文化受原宋地汉风影响已经有明显变化，如酒十三行，与肉、食同下。主、副食加工制作精细、烹调讲究。但同时还保有女真、契丹等北方民族某些特有的风俗，如"先汤后茶"与宋人习惯相反，席间一些礼数为宋人"不晓其意"。上述食物中"大饼肉山"，可能即是楼钥等人在燕京所得女真人赐果食中的"大肉山"，它是"以生葱、枣、栗饰之，其中藏一羊头"。女真传统饮食是少羊多猪，此"大肉山"或许与吸收契丹饮食风俗有一定关系。可见金朝中后期女真人日益丰富的饮食文化是吸收多族饮食文化而形成的。

　　自海陵王贞元元年（1163）迁都燕京以后，女真皇室贵族及随从入关的女真人的饮食文化迅速汉化，但在女真内地则更多地保持着本族传统的饮食文化习俗，如大定二十四年（1174）金世宗由中都（今北京）返回女真内地的上京（黑龙江阿城）巡视，在上京期间世宗多次宴请宗室故老，席间"宗

---

① （宋）楼钥：《北行日录》卷上，知不足斋丛书本，第17b—19a页。

室妇女群臣故老以次起舞，进酒"。世宗亲自唱女真语歌曲，"诸夫人更歌本曲，如私家之会。既醉，上复续调，至一鼓乃罢"[1]。宴会中，不分尊卑、男女都可尽情歌舞，一来助酒兴，二来也表达彼此之间的亲情和友谊。明清时期的女真人（满族人）直至近代仍基本沿袭了此俗，《黑龙江志稿》记载："满洲民俗，有大宴会，主家男女必更迭起舞，大率举一袖于额，及一袖于背，盘旋作势，中一人歌，众皆以'空齐'二字和之，谓之曰'空齐'，盖以此为寿也。"其先世女真人的古朴之风犹存。

总而言之，白山黑水的自然生态环境使女真人的饮食文化具有农业、狩猎和畜牧业混合型经济生活的特色，早期金源饮食文化具有古朴、自然的特征。金朝国家制度中原化改革完成后，大批南下入居中原的女真人逐渐采用先进的汉、契丹等族的饮食文化，但仍一定程度保留了女真传统饮食文化。始终留居女真内地的女真人保留了更多的传统饮食文化的特色，随着女真（满族）人的迁徙和分布，在东北各地广为传播并传承至今，成为今日东北地区饮食文化的特色之一。

第五节　略论金代东北区域文化[2]

金建国后，女真统治集团面对辽、宋先进的文化，经历了由对抗、兼容到积极吸收，进而以中原文化改革女真族落后文化的过程。东北是女真王朝的腹心之地，与中原地区相比，文化欠发达，从金朝初年起，东北各族文人为繁荣和发展东北地区文化作出了重要贡献。另一方面，由于金代东北各民

---

① 《金史》卷8《世宗纪下》，第189页。
② 《略论金代东北区域文化》，原载于《金史研究论丛》第二届金史国际学术研讨会论文专辑，哈尔滨出版社，2000年。

族分布始终保持相对聚居的格局，在东北各民族共同文化发展的同时，各个民族特有的文化仍得以保留并有显著发展。本节通过探讨金代东北区域文化整体特征和各民族文化特征，以寻求探讨中国古代社会后期北方民族王朝文化发展过程中，如何纳入统一的中华民族文化的历史轨迹。

一、东北区域整体文化的形成与发展

女真人是在反辽战争中建国的，一开始就面临着如何对异民族进行统治的问题。随着对辽、宋战争的胜利，金朝的国土迅速扩大到黄河流域，传统的女真文化不断地与契丹、渤海、汉族等各种文化发生接触、撞击、冲突。为了开创国家规模，建立巩固的政权统治，建国伊始，女真统治者在政治文化层面就开始注意吸收汉族儒家文化。随着金朝中原化制度改革的完成，儒家文化以其所具有的为巩固君主集权政治服务的特质，受到女真统治集团的大力提倡和全面推行，成为金代东北地区整体文化形成和发展的主线。

在儒家文化逐渐取得金代政治文化主导地位的过程中，各族文人曾发挥了十分重要的作用。金初，女真文化原始落后，为政权建设的需要，太祖、太宗十分注意收取原辽、渤海、汉、契丹等各族文人为新兴的女真政权服务，天辅二年（1118）太祖诏曰："国书诏令，宜选善属文者为之。其令所在访求博学雄才之士，敦遣赴阙。"天辅五年（1121），又下诏："若克中京，所得礼乐仪仗图书文籍，并先次津发赴阙。"[①]太宗朝很快灭亡辽与北宋，收罗了大批的辽、宋官员、文学之士，将大量的中原礼乐仪仗、儒家图书文籍运往上京。来到金皇都的各族文人在女真皇帝与诸勃极烈周围充当幕僚，从事具体行政事务，他们大多是进士出身，通晓儒家经典。他们把华夏文化带入女真社会，尤其是儒家治国思想对女真贵族产生了强烈的影响，使其开始接受儒学，逐步采用中原政治制度。金占领燕京后，燕京人韩昉以其

---

① 《金史》卷2《太祖纪》，第36页。

博学善文一直在金朝廷承应御前文字，掌词命之事。太宗初年改变"一如本朝旧制"的治国方针，在新占领的州县地区恢复科举制。天会四年（1126）开始对国家政治制度自下而上、循序渐进地实行三省制改革。天会六年（1128）宋资政殿大学士宇文虚中使金，太宗将其留金而不遣，金廷方议礼乐制度，以虚中有才艺，与韩昉辈具掌词命。他们与汉人韩企先、契丹人萧仲宣等人共同辅佐女真统治集团，择取唐、宋、辽诸朝制度，或因或革，逐步建立起三省六部各种行政机构，直到熙宗初年，才最后完成汉官制的改革。

与此同时，由于仰慕中原文化，女真贵族以汉族文人做王室贵族子弟的老师，教授儒家文化。熙宗（完颜亶）曾以韩昉为师，自幼学习儒学，"稍解赋诗翰雅歌，儒服、烹茶、焚香、弈棋、战象，徒失之真之本态耳"，在女真老贵族眼中，他"宛然一汉家少年子也"。[①]海陵王完颜亮，自幼随汉族儒士张用直读书，能吟诗作文，下棋点茶，交结儒生，与人谈论古今。完颜亮即帝位后，曾对张用直说："朕虽不能博通经史，亦粗有所闻，皆卿平昔辅导之力。太子方就学，宜善导之。朕父子并受卿学，亦儒者之荣也。"[②]金初被强行扣留的南宋使臣，为儒学在女真社会的传播也作出了贡献，如洪皓，博学强记，风雅有才学，流放冷山十余年，女真大贵族完颜希尹"使教其八子"。朱弁，善诗词，滞留金朝期间，"金国名王贵人多遣子弟就学"。张邵假礼部尚书出使金朝，被扣留上京会宁府时期，"金人多从之学"[③]。女真人学习中原文化的热情，反映了金朝初年儒学已在东北女真内地兴起。

熙宗即位后，倡导尊孔崇儒，确立了儒学在金朝意识形态领域的统治

---

① （宋）徐梦莘：《三朝北盟会编》卷166《炎兴下帙六十六》引《金虏节要》，绍兴五年正月，第1197页。
② （宋）宇文懋昭撰，崔文印校证：《大金国志校证》卷13《海陵炀王纪上》，第185页；《金史》卷105《张用直传》，第2314页。
③ 《宋史》卷373《洪皓传》，第11559页；卷373《朱弁传》，第11553页；卷373《张邵传》，第11556页。

地位。熙宗及其后的女真诸帝从小受儒家文化熏染，即皇帝位后，都大力倡导、推行儒学。熙宗、海陵时期，在王朝政治文化中全面推行儒家思想和治国主张。金中期以后，在女真统治者的倡导下，世宗诏令以女真文字译《五经》，章宗诏令亲军学习《孝经》《论语》，欲女真人知仁义道德之所在，儒学逐渐内化成为女真文化中的一部分。世宗规定"猛安谋克皆先读女直字经史然后承袭"[1]。大定十三年（1173）又开女真科举。女真统治者还将女真传统文化比附儒学，认为女真人纯直俭朴的古风与儒家所倡导的忠正、孝悌是一致的，在两种文化有共同点的基础上，大力提倡女真人学习以儒学为核心的中原文化，从而提高女真民族的文化水平。

在金代东北几个主要民族的文化中，女真人文化是儒化较晚的。渤海族文化早在唐代就已经开始了大规模汉化的过程，经辽到金数百年的发展，其文化面貌与汉族文化十分接近，是东北民族中汉人以外儒化最深的东北土著民族。契丹族虽然是游牧民族，其传统文化与汉文化有较大的差异，但自辽初契丹统治者就确立了以尊孔崇儒为治国基本思想，"称中国位号，仿中国官属，任中国贤才，读中国书籍，用中国车服，行中国法令"[2]。辽圣宗以后，出现了许多契丹族儒士，儒家思想在契丹族中日益深入和扩展，契丹人的社会观念发生了深刻变化，认为汉契一家，华夷同风，辽朝文化不异于中原文化。道宗曾说："吾修文物彬彬，不异中华。"[3]显然在辽代契丹文化已经有相当程度的儒化。

金朝东北地区整体文化是以儒家文化为基本内核而形成的，它首先在政治文化层面将东北地区女真、渤海、契丹与汉族诸种不同经济类型的民族文化连为一体，继而逐渐向文化的各个方面渗透，在伦理道德、文学、礼乐、学校教育等诸多方面都有体现。如文学，各族文人的最高成就主要体现在用

---

① 《金史》卷8《世宗纪下》，第192页。
② （宋）李焘：《续资治通鉴长编》卷150，庆历四年六月戊午，第3641页。
③ （宋）洪皓：《松漠纪闻》，翟立伟标注，第22页。

汉文写出的作文、诗词、歌赋、文章的文学水平上。文化的儒化现象，是指吸收儒家的礼义之道（三纲五常）建立的社会政治文化，并不是民族文化的全面汉化。因而，在具有一定的整体文化的面貌下，东北各民族仍然还保持着本民族特有的传统文化。

二、东北各民族区域文化

金太宗以来，女真统治集团对统治区域内的各民族实行"因俗而治"的统治方针，东北地区各民族既混居杂处，又各自有相对的聚居区，从而形成了各具特色的文化区域。总体上看，东北部文化区是以女真族文化为主；南部文化区是以汉、渤海族文化为主；西部文化区是以契丹（奚）族文化为主。

（一）以上京为中心的女真文化区域

东北地区的女真人主要分布在以阿什河流域为中心的松花江、牡丹江流域以及朝鲜半岛的东北部，上京会宁府（今黑龙江阿城境内），位于女真族聚居地的中心。从10世纪前后开始，生女真完颜部在这里逐步发展起来，经八代人、十位部落联盟长的奋斗，基本统一了白山黑水之间的生女真诸部。建国之初，女真内地尚无较大规模的城郭，"星散而居，呼曰'皇帝寨'、'国相寨'、'太子庄'，后升'皇帝寨'曰会宁府，建为上京"，"城邑、宫室无异于中原州县廨宇，制度极草创"[1]。熙宗朝，经天眷元年（1138）、皇统六年（1146）两次大规模扩建，上京具备了京师的规模。金上京从建国初始御寨（"皇帝寨"）时期就已经发挥着国都的作用，直到海陵迁都（1153），金朝以此为都城近40年，虽然上京僻处一方，却因其位于女真族发祥地的中心，占有"国中"地位，它不仅是"金源文化"的中心，而且是金政权前期的政治、经济和文化的中心。

金初女真奴隶主贵族集团在灭辽、宋的战争中，从辽五京和宋汴京（今

---

① （宋）宇文懋昭撰，崔文印校证：《大金国志校证》卷33《燕京制度》，第470页。

河南开封）将大批财富、人口、礼乐仪仗、图书文籍源源不断运抵女真内地，中原文明的输入促使这里发生重大变化。熙宗汉官制改革完成后，上京城内三省六部官邸林立，各族百官荟萃，宋、高丽、西夏使臣往来于此，加强了上京与各地的交流，城市经济、文化迅速发展起来，对尚处在奴隶社会的女真人产生了重要影响。尽管太宗、熙宗、海陵时曾几次大规模将女真猛安谋克和宗室贵族迁入中原，《金史·海陵纪》记载：贞元元年（1153）海陵将金朝都城由上京迁到中都（今北京市）以后，又于正隆二年（1157）"命会宁府毁旧宫殿、诸大族第宅及储庆寺，仍夷其址而耕种之"。但是，女真人的故乡仍是以女真人为主的居住区。居民以女真猛安谋克户为主，其役属的奴隶则是外族人，主要是在对辽、宋战争中掠夺来的人户。随着各种经济活动的开展和政治统治的原因，上京地区也居住着一些汉、渤海、契丹等族人户。海陵迁都以后，上京地区外族人口明显地减少。

12世纪，世代生活在白山黑水之间的女真人才由原始社会进入文明社会。金朝建立后，女真人的物质文化和制度文化属于农耕民族文化，表现为女真传统文化（猛安谋克制度等）与中原汉族文化（三省六部制）的结合体，在政治文化领域儒家文化的成分越来越大，而在社会风俗层面则保留了浓重的狩猎文化成分，残留许多原始社会的遗风。如《三朝北盟会编》卷3记载：女真人盛行接续婚，"父死则妻其母，兄死则妻其嫂，叔伯死侄亦如之。故无论贵贱，人有数妻"。宋人洪皓在冷山所见，其地苦寒，"四月草生，八月已雪，穴居百家，陈王悟室（即完颜希尹）聚落也"[1]。关于女真社会风俗已有学者著书系统论之，[2]这里不再赘述。

有金一代，上京被视为"金源文化"的中心区，受到女真统治者的格外重视。金世宗曾说"甚欲一至会宁，与子孙得见旧俗，庶几习效之"[3]。并于

---

① 《宋史》卷373《洪皓传》，第11559页。
② 宋德金：《金代的社会风俗》，陕西人民出版社，1988年。王可宾：《女真国俗》，吉林大学出版社，1988年。
③ 《金史》卷7《世宗纪上》，第159页。

大定二十四年至二十五年（1184—1185）亲返上京，这期间世宗亲自观渔、射猎、阅马、击毬，与宗室故老宴饮歌舞，唱女真本曲，以倡导弘扬女真传统文化。保持女真传统文化被女真统治者视为巩固本民族统治地位、实现国运长久的根本大计。

（二）以东京为中心的汉、渤海文化区域

东北南部地区自战国中期燕国设置郡县以来，一直是以汉族人为主的聚居区。辽太宗天显三年（928），将原设在渤海国地区的东丹国迁到辽东，整族的渤海族人被契丹统治者强行从牡丹江流域迁入辽东，从此渤海遗民以辽东为主要聚居地繁衍生息，经百年发展，到金朝时期，辽东地区已被渤海人视如故乡。此外，辽朝还不断地将东北部的女真人南迁到辽东，成为系辽籍女真人。女真完颜部始祖函普之兄阿古乃便是在辽朝时期迁到辽东。显然，以东京辽阳府（今辽宁辽阳）为中心的南部地区，是多民族的杂居区，其中以汉人和渤海人为多数，形成了以汉、渤海文化为主的文化区域。

金代渤海人仍是一个人口众多的民族，东京一带居住着渤海人的名门望族。建国之初，太祖提出"女直、渤海本同一家"，在族属上同出自肃慎—靺鞨族系的亲近感，使女真统治者首先联合辽朝统治下的渤海人共同反辽。建国初，女真贵族为提高本族子弟的文化水平，同时也有笼络同盟者的政治意图，皇室选东京地区渤海世家女子有姿德者赴上京，与皇族宗室子弟婚配。从此渤海上层大族与皇室建立了通婚关系，《金史·后妃传》中记载渤海族出身的后妃有10人，金朝9个皇帝中有4人的生母是渤海人，即海陵母大氏、世宗母李氏、卫绍王母李氏、宣宗母刘氏。海陵、世宗又娶渤海女为嫔妃。[1]婚姻关系与政治关系交织在一起，相得益彰，金代渤海人在女真族以外的其他民族中，享有较高的社会地位。

东北南部是农耕文化区，渤海文化经过自唐代以来数百年间的汉化过

---

① 《金史》卷64《后妃传》，第1517—1536页。

程，到金代已与汉族文化相差无几，但在社会风俗的某些方面还保持着本民族的传统，如渤海人传统的婚姻形式表现为自愿婚的习俗，渤海族的未婚青年男女到了求偶年龄，可自由交往谈情说爱，自择佳偶。男女定情后，女子不必禀告父母便随男子而去，男子娶妻也不须事先征得父母同意。为此世宗大定十七年（1177）下诏："以渤海旧俗男女婚娶多不以礼，必先攘窃以奔，诏禁绝之，犯者以奸论。"[①]正是这些独特的风俗文化使渤海族保存着民族认同感，得以一个独立的民族存在于辽金时期。

金代东北文人多出自南部地区，主要是文化水平较高的汉人和渤海人，其中较为重要的文人有东京辽阳（今辽宁辽阳）渤海人张浩及其后人，汉人李献可，利州龙山（辽宁建平西北）人邢具瞻，长庆（辽宁北镇西南）人王仲通，等等，其中以盖州熊岳（今辽宁盖州熊岳）人王遵古、王庭筠父子的成就最高。王遵古潜心伊洛之学，诗文俱佳，有"辽东夫子"之称。王庭筠，自号黄华山主，天资聪颖，七岁学诗，十一岁赋全题。世宗朝官至翰林修撰，诗、文、书、画无所不精。诗律深严，文"论义文采，近世所无"[②]。画尤擅山水黑竹，书法学米元章，与赵讽、赵秉文齐名。被称誉为"辽海东南天一柱"[③]，有文集四十卷传于世。可以说，以东京为中心的南部汉、渤海文化区是东北最先进的文化区域。

（三）以北京为中心的契丹（奚）文化区域

东北西部的西拉木伦河与老哈河流域是契丹、奚人的发祥地，亦是辽金时期两族的聚居地。金朝前期于契丹、奚族的聚居地设有二京，一曰中京大定府（今内蒙古宁城），一曰上京临潢府（即辽上京，今内蒙古巴林左旗）。熙宗天眷元年（1138）改上京为北京临潢府，海陵天德二年（1150）去"北京"之号，降为临潢府。海陵贞元元年（1153）将中京改为北京大定

---

① 《金史》卷7《世宗纪上》，第169页。
② （元）郝经：《郝文忠公陵川文集》卷33《涿郡汉昭烈皇帝庙碑》，乾隆三年高都王氏刊本，第13a页。
③ （金）元好问：《元好问全集》上卷11《王子端内翰山水同屏山赋二诗》，姚奠中主编，李正民增订，第350页。

府。金中期以后北京大定府是契丹、奚人故乡——松漠地区唯一的京府。辽西地区还有部分汉族和少量的渤海族人户。

金朝对于西部府州内从事农业生产的各族人户实行两种制度统辖，一是对汉人和渤海人以州县进行统治；二是对契丹、奚人以猛安谋克制度进行统辖。另外，对于西部地区始终保持游牧经济生活的契丹（奚）人，则承用原辽朝制度进行统辖，即对这部分契丹游牧部族仍然保留其原有的部族组织，使契丹人保持本民族骁勇善战的本性，为金朝守护北部边疆。

金朝在西部地区设置统辖契丹游牧部落的制度有两种，一是群牧所制度，辽朝曾有发达的官营畜牧业。金灭辽后，承用原辽朝官营畜牧业群牧制度，在诸群牧所中仍然使用擅长畜牧业的契丹人为其经营、管理国家畜牧业基地。金朝前后有群牧所12处，主要分布在蒙古草原的东部，今内蒙古的赤峰、通辽、呼伦贝尔市一带。直接掌管畜群的称群子，又曰详稳脱朵（或曰扫稳脱朵）。群子下辖牧户，牧户主要是契丹人。二是契丹族地方部族制度，实行于北部契丹游牧民族地区。部族制度中有一部分称为诸乣，诸乣的长官称详稳，《金史》记载北部与西北部设有乣12部，是负责守边职责的契丹族地方组织，具有军政合一的职能。

东北西部是畜牧文化区域，世代生活在草原地带的契丹、奚游牧民族，在金朝统治时期，为朝廷经营官营畜牧业和守边，常年四时随水草迁徙，畜牧畋猎，车帐为家，食肉饮乳，仍然保持着本民族富有浓郁草原游牧民族风格的文化与风俗。女真统治者充分利用契丹人纵马于野，驰兵于民，擅长骑射的特点，将其作为金朝军队的重要兵源，并为金朝守备北部边防。同时利用契丹人丰富的畜牧经验，为金朝军队提供充足的马匹。保留契丹族的传统文化，发挥契丹人的特长为女真政权服务，这对金朝统治者来说是至关重要的。然而契丹人桀骜不驯的性格，尤其是海陵末年爆发的契丹人大规模反抗斗争，使得女真统治者不得不对其加倍防范。

三、东北地方特色的社会习俗

金代东北各民族虽然都有各自民族传统的风俗习惯，但在长期杂居相处的过程中，各民族彼此交往，互通婚姻，风俗杂糅，出现了某些在各民族中较为常见的风俗习惯，呈现了东北独特的地方色彩。在东北各民族交往中，一方面是上层统治集团吸收汉族文化，以建立完善森严的礼仪等级制度，即所谓的汉化。另一方面是各族人民相互影响，吸收先进、实用、适应东北地理气候的文化风俗，表现出许多方面呈现"胡化"现象。

衣食住行是变化最为活跃的物质文化，在金代东北地区其发展变化主要是各族文化交流的结果。然而，服饰习俗的最初变化则是由于女真统治者的高压政策的结果。金初，女真统治者颁行髡发令，"既归本朝，宜同风俗，亦仰削去头发、短巾、左衽。敢有违犯，即是犹怀旧国，当正典刑，不得错失"①。强迫各族人民采用女真人的发式与服饰，男子髡头剃去前半部头发，只留颅后发编成两条辫，垂在背后。服饰为盘领、窄袖、左衽、系带，足蹬靴。易服令推行极严，"不如式者杀之"②。在女真统治集团的淫威下，各族人民不得不委曲求全，久而久之，具化为俗。海陵王即位以后，对各族人服饰规定有所松动，天德二年（1150）诏："河南民衣冠许从其便。"③估计其他地区也不似金初那么严格限制。但20年后，世宗大定年间宋使范成大在金朝看到的景象，却是"民亦久习胡俗，态度嗜好与之具化。最为甚者，衣装之类，其制尽为胡"④。服饰习俗的变化初期是迫于女真统治者的淫威，后来则是由于北方民族服饰保暖、实用、方便而为东北各族人民所喜爱。

东北地处塞北，气候寒冷，为了抵御严寒，各族人定居的房屋中流行使用火炕。据史书记载和考古发现，东北民族中较早使用火炕的是沃沮人、高

---

① （金）佚名编，金少英校补：《大金吊伐录校补》第106《枢密院告谕两路指挥》，第306页。
② （宋）李心传：《建炎以来系年要录》卷28，建炎三年秋，第560页。
③ （宋）李心传：《建炎以来系年要录》卷161，绍兴二十年六月，第2616页。
④ （宋）范成大：《揽辔录》，历代史料笔记丛刊本，中华书局，2002年，第12页。

句丽人和渤海人，"冬月皆作长炕，下燃煴火以取"①，黑龙江东宁出土的汉代沃沮人遗址和唐代渤海人的建筑遗址中，发现有与灶相连的火炕。金朝初年，皇帝宫殿内亦是"绕壁尽置火炕"，女真皇帝与臣下坐于炕，后妃躬侍饮食。②金代文人写下不少关于火炕的诗篇，如赵秉文的《夜卧炕暖诗》，其中曰："地炕规玲珑，火穴通深幽。长舒两脚睡，暖律初回邹。门前三尺雪，鼻息方齁齁。"③火炕这种为东北人所喜爱的室内取暖设施，在各地各族人户中越来越被普遍使用，直至近现代仍沿用不衰。

东北地区低温少雨，农业生产主要是旱地作物，各民族饮食习俗在汉族文化的影响下，逐渐脱离原始落后的形态。以女真为例，女真人早期农业生产落后，主要农作物是粟、黍、穈、稗等。通常将粮食做成粥或麨，麨即是将上述农作物炒熟磨成粉加工成干粮，"以水沃面，调和水饮之"④。是北方民族常见的主食。随着女真人农业生产水平的提高和同汉、渤海等族人交往越来越密切，农作物品种增多，新出现了麦、稻等；食品制作水平也有明显提高，主食有馒头、汤饼、烧饼、煎饼、糕等，与汉人相差无几。女真人还用蜜渍的松子、胡桃肉和糯米粉做成各式"蜜糕"，香甜可口，深受人们的喜爱。金人赵秉文《松糕》诗中写道："巧谋一饱地，蒻粉不我逃。腹中十八公，笑汝真老饕。"⑤这类食品因其携带方便，在女真、契丹等东北民族的饮食中也被保留下来，其加工制作更为讲究。至今，东北仍有用水冲食炒面的习俗，精工细作的油茶面，成为北方风味小吃。

金代东北地区各民族中流行的岁时节日，主要是受汉民族风俗影响而形成的，但各族在吸收汉族文化的同时又融入了本族或其他民族的习俗，使其节日活动各自不尽相同。从东北各族岁时节日形成的历史看，渤海人汉化最

---

① 《旧唐书》卷199《高丽传》，第1661页。

② （宋）宇文懋昭撰，崔文印校证：《大金国志校证》卷10《熙宗纪二》，第151页。

③ （金）赵秉文：《闲闲老人滏水文集》卷5《夜卧炕暖诗》，四部丛刊初编本，第4b页。

④ 《金史》卷1《世纪》，第8页。

⑤ （金）赵秉文：《闲闲老人滏水文集》卷3《松糕》，四部丛刊初编本，第11a页。

早，其节日习俗与汉人基本相同。契丹人次之，在辽朝统治时期已经形成，有正旦、立春、人日、中和、上巳、端午、夏至、中元、重九、小春、冬至、腊月等节日，但节日活动的内容则富有契丹民族文化风俗的特征。①女真人岁时节日习俗形成得最晚，金建国前，女真人尚不知纪年，不懂正朔，更没有岁时节日。问其年岁，则答曰："我见青草几度矣。"以草一青为一岁。女真兴兵灭辽、宋以后，浸染华风，女真贵族皆自择嘉辰为诞生日，"粘罕以正旦，悟室以元夕，乌拽马以上巳。其他如重午、七夕、重九、中秋、中、下元、四月八日皆然。亦有用十一月旦者，谓之周正"②。大约从这时起，女真人才逐渐有了岁时节日。其节日有正旦、元夕、上巳、清明、重午、七夕、中元、中秋、重九、下元等。节日活动中有汉族风俗、契丹风俗，也掺杂着女真族风俗。

如女真人原不知元夕张灯之俗，太宗天会七年（1129）元夕，有一名被女真人掠至上京的汉族僧人，以长杆挑着灯笼走在街上，以为戏。太宗见了大骇，问左右曰："得非星邪？"臣僚据实以答。太宗仍心存疑虑，恰逢上京发现有汉人图谋反金，太宗便断定此僧人"欲啸聚为乱，以此为信耳"，命人将他杀死。③熙宗时，女真内地也开始盛行元夕张灯的习俗。《大金国志·世宗纪》记载，大定二十七年（1187）正月，"元夕张灯，琉璃、珠璎、翠羽、飞仙之类不一，至有一灯金珠为饰者。都人男女盛饰观玩，至十八日而罢"。元夕"放偷"则是女真族的习俗，正月十六日女真人纵偷一日以为戏，"妻女、宝货、车马为人所窃，皆不加刑。是日，人皆严备，遇偷至则笑而遣之。妇人至，显入人家，伺主者出接客，则纵其婢妾盗饮器。他日，知其主名或偷者自言，大则具茶食以赎，次则携壶，小亦打糕取之。亦有先与私约，至期而窃去者。女愿留则听之"④。此外，女真重午拜天射

① （宋）叶隆礼：《契丹国志》卷27《岁时杂记》，贾敬颜、林荣贵点校，第250页。
② （宋）洪皓：《松漠记闻》，翟立伟标注，第29页。
③ （宋）洪皓：《松漠记闻》，翟立伟标注，第30—31页。
④ （宋）洪皓：《松漠记闻》，翟立伟标注，第30页。

柳、重九拜天射猎等活动，又是受契丹习俗影响而形成的。

金代东北地区各民族中最为流行的宗教信仰是佛教。汉人信仰佛教历史可上溯到汉代，渤海国时期佛教十分流行，辽代契丹人更是以崇佛而著称，各地佛塔、石窟、经幢以及寺院众多。金代初年，一些僧侣随同被强行北迁实内地的辽地各族百姓一起来到女真内地，开始在金都上京修建寺院。女真人在初接触佛教时，并没有马上接受，而是有所抵制，《金史·太宗纪》记载，天会元年（1123年），"上京庆元寺僧献佛骨，却之"。随着女真地区外族人的大量涌入，佛教文化逐渐为女真人所接受，熙宗与皇后亲自到"佛寺焚香，流涕哀祷"，祈求佛保佑太子病体痊愈。[①]贵戚望族亦多舍男女为僧尼。仅上京一地就有佛寺六处：庆元、储庆、兴元、兴王、宝胜、林光等寺。女真贵族赏赐银、绢给寺院，扩建或重修寺院，又亲临寺院焚香拜佛，祈求祛病消灾。尤其金世宗母亲出家东京清安寺，他为表孝心，一面在各地兴建和修缮佛寺，一面亲临清安寺礼佛，大加赏赐，到世宗末年，这座寺院"金帛如山"，有巨资百万，僮仆达四百人，达到了相当规模。然而，女真皇帝又采取一定的措施限制佛教的无度发展，海陵得知朝中宰执每见高僧法宝必让其上坐，认为有失大臣礼，以法宝妄自尊大打二百棍，又将左丞相张浩、平章政事张晖各打二十棍。世宗曾下诏民间不得多建佛寺，"无令徒费财用"。章宗时对寺院剃度僧尼也加以限制。女真皇帝对佛教的态度代表了女真人对佛教信仰的程度。东北南部地区比北部地区更为盛行佛教，金章宗明昌二、三年王寂两次出行辽东，一路食宿多住在佛教僧寺。[②]也就是说东北汉、渤海、契丹等族人信奉佛教的程度超过女真人。关于各族下层百姓信仰佛教的记载不多，但是在东北各地出土了许多金代火葬墓，这些火葬墓既有汉、契丹等各族人，也有女真人，印证了金代东北各族人信奉佛教的社会风俗。

---

① 《金史》卷80《济安传》，第1797页。

② （金）王寂撰，张博泉注释：《辽东行部志注释》，黑龙江人民出版社，1984年，第6—102页；（金）王寂：《鸭江行部志节本》，朱希祖考证，辽海丛书本，辽沈书社，1985年，第2540页。

综上所述，金代东北区域文化发展的主流是与中原儒家传统文化的联系越来越紧密，意识形态领域以儒家思想占主导地位，文学艺术受中原汉族文化影响颇深。在东北地区众多民族中契丹、奚、汉、渤海四个民族人数最多，虽然各自具有本民族独特的文化与风俗，但又存在共同的文化和相互影响杂糅互染的社会风俗，在一定程度上形成了你中有我、我中有你的地方特色。表现了以儒学为核心兼容了不同文化内容，质朴刚健、清新自然的地方特色，具有较为鲜明的华夷同风的发展趋势。

第六节　辽金时期中国东北地区汉族丧葬风俗研究 [①]

中国东北地区自古是少数民族聚居地，商末殷贵族箕子从中原东迁经东北至朝鲜，曾在东北辽西、辽东地区居住，这是中原人迁入东北的最早记载。战国中期，燕昭王中兴，燕国在东北设置辽东郡、辽西郡、右北平郡，燕人随之定居东北南部地区。秦汉以后东北地区汉人的分布范围不断扩大，到辽金时期，北到金黑龙江地区，西至蒙古高原，东抵日本海都有汉人分布。辽金时期东北汉人先后在契丹、女真人的统治下，三百多年长期处于与少数民族杂居的环境中，文化风俗彼此影响、相互杂糅，形成了东北汉人富有特色的社会生活风俗。以往学者多注重研究少数民族在汉人文化的影响下，接受汉文化的发展史，而对汉人文化受少数民族文化影响发生变异的现象关注不多。实际上，自古以来，在多民族国家内部少数民族文化对汉族文化的形成与发展同样具有各种影响，尤其是处于边地的汉族文化，在历史不同时期融入了程度不同的少数民族文化。在少数民族政权和王朝统治下的汉

---

① 原为日文《辽金时代の中国东北地区における汉族の葬祭について》，发表于日本·《比较民俗研究》14 号 1996 年 9 月。

族文化，这种现象更为显著。本节通过考察辽金时期东北汉人各阶层丧葬习俗的地方特色，分析北族王朝统治民族丧葬习俗与佛教信仰对辽金东北汉人丧葬习俗的影响，从一个侧面描绘出辽金时期东北汉人的社会生活景象。

一、汉族大官僚、地主的丧葬习俗

辽金王朝对其统治区域内的各民族实行因俗而治的政策，契丹统治者实行南北分治的国家制度，以国制治契丹，以汉制治汉人，燕云地区（河北、山西）是汉人的聚居区。金朝初年，王朝实行女真制度，太宗时在燕云之地设置枢密院，任用大批汉官治理当地汉族民户。金海陵王贞元元年（1153），将都城从上京（今黑龙江哈尔滨阿城）迁到燕京（今北京），改称中都。大批女真宗室贵族和各族高官显贵也随之迁到华北。因此辽金时期，汉族大官僚、地主多聚居在华北地区，汉族大官僚、地主的墓葬几乎都发现于今河北、山西地区。从目前发表的考古资料看，东北地区这一阶层人士的墓葬仅出土一座辽代的梁援墓。梁援是辽朝中京道人，辽道宗清宁五年（1059）科举中第，初命儒林郎守右拾遗。之后，历任卫尉卿、右谏议大夫、翰林学士、天成军节度使、诸行宫都部署、监上京留守、知宣徽南院使事。寿隆六年（1100）夏，拜枢密副使、韩国公。十月，正授兼中书侍郎、同中书门下平章事，兼修国史、知枢密院事，进封赵国公。天祚帝乾统元年（1101）在任上去世，十月葬于先祖墓地。[1]梁援墓位于辽宁省义县大榆树乡四道岔子村，地处医巫间山中一条由东南向西北的山谷之间，墓葬坐落在北山南坡，前面是一条南流的小溪。梁援墓的后面有山，前面有水，正南北向，地表无封土痕迹。墓室营建在岩石墓圹内，由墓道、墓门、甬道、左右耳室及主室组成，是一座大型的仿木结构建筑的砖室墓。[2]

---

① 薛景平、冯永谦：《辽代梁援墓志考》文后附录《梁援墓志铭》，《北方文物》1986 年第 2 期。
② 薛景平、宝兴：《义县四道岔子辽梁援墓》，《辽金契丹女真史研究动态》1984 年第 2 期。本文引用梁援墓的考古发掘资料均参见该文。

梁援墓的形制和规模与辽朝末年契丹大贵族的墓葬大致相同。墓道呈斜坡状，长11.2米，上宽2.5米，下宽2.2米，北接墓门。墓门为砖筑，圆拱券，其上有仿木结构建筑，门高2.77米，宽2.15米。门外用石板及石块封堵。墓门的横枋上有斗拱5朵，墓门墙壁涂抹白灰，上绘彩色壁画，但已脱落，壁画内容不清。墓门内甬道为券顶，后通主室，左右两侧有券门与耳室相通，甬道长3.5米、宽2.2米、高3米。甬道两侧的耳室形制相同，穹隆顶，圆形直径为2.5米。主室有拱状门，高2.5米、宽2.2米。墓室平面呈不等边八角形，东西4.5米、南北4.6米，墓壁高2米，以上层层内收为穹隆券顶，在券顶中部留有一直径为75厘米的圆孔，上面以大石头封堵。墓室内部涂抹白灰，上绘壁画，脱落严重，画面不清。北壁下砌有尸床，主室、耳室的地面与尸床均铺方砖。墓早年被盗，破坏比较严重，残存的随葬品很少，只是存留两合墓志，右耳室置梁援墓志一合；左耳室置梁援妻子赵国夫人张氏墓志一合。据此得知，这是梁援夫妻合葬墓。

汉族传统葬俗是人去世后入棺殓葬，但梁援墓则采用契丹人的葬俗，下葬不使用棺木，而是在墓室的北壁修造了置放尸体的尸床，长2.55米、宽1.5米、高0.25米。在尸床的周边残留腐烂的木屑，可能是木制栏杆的残渣，在契丹公主、驸马等大贵族墓中曾发现类似的有栏杆的尸台[1]，当年这里可能还挂有帷幔。显然梁援夫妇的尸体是直接置放在尸台之上。早年的盗墓者没有放过梁援夫妇身上佩戴的珠宝，现存的尸骨散落四处，葬式、葬服已无从得知。从墓志中我们得知墓主人是高层汉官，却从墓中看到了典型的契丹葬俗的现象。

汉族人历来重视选择墓地，早在汉代就有风水师。辽金时期汉人同样有请风水师选择墓地的风俗。东北各地出土的汉人"墓志铭"中经常看到"卜

---

[1] 郑绍宗：《赤峰县大营子辽墓发掘报告》，《考古学报》1956年第3期。

窀穸，凿高岗"①"卜宅兆，凿龙耳之高岗"②之类的记载，人们相信墓地的
风水直接影响家族的兴衰。这个时期汉人的墓地一般选择在向阳的山坡上，
背靠山，面临水，墓地多为南向或东南向。梁援的家族墓地当是风水师选择
的风水宝地。辽朝前期，高官显贵的墓葬流行大型多室砖墓，墓葬形制分为
前室、中室、后室，各室或有左、右耳室。后期流行大型单室砖墓，梁援墓
即是典型的代表。官位相同的大官僚贵族的墓葬，无论契丹人还是汉人，墓
葬的形制大体相同。这表明各级官吏是依据王朝丧葬制度建造墓葬的。北京
南郊外出土的辽前期赵德钧墓，即是一座大型的多室砖墓，分前、中、后三
进，每进主室两侧又各筑一耳室，共九室。③估计同时期东北汉族高层官僚
显贵与之大体相同。辽代墓制受唐代墓制的强烈影响，在继承唐代墓制的同
时，又融合了契丹风俗而发展形成了辽代的墓制。例如，梁援墓的墓室有
"穹隆顶，顶盖大石"，梁援夫妇葬不用棺木，尸体直接置放在尸台上，这
是典型的契丹葬俗。这种现象在华北的辽代汉人墓葬中比较少见。这或许与
东北是契丹人的发祥地有关，一些汉人世家大族很早就与契丹皇室、后族联
姻，彼此之间的联系越深，接受契丹习俗就越多。可是，目前东北地区仅发
现一座梁援墓，他是否反映了东北大多数汉族高层官僚的丧葬习俗，还有待
于今后发现更多的考古学资料来证实。

二、汉族中小官僚、地主的丧葬习俗

辽金时期汉族中小官僚、士大夫、商人、富豪等这一阶层的墓葬，在东
北地区发现得较多。按照辽金王朝的丧葬制度，这个阶层各族人的墓葬规
模、形制大体相同。墓葬的基本形制是中小型单室墓，由墓室、甬道、墓门
组成。但是，各地建造墓葬的方式和使用的材料，以及墓葬的具体形式有一

---

① 陈述：《全辽文》卷 5《王说墓志铭》，第 107—108 页。
② 陈述：《全辽文》卷 6《韩橚墓志铭》，第 120—123 页。
③ 苏天钧：《北京南郊赵德钧墓》，《考古》1962 年第 5 期。

定差异，大体可以分为东、西两个地区，各自有较为显著的特征。金代东北汉人墓葬逐渐变小和简单化，西部地区的墓葬类型有向东部地区扩展的趋势。

西部地区，辽代汉族中小官僚地主墓葬流行进深3米左右的砖室墓，墓室平面前中期主要为圆形，后期以六角形、八角形为主。其次是石室墓，更为简单的是用长条石与碎砖造成的墓。这个阶层墓葬中规模比较大的一座墓是辽宁省朝阳市出土的辽左千牛卫将军刘宇杰墓（辽圣宗统和十八年，1000），为竖穴砖室墓，由墓门、甬道、主室三部分组成，墓门为仿木结构，券门，表面抹白灰，上涂朱色，门洞高1.6米，宽1.4米，门额上有4朵朱色斗拱。墓门通高4米，宽3.6米。券门外用砖砌封门洞，封砖外又用大块毛石堆堵。墓门接甬道，甬道长1.7米，圆券顶，在甬道中部东、西各辟一耳室门。耳室平面为圆形，穹隆顶，高1.5米，直径1米。甬道后接主室，平面也是圆形，直径3.6米，顶已塌落，封顶石掉在室内，推测是穹隆形券顶。主室的后半部为砖砌的棺床，棺床上置一石棺，棺长2.3米、宽1.2米。该墓早年被盗，棺内人骨不存，葬式不清。[1]地位较低的小官吏的墓葬则小而简陋，如辽朝随驾马步军都孔目官张宁，是管理文书、点检文字的下级官吏，张宁墓的墓室狭小，长1.2米，南部宽0.85米、北部宽0.7米，仅能容下石棺，石棺内盛放骨灰。[2]

汉人中小官僚地主墓葬中经常可以看到壁画、浮雕，其内容多是描绘墓主人的生活场景和使用的物品。以内蒙古昭乌达盟辽中京西城外4号辽墓为例，为单室砖墓，墓室平面为圆形，直径2.45米，墓壁有彩色壁画，全室共分为五幅，正中一幅似为衣裙、高靴及帷幕等物。其左右两幅各绘石、竹、梅，巨石立于正中。再往南靠门内两幅，保存较差，东壁镶有砖雕桌椅各一具，桌上壁绘有两只黑色高足盘，盘内盛放水果食物，其余部分可辨识的只

---

① 王成生：《辽宁朝阳市辽刘承嗣族墓》，《考古》1987年第2期。
② 王菊耳：《沈阳柳条湖辽代石棺墓》，《辽宁文物》1981年第3期。

有梅花；西壁镶有砖雕灯台，左右绘有花草。①又如，辽保安军节度使邓中举墓（辽道宗寿昌四年，1094），为券顶单室砖墓，方形，长、宽各2.9米，室内壁面抹白灰，上有彩绘多剥落漫漶不清，四壁均镶嵌半浮雕砖刻像，为辽墓常见的四神像，东壁为青龙，西壁为白虎，可惜前壁朱雀和后壁玄武已脱落不见。在墓门左、右两侧各有一武士砖雕像，身披铠甲，手持长剑，怒目而立，为左、右门神。此外，还发现10件侍吏像砖，身着方领宽袖长袍，头戴巾帻，手执笏板，为汉人文官形象。以及1件老翁像砖和1件妇童像砖。②

金代西部地区汉人墓葬从辽末流行的多角形墓逐渐转为方形或长方形为主。辽宁省朝阳市出土的金代马令夫妇墓（金世宗大定二十四年，1184）是一座方形单室砖墓，墓门拱洞式，南向，用青方砖和长方砖封堵。墓室四隅各有一朵斗拱，除墓门的一壁外，其他三面居中又有一朵补间斗拱，均涂绿色。墓室南北长1.99米、东西宽2米，为叠涩券顶，顶口覆盖圆形石板。墓壁抹白灰，上绘彩画，四壁绘壁画六福，西壁为备膳图；东壁为准备出行图，画分左、右两部分，右侧（北部）为室内4人互揖告别图，左侧（南部）为室外备马图；南壁为人物图，分画墓门左、右，人物的背后书写墓主人的姓名、族望、下葬日期与地点，左为墓主马令，右为马令之妻；北壁为侍女图。壁画用墨线勾勒轮廓，用红、绿、灰三色渲染，线条优美，人物生动逼真。③金代汉族中小官僚地主的墓葬普遍比辽代同一阶层的墓葬规模小，构造简单，这大约与金代提倡薄葬风俗有关。

东部地区，辽代汉人墓葬的主室平面多为八角形，也有少量长方形，进深为3米左右。金代墓葬的主室平面则多为方形和长方形，规模略小，进深为2米左右。这个地区建造墓室的用材与西部地区不同，主要是用石板、石柱建造的石室墓。如锦西大卧铺1号辽墓，是以石板石柱建构的八角形单室墓，

---

① 内蒙古自治区文物工作队：《辽中京西城外的古墓葬》，《文物》1961年第9期。
② 项春松、吴殿珍：《内蒙古宁城辽邓中举墓》，《考古》1982年第3期。
③ 辽宁省博物馆、陈大为：《辽宁朝阳金代壁画墓》，《考古》1962年第4期。

墓顶以宽石条抹角叠压券起，墓室进深2.74米、宽2.8米、高2.1米。墓室北面用两块石板拼成尸床，板面浮雕云纹和走兽，据当地农民介绍，尸床上葬二人，发掘者清理时只见残存碎骨散落室内，葬式不清。墓门南开，门外有一段很短的甬道，墓室石材为花岗岩，墓底铺一层碎石，下面即是岩石层面。墓室的八方壁上，一方为门，其余七方为浮雕的人物故事画像。北面正壁为主人宴饮图，其余六面主要是孝子、友悌、孝妇的故事，每个故事旁原有墨书题记，可惜字迹基本都脱落了，只存个别字痕迹。从人物故事的内容看，主要是"董永卖身葬父""郭巨为母埋儿""王祥卧冰求鲤""茅容杀鸡奉母""孟宗哭竹"等二十四孝的故事，表现了汉人的伦理观念和传统文化意识。然而，雕刻的人物形象，无论是墓主人夫妇，还是故事中的人物，都是身着契丹人服饰。类似的画像在辽东半岛多有出土，折射出东北地区汉人长期受北方民族统治的文化现象。

金朝女真统治者提倡薄葬，汉族小官吏的墓葬多与辽代庶民的葬制相似，实行石棺葬。如金章宗泰和五年（1194），北京路转运户判冯开父母的合葬墓，据墓志记载，冯开的父亲"曾为府吏"。墓是用石板构筑的石棺，南北向，长方形，长3米、宽1.45米、高1.1米，棺四壁由六块石板拼成，顶用三块石板作为棺盖。棺内由南向北依次放置墓志、石函、随葬品等，石函内盛有骨灰。[1]另外，由辽入金后，东部地区不仅有石室墓，而且西部地区流行的砖室墓在东部地区也越来越多见了。

辽金时期，佛教在东北地区广为传播，信奉佛教的东北汉人佛教徒们渐渐舍弃了"身体发肤，受之父母，不敢毁伤""父母全而生，子当全而归"[2]的传统观念，越来越多的人实行火葬。辽代汉人中小官吏地主阶层是火葬和尸骨葬并行，到了金代这一阶层汉人的墓葬已经是以火葬为主了。有趣的

---

① 铁岭市博物馆、铁岭县文物管理所：《铁岭县前下塔子金墓》，《辽海文物学刊》1988年第2期。
② 许维遹撰、梁运华整理：《吕氏春秋集释》卷14《孝行览第二》，新编诸子集成本，中华书局，2009年，第309页。

是，有的夫妇虽然埋葬在同一座墓中，却根据自己的信仰采用不同的葬式。例如，内蒙古宁城县山头村2号辽墓，在墓内尸床上，后部置有一女性的人骨架，头西足东，为仰身直肢葬。在她的南侧有一堆火葬的骨灰，用一个陶器盖覆盖着。两者之间的关系可能是夫妻。[1]在夫妻合葬墓中也有二次葬的现象，如辽宁省辽阳市隆昌辽墓，2号墓为单室石板墓，在尸床上葬两具人骨，右为女性，作头西足东仰身直肢葬；左为男性，是捡骨葬，为夫妻合葬墓。[2]从这两座汉人墓葬看，死者下葬时均为头西足东，男左女右。这与契丹人多是头东足西的葬俗不同，但他们却采用了契丹人葬不用棺的习俗。这种现象在汉人的火葬墓中也有发现，如辽知大定府少尹尚暐符墓，为八角形单室砖石墓，既没有尸床，也没有葬具，而是将墓主人的骨灰直接放在墓底正中，其西北则放狗头骨一个，可能是殉葬品。[3]如果夫妻都是火葬，不使用葬具合葬时，两人的骨灰分别置放在墓室的左侧和右侧。[4]金代汉人的墓葬仍发现有葬不用棺的现象。[5]

但需说明的是，"葬不用棺"的现象在汉族中小官吏地主阶层并不普及，无论是尸骨葬，还是火葬，更多的人是使用葬具的。葬具主要分为木棺和石棺两大类，木棺类似现代的棺木，如辽宁辽阳辽墓出土的朱漆柏木棺，盖头略成弧线形，与现代木棺盖形式相同。[6]石棺用于尸骨葬的形制较大、石板较厚；用于火葬的石棺略小。如辽代沂州刺史赵为干墓的石棺，用六块石板雕刻而成，棺内存骨灰。石棺四面雕刻四神图像，前和上部中央刻朱雀与云朵之上，下部中间刻两扇假门，门两侧各有立侍二人，左侧二人着汉服（右衽开领长袍），穿长靴，一人托唾盂，一人捧印经。右侧二人着胡服

---

① 内蒙古自治区文物工作队：《辽中京西城外的古墓葬》，《文物》1961年第9期。
② 李庆发：《辽阳隆昌两座辽金墓》，《辽海文物学刊》1986年第2期。
③ 郑隆：《昭乌达盟辽尚暐符墓清理简报》，《文物》1961年第9期。
④ 项春松、吴殿珍：《内蒙古宁城县邓中举墓》，《考古》1982年第3期。
⑤ 李庆发：《辽阳隆昌两座辽金墓》，《辽海文物学刊》1986年第2期。
⑥ 王增新：《辽宁辽阳县金厂辽画像石墓》，《文物》1960年2期。

（圆领长袍），穿长靴，一人束发，一人髡发（可能是契丹人），双手合拢置于胸前，神态虔诚。[①]在辽代契丹人的壁画和葬具上经常看到汉人形象，同样在汉人墓葬的壁画和葬具上也会见到契丹人的形象。金代马令夫妇合葬的石棺，绿砂岩做成，棺盖作屋顶形，棺内装2件陶罐，圆筒形，笠形盖，分别盛入马令夫妇的骨灰。从骨灰罐的材质和造型看，不是实用品，而是特制的葬具。

辽代中晚期，民间盛行佛教信仰，下层汉人墓中流行"坟茔内，立经幢"的习俗。例如辽道宗清宁二年（1056）的张宁墓，在石棺上置石经幢，石经幢通高45厘米。幢盖为八角亭式，幢身为八面柱体，通体刻有经文，以榫卯相接立于石棺盖的南部。[②]张宁子为其父在墓中立经幢的目的，如李晟在《为亡父母造幢记》中所书："特建尊胜陁罗尼幢子一座于茔中，亡过父母先亡等，或在地狱，愿速离三塗，若在人间，愿福乐百年。"[③]还有的人在坟墓的旁边建造经幢，祈求"尘霑而万汇除灾，影覆而四生离障"[④]"凡尘霑影覆，皆得生天"[⑤]，表现了佛教徒对亡故的亲人的祝福。

目前为止，辽金汉人墓葬尚未发现保存较好的葬服，故对葬服的形制尚不清楚。但是目前在汉人墓葬中没有发现契丹人特有的金属面具与网络之类的葬服残物，因此推测东北汉人，可能基本保持着本民族传统葬服的习俗。

辽金时期，汉族中小官吏地主墓葬随葬品的种类和数量均不多，但随着时代的变化也有一定差异。辽代汉人墓葬的随葬品主要是陶器，多为特制的冥器，如宁城县山头村4号墓随葬的一组陶冥器，有碗、盆、钵、执壶、碟、锅、罐、樵斗、盏托等31件。[⑥]也有少数墓葬以随葬实用器物为主，如辽尚暐

---

① 邓宝学、孙国平、李宇峰：《辽宁朝阳辽赵氏族墓》，《文物》1983年第9期。

② 王菊耳：《沈阳柳条湖辽代石棺墓》，《辽宁文物》1981年第3期。

③ 陈述：《全辽文》卷8《为亡父母造幢记》，第196—197页。

④ 陈述：《全辽文》卷10《刘庆为出家男智广特建幢塔记》，第307页。

⑤ 陈述：《全辽文》卷10《师哲为父造幢记》，第280页。

⑥ 内蒙古自治区文物工作队：《辽中京西城外的古墓葬》，《文物》1961年第9期。

符墓随葬了一组实用瓷器，有执壶、注碗、高足杯、碗、盘等13件。[①]辽阳隆昌辽墓随葬了一组铁制工具，有斧、凿、刀、剪、熨斗等。[②]随葬的陶瓷器以汉人的饮食器具为主，偶尔也能见到具有契丹特色的鸡冠壶、鸡腿坛等器物。此外，比较常见的是随葬货币，少则数枚，多则几十枚。金代汉人墓葬的随葬品以实用瓷器为主，通常是为北方窑烧造的盘、碗、瓶等，具有北方民族特点的器物很少见。

辽金时期东北地区出土的汉人墓葬以中小官吏、地主墓葬为最多，综合考察可得出三个认识：一是辽金汉人是依照王朝的丧葬制度建造墓葬；二是汉人在北方民族的统治下，接受了部分统治民族的葬俗；三是由于信仰佛教，汉人的生死观发生了一定的变化，汉族传统的丧葬习俗随之发生了变化。

三、庶民的葬俗

辽代前期汉族普通民众的葬俗以土葬为主，中后期以及金代，佛教在普通民众中广为传播，这直接促使汉族庶民的葬俗发生变化，火葬越来越盛行，但并没有完全取代土葬。从辽中后期到金代，汉族庶民的墓葬变化不大，几乎没有差别。如没有十分清楚的证据，现代人很难分辨是辽代墓葬，还是金代墓葬。因此，本文对辽金时代汉族庶民的丧葬习俗一并进行考察。汉族庶民的墓葬无论是土葬还是火葬，都建造得很简单，主要有土坑墓、小型砖室墓、石棺墓、瓮棺墓几种。

土葬一般为土坑墓，也有少量的石棺墓。墓的方向多为南北向，东西向的比较少见。辽阳三道壕辽墓是东西向的土坑墓，墓中置一木棺，长约2米、宽0.8米，死者为女性，头西足东。如果墓葬是南北向，尸骨一般为头北足南。

---

① 郑隆：《昭乌达盟辽尚暐符墓清理简报》，《文物》1961年第9期。
② 李庆发：《辽阳隆昌两座辽金墓》，《辽海文物学刊》，1986年第2期。

火葬的规模比较小，一般为长方形，墓长1.3—1.5米之间，宽和高多为
0.3—1米。小型砖室墓的墓室与葬具的规格基本相同，可视为是用砖造的葬
具，有的直接将骨灰置放在墓室（棺具）之中，也有的将骨灰放入木匣中，
再放入墓室。如辽宁北票柳条沟1号辽墓，为砖筑小型火葬墓，南北向，极为
简陋，四壁用青灰色长方砖侧立砌成，其上叠涩内收成墓顶，墓室长1.27米、
宽0.47米、高0.43米，墓室中部有一堆骨灰，杂有未烧尽的碎骨，其间还杂有
铁钉，可推知骨灰原来用木匣盛放。[1]小型火葬石棺墓，是将石棺直接放置于
墓坑内，石棺为长方形，石工粗糙，没有纹饰，内置骨灰。如内蒙古宁城山
头村发现13座石棺墓，石棺为红色粗砂岩质，长方盒状，有覆斗形盖。石棺
大小不一，最大的约1.3×1×1.1米，最小的0.8×0.6×0.6米，棺内盛火葬骨
灰。清理时基本不见随葬物，仅在一石棺内清理出唐宋铜钱27枚，其中时代
最晚的是宋徽宗时期的"政和通宝"，有可能是金代墓葬。[2]

更为简陋的是瓮棺葬，如吉林省四平市虫王庙辽金墓，土坑没有清晰的
边缘，瓮棺是一个陶罐，上面覆盖一陶钵，棺内盛火葬骨灰。可能是贫寒的
庶民或奴隶的墓葬。[3]

东北汉族庶民的丧葬习俗一般都用葬具，如前所述，有木棺、石棺、
瓮棺、砖棺等。由于地位低下，汉族庶民墓葬不仅棺具粗糙，而且随葬品也
很少，一般只是随葬二三件陶器，主要是罐和壶，也有随葬一二件粗瓷的现
象。尸骨土葬墓的随葬品放在头一侧，火葬墓的随葬品放在墓室或曰棺室的
北部。此外，比较常见的是随葬货币，少则几枚，多则二三十枚，以北宋货
币为多见。吉林省梨树县偏脸城辽金石棺墓中发现女性死者的口中有一枚铜
钱，左手握一枚铜钱，都是北宋的"禅符通宝"。男性墓多发现铁刀；女性

① 冯永谦：《北票柳条沟辽墓》，《辽宁文物》1981年第1期。
② 内蒙古自治区文物工作队：《辽中京西城外的古墓葬》，《文物》1961年第9期。
③ 吉林省文物志编委会：《四平市文物志·古墓葬》，吉林省文物志编委会，内部资料，1988年，
　　第36—37页。

墓则多见铜质头簪、戒指之类装饰品，偶尔也发现铁质短刀。[①]

辽金汉族普通民众在北方民族王朝的统治下，地位低下，生活贫困，墓葬也非常简陋，他们的葬俗中普遍存在着浓厚的佛教色彩，表现了希望来世能摆脱贫困的期盼。目前在汉族庶民墓中没有发现典型的北方民族的葬俗，但在女性墓葬中有随葬铁刀的现象，这或可说明在汉人日常的衣食生活中在某些程度上接受了北方民族的习俗。

四、汉族丧葬祭祀礼仪

人死后遗体归葬故里，是汉族传承千年的古老习俗。辽金东北汉族除了世代居住在东北的人口，许多人的祖籍在中原，甚至远在江南。他们定居东北后，一些人逐渐将东北居住的地方视为故乡，死后归葬故里已不是中原，而是东北某地。东北地区出土的汉人墓志铭为我们了解这一时期汉族葬俗提供了重要的资料。据《辽梁援墓志铭》记载：其先祖旧茔在高阳（今河北保定），高祖梁文规时"定籍定州"，曾祖梁廷嗣奏请辽穆宗"乞医巫闾山之近地永为别业，上嘉其内徙，命即赐之"。后以高阳旧茔时有水害，迁葬于新地。[②]所谓的"医巫闾山之近地"即在今辽宁省义县境内医巫闾山脉西侧，自梁援的曾祖时起，这里便是这个家族的故乡，梁援死后葬在这里的"先茔之侧"。辽宁省朝阳市西南发现辽代刘氏家族墓地，发现六座墓葬，其中M1出土了刘承嗣墓志，M3出土了刘日泳墓志，M4出土了刘宇杰墓志，据墓志记载，辽左骁卫将军刘承嗣于"应历十七年（967）十月二十日，薨于燕京私弟"。燕京在今北京。保宁二年（970）"于霸州西原十五里杨夫人合葬焉。礼也"。辽代霸州在今辽宁朝阳。刘承嗣死后从燕京归葬霸州，与先逝的夫人杨氏合葬，这符合辽代的丧葬礼制。其子刘宇杰为辽左千牛将军，"统和

① 吉林省文物志编委会：《梨树县文物志·古墓葬》，吉林省文物志编修委员会，内部资料，1984年，第138—140页。
② 薛景平、冯永谦：《辽代梁援墓志考》文后附录《梁援墓志铭》，《北方文物》1986年第2期。

十八年（1000）五月十六日薨于奉圣州温汤之右"，奉圣州在今河北省张家口市涿鹿县，"即返于故丘，至其年十月二十七日归葬于霸州"，"附先太保之坟，礼也"。孙刘日泳为辽宿州刺史，"以重熙拾伍年（1046）柒月拾壹日，薨于兴中府南和州私宅，至当年拾月拾贰日，葬于府西南坟岳之际，附先茔，礼也"①。兴中府在今辽宁省朝阳市。按照汉族传统的丧葬习俗，儿子、孙子去世后，要附葬在祖父、父亲的墓地。据《赵匡禹墓志铭》记载，"前夫人清河郡君张氏……以九年六月一日卒，已祔于穴""次夫人萧氏……先公而逝。今启公之茔合祔，礼也"②。丈夫与正妻及侧室合葬也符合辽代礼法。

据东北各地出土的辽金汉人墓志铭、题记的记载，丧葬祭祀一般由长子主持。③如死者无儿无孙，由妻子主持葬礼。④如果未成年就夭折了，由父亲主持葬礼，如父亲也已经去世，则由母亲主持葬礼。⑤主持葬礼的人称为"护主"，在子孙或亲戚中选一位通晓礼仪的优秀的人担当葬礼中具体事务，这个人被称为"护丧"。例如，辽知临海军节度使赵匡禹去世后，以第十子赵为航为护丧，"以乌占告吉，马鬣将封，追前烈而思显扬，赍遗行而许论撰"。赵为航为保静军节度使、金紫崇禄大夫、检校太尉，是诸子中优秀者。⑥按照汉人的葬俗，人死后，请风水师选择修筑墓葬的地点、选择下葬的日期。人们十分重视风水师选择的日期，有的需要等上数月、一年甚至数年才能下葬，如辽兴军衙内马步军都指挥使韩相，卒于开泰二年（1013）七月十八日，"是岁以卜葬未通，权窆于宅"，到开泰六年（1017）八月二十九日才下葬⑦，时隔四年之久。下葬之日，官宦之家"冠盖倾都，缁黄塞

① 王成生：《辽宁朝阳市辽刘承嗣族墓》，《考古》1987年第2期。
② 陈述：《全辽文》卷13《赵匡禹墓志》，第373—375页。
③ 《辽李进墓发掘报告》，《文物参考资料》1951年2卷第9期。
④ 陈述：《全辽文》卷6《李知顺墓志》，第139—141页。
⑤ 陈述：《全辽文》卷6《耿知新墓志》，第137—138页。
⑥ 陈述：《全辽文》卷13《赵匡禹墓志》，第373—375页。
⑦ 陈述：《全辽文》卷6《韩相墓志》，第116—117页。

路"①，"丹旅冷空，冷柏舟而斯往，一□百口，具在道途"②。送葬使用物件根据死者的官品、地位的高低有所区别。推测在下棺、埋葬、覆土等环节都应有葬仪，但未见记载。

结语

据辽金东北汉人墓葬出土墓志所记载的墓主人身份、官职，将其与墓葬的规模进行对比，可知官职越高，墓葬的规模越大，同时代的汉人墓葬与契丹人墓葬相比较，地位相同人的墓葬大体相同。据此可知，辽金时代，按照王朝丧葬礼仪制度，汉人与其他民族实行同样的有等级差别的丧葬制度。在辽金汉人墓葬中，存在葬不用棺；墓室壁画、棺具纹饰中有少数民族人的形象和汉人穿胡服的形象，这反映了在多民族杂居的东北地区，汉人生活有一定程度的少数民族化，异民族的风俗不仅表现在衣食住行方面，也融入了汉人的葬俗之中。辽中后期到金代，东北汉人流行火葬，而且社会阶层越低越盛行火葬。这一方面是宗教信仰的表现，另一方面也是汉族底层民众在辽金王朝地位低下，生活贫困，他们将希望寄托于来世。

总之，辽金时代，东北汉人坚守本民族传统丧葬习俗的观念相对淡薄，在一定程度上采用了统治民族的风俗，加上佛教的生死观和丧葬仪式对汉人葬俗的影响，塑造了辽金时期东北汉人与当地其他民族葬俗既有差异，又有共同处的地方特色，在没有文字出土的情况下，一些墓葬很难区分清楚是汉人墓葬还是少数民族墓葬。

---

① 陈述：《全辽文》卷6《宋匡世墓志》，第136—137页。
② 陈述：《全辽文》卷6《李知顺墓志》，第139—141页。

第七节　辽金王朝与中华多元一体的关系 [①]

10—13世纪，中国再次进入分裂时期，南部的宋王朝与北部的辽金西夏王朝长期对峙，古今皆有人称这个时代为"南北朝" [②] 或"第二次南北朝" [③]。与隋唐以前的南北朝相比，后南北朝具有许多新的特点，学界对此已有很多讨论。关于如何认识这个时代北方王朝与中国历史发展的关系，国内外学者的意见并不统一。现代中华民族的构成是多元一体，中国国家结构形式是一体多元 [④]，这一特点的形成，必须从两个方面去考察，一是汉族与汉族王朝的历史，二是边疆民族与北方民族王朝的历史。就后者而言，10—13世纪辽金王朝的发展时期是一个重要的转型时期，它与中华多元一体的形成有着十分重要的关系。这里主要谈两个方面：

首先，是辽金王朝民族意识的强化与中华民族多元一体形成的关系。宋辽金西夏时期，北方民族王朝的地位较高，两宋向辽金纳岁币，有时以伯侄相称，有时以君臣相称，有时以兄弟相称，辽金王朝始终居强势地位。建立辽、金王朝的契丹、女真族的统治集团，与隋唐以前五胡十六国和北朝的统治集团不同，他们具有很强的民族意识，十分珍视自己的传统文化，认为本族文化是最优秀的文化之一，保持本族文化是保证其统治民族地位的根本

---

① 《辽金王朝与中华多元一体的关系》，原载于《史学集刊》2006年第1期。
② （宋）李焘：《资治通鉴长编》卷58："录契丹誓书，颁河北、河东诸州军。始，通和所致书，皆以南北朝冠国号之上。将作监丞王曾言：'是与之亢立，失孰甚焉，愿如其国号契丹足矣。'上嘉纳之。然事已行，不果改。"《宋史》卷373《张邵传》："（金）左监军挞揽命邵拜，邵曰监军与邵为南北朝从臣，无相拜礼。"
③ 陈述：《辽金两朝在祖国历史上的地位》，《辽金史论集》（第一辑），上海古籍出版社，1987年。
④ 本文所说的"一体多元"是指在单一制国家内地方制度为一般省市县制度与不同类型的民族区域自治制度共存。

大计。但是，辽金王朝的统治者深知要在汉人地区建立稳固的统治，必须以汉制治汉人，这导致了辽金王朝的国家制度必然要在一定程度上采用中原汉族王朝的制度。由于汉族人口众多，经济、文化发达，汉制很快就在辽金王朝制度中占据了主导地位。在这种国情下，契丹、女真统治者为了保证本民族的统治地位，他们并不排斥汉文化，一方面尊孔、崇儒、推行礼制；另一方面吸收汉族文化的精华发展本民族文化，契丹、女真人都创造了本族的文字，翻译儒家经典，令本族人学习，建立起具有儒家特征的道德规范、伦理纲常的社会文化体系，以实现"富国强民"的目的。在他们积极倡导"儒化"的同时，却力图阻止本族的"汉化"。较为典型的是金世宗，他是儒化很深的女真皇帝，被史家称为"小尧舜"。对于儒家文化与女真文化的关系，他说："女直旧风最为纯直，虽不知书，然其祭天地，敬亲戚，尊耆老，接宾客，信朋友，礼意款曲，皆出自然，其善与古书所载无异。"[1]他认为女真族传统文化的精髓与儒学所倡导的伦理纲常是相通的，令女真子弟"习学之，旧风不可忘也"[2]。这与隋唐以前少数民族统治者对本族传统文化的态度截然不同。契丹、女真统治集团并没有因为本民族与汉族的文化习俗不同而有自卑感，他们没有主动放弃本族文化，而是努力吸收汉文化弘扬本族文化，这是少数民族的民族意识崛起、强化的表现，这对后来的蒙古族、满族都有一定的影响。

少数民族王朝儒化与民族意识强化的统一，体现了中华民族多元一体形成的特点和发展的道路。民族意识的强化往往是与这个民族的社会、文化的进步相伴而行的，它使该民族成员之间产生强烈的民族认同感，自觉地传承和维护本民族的传统文化，在与其他民族接触、交往的过程中努力维护本民族的利益。少数民族王朝的儒化则使不同民族建立的王朝在上层统治集团的意识形态领域里，能够在以儒家为代表的传统文化层面上得到统一，并通过

---

① 《金史》卷7《世宗纪上》，第164页。
② 《金史》卷7《世宗纪上》，第164页。

行政统辖的渠道灌输到包括本民族在内的各民族基层社会文化之中，从而使不同的民族在一定的文化领域内能够彼此认同，逐渐结成多元一体的民族关系。①所谓的多元，是指各民族保持着自身的特征；所谓一体，是指各民族之间彼此的认同，当近代外国势力入侵中国时，中华民族的认同感便凸现出来了。

其次，是辽金王朝多制并存的地方行政建置与中国一体多元国家结构形式的关系。早在战国秦汉时期我国各民族就形成了占人口大多数的华夏——汉族居中心地区，少数民族居边疆地区的分布格局。从中国历史上的国家结构形式上看，古代社会自秦始皇建立统一多民族中央集权王朝以来，对中心地区（以黄河流域和长江流域为中心）实行郡县制，对边疆少数民族地区主要实行分封朝贡制。唐朝开始在边疆民族地区普遍设置羁縻府州，对边疆民族地区的统辖形式开始由分封朝贡制向行政区划统辖制度转变，但是这个时期的羁縻府州制度具有较大的独立性和不稳定性。

辽朝与宋朝南北对峙，处于中国的分裂时期，但辽朝与宋朝都是中央集权政治体制。辽朝为了实现对各民族的有效统治，在最高一级地方行政区划"道"之下，根据各民族社会发展状况因地制宜，因俗而治，建立了不同的地方行政建置进行统辖。即以部族制统辖契丹等族；以州县制统辖汉、渤海等族②；以属国、属部制统辖乌古、敌烈、女真、阻卜等族。辽朝发展了唐朝的羁縻府州制度，在中国历史上首先将较大范围的边疆民族地区纳入地方行政区划之中。

辽朝对边疆民族的统治关系之所以能够达到比唐朝更加紧密的程度，是由于建立辽朝的契丹人源于东胡族系，他们对于有世代交往关系的北部边疆民族或原始氏族部落的了解，比起汉族王朝要多得多，也深入得多。辽朝在

---

① 本文所说的"一体多元"是指在单一制国家内地方制度为一般省市县制度与不同类型的民族区域自治制度共存。

② 辽朝前期设置东丹国统辖渤海人，实行具有原渤海政权制度特征的统辖制度。辽中期在渤海人汉化达到一定程度后，废置东丹国，将统治渤海人的行政建制转化为与当地汉人相同的行政建制。

边疆民族地区建立的属国、属部制度并不是划一的，而是依据各个少数民族的社会发展状况，建立起符合该民族社会发展程度、经济文化类型的地方建制。如东南部系辽籍女真地区的属国、属部，由熟女真部落酋长担任属国、属部长官，受辽印，民户著辽籍，为辽朝承担赋税和兵役。辽朝或设置专门的机构，或以邻近府州对其进行管辖。北部乌古、敌烈地区的属国、属部，辽朝或以契丹官员担任属部长官，或由乌古、敌烈部落酋长担任属国长官，其下基层社会组织皆以本地人的部落酋长管理，对辽朝有纳贡、出兵助战的义务。东北部生女真地区和北部阻卜地区的属国、属部，辽朝以生女真、阻卜酋长任节度使、大王，他们同样对辽朝有贡纳、出兵助战的义务，但有较大的自治权，如生女真属部地区，辽商人和捉拿逃亡罪犯的军队不得随意进入其境内，辽朝派来的使者也要佩戴银牌以自别。辽朝通过各道设立的专门行政官署，或府州、招讨司等官署对边疆民族地区属国、属部进行统辖或节制，从而使辽朝中央集权在边疆少数民族地区得到程度不等的贯彻执行，加强了中央对边疆少数民族地区的政治统辖关系。

金朝继辽朝之后，继续实行因俗而治的统治方针，根据各民族社会发展状况建立不同的地方行政建置进行统辖。金朝统治时期，包括女真人在内的各主要民族，都脱离了原始社会形态，但是各民族社会发展不平衡的现象依然存在，同时各民族地区又存在着经济类型与文化的差异，如中原及东北平原的农业经济、文化区，西部草原的游牧经济、文化区，北部寒冷地带的狩猎经济、文化区，加上女真统治集团实行的特殊民族政策，使得金朝国家结构形式呈现出在中央集权之下多种地方制度并存的特征。即以州县制统辖汉人、渤海人；以猛安谋克制度统辖女真人和从事农业生产的契丹、奚等北方民族；以部族制统辖从事畜牧生产的契丹人、乌古人等，这种因俗、因族而设制统辖的政治制度，缓和了因不同民族文化相互撞击而产生的矛盾，使之较为和谐地共存于一个王朝之内。

金朝各种类型的民族地区建置是在辽朝多层次民族地区建置的基础上

进一步发展形成的。但是金朝对其东北部黑龙江下游地区的乌底改、吉里米人，西北蒙古高原上的蒙古、阻鞡等部人则采取十分疏松的羁縻统辖方式，既没有设置民族地区建制，也没有设立专门管辖这些民族事务的机构，而是以招讨司兼管北部壕堑之外游牧民族的朝贡事宜。从金朝民族区域建置的总体水平上看超过了辽朝，这是由于金朝少数民族（尤其是女真人）社会飞速发展，脱离了原始社会形态，从而促进民族地区建置的层次有了大幅度的提高，逐渐脱离了羁縻统治的形态，发展为王朝直接统辖的具有民族特征的地方行政区划。它体现了中国国家一体多元结构形式的发展趋势。

辽金王朝中央集权之下多制并存的国家结构形式为元、明、清三朝所继承，尤其是清朝统治时期更加发展和完善，中央政府对边疆少数民族地区的治理更为直接有效，最终确立了中华一体多元的国家结构形式。

后　记

　　本书收录了我从20世纪80年代以来发表的部分辽金史研究论文，硕士研究生毕业后，我的主要研究方向是金代政治制度史，因参与合作项目研究，又涉及了辽金民俗研究。《金初勃极烈制度研究》一文虽然发表于1992年，却是我涉足金代政治制度领域的处女作。1982年在导师张博泉先生的指导下，确定以金朝前期中央官制为硕士论文的研究领域，最后完成的硕士学位论文即是《金初勃极烈制度研究》（1984年12月），原文3万余字。毕业时张先生曾对我们说论文写出来后，不要急于发表，最好沉淀几年，反复推敲，认为不用修改了，再发表不迟。我先将论文的附论部分以《金初勃堇初探》为题整理发表（1986年），论文主体部分又推迟数年才发表。21世纪以来，我的研究领域向东北边疆史、民族史领域拓展，许多研究内容仍然与辽金史研究相关。承担中华书局点校本《金史》的修订工作后，发表了几篇相关论文。这本论文集涉及辽金政治制度、社会风俗文化、经济、文献学与史学史，在这次集结整理论文时，对"封建制""封建社会""阶级斗争"之类20世纪的常用语，以及个别用词不够准确的地方，大部分进行了修改，介绍他人观点处则予以保留。另外，根据现在学术规范的要求，完善了论文引用文献的信息。

　　在整理这本论文集时，渤海大学的赵红梅教授、辛时代副教授以及他们的研究生们付出了大量的细致而辛勤的工作；论文引用的文献一些出于早年已经停刊的杂志和内部刊物，为查找这些文献，辽宁省博物馆刘宁书记给予了大力的帮助，老同学李晓钟也伸出了援手，在此一并致以深深的感谢！在本书出版之际，特别感谢渤海大学给予资助，感谢出版方的支持。

程姬娜

2023年4月18日